儒道释博士论文丛书

永明延寿净土思想研究

蒋炎洲 著

巴蜀书社

《儒道释博士论文丛书》编委会

丛书创办人：卿希泰
编委会主席：陈耀庭　詹石窗
主　　编：吉宏忠（执行）　袁志鸿（执行）
　　　　　盖建民（执行）　罗中枢　姚乐野
副 主 编：唐大潮　李　刚　潘显一
编　　委（以姓氏笔画为序）：

马建勋　王　雷　田旭东　刘冬生　刘巧林
吉宏忠　吕建福　余孝恒　李　刚　李　纪
巫金明　陈　兵　陈耀庭　张泽洪　张　钦
罗中枢　林　建　周　旭　周　冶　段玉明
姚乐野　侯安国　唐大潮　郭　武　袁　征
黄小石　盖建民　詹石窗　潘显一

《儒道释博士论文丛书》由上海城隍庙和北京东岳庙资助出版

《儒道释博士论文丛书》缘起

国家"985工程"四川大学宗教、哲学与
社会研究创新基地首席科学家
《儒道释博士论文丛书》
编委会主编　**卿希泰**

儒道释是中华民族传统文化的三大支柱，源远流长，内容丰富，影响深远，它对中华民族的共同心理、共同感情和强大凝聚力的形成与发展，均起了极其重要的作用，是我们几千年来战胜一切困难、经过无数险阻、始终立于不败之地的精神武器，在今天仍然显示着它的强大生命力，并在新的世纪里，焕发出更加灿烂的光彩。

自从1978年中国共产党第十一届三中全会确立改革开放路线以来，我国对儒道释传统文化的研究工作，也有了很大的发展，在全国各地设立了许多博士点，使年轻的研究人才的培养工作走上了有计划有组织地进行的轨道，一批又一批的博士毕业生正在茁壮成长，他们是我国传统文化研究方面的一支强大的新生力量，是有关各学科未来的学术带头人。他们的博士学位论文有一部分在出版之后，已在国内外的同行学者中受到了关注，产生了很好的影响。但因种种原因，学术著作的出版甚难，尤其是中青年学者的学术著作出版更难。因此还有相当多的博士学位论文难以及时发表。不及时解决这一难题，不仅对中青年学者的成长不利，且对弘扬中华优秀传统文化，促进学术交流也不利。我们有志于解决此一难题久矣，始终均以各种原因未能如愿。直到1999年，经与香港圆玄学院商议，喜得该院慨然允诺捐资赞助出版《儒道释博士论文丛书》，当年即出版了第一批共5本博士学位论文。此后的10余年间，在圆玄学院的鼎力支持及丛书编委会同仁的共同努力下，一批又一批优秀的博士学位论文通过这个平台展现在世人面前，到2013年，已出版了15批共130部；这些论著的作者，有很多已经成长为教授、博士生导师。2014年，圆玄学院因自身经济方面的原因，停止资助本丛书，我们深感遗憾，同时也对该院过往的付出与支持致以敬意和感谢！

令人欣慰的是，当陈耀庭教授得知本丛书陷入困境的消息后，即与上海城隍庙商议，上海城隍庙决定慷慨施以援手。2015年，慈氏文教基金有限公司董事长王联章先生也发心资助本丛书。学术薪火代代相传，施善之士前赴后继。在党中央弘扬中华民族优秀传统文化的英明决策指引下，本丛书必然会越办越好，产生它的深远影响。

本丛书面向全国（包括港澳台地区）征稿。凡是以研究儒、道、释为内容的博士学位论文，皆属本丛书的出版范围，均可向本丛书的编委会提出出版申请。

本丛书的编委会是由各有关专家组成，负责审定申请者的博士学位论文的入选工作。我们掌握的入选条件是：（1）对有关学科带前沿性的重大问题做出创造性研究的；（2）在前人研究的基础上有新的重大突破、得出新的科学结论从而推动了本学科向前发展的；（3）开拓了新的研究领域、对学科建设具有较大贡献的。凡具备其中的任何一条，均可入选。但我们对入选论文还有一个最基本的共同要求，这就是文章观点的取得和论证，都须有科学的依据，应在充分占有第一手原始资料的基础上进行，并详细注明这些资料的来源和出处，做到持之有故、言之成理，避免夸夸其谈、华而不实。我们提出这个最基本的共同要求，其目的乃是期望通过本丛书的出版工作，在年轻学者中倡导一种实事求是地、一步一个脚印地进行学术研究的严谨学风。

由于编委会学识水平有限和经验与人力的不足，难免会有这样或那样的失误，恳切希望能够得到全国各有关博士点和博士导师以及博士研究生们的大力支持和帮助，对我们的工作提出批评和建议，加强联系和合作，给我们推荐和投寄好的书稿，让我们一道为搞好《儒道释博士论文丛书》的出版工作、为繁荣祖国的学术文化事业而共同努力。

2015年10月1日于四川大学宗教、哲学
与社会研究创新基地，道教与宗教文化研究所

编委会按：2017年，慈氏文教基金有限公司因自身原因中止资助，其资助金额由北京东岳庙管委会慷慨承担，谨此致谢。

目 录

序 …………………………………………… 赖永海（1）
绪 论 ……………………………………………………（1）
  一 选题缘起与意义 ……………………………………（1）
  二 研究综述 ……………………………………………（8）
  三 研究思路、难点和创新之处 ………………………（20）
  四 研究方法 ……………………………………………（25）

第一章 延寿的生平考论及其乱世下的净土理想 …………（27）
  第一节 延寿的生卒与出家时间考论 …………………（28）
    一 延寿生卒时间考 …………………………………（28）
    二 延寿出家问题论 …………………………………（30）
  第二节 乱世毁佛与净土理想 …………………………（37）
    一 乱世毁佛与吴越护佛 ……………………………（37）
    二 末法观念与净土理想 ……………………………（41）
    三 传记所述之延寿净行 ……………………………（47）
  小结 ……………………………………………………（50）

第二章 著述层面"透禅融教律归净"的内在演进……（51）

第一节 延寿著述的存佚情况及归类别阐……（51）
一 延寿著述之存佚……（52）
二 延寿著述的分类……（60）

第二节 《宗镜录》：主阐"一心"会通兼开净土之门……（93）
一 阐净土理门：以"一心"之旨明感佛之理……（93）
二 启众生心门：对菩提心与信愿心的劝发……（110）
三 开念佛行门：对四种念佛行的引发……（120）

第三节 《万善同归集》：理归心与事归净……（134）
一 对净土理事的延伸论述……（134）
二 对净土菩提心与信愿行的专论……（148）
三 对修行仗力义与九品往生义的深解……（158）

第四节 《四料简》《安养赋》：对净土的偏赞与升华……（171）
一 延寿是否作《四料简》的古今论争……（171）
二 对《四料简》偈义之阐与辨……（175）
三 延寿存世著述对《四料简》的佐证……（195）
四 《神栖安养赋》对净土理事的升华……（203）

小结……（212）

第三章 义理层面禅、教、律诸宗与净土的交涉……（213）

第一节 禅教融合与净土理事……（214）
一 崇教毁禅与宗禅斥教……（214）
二 宗说二通与应机施教……（218）

三　禅教融合与净土理事 …………………………………… (222)
　第二节　透禅融性相与净土理事 ………………………………… (233)
　　一　透禅融天台与净土理事 ………………………………… (234)
　　二　透禅融华严与净土理事 ………………………………… (249)
　　三　透禅融法相与净土理事 ………………………………… (262)
　第三节　透禅融律与净土理事 …………………………………… (283)
　　一　破斥末世狂禅轻律之弊 ………………………………… (284)
　　二　围绕菩萨戒阐透禅融律 ………………………………… (289)
　　三　"一心"融禅律与导归净土 …………………………… (294)
　小结 …………………………………………………………………… (297)

第四章　修持层面对"透禅融教律归净"的回应 …………… (298)
　第一节　修持层面的"透禅融教律归净" ……………………… (298)
　　一　综述"透禅融教律归净"之修 ………………………… (299)
　　二　透禅融天台归净之修 …………………………………… (305)
　　三　透禅融华严归净之修 …………………………………… (309)
　　四　透禅融唯识归净之修 …………………………………… (313)
　　五　透禅融戒律归净之修 …………………………………… (317)
　第二节　关于净土往生的主助之修 ……………………………… (320)
　　一　专修专向净土之修 ……………………………………… (321)
　　二　万善回向净土之修 ……………………………………… (330)
　　三　其他旁涉净土之修 ……………………………………… (333)
　小结 …………………………………………………………………… (335)

第五章　"透禅融教律归净"的圆融性特质 ………………… (338)
　第一节　净土理事的圆融无阂特质 ……………………………… (338)

一　净土之理与万善之事的圆融 …………………………（339）
　　二　心性超绝与该通因果的圆融 …………………………（359）
　　三　净土有相与唯心无相的圆融 …………………………（367）
　第二节　净土理事的三根普被特质 ……………………………（372）
　　一　净土法门的三根普被特质 ……………………………（372）
　　二　念佛行门的三根普被特质 ……………………………（385）
　　三　不舍诸善的普皆回向特质 ……………………………（398）
　第三节　净土理事的自他融即特质 ……………………………（418）
　　一　信自与信他的融即 ……………………………………（419）
　　二　愿自与愿他的融即 ……………………………………（423）
　　三　信愿力与本愿力的融即 ………………………………（426）
　小结 ………………………………………………………………（432）

第六章　"透禅融教律归净"的深远影响 ………………………（433）
　第一节　对宋代透禅归净思想的影响 …………………………（434）
　　一　以义怀、宗赜等为代表的云门禅与净土 ……………（434）
　　二　以悟新为代表的临济禅与净土 ………………………（438）
　　三　以清了为代表的曹洞禅与净土 ………………………（439）
　第二节　对宋代融教律归净思想的影响 ………………………（442）
　　一　以省常、知礼、遵式、智圆等为代表的台净合流 …（442）
　　二　以义和为代表的贤净合流 ……………………………（449）
　　三　以元照为代表的律净合流 ……………………………（452）
　第三节　对宋代儒道佛思想和会的影响 ………………………（456）
　　一　立足于佛教对儒道二教的融摄 ………………………（456）
　　二　基于心旨导引儒道入佛归净 …………………………（465）

三 宋代公卿士大夫入佛归净成风 …………………………… (469)
第四节 宋代之后诸宗合流净土的发展 ……………………… (471)
一 宋代之后禅净合流的发展 ………………………………… (471)
二 宋代之后台净合流的发展 ………………………………… (483)
三 宋代之后贤净合流的发展 ………………………………… (488)
四 宋代之后律净合流的发展 ………………………………… (493)
第五节 太虚对延寿思想的接受及发展 ……………………… (501)
一 太虚对延寿思想的评价及接受 …………………………… (501)
二 太虚人生（间）佛教思想的提出 ………………………… (505)
三 从"人生佛教"进化论看延寿思想之影响 ……………… (509)
四 从"人间佛教"转化论看延寿思想之影响 ……………… (513)
第六节 对江南佛教入世化的影响 …………………………… (515)
一 延寿影响下诸宗合流净土盛于江南 ……………………… (515)
二 延寿推动结社念佛与都市佛教发展 ……………………… (520)
三 延寿刊刻经像推进江南佛教入世化 ……………………… (524)
四 与延寿相关的神异传说从侧面反映其影响 ……………… (526)
第七节 对中国佛教国际化的影响 …………………………… (528)
一 延寿与高丽佛教 …………………………………………… (528)
二 延寿与日本佛教 …………………………………………… (535)
小结 ……………………………………………………………… (540)

结论：延寿思想的核心价值与重要启示 ………………………… (541)
一 对分宗之极与一心和会的历史回应 ……………………… (541)
二 对佛教义学与修持功夫的一体化阐发 …………………… (544)
三 对宋以降诸宗合流净土的开拓 …………………………… (545)

四　对当今佛教中国化的现实启示 …………………… （547）
参考文献 ……………………………………………………… （550）
后　记 ………………………………………………………… （565）

序

《永明延寿净土思想研究》是蒋炎洲在博士论文的基础上补充修改而成的。他在读博士期间，研读了大量中国佛学方面的原典，打下了较扎实的专业基础，并全程参与了《永明延寿大师全集》（宗教文化出版社2021年出版）的整理工作。他的博士论文以永明延寿为研究对象，较深入地探讨了延寿如何以禅为依托，融会教律诸宗，最终建立了一个透禅融教律归净的大合流式的佛学思想体系。

全书对延寿思想的形成背景、演进路径、义理阐释、逻辑透发、行持呈现及历史影响等进行了较为全面的梳理和深入的论述，视野较为宽广，对具体问题的研究也较细腻，结构完整，行文流畅。其创新点在于，基于对文本的梳理研究，提出《宗镜录》是延寿透禅融教律归净思想的引发之作，《万善同归集》是透禅融教律归净理路的展开之作，《四料简》《神栖安养赋》是透禅融教律归净理事的升华之作，论证符合文本，逻辑严密，结论合理。书中还对前人较少讨论的禅、法相和净土之间的融会问题进行了较为翔实的研究。对于佛教史上有争议的《四料简》

问题,他将《四料简》与延寿现存著述进行了逐条比对、分析和讨论。在结论中,他提出延寿透禅融教律归净的思想和实践,既是对佛教分宗之极与"一心"和会的历史回应,也是对佛教义学与修持功夫的一体化阐发;既开拓了宋代以降诸宗合流净土的模式,又对当代中国佛教的健康长远发展及中华文化的国际化传播具有现实启示作用。本书可以说是从一个特定的视角,对包括中国佛教思想在内的中华传统文化进行创新性发展的一种尝试,颇具学术价值和现实意义。

我很乐意把它介绍给致力于佛学研究的同道和朋友。是为序。

赖永海

2023 年 7 月

绪 论

一 选题缘起与意义

永明延寿（905—976）生于唐末，寂于宋初，为中国佛教禅、净两宗祖师。他推动了中国佛教诸宗从分立走向融会。五代之际，佛教内部诸宗互斥，法眼文益禅师力倡禅教融会。永明延寿进一步以"一心"圆会诸宗，又因唐末五代的战乱和毁佛运动倡导"透禅融教律归净"，开创了宋代以降中国佛教"理崇和会、行尚兼修"的万善同归发展模式，对中国佛教乃至东亚佛教的发展都产生了深远影响。

（一）研究缘起

中国佛教发展至隋唐，宗派已臻成熟，彼时八宗并举，诸教竞流，一派繁荣。随着宗派佛教的大发展，各宗教徒间出现了门户之见，并愈演愈烈，以至于以同源之理互相竞异，甚至彼此排斥，势成水火。唐会昌间的武宗灭佛使得诸宗元气大伤，教下各宗因理深论繁，受众基础相对较弱，加之论疏大量被毁，故恢复较慢，有的宗派更是一蹶不振；禅、净二宗因偏重于行门，虽理至深但修至简，摄众较广，恢复便较快。

从理上看，禅净不二，"依教修心禅中的念佛禅，是净土宗的根源"①。虽"念佛禅"与后来禅宗的"顿悟禅"有所不同，然属流异而源同。永明延寿在五代之际，"独具只眼不为门庭所囿蔽，而能如理如量等观诸宗"②。他集《宗镜录》，倡"以心为宗"，会禅、教、律、密、净于"一心"，是五代宋初融会诸宗义理之大成者。他撰《万善同归集》，依"心宗"阐净土，解"心土不二"之理，倡往生西方之事。他还以《神栖安养赋》透彻直截劝赞往生净土，以《四料简》倡禅净双修、机理双契、三根普被。永明延寿是"透禅融教律归净"思想的开拓者，之后禅、台、贤、律与净土均有深度合流。

诸宗合流于净土并非一蹴而就，而有其历史渊源和时代必然性。就历史渊源而言，佛教传入中国早期，无论是大乘般若还是小乘禅那，皆以禅修为主，五门禅和念佛禅播下了净土念佛的修持种子。《般舟三昧经》《无量寿经》皆为中国佛教早期所译的净土经典，专倡念佛往生西方净土。东晋慧远大师（334—416）深通教理，以禅观入净，在庐山结社念佛，弘开净土一法，使往生西方备受关注，后世推其为中国净土宗初祖。嗣后，昙鸾（476—542）为求长生，由研教修仙转为念佛往生西方。降至隋唐，中国佛教由学派化发展转入宗派化发展阶段，此后诸宗多有依本宗之教理阐净土之经论的传统。如隋净影慧远（523—592）

---

① 太虚：《中国佛学》，《太虚大师全书》编委会编集：《太虚大师全书》第02卷·法藏·佛法总学（二），北京：宗教文化出版社，2005年，第156页。
② 太虚：《〈大乘宗地图释〉序》，《太虚大师全书》编委会编集：《太虚大师全书》第32卷·杂藏·文丛（二），北京：宗教文化出版社，2005年，第482页。

以地论学解净土,著有《无量寿经义疏》《观无量寿经义疏》等;天台智𫖮(538—597)以天台教圆解净土,疏《观经》,撰《净土十疑论》;三论吉藏(549—623)著《无量寿经义疏》《观无量寿经义疏》;华严杜顺(557—640)依《修大方广佛华严法界观》赞咏西方净土;澄观(738—839)更以普贤行愿赞叹西方净土。道绰禅师(562—645)针对诸宗诠净时的不圆融处,以净土为本位进行了校正,丰富了净土教理。善导大师(613—681),进一步完善了净土理事,成为净土思想之集大成者,被后世推为中国净土宗第二代祖师。之后,般舟承远(712—802)、竹林法照(747—821)、乌龙少康(?—805)等,皆遥继净土教理,偏赞念佛妙行,宣倡往生莲邦。诸师一脉相承,皆被后世推为净土宗祖师。

需要提到的是,早期的弥勒净土和弥陀净土都很盛行,然唯识宗二祖慈恩窥基(632—682)著《阿弥陀经疏》《阿弥陀经通赞疏》等,偏赞西方净土的易往而殊胜,有力推动了愿生弥勒净土者转生弥陀净土[①]。唐时慧日慈愍(680—748)所倡净土思想也颇具融合特质。又有迦才(生卒年不详)著《净土论》,飞锡(生卒年不详)著《念佛三昧宝王论》,怀感(生卒年不详)著《释净土群疑论》,皆偏赞弥陀净土。华严宗的智俨二祖(602—668)、法藏三祖(643—712)、澄观四祖(738—839)、宗密五祖(780—841)等亦均有以贤解净之论。以澄观最具代表性,他详阐了《普贤行愿品》中普贤导归极乐的理事,并以华严教理为净土宗的发展扫除了诸多障碍。

[①] 关于慈恩窥基著《阿弥陀经疏》《阿弥陀经通赞疏》存在的争议,后文有详细论述。

就时代必然性而言，净土以指方立相为行持特点，此在唐末五代时，与禅宗主"不着相"之理形成阐解上的矛盾，特别是"祖师禅"唯摄上上根，强调"不立文字"。但随着门庭的广开，门人间根性殊差，故禅宗门中不乏错解禅理者因门户之见而破净、废律、斥教。以至于五代时，禅净相非、禅教互斥等现象愈演愈烈。佛教内部的宗派不和，加之外部的战乱和百年间的两次毁佛运动，使各宗祖师皆意识到，面对不可控的外部环境，教内更应团结一致，而教内团结的先决条件是从源头上彻底打通宗派佛教的别阐理路。

五代时，法眼宗创始人文益禅师主禅宗，精于教理，他将禅与华严相融合，奠定了法眼禅的禅教融会之基。文益禅师传法眼禅于德韶，德韶又精于台教，将禅、贤、台进一步融会。德韶继续传法眼禅于延寿，延寿倡"一心"为宗，并结合时代背景和众生根性力主"透禅融教律归净"思想。延寿大师因主"透禅融教律而摄归于修净土行，其门徒都归宗净土"[①]。他的思想对后世佛教的发展产生了深远影响，以至于此后的弘扬净土者也"必须是透过宗门禅而融摄教律的净土行"[②]。净土行"不但透禅，而且还要融摄一切教律"[③]，这开启了中国净土宗乃至中国佛教发展的新境界。

永明延寿以"一心"融会诸宗、万善同归净土，在他的倡导下，净土宗与禅、教、律等诸宗合流，使净土理论更为丰富。

---

① 太虚：《中国佛学》，《太虚大师全书》编委会编集：《太虚大师全书》第02卷·法藏·佛法总学（二），北京：宗教文化出版社，2005年，第171页。
② 同上书，第169页。
③ 同上。

禅、教、律等诸宗也因与净土的融会，从而使本宗摄众更广。以禅宗为例，吕澂论禅净融会对禅宗发展的意义时说道："延寿的这些思想对宋代禅师的影响很大，他们一方面打破南岳与青原的界限，将其理论看成一样，另方面又以禅与净土作为共同的实践。这样做使禅宗扩大在群众中的影响倒是很有利的。因为单纯讲禅比较奥妙，一般群众不易理解，现在和净土一结合，肯定万善同归，这就便于群众接受了。"①

永明延寿于南宋时被志磐推为净土宗第六代祖师，"净土宗之被列为祖师者，大抵依其弘化之功为标准，非前祖后祖之有何传承关系"②，推永明延寿为净土宗六祖亦是根据他弘化净土之功。由于延寿思想的影响，入宋之后，诸宗纷纷合流于净土，禅、教、律等诸宗皆有结社念佛、趣入净土的事修导向，社会上也出现了"家家阿弥陀，户户观世音"的净土念佛普及化现象。

延寿在诸古德的影响下，提出"一心透禅融教律归净"思想，其思想的形成与发展，及其呈现出的融合性、开创性特质，有必要系统化深入研究。

(二) 研究意义

在宋代之后净土宗发展成为中国佛教的主流修法。太虚将净土宗的中国化分为三个演进时期：第一期"修净土即修禅"，以东晋慧远初祖为代表。太虚指出："在慧远法师以前的僧显禅师，已由修习禅定，见阿弥陀佛而得往生极乐。但真正念阿弥陀

---

① 吕澂：《中国佛学源流略讲》，北京：中华书局，2006年，第255页。
② 太虚：《中国佛学》，《太虚大师全书》编委会编集·《太虚大师全书》第02卷·法藏·佛法总学（二），北京：宗教文化出版社，2005年，第166页。

佛求生净土的宗风，创于庐山慧远的莲社。"① 第二期"别禅修净土"，肇自昙鸾，至永明延寿之前，以唐代善导二祖为代表。第三期"透过宗门禅而融摄教律的净土行"②，以五代宋初的延寿六祖为代表，且延寿以"透禅融教律归净"开创了中国佛教的净土宗时代。

太虚基于事修指出，早期的"念佛禅，为后来专门持名之念佛法门所从出"③。若基于往生净土之目的，净土宗则肇自《华严经》普贤菩萨以十大愿王导归极乐。东晋慧远大师创建莲社，虽以禅观为修法，却以达成往生净土为目的。换言之，往生净土为净土宗的根本目的。在净土宗看来，往生净土便能速证"无生法忍"，且净土本自唯心，唯心不碍净土，净土圆彰唯心。从修持方式上论，自唐以来，净土宗偏重持念阿弥陀佛名号，因持名念佛能在事修上普被三根，为助成往生净土的最妙修法。关于这一点，延寿的《万善同归集》便是最好注脚。

太虚说道："《般舟三昧经》中说的一切佛，也就是无量（阿弥陀）佛。"④ "般舟即'一切佛现立在前'之义。此一切佛，也就是阿弥陀佛，因为阿弥陀佛译为无量，无量与一切是相通而不相违的。故说一切佛立在前，即阿弥陀佛立在前。"⑤ 此论与延寿大师"诸佛德用既齐，名号亦等，随称何名，名无不尽，如称一阿弥陀佛名，礼召一切诸佛无不周备。西天云阿弥陀

---

① 太虚：《中国佛学》，《太虚大师全书》编委会编集：《太虚大师全书》第02卷·法藏·佛法总学（二），北京：宗教文化出版社，2005年，第158—159页。
② 同上书，第169页。
③ 同上书，第20页。
④ 同上书，第158页。
⑤ 同上书，第156页。

佛，此云无量寿"①之论一致，且都是基于诸佛即一佛、一佛即诸佛的理论逻辑。由此可见，净土法门"是果上的功德。以佛果的依正功德为归向，即演成净土宗"②。

太虚又论曰："净土宗远奉慧远法师为初祖，而透禅修净期亦必尊永明寿禅师为开始者。"③ 因为延寿大师极力提倡"透禅融教律而摄归于修净土行，其门徒都归宗净土"④，开创了宋代以降"代表中国佛法的净土宗时代"⑤。在延寿思想的影响下，之后的净土宗"必须是透过宗门禅而融摄教律"⑥。

从目前的研究来看，以"禅净合流"为中心展开研究者不少，但以"透禅融教律归净"为中心进行系统性研究的成果鲜见。这不仅是永明延寿研究的短板，也显示出"透禅融教律归净"思想研究的不足。此短板和不足，不仅关系到从理论层面分析永明延寿被推为净土宗祖师的合理性问题，更关系到对宋后净土宗成为中国佛教主流宗派原因的深挖。

本书围绕永明延寿"透禅融教律归净"的理与事，从其形成的背景、演进的路径、逻辑的详阐、哲理的透发、修持的呈现，以及对中国佛教乃至东亚佛教的影响等方面，进行了较为全面且深入的梳理和论述。希望在此基础上，从思想史的角度，对中国佛教应如何更好地适应社会、顺应时代、利及众生，做出一些有益的探索。这也是在新时代下，开拓佛教中国化发展新境界

---

① 〔宋〕延寿集：《宗镜录》卷24，《大正藏》第48册，第548页中。
② 太虚：《中国佛学》，《太虚大师全书》编委会编集：《太虚大师全书》第02卷·法藏·佛法总学（二），北京：宗教文化出版社，2005年，第157页。
③ 同上书，第170页。
④ 同上书，第171页。
⑤ 同上书，第169页。
⑥ 同上书，第169页。

要面临的一项重要课题。

二 研究综述

宋代以降直至近代，赞宁、道原、元照、文冲、契嵩、苏轼、王日休、宗晓、志磐、明本、惟则、昙秀、紫柏、莲池、憨山、蕅益、大壑、雍正、印光、太虚等都对延寿及其思想进行过重要论述。延寿的生平多依北宋赞宁、道原、元照的记述，宋元之际的明本、惟则对延寿《四料简》的论述颇具见地，明清的大壑及雍正皇帝对延寿的历史地位评价尤高。近现代的印光、太虚对延寿思想的阐发甚为细微。可以说，从北宋至近现代，延寿思想的影响力有增无减。近代以来，对延寿思想的学术研究，日本开先河，中国台湾继之，大陆学界则将延寿思想研究推向新繁荣。下文从纵向分期和横向分类两个方面，对近百年来延寿相关学术研究进行综述，并对未来研究进行展望。

（一）关于延寿学术研究的分期

近百年来永明延寿思想研究的发展，从地域角度大致可分为日本学界的开启性研究、中国台湾学界的跟进式研究和大陆学界的跨步式推进研究三个方面。

1. 日本学界的开启性研究

20世纪初期，日本开佛教学术研究之先河，延寿相关研究自20世纪30年代便已开启，相继涌现出一批研究者。

日本研究延寿思想具有代表性的研究者及成果，如池田英淳的《永明延寿の思想》（1939）、荻须纯道的《永明延寿の思想と実践》（1966）属于对延寿思想和实践的概述类研究；石井修道的《永明延寿传》(1969)对延寿的生平进行了梳理和考索,对其思想进行了概述;服部英淳的《永明延寿の净土思想》(1966)及日置孝彦的《永明延寿の净土愿生と念佛について》(1979)都围绕延寿的净土思想进行了阐释;光地英学的《永明延寿の禅净观》(1972)、日置孝彦的《永明延寿の禅と念佛》(1975)则是从融会角度谈延寿的禅净思想;森江俊孝的《日本の禅と净土教に及ぼせる永明延寿の影响》(1977)基于延寿禅净融会思想论其对后世的影响;森江俊孝的《永明延寿の人间观》(1975)则关注了延寿思想的现实价值。

应该说,日本学界开启并拓展了延寿及其思想的相关研究,为之后中国台湾、香港及大陆的相关研究奠定了基础,提供了重要参考。

2. 中国台湾学界的跟进式研究

历史原因导致 20 世纪上半叶中国台湾的学术发展受日本影响较大。虽然台湾学者对延寿及其思想的研究在 20 世纪中后期开始活跃,但仍属于对日本的跟进式研究,只是在研究重点上有所拓展。

1965 年阙文华以"《宗镜录》法相唯识之研究"为题完成了硕士论文,他从性相关系角度进行了阐发,关注延寿的唯识思想。孔维勤于 1982 年完成硕士论文《宋永明延寿宗教论与根识境之探讨》,从禅宗、教理及唯识多重角度探讨了延寿思想,并于 1983 年在硕士论文基础上出版了《永明延寿宗教论》。释恒清是中国台湾留学美国的一位出家人,他于 1984 年在威斯康星大学完成博士论文《永明延寿禅师禅净思想的融合》(*The Ch'an-Pure Land Syncretism in China: with Special Reference to Yung-*

Ming Yen-Shou），也是从禅净融合的角度进行阐发，研究深入，思维缜密。20世纪90年代，中国台湾另一位出家人释智学在日本留学，也以延寿思想作为博士期间的主要研究方向，并发表了《永明延寿の忏悔观》（1998）、《永明延寿の禅宗观について》（1998）等论文。

需要特别指出的是，加籍华裔学者冉云华于1999年在中国台湾出版《永明延寿》一书，对延寿生平及著述情况进行了考索，并从世界哲学发展的视角论述了延寿思想中的哲学价值及其历史地位。这部著述对延寿思想的研究起到承上启下的作用，成为研究延寿的必读之作。

3. 大陆学界的跨步式推进研究

20世纪80年代，中国大陆的学术研究迎来春天，佛学研究有了新发展，延寿相关研究在20世纪90年代后逐步深入。

刘元春的《延寿"一心为宗"的现实意蕴》（1995），围绕延寿的一心思想及其现实意义展开讨论；麻天祥的《永明延寿与宋代禅宗的综合》（1996），重点阐发了宋代禅宗在延寿思想影响下的融合性特质；施东颖的《永明延寿及其〈宗镜录〉》（1996）及其硕士论文《〈宗镜录〉的法相唯识思想》（1997）围绕延寿的《宗镜录》，对其中蕴含的丰富思想进行了概述，对其中的唯识思想进行了深入探讨。

进入21世纪，大陆学界的延寿研究也呈现出跨越式发展。2002年，南京大学张志芳完成《一心统万法——永明延寿佛学思想研究》，是大陆较早以延寿思想为研究对象完成博士论文的学者。

大陆学界能跨步式推进延寿研究，得益于两次典型的学术活动：一是2004年11月杭州佛学院联合浙江大学举办了"第二届吴越佛教文化与社会暨纪念永明延寿大师诞辰一千一百周年学术研讨会"。此次会议被称为"最近五十年来与会代表学术层次最高、见解最深、规模最大、论题最为集中的一次关于永明延寿禅师的专题学术研讨会"①。会议总计收到中、日、韩三国学界、教界论文61篇，其中以中国大陆学者的成果居多，会后出版了论文集《永明延寿大师研究》。二是厦门大学刘泽亮教授主持整理并点校了《永明延寿禅师全书》，该书于2008年正式出版。该项目不仅为学界开展延寿研究提供了相对完整的可靠史料，而且参与史料搜集、整理、校勘等工作的研究生，很多都将延寿思想作为自己硕博论文的研究对象。此后，关于延寿研究的硕博论文不断涌现，呈现出一派繁荣景象，仅博士论文就有多篇，如田青青的《永明延寿心学研究》(2008)、杨文斌的《一心与圆教——永明延寿思想研究》(2008)、陈全新的《永明延寿圆融观研究》(2010)、林亚桢的《永明延寿观心思想研究——以〈观心玄枢〉、〈宗镜录〉为中心》(2012)、王继侠的《永明延寿万善思想研究——以〈万善同归集〉为中心》(2015)、程佳琳的《禅尊达摩：永明延寿禅学思想研究》(2016)。郭延成在博士论文基础上整理出版了《永明延寿"一心"与中观思想的交涉》(2012)。孙劲松在论文基础上出版了《心史——永明延寿佛学思想研究》(2013)。

需要特别提到的是，2009年黄公元撰《一代宗匠 两宗祖师——永明延寿大师及其影响研究》一书，围绕延寿的生平、

---

① 杭州佛学院编：《永明延寿大师研究》，北京：宗教文化出版社，2005年，第561页。

著述、传记史料等进行了较为细致的考证；对延寿的融合思想、修持理路进行了详论；评价了延寿其人及其思想的深远影响，阐发了延寿思想的历史意义、现实价值和对未来研究的设想，是一部较为系统、深入研究延寿及其思想、后世影响的重要著述。

（二）延寿相关研究的分类

从横向分类来看，佛教史所涉延寿思想多以宏观概述为主，专题研究则主要围绕延寿的"一心""融会诸宗"思想展开论述，对延寿修持路径的研究也有不少成果。

1. 佛教史的宏观概述

在中国佛教相关的通史、思想史、宗派史、断代史类著述中，凡是涉及五代、宋初佛教，延寿及其思想是绕不过的。

就佛教通史而言，赖永海先生主编的《中国佛教通史》颇具代表性，书中从史学和义学角度论述了延寿的生平、思想特质、历史地位等，指出："延寿之学，会通禅教，归宗一心法门，兼祧禅、净，成为继唐代圭峰宗密之后博通禅教的佛教思想大家，无论是对禅教净合流的思想演进，还是对后世民众的佛教信仰，都产生了较大的影响。"[①] 该书认为《四料简》为延寿所作，阐明了延寿禅净融会思想的核心观点。关于延寿的著述，学界多关注《宗镜录》，但《中国佛教通史》指出："《万善同归集》六卷，因其力阐禅净兼行，其历史地位及影响力，几乎可以说不亚于百卷《宗镜录》。"[②] 而且"正是由于《万善同归集》

---

① 赖永海主编：《中国佛教通史》第8卷，南京：江苏人民出版社，2010年，第92页。
② 同上。

的广泛影响,奠定了永明延寿在中国净土佛教史的祖师地位"①。潘桂明在《中国佛教思想史稿》中也同样强调了《万善同归集》的重要性。

杜继文、魏道儒合著的《中国禅宗通史》从禅宗历史发展角度指出,延寿"为后来禅宗向佛教全体的整合,提供了完整的理论资料,并作了成功的示范"②。洪修平在《中国禅学思想史纲》中论述了延寿禅教兼融的禅学特色。麻天祥在《中国禅宗思想史略》中论述了延寿对禅、净、教的会通思想。禅宗断代史以杨曾文的《宋元禅宗史》为代表,书中指出:"延寿的心性论在两宋佛教史上占有重要地位,影响较大,同时也为两宋儒道学者考察心性问题提供便于查阅的思想资料。"③杨先生还认为,"在延寿倡导禅僧应当修持的众多善行中,对念佛净土法门最为提倡"④。望月信亨的《中国净土教理史》、陈扬炯的《中国净土宗通史》、存德的《净土宗教理史要》等书,也都阐述了延寿禅净合流的思想特质及万善同归净土的事修特质。

2. 对"一心"融会的主题研究

"一心"融会是延寿思想的重要特质。应该说,"一心"之理普摄诸法,融会之事能彰"一心",举"一心"而诸法在其中,行万善而理归于"一心"。在延寿相关研究中,围绕一心融会展开研究者很多。

---

① 赖永海主编:《中国佛教通史》第8卷,南京:江苏人民出版社,2010年,第92页。
② 杜继文、魏道儒:《中国禅宗通史》,南京:江苏古籍出版社,1995年,第371页。
③ 杨曾文:《宋元禅宗史》,北京:中国社会科学出版社,2006年,第32页。
④ 同上书,第59页。

研究延寿"一心"思想的专著、硕博论文可谓最多。张志芳在《一心统万法——永明延寿佛学思想研究》中，对"一心"之理与融会万法之事进行了系统而深入的论述。胡顺萍、杨文斌、田青青、郭延成、孙劲松等的博士论文及何文凤、洪燕妮、周思华等的硕士论文，皆是围绕一心展开研究。林亚桢、黄绎勋等，则从事修层面讨论延寿的"观心"之修。

围绕圆融、融会开展专题研究的，有陈全新的专著《永明延寿圆融观研究》（2010）、唐俊的硕士论文《永明延寿圆融思想研究》（2013）等。还有一些以禅净融会为中心进行论述的，如王凤珠的博士论文《永明禅师禅净融合思想研究》（2003），提出在"一心"思想的和会下，延寿禅净融合的净土思想突出了净土之自他二力，强调了净土的信、愿、行，并认为延寿被后世尊为净土宗祖师便基于此。黄琛杰的《永明延寿思想中的禅与净》（2002）、陈育求的《禅净关系思想研究》（2012），都是在比较禅净关系中论述了延寿的融会思想。任荟婵的《永明延寿禅净双修的思想》（2015）则主要从修持层面论述了延寿对禅净双修的融会。黄公元在《重温永明延寿大师的禅净融通思想》中说道："永明延寿大师禅净融合圆通的思想为宋以后中土佛教发展的主流方向奠定了基础"，"从理论到实践，大师不仅禅净融合圆通，而且禅净教律密皆融合圆通"[①]。这两个观点颇有创见，阐发了延寿思想对中国佛教从分宗到融会的发展模式的重要影响。

除了禅净融会，禅教融会也是延寿研究的主要方向。方立天先生在《永明延寿与禅教一致思潮》中指出："入宋以后，佛教

---

① 黄公元：《重温永明延寿大师的禅净融通思想》，杭州佛学院编：《永明延寿大师研究》，北京：宗教文化出版社，2005年，第137页，第140页。

僧俗的禅教双修、禅净双修都承继永明延寿的遗风,且不断推进。"① 应该说,阐发一心之理自然会涉及融会之事,融会之事则基于一心之理,这是由延寿一心圆融、理事不二的思想特质所决定的。

3. 对分宗别阐的专题研究

延寿以一心融会诸宗,所以学界也不乏对延寿思想进行分宗别阐者,关注点是延寿对某一宗思想的阐发问题。

专门研究延寿禅学思想的有程佳琳的博士论文《禅尊达摩:永明延寿禅学思想研究》(2016)。该文从达摩禅的特质进入,提出延寿禅学思想尊崇达摩禅旨的观点。黄诚则是从法脉传承角度研究延寿禅学思想,在《法眼宗研究》(2012)中以法眼宗的法脉传承为中心,追溯了延寿禅学思想的源头。美国亚利桑那大学东亚研究系魏雅博教授在《超越法脉传承之正统性——永明延寿所提倡的"菩萨行之禅风"范例》一文中阐发了延寿的禅学是超越法脉传承的。该文旨在强调延寿禅学思想对大乘菩提心的重视,但并未脱离中国禅宗的基本思想。

延寿思想中的天台理论、华严理论都有显著特色。延寿嗣法于天台德韶,德韶将法眼禅与天台教熔于一炉,延寿继承并发扬了这一思想。研究延寿思想中的天台理论,日本池田鲁参的《永明延寿の天台学》较具代表性。法眼宗创始人文益禅师主张禅教融会,尤主华严教与禅法的融会。延寿的华严思想有很多来自清凉澄观和圭峰宗密。董群的《延寿对宗密禅教融合论思想的继承和发展》、宋道发的《从宗密的禅教一致论到延寿的禅教

---

① 方立天.《永明延寿与禅教一致思潮》,杭州佛学院编:《永明延寿大师研究》,北京:宗教文化出版社,2005年,第107页。

融合论》、杨文斌的《延寿、宗密"禅教合一"论的差异》，都是基于以宗密为代表的贤首教与以延寿为代表的法眼禅之异同，从思想传承、发展、融会等角度切入研究延寿的禅贤融会思想的。日本吉田刚的《永明延寿之华严思想》《永明延寿の华严思想とその影响》，阐发了延寿在华严思想中的承上启下作用，认为永明延寿以"'一心'为基体，将禅、净土、华严、天台、唯识等统一融合，作为先驱，其作用令人瞩目"①。

关于延寿的法相思想研究，阙文华的《宗镜录法相唯识之研究》、孔维勤的《宋永明延寿宗教论与根识境之探讨》、施东颖的《〈宗镜录〉的法相唯识思想》、杨维中的《以〈宗镜录〉为例论永明延寿对唯识思想的摄取》、徐东来的《从〈宗镜录〉看延寿法师的因明研究》、肖永明的《唯心与唯识关系论辩——从〈宗镜录〉说起》，以及刘书乔的硕士论文《〈宗镜录〉唯识思想中的"根本识"义研究》等，都从不同角度研究了延寿的法相唯识思想。关于延寿的密教思想研究，有李尚全的《永明延寿禅师的生平及其佛学思想述论》。此文还对延寿禅、密、净合一的思想进行了阐述，这是为数不多涉及延寿融会密教的文章。关于延寿的律学思想，释智学在《永明延寿の戒律观》中进行了论述。延寿重视梵网菩萨戒，他曾梳理菩萨戒仪规，在实践中还多次传授过菩萨戒，对后世律学的传承及复兴起了重要的推进作用。

4. 对万善同归的相关研究

万善同归既是延寿的佛学思想，更是延寿所倡的修行方式。

---

① [日]吉田刚：《永明延寿之华严思想》，杭州佛学院编：《永明延寿大师研究》，北京：宗教文化出版社，2005年，第518页。

研究延寿万善同归思想及其实践路径者也不少。

王继侠在博士论文《永明延寿万善思想研究——以〈万善同归集〉为中心》(2015)中说道："从对后世佛教产生实际影响来看，《万善同归集》应是超过了《宗镜录》。"① 他认为"宗教的本质是重实践的，《宗镜录》所立的'一心'宗教理论思想体系，只有落实到《万善同归集》所倡的'万善'宗教实践思想体系，延寿的宗教思想才真正圆融起来"②。此观点呈现了延寿以理导行、以行臻理的逻辑进路。洪樱娟（释玮定）在《永明延寿"禅净双修"之探讨——以〈万善同归集〉为主》中围绕《万善同归集》，分四个层次对延寿的禅净融合思想和禅净双修实践进行了详细论述，阐明了万善同归的旨趣。陈兵在《中国佛学的第二位集大成者——永明延寿》中也指出："延寿不仅劝人虔修净土，而且自己以身作则，勤修净业。"③ 王公伟在《永明延寿的净土信仰及其在中国净土思想史上的地位》中，基于唐末五代两次灭佛运动分析了延寿行归净土的现实因素，认为"永明延寿大师的净土信仰是时代精神的体现"④，这也是他"以法眼宗嫡嗣的身份力倡净土"⑤ 的重要原因。释印旭在《永明延寿的〈宗镜录〉及归宗净土对后来的若干影响》一文中提出，"永明延寿的归宗净土，顺应了时代的潮流，开创了后来佛教各

① 王继侠：《永明延寿万善思想研究——以〈万善同归集〉为中心》，厦门大学博士学位论文，2015年，第4页。
② 同上。
③ 陈兵：《中国佛学的第二位集大成者——永明延寿》，杭州佛学院编：《永明延寿大师研究》，北京：宗教文化出版社，2005年，第14页。
④ 王公伟：《永明延寿的净土信仰及其在中国净土思想史上的地位》，杭州佛学院编：《永明延寿大师研究》，北京：宗教文化出版社，2005年，第325页。
⑤ 同上书，第326页。

宗'教宗自己，行在净土'"①。

延寿以一心融会诸宗而不失诸宗特质，行倡导归净土而更彰一心之理，成为中国佛教思想的集大成者。

(三) 延寿相关研究的不足

延寿研究的成果已十分丰富，但仍存在不足之处，有待于进一步研究。以下试述当前延寿研究的不足之处及对今后研究的展望。

从当前研究延寿其人及其思想的成果来看，在《永明智觉禅师方丈实录》"问世"后，延寿的生卒时间问题需进一步研究。笔者据《永明智觉禅师方丈实录》，参合《宋高僧传》《景德传灯录》等史料，重新考证了延寿的生卒时间，发现以公元纪年来看，延寿的生卒时间并非通常认为的904—975年，也非冉云华先生认为的904—976年，而应是905年1月9日至976年1月29日。关于延寿出家、受戒时间的"文献冲突说"，也有新的发现，此在后文中专门论述。

就延寿的思想研究而言，太虚曾指出延寿思想以"透禅融教律归净"为特质，但目前学界对此的研究并不系统，论其一心、融会、禅教、禅净、万善等思想者较多，也有研究其天台、华严、唯识、律学等分宗思想的，但对其融会台净、贤净、相净、律净、密净的研究较少，系统研究其"一心透禅融教律归净"思想的成果更是鲜见，而此正是本书重点研究的问题。

关于《四料简》问题，应该说关注和研究《四料简》相关问题的人不少，但仍存在较大争议，如孔维勤以《四料简》"未

---

① 印旭：《永明延寿的〈宗镜录〉及归宗净土对后来的若干影响》，杭州佛学院编：《永明延寿大师研究》，北京：宗教文化出版社，2005年，第486页。

见录于《宗镜录》《万善同归集》《观心玄枢》等永明论集中"为由，并认为"其义与永明'唯心净土'相背"，得出《四料简》"为后世净土宗人所附会"①的结论。对此，黄公元则明确提出："对《四料简》历来有许多争论，批评质疑者主要有两个说法，一是有人从文献考证的角度，说此非永明所作；二是有人指责《四料简》贬禅扬净，不符佛言祖语。其实，这两种质疑都是不符合佛法真精神，站不住脚。"②陈兵则指出，从其见地看《四料简》的观点"与《万善同归集》等所阐述的延寿思想基本一致"③。关于延寿是否作《四料简》，无论是持肯定观点还是持否定观点者，均未将《四料简》与延寿现存著述中的观点进行逐一比对分析，因此有必要将其与延寿现有著述进行逐一对比、分析、阐述，以增加相关论证的严密性。

还有，《宗镜录》详阐了"以心为宗"的核心思想，是公认的延寿禅学思想著述。然而，延寿导归净土的思想在《宗镜录》中也有反映，却并未得到应有的关注，因此有必要对延寿《宗镜录》中的禅净合流趋势进行挖掘。

此外，关于延寿思想影响的研究也存在不足，略举以下三个方面：第一，虽然不少人概述过延寿融会思想对宋代儒道佛大融合产生了重要影响，但延寿思想中具体是什么内容对宋代儒道佛大融合产生了哪些影响，有待进一步深入探讨。第二，虽说延寿

---

① 孔维勤：《永明延寿宗教论》，台北：新文丰出版公司，1983年，第124—125页。
② 黄公元：《重温永明延寿大师的禅净融通思想》，杭州佛学院编：《永明延寿大师研究》，北京：宗教文化出版社，2005年，第140页。
③ 陈兵：《中国佛学的第一位集大成者——永明延寿》，杭州佛学院编：《永明延寿大师研究》，北京：宗教文化出版社，2005年，第15页。

的佛学思想影响深远,直至近现代其影响力仍有增无减,但一般认为延寿思想主要对近现代佛教"传统派",如印光、虚云、谛闲、圆瑛等的思想产生了较大影响,却鲜有关注到延寿的思想对近现代佛教"改革派"如太虚的"人生(间)佛教"思想也产生了深刻影响。第三,延寿思想对东亚佛教产生过深刻影响,学界对此也有一定的研究,如韩泰植的《延寿门下の高丽修学生について》、陆晚霞的《智觉禅师永明延寿与日本文学——以佛教说话集〈沙石集〉吸收的延寿著作为例》等,但相关史料仍有待进一步挖掘补充。

应该说,目前延寿相关研究的成果已经非常丰富,但仍有一些议题需要进一步研讨。当今,就铸牢中华民族共同体意识、构建人类命运共同体而言,延寿的融会思想仍具有启发作用。应深入挖掘延寿思想中适应社会、顺应时代、利及大众的内容,为当今的中国佛教的发展提供更多有益参考,深化佛教思想与当代社会相适应、相融合的程度。

三 研究思路、难点和创新之处

在确定选题之后,研究思路的选择又是关键一步,而在撰写中必然会遇到难点,对难点的解决又往往会成为创新点。可以说,研究思路、难点、创新点三者是环环相扣、紧密相连、相辅相成的。

(一) 研究思路

如前所述,目前关于永明延寿的相关研究成果主要集中在对其"一心"思想、融合思想,以及其禅教、禅净思想几个方面。

研究其台净、贤净、相净、律净思想的成果也有，但从整体上对其"透禅融教律归净"思想进行研究的成果却不曾见到。本书主要围绕永明延寿的"透禅融教律归净"思想，从理、事两个层面进行梳理和论述，具体探讨和深入研究的问题有六个：一是延寿思想是在怎样的背景下形成的，二是其思想演进的内在路径是怎样的，三是他具体是如何透禅、融教、融律、归净的，四是他的日常行持是如何回应其思想的，五是该思想的核心特质是什么，六是这一思想对中国佛教的发展产生了哪些深刻影响。针对以上六个问题，本书以六章分而述之。

第一章通过对永明延寿的生平考述，及对五代时期社会背景的分析，从整体上把握延寿佛学思想从形成到成熟的发展历程和重要转折。彼时，延寿面临两个亟待解决的问题：一是佛教内部宗派的互斥；二是唐末五代两次毁佛运动和长期战乱对佛教的破坏性影响。面对内部宗派的互斥，他从理上以一心和会诸宗；面对严峻的外部环境，他提倡以万善导归净土，归净之倡也体现了延寿在特殊的社会环境下对度众的紧迫性和稳妥性需求，这是具有明显时代烙印的。

第二章从著述层面看永明延寿"透禅融教律归净"的内在演进。延寿的著述主阐"一心"，其著述基本上都有他"一心"透禅、融教、融律、归净的线索。他在《宗镜录》中主阐"一心"融会诸宗兼开净土之门，在《万善同归集》中基于"一心"铺陈净土理事，而《四料简》《神栖安养赋》更体现了其对净土理事的偏赞和升华。

第三章从义理层面看永明延寿对禅、教、律归净诸宗的交涉情况。通过阐发永明延寿透禅融大台归净、融贤首归净、融唯识归净、融戒律归净,可见其以透禅为基调、融教律为特色、归净为目的,终以净土理事彰显一心之旨。

第四章从修持层面看永明延寿对"透禅融教律归净"的回应。围绕永明延寿的"百八佛事",归纳其透禅、融教、融律、归净之修持,可见其事修虽涉及诸宗,却主于归净。从其事修的主次来看,也是主修念佛、忏悔、礼拜等行的。同时,他广修建塔造寺、戒杀放生、热心社会公益等,以万善助生净土,体现出他的修持围绕"透禅融教律归净"展开的事实。

第五章阐发永明延寿"透禅融教律归净"的理事圆融特质。围绕延寿所论之"一心"与"万善"、"心性"与"因果"、"唯心"与"有相"等范畴进行论述,还从"信自"与"信他"、"愿自"与"愿他"、"信愿力"与"本愿力"等方面论述延寿具有圆融性的自他融即观,可见延寿阐净土在理上至圆至顿、修上至简至易、机上三根普被。

第六章总结永明延寿的思想影响,分别从宋、元、明、清至近现代的禅净、台净、贤净、律净的合流情况,分析延寿思想的深远影响。直至近现代,延寿的佛学思想不仅对佛教界的"传统派"产生着重要影响,对佛教界的"改革派",如太虚法师提出"人生(间)佛教"思想,也产生了深刻的影响。不仅如此,延寿的融合思想还对宋代儒道佛之大和会有开启之功,对江南佛教的入世化发展,及对高丽佛教、日本佛教的发展都产生过重要影响。

(二)研究难点

首先,关于永明延寿的研究成果虽多,但鲜见对"透禅融教律归净"进行系统研究者;分别研究其台净、贤净、相净、律净思想的成果也不多，有的文章虽有所涉及，但多是提纲挈领式的宏观描摹，并未进行深入探究与分析。本书从"透禅融教律归净"进入，全面论述延寿以一心透禅，及对台净、贤净、相净、律净思想的融摄。这种从整体中析分野，从分野中透见融会的论述方式，需要对延寿思想有宏观、微观两方面的深入分析、理解和把握，具有一定难度。

其次，永明延寿思想被认为代表当时世界哲学的最高水平，他的著述如《宗镜录》《万善同归集》《观心玄枢》等都主要是对佛学义理的发挥，哲学思辨性强，要对其所阐发的义理和思想的逻辑进路有准确把握，需要反复研读琢磨，这也是难点之一。

再次，永明延寿的佛学思想是融会禅、台、贤、相、律、净诸宗的，为此，需要对诸宗思想皆有深入认识，既要从其思想整体上进行把握，又要从各宗本身的理论体系切入分析，以期尽量接近于永明延寿阐发该思想之原貌。这也是本研究的一个难点。

最后，分析永明延寿"透禅融教律归净"的理事对中国佛教的影响，跨越了宋、元、明、清及近现代，对禅、台、贤、相、律、净诸宗中的重要人物和思想进行梳理，挖掘他们受永明延寿思想影响的情况，需要查阅大量文献。在历史长河中，梳理出诸宗合流净土的思想发展脉络，并且对相关人物的思想做出尽量准确、客观的评价，这也是本书的一个研究难点。

(三) 创新之处

第一，本研究将宏观佛学思想与微观各宗别阐相结合，此视角具有一定的独特性。永明延寿"透禅融教律归净"这一概念是太虚法师提出的，但他并未就此展开详论，目前学界对此思想的研究也十分匮乏。论述永明延寿的一心、圆融、禅教、禅净思想者较多，也有研究其天台、华严、唯识、律学思想者，但对其台净、贤净、相净、律净大融合思想进行系统研究的成果尚未得见。本书围绕永明延寿"透禅融教律归净"思想，从整体到分论兼而有之，以总含分，从分见总，是为创新之一。

第二，本书综合运用哲学、历史学、文献学、解脱诠释学、统计学、社会学等研究方法，立足于永明延寿"透禅融教律归净"思想的整体，从思想建立、演进脉络、理事圆融的呈现、宗教实践的特质等方面展开论述。又从永明延寿著述的整体出发，通过窥名探义，并结合其现存著述对相关问题的解析，分析了包括其佚失著述在内的所有著述的整体观点，得出其著述整体上不离"透禅融教律归净"的结论。这种研究方法和得出的结论都是具有新意的。

第三，本书分别从永明延寿"透禅融天台归净""透禅融贤首归净""透禅融法相归净""透禅融律归净"进行分论，再将分论汇入"透禅融教律归净土于一心"的整体中。本书视野比较宽广，对具体问题的分析比较深入，结构比较完整，可以说是研究永明延寿思想的一次新尝试。

第四，本书提出《宗镜录》是永明延寿对净土理事的引发之作，并对《宗镜录》中永明延寿阐发净土理事的具体内容，从"弥陀即诸佛"之理，菩提心、信心、愿心之关键三心，四种念佛行，及"心作""心是"与"感佛接引"之关系进行了多向阐述。对《宗镜录》兼开净土之门的论述，在现有的研究成果中是很少见的。本书提出《宗镜录》为延寿净土思想的引发之作，《万善同归集》是延寿净土思想的代表之作，《四料简》《神栖安养赋》是延寿净土思想的升华之作，对此内在演进脉络的归纳和结论也是本书的重要创新点。

第五，本书将《四料简》条目与永明延寿现有著述中的观点进行了一一对比分析，综合古德所解，得出《四料简》符合延寿思想见地的结论。应该说，支持这一结论的成果不在少数，但将延寿现有著述与《四料简》进行逐条对比、分析、阐发者却十分少见，此也是本书的创新之处。

四 研究方法

随着哲学、宗教学、思想史、社会史、历史语言学等研究方法的介入，佛教人物及其思想的研究更加多元。本书的研究方法是综合性的。

首先通过文献学方法，对相关文献进行梳理，对有疑点的文献和重点文献以考据学方法进行比对分析，然后基于多种文献对相关问题进行分析。虽然延寿著述佚失不少，但主要著述尚存，而且在宗晓的《乐邦文类》《乐邦遗稿》、志磐的《佛祖统纪》，及历代的传记资料、笔记资料，如赞宁的《宋高僧传》、道原的《景德传灯录》、文冲编校的《智觉禅师自行录》，还有契嵩、苏轼、王日休、明本、惟则、昙秀、紫柏、莲池、憨山、蕅益、大壑、雍正、印光、太虚等高僧和学者居士的著述中也能找到一些重要内容。古德具有针对性的论述，也可作为重要参考。当然，无法读到佚失文献是非常遗憾的，而且即使尚存的文献，经过历代刊刻流通，有些文献的样貌也因种种原因而有所变化，如蕅益智旭就曾对法涌等改订的《宗镜录》有过批判。为此，笔者首先根据相关目录文献进行查找和比对，梳理和分析永明延寿著述的纂集情况。好在现有不同版本的藏经汇集,中华佛典宝库还对藏经文献进行了汇总整理,永明延寿的全集也出版过不同的版本,这都在很大程度上方便了研究工作。

其次,以诠释学和历史学方法尽可能多角度揭示和还原延寿思想的发展与演变情况,以期客观反映特定历史条件下其思想的发展脉络及特质。就诠释学方法而言,本书从宏观着眼,步步聚焦,深入研究,再以点带面进行和会。本书提到的"唯心""净土""不碍""圆融""主助"等,都是永明延寿"透禅融教律归净"思想的核心范畴,也是延寿一心融会诸宗导归净土的交涉与和会的论题。通过哲学诠释方法,希望对文中的重要范畴进行重新诠释,以形成古今佛教哲学的再对话与再交涉。需要特别提出的是解脱学诠释方法[①],此是研究佛学思想史不可忽略的方法之一。僧人著述的源动力来自对生命解脱的向往和度化众生的愿望,因此需要用解脱诠释学理论对其进行阐发。佛教思想研究如果离开解脱诠释学方法,就可能会失去思想的"本义",但是"本义"又不是孤立存在的,而是存在于相应的历史时期。因此,兼顾历史学方法就显得格外重要。"本义"在不同的历史时期又会受到不同的历史环境、时代思维、文化背景等多方面的客观影响,因此这个"本义"必然是带有时代特色的。这也正是赖永海先生说的要"跳出佛教本身,把佛教放到所处的时代大背景中,放到时代的思想文化背景中去进行考察"[②] 的原因所在。

[①] 圣凯:《摄论学派研究》,北京:宗教文化出版社,2006年,第14—17页。
[②] 赖永海:《要把佛学放到特定的社会、文化背景中去进行研究》,麻天祥主编:《百年佛学》,武汉:武汉大学出版社,2008年,第32页。

第一章 延寿的生平考论及其乱世下的净土理想

关于永明延寿的传记版本较多，韩京洙梳理出20余种，释智学搜罗出36种。黄公元在《一代巨匠 两宗祖师——永明延寿大师及其影响研究》一书中，对相关传记类史料进行了一一概述①。释定源在中国国家图书馆发现了元照重订的《永明智觉禅师方丈实录》（以下简称"《实录》"），并撰《国家图书馆藏〈永明智觉禅师方丈实录〉——永明延寿传记新资料》。其附录了《实录》原文，这是研究延寿生平又一重要史料②。本章对延寿的生卒时间和出家问题进行考论，并基于延寿所处时代的社会背景分析他净土理想形成的原因。

---

① 参见黄公元：《一代巨匠 两宗祖师——永明延寿大师及其影响研究》，北京：宗教文化出版社，2009年，第6—25页。
② 参见释定源：《国家图书馆藏〈永明智觉禅师方丈实录〉——永明延寿传记新资料》（附录），杭州佛学院编：《吴越佛教》卷8，北京：九州出版社，2013年，第556—559页。

第一节 延寿的生卒与出家时间考论

延寿的生卒和出家时间,在相关文献中并不一致,前人考论也存在不少分歧。本节在前人研究的基础上,通过进一步钩稽爬梳、剖析解读,发现《宋高僧传》《景德传灯录》《永明智觉禅师方丈实录》三部宋初文献对延寿生平的记载虽表述方式不同、侧重点有异,但并无矛盾,且互相支撑。若能注意并准确理解各文献在延寿生卒和出家问题上的遣词差异,则不同文献不仅能互相印证,还能依之推出延寿生卒的确切日期,解决延寿出家问题的"文献矛盾说"。

一 延寿生卒时间考

关于延寿的出生时间,文献中鲜有记载,而对他圆寂时间及世寿,文献中多有明确记载。关于延寿的圆寂时间,主要有两种说法:

一是北宋初赞宁《宋高僧传》述延寿于"开宝八年乙亥终于住寺"①。道原的《景德传灯录》所述更详,记载延寿"开宝八年乙亥十二月示疾,二十六日辰时,焚香告众,跏趺而亡"②。由两书可知延寿寂于开宝八年十二月二十六日。北宋末年《禅林僧宝传》、南宋《释门正统》、元朝《佛祖历代通载》、明朝

---

① 〔宋〕赞宁等:《宋高僧传》卷28,《大正藏》第50册,第887页中。
② 〔宋〕道原纂:《景德传灯录》卷26,《大正藏》第51册,第422页上。

《禅灯世谱》等文献，皆沿用了延寿开宝八年十二月二十六日圆寂说。

二是北宋末年王古辑《新修往生传》述延寿于"开宝八年二月二十六日，晨起焚香，告众跏趺而逝"①。之后，南宋时期的《乐邦文类》《佛祖统纪》，及明清之际的《往生集》《西归直指》《净土全书》等文献都沿用了此说。

从史学角度看，延寿寂于开宝八年十二月二十六日的说法更可靠。赞宁、道原都与延寿为同时代人，且相交甚笃。赞宁曾协助延寿建六和塔，道原是延寿的法兄弟，他们的记述自然更为可靠。至于《新修往生传》等文献中的二月二十六日说，应是后人引前人文献时误将十二月写成二月。

关于延寿的世寿问题，也主要有两种说法：

一是《宋高僧传》载延寿"春秋七十二"②，《景德传灯录》载延寿"寿七十二"③，之后的《禅林僧宝传》《佛祖历代通载》《永明道迹》等文献均承此说。

二是周克复纂《净土晨钟》载延寿于"开宝八年二月，年九十八，晨起告众，焚香跏趺而寂"④。此中关于延寿圆寂时间的记载，与《新修往生传》《乐邦文类》《佛祖统纪》等文献是一致的。但是关于延寿世寿九十八的说法则不可信，《净土晨钟》出于清代，周氏引录时误记或误刻的可能性很大。

需要注意的是，延寿圆寂的时间开宝八年农历十二月二十六

---

① 〔宋〕王古辑：《新修往生传》卷3，《续藏经》第78册，第161页上。
② 〔宋〕赞宁等：《宋高僧传》卷28，《大正藏》第50册，第887页中。
③ 〔宋〕道原纂：《景德传灯录》卷26，《大正藏》第51册，第422页上。
④ 〔清〕周克复纂：《净土晨钟》卷10，《续藏经》第62册，第88页上。

日，转换为公元纪年为976年1月29日。一般书籍中记述延寿圆寂于公元975年，在换算公元纪年时，未注意开宝八年十二月二十六日为公历976年1月29日。对此，冉云华已有明确论述："一般书籍不察，常将延寿去世日期记为975年，误也。"①

关于延寿的出生时间，一般推算为公元904年，而自《永明智觉禅师方丈实录》被发现后，关于延寿的出生时间有了更为可靠的记载。《实录》中载延寿"十二月旦降生"②，即天祐元年（甲子年）十二月初一出生，为公元905年1月9日。

综上所述，延寿的生卒时间转换为公元纪年后，非通常认为的904—975年，也非冉云华纠正后的904—976年，而应是905—976年。

二　延寿出家问题论

一般认为，关于延寿的出家时间，《宋高僧传》《景德传灯录》《永明智觉禅师方丈实录》互有矛盾。实际上，只是文献记载的侧重点不同，记载的是其出家的不同阶段，从文献遣辞中可以悉知。

（一）考究遣词差异明晰问题所在

北宋三部文献分别记述了延寿入寺童行、披剃出家、受戒圆具三个步骤及对应时段。以下基于文献遣词的不同进行考辨。

---

① ［加］冉云华：《永明延寿》，台北：东大图书股份有限公司，1999年，第62页。
② ［宋］元照重编：《永明智觉禅师方丈实录》，绍兴三十年释行拱刻印版，国家图书馆中华古籍资源库藏。

第一,《宋高僧传》载延寿"春秋七十二,法腊三十七"①,由此推算,延寿应是939年受戒,时年35岁。

第二,《景德传灯录》载延寿"寿七十二,腊四十二"②,宋惠洪撰《禅林僧宝传》也载延寿"阅世七十有二,坐四十有二夏"③。明大壑在《永明道迹》中则记为:"至年三十,吴越王知师慕道,乃从其志,放令出家。"④ 以上文献,虽表述方式不同,但换算出的时间却是统一的,即延寿于934年被放令入寺,时年30岁⑤。

第三,《永明智觉禅师方丈实录》载延寿"至年三十有四,始得出家"⑥。之后,宋昙秀在《人天宝鉴》中也载延寿"年三十四往龙册寺出家受具"⑦。元普度编《庐山莲宗宝鉴》载延寿"三十四岁依龙册寺永明大师落发受具"⑧。可知,延寿是938年出家,时年34岁。

一般认为,以上三种说法有矛盾,实际并非如此。赞宁、道原与延寿同时代,且相互熟知,他们的记载应是可靠的。虽说元

---

① 〔宋〕赞宁等:《宋高僧传》卷28,《大正藏》第50册,第887页中。
② 〔宋〕道原纂:《景德传灯录》卷26,《大正藏》第51册,第422页上。
③ 〔宋〕惠洪:《禅林僧宝传》卷9,《续藏经》第79册,第511页中。
④ 〔明〕大壑:《永明道迹》卷1,《续藏经》第86册,第56页上。
⑤ 延寿大师虚30岁,应在癸巳年,癸巳年横跨公元933、934两个年份。按933年计算,合"腊四十二",大师圆寂时间为933+42=975年。按934年算,则圆寂时间为976年。笔者因延寿于开宝八年十二月二十六日忌世,为公元976年1月29日,故取934年入寺的说法。之后的"三十有四""法腊三十七"等记载,都存在同样的问题,因不清楚具体年月,故干支纪年与公元纪年间存在换算的不确定性。为换算时不混淆,在不清楚大师入寺、出家、受戒的具体月份的情况下,本文统一用公元纪年进行换算是权宜之法。亦可统一按干支纪年计算,则需另行换算。
⑥ 〔宋〕元照重编:《永明智觉禅师方丈实录》,绍兴三十年释行拱刻印版,国家图书馆中华古籍资源库藏。
⑦ 〔宋〕昙秀辑:《人天宝鉴》卷1,《续藏经》第87册,第23页上。
⑧ 〔元〕普度编:《庐山莲宗宝鉴》卷4,《大正藏》第47册,第325页上。

照晚于延寿,但他依照前人所述重校《实录》,而且《实录》原作者很可能是开化行明。开化行明是延寿的剃度弟子,曾在永明寺协助延寿管理寺务,他所记的应更加可信。退一步说,即使《实录》非行明所作,该文献也是出自北宋初年,且从"方丈"二字看,应是延寿门人或其所在寺院的僧人所作。

北宋的三部文献可信度都很高,文献记载各有侧重,研究者误认为他们存在矛盾,实源于对三部文献考究的遣辞差异未加仔细琢磨。

首先,《宋高僧传》载延寿"法腊三十七"。"法腊"又称"戒腊","指僧侣受具足戒后结夏安居之年数"①。赞宁的遣词十分考究,用"法腊"表达延寿受戒圆具的时间。赞宁之所以关注延寿的"法腊",与其本人的学修经历及身份有关。从赞宁的学修经历来看,他精研南山律,著述毗尼学,时人称其为"律虎"。从其身份来看,他曾担任"僧统"一职,作为当时佛教的管理者,他更多关注的是圆具的比丘。从赞宁述延寿"法腊三十七",可推算延寿35岁受戒圆具,时为公元939年。

其次,《景德传灯录》载延寿"腊四十二"。值得注意的是,此处道原用的是"腊"字,而非"法腊",虽仅一字之差,但在实际上却与赞宁的遣词有显著差异。道原用"腊",遵从了佛教惯用的纪年方式,以"腊"来计算延寿入寺的时长。换言之,道原此处言"腊",而不言"法腊""戒腊",表意是明确的,即从延寿入寺为童行开始计算其入寺修行的总时长。之后,惠洪述延寿"坐四十有二夏"②,所用之"夏"字与道原用"腊"字

---

① 参见慈怡主编:《佛光大辞典》(4),高雄:佛光出版社,1988年,第3431页。
② 〔宋〕惠洪:《禅林僧宝传》卷9,《续藏经》第79册,第511页中。

表意相同。道原之所以如此表述，与其所学及身份有关。道原是宗门中人，五代宋初的禅者多偏重理性而鲜言事戒，六祖慧能有"心平何劳持戒"①的开示，且六祖大师在五祖会下时，也是以童行身份得承衣钵。这应是道原核算延寿入寺时长，将童行时间计入在内的重要依据。据此推算，延寿934年礼翠岩为师，先为童行，时年30岁，此与《永明道迹》中"至年三十，吴越王知师慕道，乃从其志，放令出家"的记述是吻合的。需要指出的是，无论是延寿"礼翠岩为师"，还是"从其志，放令出家"，都不代表延寿当即剃染出家。中国佛教《清规》中有明确规定，凡出家者要先入寺为童行，经受磨砺，考验意志，延寿虽是敕令出家，但仍需遵照《清规》之规定。

最后，《永明智觉禅师方丈实录》载延寿"至年三十有四，始得出家，依龙册寺慧日永明大师落剃"②。"出家""落剃"二词的指向都很明确，即延寿披剃出家成为沙弥的时间。延寿34岁，时为公元938年。文中"始得"二字，也隐含了延寿出家前经历了种种磨砺之意。需要注意的是，宋昙秀在《人天宝鉴》载延寿"年三十四往龙册寺出家受具"③，元普度编《庐山莲宗宝鉴》中载延寿"三十四岁依龙册寺永明大师落发受具"④，将出家和受具放在一起表述，并非说出家马上就圆具，实际上延寿出家后1年才圆具，这也符合《清规》的规定。

由此可知，934年延寿30岁时被放令出家，入寺先为童行，

---

① 〔元〕宗宝编：《六祖大师法宝坛经》卷1，《大正藏》第48册，第352页中。
② 〔宋〕元照重编：《永明智觉禅师方丈实录》，绍兴三十年释行拱刻印版，国家图书馆中华古籍资源库藏。
③ 〔宋〕昙秀辑：《人天宝鉴》卷1，《续藏经》第87册，第23页上。
④ 〔元〕普度编：《庐山莲宗宝鉴》卷4，《大正藏》第47册，第325页上。

磨砺4年后，于938年34岁披剃出家成为沙弥，继续修学1年，于939年35岁正式受戒圆具。

(二) 依据《禅苑清规》规定佐证出家三步

《清规》中明确规定了求出家者，从入寺童行、披剃出家，到圆具戒品的流程，及不同身份应从事的寺务与学修内容。以下基于宗赜的《禅苑清规》论延寿出家的三个时段。

《禅苑清规》有云："如能委曲推行，便为得度之本也，他时若获披剃，高僧轨范一切见成。"① 此阐发了童行阶段经受磨砺、委曲推行的必要性。文中还列出了入寺童行后，在披剃前的具体规矩和劳役要求，以童行身份为大众服务，旨在磨砺身心、消业增福、坚定志愿。

道原记述了延寿童行时的情况："（延寿）礼翠岩为师，执劳供众，都忘身宰，衣不缯纩，食无重味，野蔬布襦，以遣朝夕。"②"拜翠岩为师"，是指延寿童行期间即礼翠岩为师，与慧能童行时即礼弘忍为师一样；"执劳供众"记述了延寿在寺院劳役，为众服务；"衣不缯纩，食无重味，野蔬布襦，以遣朝夕"表达了延寿俭以养德、朴素淡泊，符合《清规》"委曲推行，便为得度之本"的要求。

按照《禅苑清规》，童行考核过关到正式披剃还要经历沙弥期的考核。《禅苑清规》曰："沙弥剃落，先受十戒，次则登坛受具。"③ 沙弥为受戒圆具前的适应阶段，沙弥考核通过后方堪

---

① 〔宋〕宗赜集：《(重雕补注) 禅苑清规》卷9，《续藏经》第63册，第549页下。
② 〔宋〕道原纂：《景德传灯录》卷26，《大正藏》第51册，第421页下。
③ 〔明〕袾宏：《沙弥律仪要略·戒律门》，《云栖法汇（选录）》卷4，《嘉兴大藏经》第32册，第589页上。

受三坛大戒，以成真正具戒比丘。实际上，《实录》中也记述了延寿披剃后以沙弥身份在寺院修习的经历。《实录》中还记述了延寿"才登戒品，持守清严"[①]的戒后游方参学经历。赞宁在记述延寿"登戒"后，也记述了延寿"于台岭天柱峰九旬习定"[②]的经历。此与《禅苑清规》亦是吻合的。按照规定，"佛制出家者，五夏以前，专精戒律，五夏以后，方乃听教参禅"[③]，即只有圆具后才能正式参禅学教、行脚游方。延寿从934年被放令出家，到939年正式受戒圆具，符合"五夏"之期的规定。

（三）确定基准算法印证文献记载

关于延寿出家的三个时段，冉云华在《永明延寿》一书中记载延寿933年入寺，937年披剃，939年圆具[④]。冉先生此推算，并未统一年岁计算方法。

冉先生以《景德传灯录》载延寿"寿七十二，腊四十二"，算出延寿933年入寺，933年加42腊会得出延寿975年圆寂的结果；再以《宋高僧传》载延寿"春秋七十二，法腊三十七"，算出延寿939年受戒，939年加37法腊会得出延寿是976年圆寂的结果。但由于计算方法不统一，导致核算的圆寂时间存在出入。因此，在核算年岁时，需确定一个基准，并统一计算方法，以防止推算相关年份时出现误差。对基准的确定，若以延寿905年出生为基准，参以"年三十……放令出家"，计算其入寺时间时应

---

① 〔宋〕元照重编：《永明智觉禅师方丈实录》，绍兴三十年释行拱刻印版，国家图书馆中华古籍资源库藏。
② 〔宋〕赞宁等：《宋高僧传》卷28，《大正藏》第50册，第887页中。
③ 〔明〕袾宏：《沙弥律仪要略·戒律门》，《云栖法汇（选录）》卷4，《嘉兴大藏经》第32册，第589页上。
④ 参见〔加〕冉云华：《永明延寿》，台北：东大图书股份有限公司，1999年，第40页。

减1。因为按照中国传统的虚岁计算法，延寿出生当年已1岁，故通过其年龄算其入寺时间的算式应为905 + 30 - 1 = 934。若以976年圆寂时间为基准，参合其年岁，计算其生年需在减去岁数后加1，因为圆寂当年未计入，故要加1，算式为976 - 72 + 1 = 905。但是，根据其圆寂时间，参合其"腊"和"法腊"计算其入寺、出家、受戒之年，则应视具体情况而定。因为"腊""夏""法腊"都是做结夏安居的时间为基准，延寿圆寂之日并未到结夏安居之时，故不能算为一"腊"。换言之，他没有经历976年的结夏，故不需加1。因此，以出生年为基准，参合年龄计算出家、圆寂年时则应减1；以圆寂年为基准，参合年龄计算出家、出生年时则应加1；以圆寂时间为基准，参合"腊""夏""法腊"等核算入寺、受戒年时，就延寿而言则无需加1。确定基准，统一算法后，再以此计算其生、卒、入寺、出家、受戒等时间，无论从前向后、从后向前、从中间向前后进行推算皆能吻合时，方能验证计算方法是可行的。由此，根据《景德传灯录》"寿七十二，腊四十二"和《永明道迹》"至年三十……放令出家"，可算出延寿30岁入寺礼令参为师，知其为童行的时间为934年。根据《实录》载其"至年三十四，始得出家"，则知延寿披剃为沙弥的时间为938年。根据《宋高僧传》载其"春秋七十二，法腊三十七"，则知延寿圆具为比丘的时间是939年。

参合《宋高僧传》《景德传灯录》《永明智觉禅师方丈实录》三部北宋文献，不仅可算出延寿准确的生卒时间，而且注意其中遣词的差异，还能验证延寿入寺童行、披剃出家、受戒圆具的时段。文献间能够互相支撑、相互印证。

第二节 乱世毁佛与净土理想

中国佛教的整体发展,正如汤用彤所言:"盛于隋唐,衰于五代。"从地域佛教的发展情况来看,五代时吴越偏安,钱氏向佛,使得吴越佛教有相对较好的发展。延寿在吴越得到历任吴越王的护持,得以大力弘扬佛教,但动荡的大环境及北方的"毁佛"运动,促发并坚定了延寿的净土理想。

一 乱世毁佛与吴越护佛

唐季的藩镇割据,使得社会长期处于动乱中,这对佛教的发展也产生了深刻影响。会昌五年(845)的"毁佛"事件,更使得中国佛教元气大伤。降至五代,中国南北分裂、战乱不断,北方的"梁、唐、晋、汉、周相继有中原,然均未统一中国"[1],后周柴荣又行"毁佛",北方佛教再受沉重打击,自此中国佛教的南北格局彻底转变。

周世宗柴荣(921—959)在即位的第二年,即显德二年(955),便颁布诏令:

> 释氏真宗助世为善,将隆教法,须辨否臧。自今不许私度僧尼,及亲无侍养者不许出家,无敕寺舍并须停废。九月

---

[1] 汤用彤:《五代宋元明佛教事略》,《隋唐佛教史稿》,北京:中华书局,2016年,第294页。

以久不铸钱,敕令除县官法物、军器,寺观钟、磬、钹、铎之类听留外,自余民间铜器、佛像,五十日内悉令输官给其直,过期不输五斤以上,其罪死。①

诏令内容很严厉,主要从三大方面限制并打击佛教的发展:

第一,禁止私自剃度僧尼,对出家设限。一是设定年龄限制,男子出家须十五岁以上,女子出家须十三岁以上;二是规定"亲无侍养者不许出家";三是设定考核标准,男子需能"诵经百纸或读五百纸"②,女子需能"诵经七十纸,或读三百纸"③。此条件本身有一定合理性,但问题是达到以上条件才能陈状出家,且需要"本郡考试以闻,祠部给牒方得剃度"④。换言之,即使达到出家条件,是否准许出家仍非佛教内部所能决定。这实是柴氏从佛教传承人的延续上进行设限,僧众骤减则弘法无主力。

第二,"无敕寺舍并须停废"。诏令颁布当年就"废寺三千三百三十六所"⑤,废寺力度不可谓不大。这实是对佛教弘法"根据地"的禁毁。

第三,毁民间佛像、法器等熔铸铜钱。《佛祖统纪》述:"周世宗天性毁佛。"⑥柴荣曾亲自上阵毁坏佛像,"镇州大悲极有灵应,诏下,人莫敢近,帝闻之,自往其寺持斧镬破面胸"⑦。

---

① 〔宋〕志磐:《佛祖统纪》卷42,《大正藏》第49册,第392页中。
② 同上。
③ 同上。
④ 同上。
⑤ 同上。
⑥ 同上书,第386页下。
⑦ 同上书,第392页下。

后来，柴荣"北征，疽发于胸，亟归京师，遂殂"①，世人议论此是他持斧毁观音像所遭的恶报。佛教最初不设偶像，在中国有明确佛教雕塑的记载出现在东汉末年。后来佛教逐渐以"设像传教"建立信仰基础，熔化了佛像、法器，教徒的信仰自然随之淡薄。对佛像、法器的毁坏是对佛教传播路径的阻断。

而且，当时的佛教典籍也遭到极大破坏，"经会昌之孽，五代之乱，诸宗典籍率为煨烬，故祖师之训，亡逸过半矣"②。以至于吴越及宋，都需要从日本、高丽回请佛教典籍。销毁经典，则是从根本上迫使佛教走向消亡，是拔出佛教传承的根本。

好在南方诸王大都热心护持佛教，南唐、吴越、闽地以及西蜀等地佛教都在一定程度上得到发展。需要指出的是，在整体动荡的社会环境下，南方佛教的发展是相对的，汤用彤评五代佛教发展的总体情况为"极衰之候"③。

南方诸地以吴越佛教发展最为繁荣。吴越由武肃王钱镠（852—932）建于公元907年，历文穆王钱元瓘（887—941）、忠献王钱弘佐（928—947）、忠逊王钱弘倧（929—971）、忠懿王钱弘俶（929—988），共三代五王。钱镠"善事中国，勿以易姓废事大之礼"④的教诲和"善和临好"的观念，使吴越自唐末至宋初甘心臣服于中原七朝。这也保证了吴越的相对偏安，使其经济、文化都得到较好发展。钱氏家族崇奉佛教，并大力支持佛

---

① 〔宋〕志磐：《佛祖统纪》卷42，《大正藏》第49册，第392页下。
② 〔宋〕元照录，〔宋〕道询集：《芝园遗编》卷3，《续藏经》第59册，第651页上。
③ 汤用彤：《五代宋元明佛教事略》，《隋唐佛教史稿》，北京：中华书局，2016年，第295页。
④ 〔宋〕范坰、林禹撰：《吴越备史》卷第二，《四部丛刊》影印吴枚庵手钞本，第83页。

教发展。据载,"寺塔之建,吴越武肃王倍于九国"①。除大兴寺院、广建寺塔之外,护持德识皆备的优异僧才也是吴越之一大贡献。忠懿王钱弘俶时,吴越佛教达到鼎盛,他对"宋初之名僧(如天台诸僧及延寿、赞宁)多所庇翼"②。这也使得吴越佛教呈现出一片繁荣之象,为宋代佛教的发展奠定了良好的基础。

需要注意的是,虽然吴越相对偏安,但是在七十多年里各国都扩张疆土,在争霸的大背景下,吴越不仅要时刻提防邻国侵犯,也常有应战、助战之事。换言之,吴越虽相对偏安,却也常与战争相伴。因此,上自钱王,下至百姓,始终面临着挥之不去的外部威胁,这种危机感对吴越王及吴越人民笃信佛教,及延寿形成净土理想有推动作用。为求和平以利民,公元978年钱弘俶纳土归宋,这不仅是遵钱镠的遗训,而且与延寿的劝归也有一定关系。陈瓘曾述:"钱氏重民轻土,舍别归总,用师(延寿)之劝诲也。"③钱弘俶以延寿为师,延寿的意见又与钱镠遗训一致,更加坚定了钱弘俶纳土归宋的决心。

由此可见,在政治方面,延寿规劝钱弘俶"舍别归总";在教理修持方面,延寿提倡"一心统摄诸宗",形成了"一心透禅融教律归净"的思想和修持指导。然从社会学视角来看,延寿作为宗门祖师,在择法与弘法取向上,力倡导归净土,这是具有明显的时代危机烙印的。

---

① 赖永海主编:《中国佛教通史》第8卷,南京:江苏人民出版社,2010年,第81页。
② 汤用彤:《五代宋元明佛教事略》,《隋唐佛教史稿》,北京:中华书局,2016年,第295页。
③ 〔宋〕陈瓘:《智觉禅师真赞(并序)》,〔宋〕张津等:《乾道四明图经》卷11,《中国方志丛书》(华中地方·第五七三号),台北:成文出版社,1983年,5059页上。

二 末法观念与净土理想

五代之乱给人们的生活带来了极大苦难。宋人朱弁在《曲洧旧闻》中言："五代割据，干戈相侵，不胜其苦。"① 吴越虽偏安一隅，但在战乱的大环境中想要明哲保身实属不易。为了稳固疆土，保护人民，吴越前后臣服于中原七朝，对周边诸国实施"善和睦邻"政策，以尽量减少争战、维持和睦，即使如此，吴越的对外战争也时有发生。

唐末、五代发生了唐武宗李炎和后周世宗柴荣的"毁佛"，长期战乱及"毁佛"运动，加剧了佛教徒对"末法"观的现实体会。所谓"末法"，即"正法绝灭之意，指佛法衰颓之时代，与'末世''末代'同义，乃正、像、末三时之一"②。永明延寿对"末法"的理解集中体现在《宗镜录》和《万善同归集》中，他多次引述经典言及"末法""末世""末代"问题，并就此问题阐发了自己的观点，意在督促学人有紧迫感，善择法要，精进修持，以期当生了脱生死，真正离苦得乐。《宗镜录》中有6处对"末法"、13处对"末世"、3处对"末代"的阐述。《万善同归集》讲到"末法"2次，"末世""末代"各1次。此外，延寿在《垂诫》文中也以"末法""末世"观劝诫学人精进修学。《心赋注》中亦有对"末代"的阐发。

延寿之所以以一心融会诸宗而偏赞净土，应与五季之乱及

---

① 〔宋〕朱弁：《曲洧旧闻》，《景印文渊阁四库全书》第863册，台北：台湾商务印书馆，第288页上。
② 慈怡主编：《佛光大辞典》（2），高雄：佛光出版社，1988年，第1942页。

"毁佛"运动下对"末法"观的深入体会有一定关系。他在《宗镜录》中以设问的方式阐发了"末法"时期的种种问题,并提出了适合的修法。时人问曰:

> 何不依自禅宗,蹑玄学正路,但一切处无着,放旷任缘,无作无修,自然合道。何必拘怀局志,徇义迷文?可谓弃静求喧,厌同好异。①

延寿回答:

> 近代相承,不看古教,唯专己见,不合圆诠,或称悟而意解情传,设得定而守愚暗证,所以后学讹谬,不禀师承,先圣教中,已一一推破。如云一切处无着者,是以阿难悬知末法,皆堕此愚。②

文中的"近代"指唐末五代之际,当时禅宗滋生"不看古教,唯专己见"之咎。延寿指出此并非对禅宗的圆融诠释,或亦有悟,然只是"意解情传",是凡夫的知解、意识分别而已,并非真正的"彻悟自心"。设或得定,但因不知经教,不依经教,只是"守愚暗证"的痴禅,不读经教便堕"守愚"之见,"暗证"并非真正的"禅悟之证"。"不看古教,唯专己见""意解情传""守愚暗证"之弊误导后学,以致"后学讹谬",错解禅宗真义。对于这种不能正解佛理及祖师真义的情况,古德先贤早已一一推破。例如"一切处无着"即指此弊,禅宗言"不立文字",旨在破除心中之执,莫要"依文解义",而非"不看古

---

① 〔宋〕延寿集:《宗镜录》卷43,《大正藏》第48册,第671页上。
② 同上。

教,唯专己见",更非离开经教事修而别求玄理。阿难尊者早已预见"末法"时期人根陋劣,多堕此愚见之中,便预为警示。延寿言此,一则指出时值"末法",百弊丛生;二则为除弊故,力倡依教悟禅,禅教合流。

实际上,圆教理论提倡的是即事之理,而非离事之理。禅宗本是一乘圆教,开权显实,直指自心,唯上上根者方堪直下承当,然而"末法机劣之人,遮障既深,见惑尤重,情尘尚壅,欲火犹烧,而能荷担斯大事者欤!"① 延寿遂引唐朝禅、教俱通的永嘉真觉之开示:

> 嗟末法,恶时代,众生薄福难调制。去圣远兮邪见深,魔强法弱多冤害。闻说如来顿教门,恨不灭除令瓦碎。作在心,殃在身,不须怨诉更尤人。欲得不招无间业,莫谤如来正法轮。②

也就是说,早在唐时永嘉真觉大师就感叹"末法"的时代之恶、众生福薄,难以调制。距佛陀应化施教的时间越久远,邪知邪见就会愈深。魔强法弱,多是冤亲债主破坏佛法、障道修行、迫害丁人。魔侣听闻了如来宣说的顿教法门,恨不能将正法破坏粉碎,所作起于自心,而恶报受在自身,何须怨天尤人?要想不感召无间地狱之业,就不能妄自毁谤如来所说的正法。

可见,永嘉真觉时禅门中已多有谤教谤净之人。须知,禅为如来心、教为如来语、净为如来行,自相毁谤便是不明就里的愚痴行为。正因为此,延寿于五代宋初,极力提倡禅教、禅净、禅

---

① 〔宋〕延寿集:《宗镜录》卷26,《大正藏》第48册,第561页上。
② 〔宋〕延寿集:《宗镜录》卷40,《大正藏》第48册,第652页中。

律等诸宗的合流,一为本自一如,二为消融争端。

禅律之间的关系,在当时也是亟待解决的问题,延寿于《万善同归集》中说道:

> 如今末代宗门中,学大乘人,多轻戒律,称是执持小行,失于戒急。所以《大涅槃经》佛临涅槃时,扶律谈常,则乘戒俱急。①

"如今末代"是延寿言其时,以五代为"末代","宗门中"便是特指禅宗门中,"学大乘人"则包括了学禅、教、净、密等大乘法者。简言之,当时各宗学人多有轻视戒律者,他们视持戒为执着小行,对于戒律不再急急讲求。佛则预知"末世"学人会犯此咎,故在临涅槃时于《大涅槃经》中以佛性常住之理,扶助乘戒二门,阐发了禅、教、律都要急急讲求,不能执此废彼之论。由此可见,延寿提倡诸宗融会,禅、教、律、净不舍一法,反对执禅废律的言行。延寿还引《大涅槃经》说道:

> 观于五道一切受生,悉是怨憎合会大苦,若未了无生,于所生之处,无非是怨,无非是苦。何者?为境所缚不得自在故。求不得苦者,有其二种:一者,所希望处求不能得;二者,多役功力不得果报。五阴盛苦者,生苦、老苦、病苦、死苦、爱别离苦、怨憎会苦、求不得苦,是故名为五阴盛苦。以执阴是有,为阴所笼便成阴魔,众苦所集。②

延寿引此经文,不仅是佛教对娑婆世界的通途解析,而且与

---

① 〔宋〕延寿述:《万善同归集》卷1,《大正藏》第48册,第965页中。
② 〔宋〕延寿集:《宗镜录》卷42,《大正藏》第48册,第665页中。

五代的社会环境有现实的对应性。譬如"五道一切受生，悉是怨憎，合会大苦"，"五道"即通常所说的"六道"，五道和六道的区别在于是将"阿修罗道"单独列为一道，还是分融在天、鬼两道之中①。从五代十国的政治环境看，起诸战争的皆是怨憎会，作战双方无论军民，皆苦不堪言。在战乱的环境中，人们"为境所缚，不得自在"。延寿在《宗镜录》中解"五浊恶世"说：

> 嗔恚增剧刀兵起，贪欲增剧饥饿起，愚痴增剧疾疫起，三灾起故，烦恼倍隆。②
>
> 朝生暮殒，昼出夕没，波转烟回，眴息不住，是命浊相。③

换言之，战乱之根源在于嗔恚心，五代之乱便是"命浊相"的具体呈现。那么，如何对治这样的恶世呢？延寿提倡，首先要勤修戒定慧三学，断除贪嗔痴三毒。而三学中以戒为基，于是他特别提倡持戒，并多次传授菩萨戒。这种做法受时代环境的影响，与"末法"思想的深化有重要关涉。他还说道：

> 古圣施设，岂有他心？只为末法僧尼，少持禁戒，恐嫌向善俗子，多退道心，所以广行遮护。④

延寿不仅提倡持戒，而且注重持诵《法华经》，这也与"末法"思想的深化有关系，他在《宗镜录》中说：

---

① "五道指地狱道、饿鬼道、畜生道、人道及天道，另加阿修罗道则为六道。摄阿修罗道于五道内有二义：一者唯摄于天趣，一者摄于天趣与鬼趣二者之中。"参见慈怡主编：《佛光大辞典》(2)，高雄：佛光出版社，1988年，第1170—1171页。
② [宋]延寿集：《宗镜录》卷42，《大正藏》第48册，第665页中。
③ 同上。
④ [宋]延寿述：《万善同归集》卷3，《大正藏》第48册，第993页中。

《安乐行品》云："佛告文殊师利菩萨摩诃萨，于后末世，法欲灭时，有持是《法华经》者，于在家出家人中，生大慈心，于非菩萨人中，生大悲心。"①

再者，延寿提倡净土行，更与"末法"思想有重要关涉。他曾说：

> 时当末代，罕遇大机，观浅心浮根微智劣。②

也就是说，在延寿看来，五代之际是"末法"时期，有大根机的修行人已经很少了，多数是"观浅心浮根微智劣"的中下根人。"观浅"则无法得定，"心浮"则无法沉下心来修行，"根微"则烦恼炽盛，"智劣"则不能闻法即悟。在这样的浊恶时代，根性拙劣的众生靠自力修持了生死者自然很少，而净土一法三根普被，即使是五逆十恶者，也有望当生修净土得解脱。故此，延寿在《万善同归集》中引《大集月藏经》云：

> 我末法时中，亿亿众生，起行修道，未有一得者。③

他以此表达"末法"时期修行得道之难，接着表达了阐此经文的目的：

> 当今末法，现是五浊恶世，唯有净土一门，可通入路。当知自行难圆，他力易就。如劣士附轮王之势，飞游四天；凡质假仙药之功，升腾三岛。实为易行之道，疾得相应。慈旨叮咛，须铭肌骨。④

---

① 〔宋〕延寿集：《宗镜录》卷26，《大正藏》第48册，第561页下。
② 〔宋〕延寿集：《宗镜录》卷1，《大正藏》第48册，第417页中。
③ 〔宋〕延寿述：《万善同归集》卷1，《大正藏》第48册，第968页上—中。
④ 同上，第968页中。

首先,延寿指出五季之乱与"灭佛"运动,便是"末法"时期与"五浊恶世"的影现。其次,在时境俱浊的情况下,"唯有净土一门,可通入路"。故此,他提醒学人,应当清楚"自行难圆,他行易就"的道理。"自行"即指一切禅、教、律、密等靠自力修行了脱的法门,"他行"即仗佛力了脱生死的净土法门。延寿为阐明"他力易就"之理,便举"劣士附轮王之势,飞游四天;凡质假仙药之功,升腾三岛"之譬喻,形象说明即使是"劣士""凡质",也能仗"轮王""仙药"而飞游、升腾。最后,他指出净土一法对于"末世"众生而言"疾得相应",因此,佛才"慈旨叮咛"学人务必要铭心谨记。

可见,延寿以五代为"末法"时期,这促成了他大力提倡"透禅融教律归净"的思想和修持方法。因为净土一法仗佛慈力三根普被、利钝全收,更契合身处战火的苦难众生急求解脱的需求。应该说,末法观催生了延寿的净土理想。

三 传记所述之延寿净行

《永明实录》载,延寿入寺童行后,修持益加精勤。他日中一食,白天于寺院劳作以供僧众,夜晚长坐不卧独自修行。他受具足戒后,更是持戒精严。他读《大智度论》,其中有佛世一老人曾因无量劫前一称"南无佛"的因缘,后遇佛出家而证果的公案。他感"末法"时代五浊恶世,众生染欲心重,散无统绪,而念佛一法三根普被为对治良药,于是对净土生起强烈信心。

延寿因读《华严经·净行品》"若诸菩萨善用其心,则获一切胜妙功德"①,及《华严经·离世间品》"不发大愿,是菩萨魔事"②,遂七夜忘寝,撰《大乘悲智六百愿文》,代众生每日发愿往生净土。之后他撰写《万善同归集》时,也特别引用了"不发大愿,魔所摄持"③一段文字,以此深化万善同归净土之愿。

据载,延寿住天台山期间,曾在国清寺修法华忏,中夜行道念佛时,忽见普贤菩萨所执之莲花在自己手中。因思自己宿有二愿,进退未决,于是登智者禅院罗汉堂作二阄,一为"一心禅定"阄,二为"万善生净土"阄,冥心祈祷,以为抉择。阄拈七次,均得"万善生净土",遂以念佛、诵经、力修万善庄严净土为归趣。之后,延寿无论是建法华忏堂,还是诵经、阅藏、修忏等,功德皆回向法界众生同生净土。

延寿撰《万善同归集》《神栖安养赋》等导归净土,自述:"《神栖安养赋》者,菩萨以严佛刹为本心,生净土为正业。"④又说:"今为未为之者,不信之人,广引经文,搜其宝录,各成赋咏,显出希奇。令知佛语不虚,经文有据。发起信力,坚彼持心,同生安养之方,共证菩提之果云尔。"⑤可见,延寿"广引经文,搜其宝录,各成赋咏"的目的是使人起信而愿生安养,

---

① 〔唐〕实叉难陀译:《大方广佛华严经》卷14,《大正藏》第10册,第69页下。
② 参见〔宋〕元照重编:《永明智觉禅师方丈实录》,绍兴三十年释行拱刻印版,国家图书馆中华古籍资源库藏;〔宋〕昙秀辑:《人天宝鉴》卷1,《续藏经》第87册,第23页上。
③ 〔宋〕延寿述:《万善同归集》卷2,《大正藏》第48册,第979页下。
④ 〔宋〕延寿著,刘泽亮点校整理:《永明延寿禅师全书》(下),北京:宗教文化出版社,2008年,第1951页。
⑤ 同上书,第1952页。

共证菩提。延寿在自修中，行道念佛十分精进。他住持永明寺期间，以身示范，每到夜幕降临便前往别峰行道念佛。当时，随从念佛者数百人，忠懿王钱弘俶听闻后不禁感叹："自古求西方者，未有若是之切至也！"①特建西方香严殿，以为护持。壬申年（972）仲春，延寿夜梦有人告曰：若劝化十万人各念《弥陀经》一卷，当生安养。他"俄然惊觉，遂开《弥陀经》印版"②，广为施化。为了广弘净土，他还于甲戌年（974）开《二十四应观音像》版，用绢素印两万本；还雕《西方九品变相图》刊版刷印，弘扬净土。除了印施净土经典及图像外，他还以塑像、建寺、造塔、放生、布施等万善庄严净土。他对净土的弘扬是全方位的，不遗余力。开宝八年（975），延寿预知时至，常见西方净土圣境，金台宝树、天乐异香殊胜境界甚多。是年阴历十二月二十四日（976年1月27日），延寿示疾，两日后晨起焚香，趺坐而逝，世寿七十二。

《庐山莲宗宝鉴》中载，延寿往生后数年，"有僧死入冥，见阎王殿左供养画僧一幀，礼拜勤致，云是永明寿禅师，此人生西方上品，故礼敬之"③。而传此者为"抚州僧者，法名志全，其人虽已老，今净慈长老圆照禅师，亲见之、问之"④。坊间还有永明延寿为"弥陀化身"之说。应该说，关于永明延寿的传说，象征意义更大，也从侧面反映出延寿修弘净土法门的影响力之大。

---

① 〔明〕大壑辑：《永明道迹》卷1，《续藏经》第86册，第57页下。
② 〔宋〕元照重编：《永明智觉禅师方丈实录》，绍兴三十年释行拱刻版印，国家图书馆中华古籍资源库藏。
③ 〔元〕普度编：《庐山莲宗宝鉴》卷4，《大正藏》第47册，第325页中。
④ 〔宋〕王古辑：《新修往生传》卷3，《续藏经》第78册，第161页中。

小 结

宗派佛教的内部矛盾,社会战乱不断,以及唐末五代的两次"毁佛"运动,使延寿形成了融会诸宗、偏赞净土的弘法取向。无论是出家前还是出家后,延寿的行为都体现出紧迫感。延寿出家之前擅自使用库银放生,从侧面体现了其"末法"思想。擅自挪用国库银钱放生必然招致杀身之祸,对此他心知肚明,但他依然要挪用库银解救鱼虾。此既是对"物我一体"的佛教慈悲精神的彰显,更是对佛教"末世"思想所带来的紧迫感的呈现。延寿出家之后,修行异常精进,此既是佛教六度"精进度"的精神体现,同样也是"末世"思想所带来的紧迫感所致。延寿弘法还以一心圆融禅、教、律、密、净诸宗,不仅力倡禅教合流、禅净合流,还力主"乘戒皆急",铺陈了"透禅融教律归净"的修行路径。各宗各派的上根利智者,可以明一心而速证法身,中下根者可趣向净土,证"三不退"而有保障。应该说,延寿形成了"一心透禅融教律归净"的弘法特质。这与宗派佛教分宗之极导致的佛教内部互斥,五季之乱佛教"末法"思想的强化,及延寿内心普度众生的深切悲愿都有关系。

第二章 著述层面"透禅融教律归净"的内在演进

延寿为继智顗之后"中国佛学的第二位集大成者"①，这主要体现在两个方面：一是著述千万言之集大成，二是思想融诸宗之集大成。延寿著述宏富，多引佛言祖语阐发义理，透彻精要。本章从延寿的著述层面切入，先对其著述的存佚情况进行爬梳考证，进而分析其著述对一心透禅、融教、融律、归净的具体呈现，以挖掘其"透禅融教律归净"思想的内在演进逻辑。

第一节 延寿著述的存佚情况及归类别阐

《智觉禅师自行录》载，延寿"常纂集制作祖教妙旨《宗镜录》等，法施有情，乃至内外搜扬，寄言教化，共六十一本，

---

① 陈兵：《中国佛学的第二位集大成者——永明延寿》，杭州佛学院编：《永明延寿大师研究》，北京：宗教文化出版社，2005年，第1页。

总一百九十七卷"①。下面我们列出延寿的著述名录，再搜寻相关文献，以期从总体上把握延寿的著述，归纳其思想。虽然很多著述名存文佚，但仍可"窥书名想其义"②，利用延寿现存著述对佚失著述引用的吉光片羽，略窥佚失文献的大致思想。

一 延寿著述之存佚

延寿是"中国佛教史上著述最多的高僧之一"③。《智觉禅师自行录》中列出了总的著述名录，但并不完整，结合前人研究，再爬梳文献便有一些新的发现。

（一）《智觉禅师自行录》中的延寿著述存佚考

现据《智觉禅师自行录》以表格形式呈现延寿著述，并标注存佚情况及出处，以更为清晰地呈现延寿著述的大体情况，为进一步梳理分析奠定基础。

表1 延寿著述表

序号	书名/卷数	出处/存佚	序号	书名/卷数	出处/存佚
1	《宗镜录》100卷	《大正藏》	2	《万善同归集》3卷	《大正藏》
3	《明宗论》1卷	佚失	4	《华严宝印颂》3卷	佚失
5	《论真心体诀》1卷	佚失	6	《唯明诀》1卷	佚失

---

① 〔宋〕释文冲重校编集：《智觉禅师自行录》卷1，《续藏经》第63册，第164页下。
② 孔维勤：《永明延寿宗教论》，台北：新文丰出版公司，1983年，第39页。
③ 黄公元：《一代巨匠 两宗祖师——永明延寿大师及其影响研究》，北京：宗教文化出版社，2009年，第49页。

续表

序号	书名/卷数	出处/存佚	序号	书名/卷数	出处/存佚
7	《正因果论》1卷	佚失	8	《坐禅六妙门》1卷	佚失
9	《灵珠赞》1卷	佚失	10	《坐禅仪轨》1卷	佚失
11	《华严论要略》1卷	佚失	12	《布金歌》1卷	佚失
13	《警睡眠法》1卷	佚失	14	《住心要笺》一卷	佚失
15	《唯心颂》1卷（应即《唯心诀》）	《大正藏》	16	《华严十玄门》1卷	佚失
17	《华严六相义》1卷	佚失	18	《无常偈》1卷	佚失
19	《出家功德偈》1卷	佚失	20	《定慧相资歌》1卷	《续藏经》
21	《施食文》1卷	佚失	22	《文殊灵异记》1卷	佚失
23	《大悲智愿文》1卷	佚失	24	《放生文》1卷	佚失
25	《文殊礼赞文》1卷	佚失	26	《罗汉礼赞文》1卷	佚失
27	《华严礼赞文》1卷	佚失	28	《警世文》1卷	《续藏经》
29	《发二百善心断二百恶心文》1卷	佚失	30	《观音礼赞文》1卷	佚失
31	《法华礼赞文》1卷	佚失	32	《大悲礼赞文》1卷	佚失
33	《佛顶礼赞文》1卷	佚失	34	《般若礼赞文》1卷	佚失
35	《西方礼赞文》1卷	佚失	36	《普贤礼赞文》1卷	佚失
37	《十大愿文》1卷	佚失	38	《高僧赞》3卷1000首	佚失
39	《上堂语录》5卷	佚失	40	《加持文》1卷	佚失
41	《杂颂》1卷	佚失	42	《诗赞》1卷	佚失

续表

序号	书名/卷数	出处/存佚	序号	书名/卷数	出处/存佚
43	《山居诗》1卷（《慧日永明寿禅师山居诗》69首）	光绪乙酉年江北刻经处刻单行本	44	《愁赋》1卷	佚失
45	《物外集》10卷500首	佚失	46	《吴越唱和诗》1卷	佚失
47	《杂笺表》1卷	佚失	48	《光明会应瑞诗》1卷	佚失
49	《华严感通赋》1道	《全宋文》	50	《供养石桥罗汉一十会祥瑞诗》1卷	《全唐诗》
51	《观音灵验赋》1道（应即《观音应现赋》《观音证验赋》）	《全宋文》	52	《示众警策》1卷	佚失
53	《神栖安养赋》1道	《乐邦文类》	54	《心赋》1道	《永明延寿禅师全书》刘泽亮版
55	《观心玄枢》3卷	《续藏经》中为残本；日本天理大学图书馆藏为完整写本。	56	《金刚证验赋》1道	《全宋文》
57	《法华灵瑞赋》1道（应即《法华瑞应赋》）	《全宋文》	58	《杂歌》1卷	佚失
59	《劝受菩萨戒文》1卷（应即《受菩萨戒法》）	《续藏经》	60	《受菩萨戒仪》1卷	佚失
61	《自行录》1卷	《续藏经》			

(二) 延寿著述总目的增删及存世书目

结合上表所录延寿著述存佚情况，就现存著述而言，《佛藏子目引得》中列延寿现存著述为14种，其中《唯心诀》在索引中出现两次，属于重复者；又《万善同归集拣示西方》为宗晓节录的《万善同归集》，不属于单独著述，且索引中已经列有《万善同归集》，故《万善同归集拣示西方》应去除；《三时系念佛事》《三时系念仪轨》非永明延寿著述，在《续藏经》中标为延寿著述实为张冠李戴，内文中已标明"中峰国师三时系念佛事"①，应是宋末元初中峰明本（1263—1323）所著。冉云华论曰："明本于公元1329年，受谥号为'智觉禅师'，恰好与延寿的谥号相同。结果两名混乱，明本的著作被误为延寿的作品。1334年，明本得到'普应国师'的谥号，'智觉'就成为延寿专有，所以造成学者的误会。"② 至于印光法师指出的"三时系念，乃后人所著，冒中峰国师之名"③，此为又一问题，需另行论证，此不讨论。综上，《佛藏子目引得》中列出的延寿现存著述实际是10种，分别为：《神栖安养赋》《宗镜录》《万善同归集》《唯心诀》《三支比量义钞》《受菩萨戒法》《警世》《定慧相资歌》《心赋注》《观心玄枢》。

需要注意的是，《佛藏子目引得》中列出《三支比量义钞》是有道理的，该文在《续藏经》中有收录，署为"唐三藏法师

---

① 参见〔宋〕延寿述：《三时系念佛事》卷1，《续藏经》第74册，第56页上。
② ［加］冉云华：《永明延寿》，台北：东大图书股份有限公司，1999年，第53页。
③ 印光：《复德培居士书三》，弘化社编：《印光法师文钞》第5册，成都：巴蜀书社，2016年，第367页。

玄奘立，永明寺主延寿造，西蜀沙门明昱钞"①。"真唯识量"或曰"唯识比量"，是玄奘所阐，延寿进行过释义，而明昱在延寿释义的基础上造钞。从《三支比量义钞》中析出明昱《钞》的部分，《三支比量义》便与《宗镜录》卷51基本一致。明蕅益智旭在《唐奘师真唯识量略解》一文中指出"三支比量"的内容是从"宋永明寿禅师《宗镜录》中节出"②。冉云华认为《三支比量义钞》应是"明昱从玄奘所译之《因明入正理论》，窥基的《论疏》，及《宗镜录》中的引文三书，摘要合钞，再加上他自己'钞'合成一本，因此不能算是延寿的作品"③。此几成定论，但仍有两点疑问：一是如果明昱分别从玄奘、窥基、延寿三人的著述中摘取要义，那么他应会注明"窥基疏"，而非只题玄奘和延寿；二是不能因为智旭《唐奘师真唯识量略解》一文述"三支比量"是从"宋永明寿禅师《宗镜录》中节出"，就肯定其定是明昱从《宗镜录》中节出，也有延寿先作《三支比量义》后被收录在《宗镜录》的可能。延寿对"真唯识量"问题很是关注，而且在《宗镜录》中，不仅卷51对"三支比量"有过释义，而且其他卷也常有对"比量"问题的解释。因此，尚不可完全否认另一种可能的存在，即延寿或有单行本《三支比量义》先行，此推测有待进一步考证。

《唯心诀》不见于《自行录》，冉云华认为："《录》中有

---

① 〔唐〕玄奘立，〔宋〕延寿造，〔明〕明昱钞：《三支比量义钞》卷1，《续藏经》第53册，第953页下。
② 〔明〕智旭略解：《真唯识量略解》卷1，《续藏经》第53册，第960页下。
③ 〔加〕冉云华：《永明延寿》，台北：东大图书股份有限公司，1999年，第62页。

《唯心颂》一卷，可能正是《诀》的异名。"① 这种推测是合理的。《佛藏子目引得》中的《受菩萨戒法》，根据内容看，很可能是《自行录》中的《受菩萨戒文》的异名。还有《心赋注》，收录在《续藏经》第63册，题为"宋杭州慧日永明寺智觉禅师延寿述"②。从宗晓的《乐邦文类》和《乐邦遗稿》可知，延寿曾作《神栖安养赋注》③，且"事广文长"④。《心赋注》《神栖安养赋注》虽然皆为延寿为自己的《心赋》《神栖安养赋》亲自作注，但内容上有较大增补，原文和注文不应混为一书。此外，《大正藏》第48册中所收录的《万善同归集》后附有《永明延寿垂诫》一文，刘泽亮点校整理的《永明延寿禅师全书》将此篇单独列出，他在导读中写道："（《垂诫》）亦见载于《全宋文》卷一二释延寿部分。"⑤ 黄公元也认为："按其内容来看，《垂诫》主题明确，结构完整，也应该是一篇独立的短文。"⑥ 此外，根据中峰明本的《天目中峰广录》、天如惟则的《净土或问》等文献所载，延寿还作有《四料简》。嵇曾筠在《浙江通志》中还记述延寿曾注"《抱一子》若干卷"⑦，吴任臣在《十

---

① ［加］冉云华：《永明延寿》，台北：东大图书股份有限公司，1999年，第54页。
② ［宋］延寿述：《心赋注》卷1，《续藏经》第63册，第82页上。
③ ［宋］宗晓编：《乐邦遗稿》卷1，《大正藏》第47册，第236页中。
④ ［宋］宗晓编：《乐邦文类》卷5，《大正藏》第47册，第215页上。
⑤ ［宋］延寿著，刘泽亮点校整理：《永明延寿禅师全书》（下），北京：宗教文化出版社，2008年，第1658页。
⑥ 黄公元：《一代巨匠 两宋祖师——永明延寿大师及其影响研究》，北京：宗教文化出版社，2009年，第52页。
⑦ ［清］嵇曾筠：《浙江通志》，《景印文渊阁四库全书》第524册，台北：台湾商务印书馆，1986年，第285页下。

国春秋》中也记述延寿"著《抱一子》若干卷"①。延寿注《抱一子》是很有可能的，他曾自号"抱一子"，可知他早年对道家哲学之喜好。根据元照校订的《永明智觉禅师方丈实录》，延寿出家前还曾作《讲德诗》《齐天赋》。

综上，在《自行录》所录的名录基础上还可增补数篇，虽有待考之作，但不妨列出以更加完整展现、总体把握其著述情况：

表2 延寿著述补表

1	《真唯识量义》或称《三支比量义》	参见《续藏经·三支比量义钞》	2	《心赋注》4卷	《续藏经》
3	《神栖安养赋注》	佚失	4	《永明延寿垂诫》1篇	《大正藏》
5	《永明四料简》	《净土指归集》	6	《抱一子(注)》	佚失
7	《讲德诗》	佚失	8	《齐天赋》	佚失

根据刘泽亮整理的《永明延寿禅师全书》来看，他搜集的延寿现存著述有21种，但其将《三时系念佛事》《三时系念仪轨》作为永明延寿之作，实应剔除。刘泽亮也未将《智觉禅师自行录》列入，而黄公元经考证认为，《自行录》"确系延寿所述"②。实际上，应是延寿的剃度弟子行明根据延寿所述而录，因是延寿自述，故应列为延寿之作。黄公元对延寿现存著述进行进一步考索，认为应为18种或19种，差异在于《心赋》和

---

① 〔清〕吴任臣：《十国春秋》，《景印文渊阁四库全书》第466册，台北：台湾商务印书馆，1986年，第168页上。
② 黄公元：《一代巨匠 两宗祖师——永明延寿大师及其影响研究》，北京：宗教文化出版社，2009年，第53页。

《心赋注》是作为一种还是两种来算。此外,《感通赋序》《宗镜录序》《受菩萨戒法序》可以确认为延寿亲作。需要说明的是,《感通赋序》收录于《全宋文》卷13中的"释延寿"目下,位置是在《神栖安养赋》《法华灵瑞赋》《华严感通赋》《金刚证验赋》《观音应现赋》五赋之后[①]。此《感通赋序》应是为以上五篇赋文作的总序,考察该《序》的内容,也对五篇赋皆有概述,而且末尾有"搜其宝录,各成赋咏"[②]之言,足证其为五赋总序。但是,由于其名称为《感通赋序》,容易被误认为仅是《华严感通赋》的序。刘泽亮编《永明延寿禅师全书》便将《感通赋序》放在《华严感通赋》之前,也是将《感通赋序》误认为仅是《华严感通赋》的序。

实际上,延寿现存著述应是20种,外加3篇序文:

表3 延寿现存著述表

1	《宗镜录》100卷	2	《万善同归集》3卷
3	《唯心诀》1卷	4	《定慧相资歌》
5	《警世文》1卷	6	《山居诗》1卷
7	《华严感通赋》1道	8	《供养石桥罗汉一十会祥瑞诗》1卷
9	《观音灵验赋》1道	10	《垂诫》1卷
11	《神栖安养赋》1道	12	《心赋》1道
13	《心赋注》4卷	14	《观心玄枢》3卷

---

① 参见曾枣庄、刘琳主编:《全宋文》第二册,上海:上海辞书出版社,2006年,第53—58页。
② 曾枣庄、刘琳主编:《全宋文》第二册,上海:上海辞书出版社,2006年,第58页。

续表

15	《金刚证验赋》1道	16	《法华灵瑞赋》1道
17	《受菩萨戒法》1卷	18	《自行录》1卷
19	《三支比量义》1卷	20	《禅净四料简》1篇
21	《宗镜录序》	22	《感通赋序》
23	《受菩萨戒法序》		

以上为现阶段可搜集到的延寿存世著述的"全貌"。

二　延寿著述的分类

太虚论延寿思想以"一心透禅融教律归净"为特质，以下将延寿的著述分为"一心义""透禅融教""透禅融律""透禅归净""其他"五个大类，并以存世著述为主，对佚失者用窥书名想其义的方法，尽量找出其他文献中保存的吉光片羽，综合分析其著述，以从总体上更精确把握其思想旨趣。

(一) 一心义类：诸宗合流之源

延寿的著述皆依"一心"之旨展开，主阐一心义的著述概有：《宗镜录》《唯心诀》《心赋》《心赋注》《观心玄枢》《明宗论》《论真心体诀》《住心要笺》。以下对包括佚失文献在内的相关著作进行简述。

1. 《明宗论》《论真心体诀》《住心要笺》之逻辑关联

《明宗论》《论真心体诀》《住心要笺》均为佚文，仅存名，此则根据著述名称窥探其义。

《明宗论》，根据延寿"以心为宗"解，"明宗"即明心之宗。从书名可知，此作重点在于"明宗"，应是从"心宗"整体层面立论。《论真心体诀》，从"真心"二字可知是围绕"真心本性"展开论述，"体"即指"心之体"，不出"一心"。此应是从本体论层面解心之体的著作。《住心要笺》，从"住心"二字可见，仍属于"一心义类"，但是从"住"字可知，此是从修持功夫的层面立论的。《心赋注》卷1引《（住）心要笺》"心心作佛，无一心而非佛心"①之语，在理论上与《观无量寿佛经》之"是心作佛，是心是佛"②如出一辙。

综上，《明宗论》应是从思想整体层面明"心宗"之旨，《论真心体诀》应是从本体论层面论"心体"之旨，《住心要笺》是从修持功夫层面论如何"安住本心"。此为对三部佚失著述主要思想的分析。

2.《唯心诀》：一心融诸宗与唯心即净土

《宗镜录》《唯心诀》《心赋》《心赋注》《观心玄枢》五部著述皆存。一般认为《唯心诀》是延寿早期的佛学作品。《宗镜录》卷46中有引用《唯心诀》的内容，并述"《唯心诀》破一百二十种见解"③，《心赋注》卷1也引《唯心诀》④，可见延寿作《唯心诀》先于《宗镜录》《心赋注》。《唯心诀》开篇即曰：

> 详夫心者，非真妄有无之所辨……千途异说，随顺机宜，无不指归一法而已。⑤

---

① 〔宋〕延寿述：《心赋注》卷1，《续藏经》第63册，第95页中。
② 〔刘宋〕畺良耶舍译：《佛说观无量寿佛经》卷1，《大正藏》第12册，第343页上。
③ 〔宋〕延寿集：《宗镜录》卷46，《大正藏》第48册，第688页中。
④ 〔宋〕延寿述：《心赋注》卷1，《续藏经》第63册，第95页中。
⑤ 〔宋〕延寿：《永明智觉禅师唯心诀》卷1，《大正藏》第48册，第993页下。

并举:

> 《般若》唯言无二,《法华》但说一乘,《思益》平等如如,《华严》纯真法界,《圆觉》建立一切,《楞严》含裹十方,《大集》染净融通,《宝积》根尘泯合,《涅槃》咸安秘藏,《净名》无非道场。①

可见,其中以《般若》透禅,《法华》《思益》《华严》《圆觉》皆是融教,《涅槃》是佛陀"扶律谈常,则乘戒俱急"②之作,《楞严》《大集》《宝积》《净名》皆有宣倡归净之说。应该说,延寿早在《唯心诀》中就已经阐明了诸法皆归一心,禅、教、律、密、净等诸宗并无二致的道理。此从源头上为诸宗融合扫除了障碍。文中还进一步指出:

> 即性之相故,无妨建立;即理之事故,不翳真常。③

性相融合、理事融合,也为以台贤为代表的性宗与以唯识为代表的相宗的理论融会,及为净土"指方立相不碍唯心"之理奠定了基础。

需要注意的是,《自行录》的著述名录未列《唯心诀》,而有《唯心颂》。有学者认为《唯心诀》"亦名《唯心颂》。《自行录》里即记作《唯心颂》"④,又认为"《唯心诀》(亦名《唯明

---

① [宋]延寿:《永明智觉禅师唯心诀》卷1,《大正藏》第48册,第993页下。
② [宋]延寿述:《万善同归集》卷1,《大正藏》第48册,第965页中。
③ [宋]延寿:《永明智觉禅师唯心诀》卷1,《大正藏》第48册,第994页上。
④ 黄公元:《一代巨匠 两宗祖师——永明延寿大师及其影响研究》,北京:宗教文化出版社,2009年,第59页。

诀》)"①，理由是"唯明，明心也"②。此论值得商榷，因为《自行录》分别列出了《唯明诀》1卷和《唯心颂》1卷。显然，《唯明诀》和《唯心颂》是两部不同的作品，不可能都是《唯心诀》的异名。而且《唯心诀》之"心"是从本体之理的角度阐发，《唯明诀》之"明"应是从行用功夫的角度阐发。他们是从不同角度阐一心之理和明心之修的，故非异名同作，而《唯心诀》和《唯心颂》为同作异名则是有可能的。

3.《宗镜录》：《唯心诀》的延伸之作

《宗镜录》，又称《心镜录》，钱弘俶作序曰："《心镜录》者，智觉禅师所撰也，总乎百卷，包尽微言。"③《宗镜录》是延寿最为重要的一部作品，在其著作中篇幅最长，内容丰富，被称为"宋初中土佛教的百科全书"④。当时钱弘俶不仅亲自作序，还出资令人抄写以流通，文献中载：

> 元帅大王亲为序引，仍施钱三百千，缮写散入诸藏。宣德大王施财写十一部，所传至海东诸国，高丽王差使赍书，寄销金袈裟、紫水精念珠、金净瓶等，以伸敬信。⑤

---

① 黄公元：《一代巨匠 两宗祖师——永明延寿大师及其影响研究》，北京：宗教文化出版社，2009年，第96页。
② 同上。
③〔宋〕钱弘俶：《宗镜录序》，〔宋〕延寿集：《宗镜录》卷1，《大正藏》第48册，第415页中。
④ 黄公元：《重温永明延寿大师的禅净融通思想》，杭州佛学院编：《永明延寿大师研究》，北京：宗教文化出版社，2005年，第137页。
⑤〔宋〕元照重编：《永明智觉禅师方丈实录》，绍兴三十年释行珙刻印版，国家图书馆中华古籍资源库藏。

北宋"元丰中（1078—1085），皇弟魏端献王镂板分施名蓝"①，此版本史称"钱唐旧本"，但此版量少，以至于"四方学者，罕遇其本"②。之后，北宋禅师法涌、永乐、法真等佛门硕德，用三乘典籍、圣贤教语校订旧本，再版流通，史称"钱唐新本"③。现今收录在《大正藏》中的便是后者，历史上对此新本评价不一。

元祐六年（1091），杨杰在东京汴梁的法云寺见到了"新本"，赞叹其内容"尤为精详"④。但是，明末清初蕅益智旭却对新本提出批评，他认为经法涌等人增补、修改的新本"支离杂说，刺人眼目，致袁中郎辈，反疑永明道眼未彻，亦可悲矣"⑤。蕅益智旭因无法见到旧本而倍感遗憾，说道：

> 予生也晚，不遇先辈宗匠，但留心己躬下事，已三十余年，又时寻了义至教，颇窥一线，阅此录已经三遍，窃有未安，知过在法涌，决不在永明。⑥

意思是，自己出生太晚了，没能遇到先辈宗匠永明延寿，但是自己修行佛法已经三十余年了，经常寻找阐发"了义"思想的圆教，且对圆教思想有所了解和契入。他研阅《宗镜录》三

---

① 〔宋〕杨杰：《宗镜录序》，〔宋〕延寿集：《宗镜录》卷1，《大正藏》第48册，第415页上。
② 同上。
③ 同上。
④ 同上。
⑤ 〔明〕智旭：《较定宗镜录跋四则》，〔明〕蕅益智旭撰，明学主编：《蕅益大师全集》第8册，成都：巴蜀书社，2020年，第388页。
⑥ 同上。

遍①，心中仍有不安，总觉有不完善处。他认为法涌等在校改后于"了义"主旨有所偏离，而不是永明延寿原著有不圆满处。

从内容上看，可以说《宗镜录》即广本《唯心诀》，《唯心诀》即小本《宗镜录》。延寿以《宗镜录》倡"一心为宗"的思想，"举一心为宗，照万法如镜"②，以打通诸宗理论，消除宗派间的隔阂。他博引经论，"集方等秘经六十部，西天此土圣贤之语三百家"③，衡准禅、教、律、密、净等诸宗之理，对透禅、融教、融律，特别是对台、贤、唯识、菩萨戒的圆阐独具特色。延寿还审视众生根机，令上上根者直契"一心"而证觉道，若无法直证者则以一心融净，阐信愿及四种念佛行导以净土。从延寿宏开诸宗融会，偏赞净土往生的特定意义上说，百卷《宗镜录》主阐一心为宗，兼开诸宗合流净土之门。

4.《心赋》《心赋注》：阐一心融通理路

《心赋》是延寿以赋文的形式阐发"心"之殊胜超绝。钱惟治在《心赋序》中言："（延寿）新著《心赋》，撮尽元枢，乃指引一心。"④ 因为延寿在行文时善用举例、譬喻等手法，故能令阅者"坦然明白"。

《心赋》开篇曰："觉王同禀，祖胤亲传，大开真俗之本，

---

① 之后蕅益智旭再阅《宗镜录》，仅文献所载，便可统计出其四次遍阅《宗镜录》。
② 〔宋〕延寿：《宗镜录序》，〔宋〕延寿集：《宗镜录》卷1，《大正藏》第48册，第417页上。
③ 〔宋〕惠洪：《禅林僧宝传》卷9，《续藏经》第79册，第510页下。
④ 〔宋〕延寿著，刘泽亮点校整理：《永明延寿禅师全书》（下），北京：宗教文化出版社，2008年，第1723页。

独标天地之先。"① 此阐明"一心"之旨为诸佛同宣，为后世诸祖所共传，即俗之真，旨在标心。文中还阐发了"唯识唯心，无二无别"② 的观点，此句融通了性相二宗。从结尾"传印而尽继曹溪，得记而俱成摩竭，可谓履道之通衢，悟宗之真诀"③ 可知，该文主旨在一心透禅。在《心赋注》中，延寿更是广引诸经及诸祖之论，以心旨透禅融教律。

《心赋注》是延寿亲自注解的，冉云华以"《自行录》只说《心赋》，未提《注》字，这就表明延寿的原作，是有赋无注"④。此论不能成立，理由有四：

首先，不应以《自行录》中未提《心赋注》而否定延寿亲自注《心赋》之事。《自行录》述延寿著述"共六十一本，总一百九十七卷"⑤，但是"根据该目，包括《自行录》在内，总共六十一本。但若将所述'一道'计算为一卷的话，总共只有一百八十卷，而非一百九十七卷'"⑥。由此可知，《自行录》未包括延寿全部著述，故不应以《自行录》中未录《心赋注》而直接给出否定结论。且宗晓在《乐邦文类》中载，延寿在《神栖安养赋》的基础上亲自作《神栖安养赋注》，而且"事广文

---

① 〔宋〕延寿著，刘泽亮点校整理：《永明延寿禅师全书》（下），北京：宗教文化出版社，2008年，第1723—1724页。
② 同上，第1733页。
③ 同上，第1738页。
④ [加]冉云华：《永明延寿》，台北：东大图书股份有限公司，1999年，第58页。
⑤ 〔宋〕释文冲重校编集：《智觉禅师自行录》卷1，《续藏经》第63册，第164页下。
⑥ 〔宋〕延寿著，刘泽亮点校整理：《永明延寿禅师全书》（下），北京：宗教文化出版社，2008年，第2040页。

长"①。《自行录》中也未载此《注》,既然不能因为《自行录》未载而否定《神栖安养赋注》为延寿亲自注,那么《心赋注》亦然。

再者,明洪武十一年(1378)妙叶法师在为《心赋注》题跋时也明确说道,延寿集诸经语,以自注释《心赋》。从文体及见地上看,《心赋注》也符合延寿一贯的行文风格,广引经论以为注,观点与《宗镜录》《万善同归集》皆同。《心赋注》也为"透禅融教律归净"思想提供了理论支撑,其中引《楞伽经》《华严经》《法华经》《净名经》《宝藏论》《还源观》等,便有以经典透禅、融教、融律、融净之用意。譬如,延寿提出"禅因心发"②的观点,此即以心透禅之论;他赞叹"能观心性,名为上定"③的修持方式,此为以教观助禅,是透禅融教的体现;他倡导"乘急戒圆"④"戒因心持"⑤,此为透禅融律的体现;他引经阐发"随其心净,则佛土净"⑥,是为了点出"心"与"净土"的融即关系。关于西方净土的引发,他在"心"旨的基础上以《华严经》旨论证了"经中所说西方阿弥陀等诸佛,皆是释迦"⑦的观点。此能消除宗禅学教者对弥陀净土的偏见,从理上消除净土与禅、教、律诸宗的隔阂,为后续倡导净土之事从理上预为铺设。

不仅如此,延寿在《心赋注》中还引《住心要笺》云:"心

---

① 〔宋〕宗晓编:《乐邦文类》卷5,《大正藏》第47册,第215页上。
② 〔宋〕延寿述:《心赋注》卷1,《续藏经》第63册,第85页中。
③ 同上。
④ 〔宋〕延寿述:《心赋注》卷3,《续藏经》第63册,第134页上。
⑤ 〔宋〕延寿述:《心赋注》卷1,《续藏经》第63册,第85页中。
⑥ 同上书,第83页下。
⑦ 同上书,第87页下。

心作佛，无一心而非佛心；处处道成，无一尘而非佛国。"① 此与《观经》"是心作佛，是心是佛"② 之理同。须知，净土理事便是围绕"心作""心是"展开。关于提倡往生净土一事，延寿则指出："胎狱华池，受报而自分优劣；琼林棘树，禀生而各具荣衰。"③ 也就是说，对于凡夫而言，境分好丑、优劣、荣衰，很显然他是主张往生净土的，而且往生净土与"净心"之体并不妨碍，心仍是主宰。他解曰：

> 《净名经》云："心净故众生净，心垢故众生垢。"《起信论》云："染净诸法，皆相待而成。"故知垢净由心，更无别体。④

关于净土崇尚佛现接引之事中蕴含之理，延寿指出：

> 金像舒光之日，起自诚心。⑤

"金像舒光之日"是净业行人临终所见佛来接引的境界。很明显，延寿并不否认事相上的佛现接引，而且强调了诚心感佛之理。他还进一步引经解曰：

> 一切化佛，从敬心起。⑥

此以《华严经》为净土信愿感佛提供了有力的理论支撑。

综上可见，《心赋》《心赋注》的主旨在于阐发"心"之核

---

① 〔宋〕延寿述：《心赋注》卷1，《续藏经》第63册，第95页中。
② 〔刘宋〕畺良耶舍译：《佛说观无量寿佛经》卷1，《大正藏》第12册，第343页上。
③ 〔宋〕延寿述：《心赋注》卷3，《续藏经》第63册，第139页下。
④ 同上。
⑤ 同上书，第140页中。
⑥ 同上。

心地位，以"心"之旨导引出了透禅、融教、融律、融净的理路。

5.《观心玄枢》：以观心增上修持功夫

《观心玄枢》收录于《续藏经》第65册，为残本，从"契即邻"① 开始至文末，注云"'契'上大约佚失此卷前半许"②，具体佚失多少不得而知。冉云华说：

> 书题是《续藏经》的编者所加……直到日本学者森江俊孝前几年在天理大学图书馆中，发现了一个古写本；并且将其整理发表，《玄枢》的全貌才为世人所知。③

根据日本天理大学图书馆所藏的《观心玄枢》全本可知，全文中共以72个"若不观心"展开阐述"观心"之要和"不观心"之弊。对全文进行梳理可知，《观心玄枢》是从修持功夫层面阐发"观心"之要，核心在"心"，依"心"之理修"观"之行，也彰显了透禅、融教、融律、融净的特质。

譬如，延寿在解"若不观心，何以成佛"时，首先提出了"即心是佛，即佛是心"的观点，不仅阐明众生与佛"心性无差"，也指出：

> 上上根人，一念法界，直闻直受，顿入顿修。若中下之根，见多讹谬，空领唯心之旨，微细义理不通。或执心为空，或执心唯有；或知心名而不识心体，或了心理而不具心

---

① ［宋］延寿：《观心玄枢》卷1，《续藏经》第65册，第427页上。
② 同上。
③ ［加］冉云华：《永明延寿》，台北：东大图书股份有限公司，1999年，第58页。

行。真妄莫辨，本末焉明。所以五性不同，三乘有别。宗分南北，见其亲疏，况末代浅根，宁无疏漏耶?①

换言之，虽然从理上讲，一切众生心性与佛本同，但是从事上讲，众生根机千差万别，故佛示应机施教。对于心性之理，上上根人能够"直闻直受，顿入顿修"，但是中下根人则易生讹谬：或闻心旨却不明其中至理，不是执空，就是执有；或知心之名而不知其体，或虽能知体却不能行持。因此，佛所说法，分三乘五性应机施教，即使禅宗也分南禅、北禅，皆为对机不同，并非法分优劣。更何况末法时期，人之根性普遍陋劣，理解心旨大不如前人，而净土一法则能三根普被。此处延寿阐明根机有差，为之后导归净土做了铺垫。

延寿还言："若不观心，何以得体。"② 此是从性宗立论，其在解析时指出："以凡圣诸法，皆自心为体。"紧接着又说："若不观心，何以达本"，这条是从相宗立论。他解析曰："以一切诸法，皆以第八阿赖耶识心为本，则本立而道生，根成而果熟。"③ 可见，此二条以观心之法融通性相二宗。对于性宗，他又阐"若不观心，何以成观"之论，并从台、贤教理出发，解以"一心三观，三观一心"，阐明"理事圆融，开合自在"④ 之理，由台、贤互斥，转成台、贤一如。不仅如此，他还以"观心"之修阐发禅教融通的理论，其解"若不观心，何以明教"

---

① 〔宋〕延寿著，刘泽亮点校整理：《永明延寿禅师全书》（下），北京：宗教文化出版社，2008年，第1661—1662页。
② 同上书，第1669页。
③ 同上。
④ 同上。

时指出："以因心立教，因教明心。"① 即表一心旨趣下的透禅融教、以教助禅的理论。关于融戒律，他提出了"若不观心，何以持戒"②。关于以"观心"融会净土，他在解"若不观心，何以立行"时就引用《华严经》解脱长者告善财言："我欲见安乐世界阿弥陀佛，随意即见。"③ 阐明了心为主导，不碍随意即见弥陀，乃至不碍随意即生净土。后文中，他又在解"若不观心，何以入位"时特别点明"造诸佛土皆是心"，并阐明"称阿弥佛者，此云无量寿。以一心真如，妙理无尽，故称无量"④。既然阿弥陀佛、一切净土皆不离心，那么从"若不观心，何生净土"⑤。可见，延寿旨在阐明唯心之理不碍净土之事，往生净土究竟在于唯心之理的理事无碍论。不仅如此，他在解"若不观心，何以庄严"时，也赞叹"极乐佛国，听风柯而正念成"⑥ 的殊胜性。可见，延寿在《观心玄枢》中，以理事无碍的教理阐发唯心净土不碍西方净土，西方净土即唯心净土之论。故此，结尾时延寿引《万善同归颂》云："誓断无染尘劳，愿生唯心净土；履践实际理地，出入无得观门；降伏境像魔军，大作梦中佛事；广度如化含识，同证寂灭菩提。"⑦ 此是即事言心，若延伸到净土便是即事净土言心净土。《观心玄枢》以"观心"之修详

---

① 〔宋〕延寿著，刘泽亮点校整理：《永明延寿禅师全书》（下），北京：宗教文化出版社，2008年，第1670页。
② 〔宋〕延寿：《观心玄枢》卷1，《续藏经》第65册，第428页上。
③ 〔宋〕延寿著，刘泽亮点校整理：《永明延寿禅师全书》（下），北京：宗教文化出版社，2008年，第1671页。
④ 同上书，第1672页。
⑤ 〔宋〕延寿：《观心玄枢》卷1，《续藏经》第65册，第429页上。
⑥ 同上书，第431页上、中。
⑦ 同上书，第438页中。

阐了一心透禅、融教、融律、融净之理事。

综上可见，从《唯心诀》《宗镜录》《心赋》《心赋注》《观心玄枢》等延寿现存著述来看，他阐发"一心"思想无不围绕透禅、融教、融律、融净之理事展开。

(二) 透禅融教类：分宗与融即

延寿以禅为底色，认为性相之教基于一心而能互相融会，具体包含透禅融天台、华严、唯识，阐发诸宗在义理上的融会贯通。

1. 禅与透禅：言禅时的透禅融教义

延寿论述禅及透禅，以《唯明诀》《坐禅六妙门》《坐禅仪轨》《定慧相资歌》《佛顶礼赞文》《般若礼赞文》《金刚证验赋》为代表。其中《唯明诀》《坐禅六妙门》《坐禅仪轨》《佛顶礼赞文》《般若礼赞文》皆已佚失，只能以"窥书名想其义"的方法进行分析。《定慧相资歌》《金刚证验赋》两篇短文尚存，可以归纳其主要思想。实际上，在延寿的思想中，禅教从来都是相融通的。

关于《唯明诀》，前文在分析《唯心诀》时已经提到，有学者认为"《唯心诀》亦名《唯明诀》"，理由是"唯明，明心也"。应该说，此处的"明"在延寿的语境中确实是"明心"，但之所以言"唯明"，是为了从修持功夫层面阐发"明心见性"之意。所以说，《唯明诀》的重点在于从行用的角度阐发"明心"之要，属于禅宗参禅悟道的修持功夫。

《坐禅六妙门》也已佚失，但是《六妙法门》是天台智顗大师所作，延寿曾在《宗镜录》卷99和《心赋注》卷3中引《六妙法门》云："此为大根人善识法要，不由次第，悬照诸法之原,所谓众生心也,一切法由心而起,若能反观心性,不得心原,即知万法皆无根本。"① 延寿引此旨在阐明"心为万法根源"②之义。须知,智顗《六妙法门》中还有"释第一历别对诸禅定明六妙门"③。延寿作《坐禅六妙门》很可能根据智顗的《六妙法门》,专门论述坐禅的六种圣妙法门,应属于透禅融教类,旨在依台教对禅者的修行方法进行指导。

《坐禅仪轨》应是让坐禅之修形成固定的具有宗教仪式感的仪轨,以规范的仪轨统一共修,令修者整齐划一,以摄持修者内心,增加共修的摄受力。

《佛顶礼赞文》和《般若礼赞文》应分别是对《大佛顶首楞严经》和《大般若经》的礼赞之文。两篇礼赞文皆佚失,但从两部经典来看,可知其为阐发透禅融教之理的。

《定慧相资歌》和《金刚证验赋》现存,其主要思想是偏重于透禅融教义的。《定慧相资歌》在《大正藏》中附在《唯心诀》之后,在《续藏经》中则是单篇列出,主要阐发了定、慧之间的关系,譬如"定为父、慧为母""定为将、慧为相"④等,如题目所示,旨在提倡定慧相资。从特定意义上说,定表禅,慧表教,延寿以此表达透禅融教意,阐明禅能助教、教能助禅的融即关系,如文云:

> 定如月光烁外道邪星灭,能挑智炬转分明,滋润道芽除

---

① 〔宋〕延寿集:《宗镜录》卷99,《大正藏》第48册,第949页下;〔宋〕延寿述:《心赋注》卷3,《续藏经》第63册,第126页中—下。
② 〔宋〕延寿述:《心赋注》卷3,《续藏经》第63册,第126页中—下。
③ 〔隋〕智顗述:《六妙法门》卷1,《大正藏》第46册,第549页中 下。
④ 〔宋〕延寿:《定慧相资歌》卷1,《续藏经》第63册,第80页中。

爱结；慧如日照破无明之暗室，能令邪见愚夫禅，尽成般若波罗蜜。①

延寿力劝"定须习、慧须闻，勿使灵台一点昏"②，以此定慧相资之倡，消除禅教互斥之咎。

《金刚证验赋》是基于《金刚经》的旨趣而发的赞赋。文中提到《金刚经》"降心为要"③，亦是在一心之旨下而发论。该文开篇即言"无住般若，教海威光"④，阐明了对禅教融通的提倡。全文虽旨在谈般若之空，但文中也以事例阐明事修与持戒之要，如提到"讽诵而感通灵异，受持而果报昭彰""湖神归命，受净戒而挫凶暴之威"⑤ 等，显发了透禅融教律之旨。关于融净，文中提到"滞魄投诚而归净道"⑥，在延寿的理论中，"净道"应是指归"净土"。他在《感通赋序》中，对包括《金刚证验赋》在内的五篇赋文的总回向也是"同生安养之方，共证菩提之果"⑦。因此，他作《金刚证验赋》亦有以心透禅融教归净而彻证菩提之意。

2. 融天台教类：一心妙法庄严净土

延寿与天台宗的渊源很深，他的嗣法恩师为天台德韶。延寿在德韶处得法眼衣钵，故精通天台教理。延寿还与天台山有特别的缘分，他曾专赴天台山习定，于国清寺修法华忏，圆寂前还专

---

① 〔宋〕延寿：《定慧相资歌》卷1，《续藏经》第63册，第80页中。
② 同上书，第80页下。
③ 〔宋〕延寿著，刘泽亮点校整理：《永明延寿禅师全书》（下），北京：宗教文化出版社，2008年，第1955页。
④ 同上书，第1954页。
⑤ 同上书，第1954—1955页。
⑥ 同上书，第1955页。
⑦ 同上书，第1952页。

第二章 著述层面"透禅融教律归净"的内在演进

赴天台山传授菩萨戒。他在《宗镜录》《万善同归集》中也大量引用了天台教理。天台教以《法华经》为根本经典，延寿建法华堂，每日诵《法华经》为定课之一。他每日初夜还顶戴《法华经》行道，并愿一切众生尽入法华三昧，同归究竟一乘。

延寿作《法华礼赞文》《法华灵瑞赋》（或称《法华瑞应赋》），其中《法华礼赞文》已佚失，但从名称上可知，应为礼赞《法华经》之一乘圆旨而作，他还曾发出"法华圆诠"的评赞。他作《法华礼赞文》的目的不仅为赞叹，更是劝修。延寿所作《法华灵瑞赋》尚存，收录于《全宋文》①。延寿以赋文的形式赞叹修持法华之感通与灵验，他在《感通赋序》中指出：

《法华灵瑞赋》者，诸佛降灵之体，群生得道之源。②

也就是说，《法华》所阐"一乘"之理，是诸佛感通的根本，也是众生得道成佛的根源。简言之，因"心"一如，理"一乘"，生佛"一体"，故能有感皆应。延寿不仅自诵《法华》，更作此赋以劝众诵《法华》。他在《法华灵瑞赋》中开篇即曰：

一心妙法，巧喻莲花，诵持而感通灵瑞。③

也就是说，《法华》详阐一心之旨，将妙法喻为莲花，须知《法华经》又称《妙法莲华经》。诵持《法华经》极为感通灵瑞，正因为理深感灵，他不仅劝诵《法华》，还劝"书写经卷"，

---

① 曾枣庄、刘琳主编：《全宋文》第二册，上海：上海辞书出版社，2006年，第54—55页。
② 〔宋〕延寿著，刘泽亮点校整理：《永明延寿禅师全书》（下），北京：宗教文化出版社，2008年，第1951—1952页。
③ 同上书，第1949页。

并赞此行为"功德无边"①。

从延寿开篇之"一心妙法"便知,此是延寿以"一心"之理融通禅与台教之理。从文中"施戒而行悲"可知其融律之倡,从"白莲生于掌中,神游佛国"②可知其归净之倡。应该说,延寿在《法华灵瑞赋》中极力宣倡导归极乐净土,他说道:

> 当圆寂之时,灵通可知,或山崩而地动,或花雨而乐随,金殿房中而焕赫,宝盖梦里而威蕤。驾乘潜来,见身忽生于他国;空声密报,栖神俄托于莲池。③

也就是说,他认为诵持《法华经》在圆寂时尤为灵验,必得感佛垂慈加被,出现大地震动、天空散花、天乐鸣空、极乐金殿楼阁、宝盖幢幡等瑞相,并能成就蒙佛接引,生于极乐佛国,神栖安养、身寓莲池海会的殊胜境界。

延寿在《法华灵瑞赋》中所表达的,与其"百八佛事"所发之愿是吻合的。他"一生随处常建法华堂",而其目的是"庄严净土"④;他"晨朝,礼妙法莲华经真净妙法"⑤,目的是普愿众生"同证法华三昧,咸生弥陀净方";他既愿"一切法界众生亲证法华三昧,顿悟圆满一乘",同时也愿"临命终时,神识不乱,冲业消灭,正念现前,随愿往生西方净土,皈命弥陀佛"⑥。

---

① 〔宋〕延寿著,刘泽亮点校整理:《永明延寿禅师全书》(下),北京:宗教文化出版社,2008年,第1950页。
② 同上。
③ 同上。
④ 〔宋〕释文冲重校编集:《智觉禅师自行录》卷1,《续藏经》第63册,第159页上。
⑤ 同上书,第160页中。
⑥ 同上,第160页中—下。

综上可见,《法华灵瑞赋》文短义丰,虽然只有不到六百字,却将修证法华三昧、理解一乘圆旨、事生西方安养融为一体,可见理事的互相融即了无所碍。延寿在《法华灵瑞赋》中赞叹《法华》之殊胜,并基于一乘圆教,阐发"一心透禅融教律归净"的思想旨趣,充分体现了一心圆融下的理事无碍。

3. 融华严教类:圆宗之教含摄律、净

延寿在著述中运用华严理论阐一心无碍之理较为常见。法眼宗自初祖文益即以禅和华严融会,文益禅师的思想受华严宗清凉澄观和圭峰宗密的影响较大,降至延寿,其在著述中仍常引清凉澄观和圭峰宗密的法语。

延寿论阐《华严经》及华严教的著述不少,如《华严宝印颂》《华严论要略》《华严十玄门》《华严六相义》《文殊灵异记》《文殊礼赞文》《普贤礼赞文》《十大愿文》《华严感通赋》等。文殊菩萨为华严三圣之一,所以《文殊灵异记》《文殊礼赞文》与华严教紧密相关,应列入华严教类。

在以上著述中,《华严宝印颂》《华严论要略》《华严十玄门》《华严六相义》《文殊灵异记》《文殊礼赞文》《普贤礼赞义》《十大愿文》皆佚。但据书名及延寿现存著述中所提到的一些关键信息,可以对佚失著述的主要思想有大致推测。

《华严宝印颂》书名中有三个关键词:"华严"是主体,代表了《华严经》和华严教理,是思想的来源;"宝印"是思想的作用,犹如"宝印",具有笃定、印证之义;"颂"指该文文体。此应是延寿依《华严经》的圆融无碍理论而立论。至于"宝印",延寿在《宗镜录》中阐释曰:

> 如来宝印三昧，入三昧已，即于身上出无量佛。①

此表达了以"修德"圆证"宝印三昧"后，便能启发自性本具的、与佛无二无别的"性德"，能"于身上出无量佛"。此处"宝印"表境界义。延寿还说：

> 《宗镜》大旨，见闻信向之者，如宝印所印，明镜所照，可永绝纤疑矣。②

此处延寿以"宝印"和"明镜"譬喻"宗镜"之旨趣真实不虚，以令众生断疑生信。此"宝印"表印证义。延寿又说：

> 宝印真宗，森罗一相。③
> 如明镜照物，曷有遗余，若宝印文成，更无前后。④

其中，"宝印真宗，森罗一相"即表一心之理无所不包，万象皆归一性。"宝印文成，更无前后"，是在"一心圆具"的基础上，打破了时空观念，既无空间之前后，也无时间之先后。"宝印印文，下印即成"，表一心之旨超越时空的一体殊胜性。

总而言之，《华严宝印颂》应是延寿对华严之理的境界殊胜、真实无疑、一心圆具等一体殊胜特质的赞颂之文。

《华严论要略》应是延寿对灵辩和尚《华严经论》主旨的概述。灵辩和尚（477—522）是北魏时期的华严家，主要在山西太原一带弘法。其一生常讲《华严经》，著有百卷《华严经论》，此论已经散佚，20世纪中叶，在日本和韩国各发现六卷。延寿

---

① 〔宋〕延寿集：《宗镜录》卷18，《大正藏》第48册，第513页上。
② 〔宋〕延寿集：《宗镜录》卷29，《大正藏》第48册，第585页中。
③ 〔宋〕延寿集：《宗镜录》卷37，《大正藏》第48册，第637页上。
④ 〔宋〕延寿集：《宗镜录》卷92，《大正藏》第48册，第917页下。

在《宗镜录》中曾对《华严经论》进行过引用，文曰：

> 灵辩和尚《华严论》问云："大小净秽，相各差别，云何而得大小相即？"答："性非性故，如像入镜中，像如本而镜中现，镜如本而容众像，俱无增减，以无性故，一念入一切世界不思议住故，是故心藏功德无边……"①

关于此问答，延寿引用较长，具体可参见《宗镜录》卷25。由此可明两点：一是延寿所作《华严论要略》应是对灵辩和尚所著《华严经论》要略的归纳；二是延寿引《华严经论》突出了"心性"的融即功能，表达了华严"芥子纳须弥""一即一切，一切即一"的思想旨趣。从问答中可知，灵辩和尚认为相归净秽、大小等差别与融即的关系，从"性"的层面看，可知"心藏功德无边"，"一毛孔遍法界，一切毛孔悉亦如是"②。也就是说，相上有大小，但性中无大小，大小相融即不二。

延寿还引灵辩和尚法语曰：

> 夫一心不思议，妙义无定相，应时而用，不可定执。③

可见，延寿引灵辩之言，仍是强调"一心"妙旨。此外，延寿还分别在《宗镜录》卷5、7、9等共计38卷中，引用《华严论》50余次，阐发之理如：

> 《华严论》云："此《华严经》明缘起法界门、理事无二、无缘不寂、无事不真。"④

---

① 〔宋〕延寿集：《宗镜录》卷25，《大正藏》第48册，第557页上—559页下。
② 同上书，第558页上。
③ 〔宋〕延寿集：《宗镜录》卷98，《大正藏》第48册，第946页下。
④ 〔宋〕延寿集：《宗镜录》卷21，《大正藏》第48册，第532页中。

《万善同归集》引《华严论》云：

> 偏修理则滞寂，偏修智则无悲，偏修悲则染习便增。但发愿则有为情起，故菩萨以法融通，不去不取。①

即提倡理事圆融，不偏不倚，"以法融通，不去不取"的修行原则。

由此而推，延寿的《华严论要略》主旨，应不出明"一心不思议""缘起法界门、理事无二、无缘不寂、无事不真"等义。

关于《华严十玄门》《华严六相义》，从关键词看，即"华严""十玄门""六相义"。"华严"义不再赘述。延寿也常在其著述中阐发"十玄门""六相义"，而且还将两者合论。譬如《宗镜录》卷1有云：

> 如虚空非相，不拒诸相发挥，似法性无身，匪碍诸身顿现。须以六相义该摄，断常之见方消，用十玄门融通，去取之情始绝。②

可见，此处延寿是以"六相义"破执理废事、执空废相的断见，主张即事明理；以"十玄门"破执事废理、执有废空的常见，主张以理导事。综合言之，延寿阐发的是华严教之理无碍、事无碍、理事无碍、事事无碍的四无碍论，故而延寿曰："十玄门，不出事理，若从事理无碍交参"③，"具十玄门，重重

---

① 〔宋〕延寿述：《万善同归集》卷3，《大正藏》第48册，第987页上。
② 〔宋〕延寿集：《宗镜录》卷1，《大正藏》第48册，第419页下。
③ 〔宋〕延寿集：《宗镜录》卷28，《大正藏》第48册，第573页上。

无尽,即事事无碍"①。由此而推,《华严十玄门》《华严六相义》应是阐发"缘性依持,义分多种,略即六相,广乃十玄"②,即在一心真如性之理下,依体发用,依性解相,依理导事,依体、性、理而呈现无尽之用、相、事,诸法皆不离一心之理的宗旨。

《文殊灵异记》《文殊礼赞文》《普贤礼赞文》《十大愿文》四篇,从名称上来看,分别是对文殊、普贤二大菩萨的灵异感应记录及对文殊、普贤二菩萨的礼赞,并对普贤十大愿王进行了专门阐发。须知,毗卢遮那佛、文殊菩萨、普贤菩萨合称华严三圣,而且,在《华严经·普贤菩萨行愿品》中普贤菩萨以十大愿王导归极乐,文殊菩萨以大智慧助力普贤之论,同赞净土。换言之,延寿赞文殊、普贤二菩萨,所阐之理是不二的。

《华严感通赋》原文尚存,收录于《全宋文》。延寿在《感通赋序》中赞华严为"满教",意谓《华严经》为释迦佛所说之至善圆满教法,可知延寿以华严教法为至圆至顿,含摄了一切法,自然也含摄了禅、律、净等诸法。他在《华严感通赋》中也说:

华严至教,无尽圆宗,于一心而会。③

此为延寿对华严至教、圆宗且和会于"一心"之旨的赞叹。"一心"之旨是延寿依《楞伽经》阐发禅宗之旨,他在文中也提

---

① 〔宋〕延寿集:《宗镜录》卷35,《大正藏》第48册,第619页下。
② 〔宋〕延寿集:《宗镜录》卷28,《大正藏》第48册,第579页下。
③ 〔宋〕延寿著,刘泽亮点校整理:《永明延寿禅师全书》(下),北京:宗教文化出版社,2008年,第1952页。

出要"修禅习慧"①。由此可见，延寿透禅融教，肇始于透禅融华严。不仅如此，延寿在《华严感通赋》中还表达了华严融律之意，譬如他认为，对于《华严经》而言，"或持一品，能成菩萨之律仪"②。也就是说，持《华严经》中之一品，便能成就"菩萨之律仪"，此彰显了华严融律之意。至于其表达归净意，可从《华严经》经文本身来看。经云：

  于烦恼大苦海中，拔济众生，令其出离，皆得往生阿弥陀佛极乐世界。③

  我此普贤殊胜行，无边胜福皆回向，普愿沉溺诸众生，速往无量光佛刹。④

普贤菩萨以十大愿王导归极乐，而且，从延寿《感通赋序》的总回向"同生安养之方，共证菩提之果云尔"⑤也可得见延寿遵《华严经》普贤之旨导归极乐安养，共证菩提之果的愿望。

综上所述，延寿阐《华严经》及华严教理的相关著述，也是基于"一心透禅融教律归净"。

4. 唯识教类：三支比量法显真唯识义

延寿著述中属于唯识类的有《正因果论》《三支比量义》。其中《正因果论》已经佚失，之所以将其列入唯识教类，是因为禅、台、贤、相、律、密、净诸宗皆讲因果，然法相唯识对因

---

① 〔宋〕延寿著，刘泽亮点校整理：《永明延寿禅师全书》（下），北京：宗教文化出版社，2008年，第1952页。
② 同上。
③ 〔唐〕般若译：《大方广佛华严经》卷40，《大正藏》第10册，第846页下。
④ 同上书，第848页中。
⑤ 〔宋〕延寿著，刘泽亮点校整理：《永明延寿禅师全书》（下），北京：宗教文化出版社，2008年，第1952页。

果之理事分析最为详细透彻。《正因果论》应是延寿阐发唯识理论的著作。延寿说：

> 唯识之旨，不出因果。①

可见唯识与因果关系之紧密。须知，"因果相酬，唯识变定"②。因与果是相酬相生的，因果也是互相转换且从中生出无量因、无量果的，其转变、相生之机皆在于唯识之变定。

关于因果与心性的关系，延寿在《宗镜录》中引《辩中边论》《唯识论》《摄大乘论》等，从唯识的角度阐发一心与因果之关系。延寿指出：

> 普光明智，不属因果，该通因果，其由自觉圣智超绝因果。③

"普光明智"即"一心"显发性德之智。换言之，"一心"不属因果，但该通因果；若从体用论出发，一心即"体"，而因果属"用"，一心之"体"超绝因果之"用"。但是，延寿并没有因为心性超绝因果而轻视因果，而是在强调因果唯心的同时，仍指出因果之报历然，体现了他对真俗相即的理论认识。他说：

> 因果唯心，报唯约色。④
> 以性空，故不坏业道，因果历然。⑤
> 虽自体常空，不坏缘生之因果。⑥

---

① 〔宋〕延寿集：《宗镜录》卷42，《大正藏》第48册，第661页下。
② 〔宋〕延寿集：《宗镜录》卷71，《大正藏》第48册，第815页下。
③ 〔宋〕延寿集：《宗镜录》卷1，《大正藏》第48册，第418页上。
④ 〔宋〕延寿集：《宗镜录》卷15，《大正藏》第48册，第495页上。
⑤ 〔宋〕延寿集：《宗镜录》卷8，《大正藏》第48册，第456页上。
⑥ 〔宋〕延寿集：《宗镜录》卷22，《大正藏》第48册，第536页中。

上至诸佛，下及众生，皆因果所收，何得拨无，堕诸邪网。①

"因果唯心，报唯约色"的论断，与理以导事、事以显理的华严理事无碍观是相契合的。换言之，如果因为理上的"因果唯心"而否定了事上的"因果历然"，便是"执理废事"，"堕诸邪网"。延寿在《观心玄枢》中从修持层面提出"若不观心，何以知因果"②，"以大乘因者，即是实相；大乘果者，亦是实相"③的观点。他在《宗镜录》卷42中还引《观无量寿佛经》"深信大乘，不谤因果"④之句，阐发既要深信大乘佛法之般若、一心等旨趣，也不能做拨无因果、毁谤因果之事。须知，只有将大乘之理与因果之事圆融统一，才符合圆教之旨。

关于《三支比量义》，如前所述，无论其是延寿的单行著述，还是从《宗镜录》中提取的，都是主阐法相唯识，以三支比量法，从"宗""因""喻"三个方面进行"比量"，以明晰"真唯识量"义。在延寿的理论中，唯识之旨合于一心至理。如时人问道：

今谈宗显性，云何广引三支比量之文？⑤

问题中的"谈宗"特指禅宗，其法要在一心；"显性"则是指性宗，天台、华严皆被称为性宗，唯识被称为相宗。在五代之

---

① 〔宋〕延寿集：《宗镜录》卷42，《大正藏》第48册，第661页下。
② 〔宋〕延寿著，刘泽亮点校整理：《永明延寿禅师全书》（下），北京：宗教文化出版社，2008年，第1672页。
③ 同上。
④ 〔宋〕延寿集：《宗镜录》卷42，《大正藏》第48册，第661页下。
⑤ 〔唐〕玄奘立，〔宋〕延寿造，〔明〕明昱钞：《三支比量义钞》卷1，《续藏经》第53册，第959页下。

际，教下出现"性相互斥"的局面，时人有此发问，也是当时性相二宗互斥的反映。延寿的回答则是对性相进行融通：

> 诸佛说法，尚依俗谛，况三支比量，理贯五明，以破立为宗，言生智了为体，摧凡小之异执，定佛法之纲宗。所以教无智而不圆，木非绳而靡直，比之可以生诚信，伏邪倒之疑心，量之可以定真诠，杜狂愚之妄说。故得正法之轮永转，唯识之旨广行，则事有显理之功，言有定邦之力。①

意思是说，诸佛说法尚且是依照俗谛阐发真谛佛理，何况三支比量之理贯彻于声明、工巧明、医方明、因明、内明等"五明"之中，而且以"破立"为宗。"言生智了为体"，即指唯识以"因明"为本体，窥基在《因明入正理论疏》中解为："因者，言生因；明者，智了因；由言生故，未生之智得生。"② 此是从"体"上立论。若从"用"上立论，则"因谓立论者言，建本宗之鸿绪，明谓敌证者智，照义言之嘉由，非言无以显宗，含智义而标因称，非智无以洞妙，苞言义而举明名"③。换句话说，"言生"就是"立论者言"，目的是"建本宗之鸿绪"；"智了"就是"敌证者智"。此处的"敌"是与"立"相对而言的，有"立论"者，与之相对的那一方就是"敌论"者。就因明而言，有立有破，敌论者循言而明立论者之意。明昱在《三支比量义钞》中也说："永明大师，深穷性相，精核禅宗，观诸时

---

① 〔唐〕玄奘立，〔宋〕延寿造，〔明〕明昱钞：《三支比量义钞》卷1，《续藏经》第53册，第959页下。
② 〔唐〕窥基：《因明入正理论疏》卷1，《大正藏》第44册，第92页中。
③ 同上书，第92页上。

彦，各崇其尚，立宗以统之。"① 此亦为明证。延寿基于一心之旨阐发唯识之理，既反对执理废事，也反对执事废理，力倡理事融通、理事无碍之旨，此为其解玄奘大师"真唯识量"，作《三支比量义》之宗旨。

虽然在《三支比量义》中延寿未直接提及禅宗、性宗、律宗、净土等，但是从其以理导事、以事显理的主张中，知其倡性相诸宗之融通。

(三) 透禅融律类：乘戒俱急与不舍净业

延寿的戒律类著作有《发二百善心断二百恶心文》《劝受菩萨戒文》《受菩萨戒仪》《受菩萨戒法》。其中《发二百善心断二百恶心文》《劝受菩萨戒文》《受菩萨戒仪》皆佚，仅《受菩萨戒法》尚存，收录于《续藏经》。有学者认为《受菩萨戒法》与《劝受菩萨戒文》同文异名，是有可能的，即使不是同文，他们在思想主旨上也应是一致的。

《受菩萨戒仪》，顾名思义，就是延寿为传授菩萨戒而制定的仪轨。延寿"常与四众授菩萨戒"②，即使在往生前一年，他还赴天台山"开菩萨戒，求受者约万余人"③。戒众规模巨大，制定《受菩萨戒仪》则如水有渠，有序而摄受，是传戒的现实需要。

《发二百善心断二百恶心文》是延寿提倡断恶修善之文。心是一切法之主宰，断恶须断恶念，修善须发善心，此属戒律之前

---

① 〔唐〕玄奘立，〔宋〕延寿造，〔明〕明昱钞：《三支比量义钞》卷1，《续藏经》第53册，第959页下。
② 〔宋〕释文冲重校编集：《智觉禅师自行录》卷1，《续藏经》第63册，第164页中。
③ 〔明〕大壑辑：《永明道迹》卷1，《续藏经》第86册，第58页上。

方便。延寿在《受菩萨戒法序》中指出："详夫菩萨戒者，建千圣之地，生万善之基，开甘露门，入菩提路。"①《发二百善心断二百恶心文》是基于菩萨戒的精神而发。

现存的《受菩萨戒法》，是延寿基于一心圆教对《梵网菩萨戒》进行的较为全面的阐发。延寿在《序》中开篇即曰：

> 《梵网经》云："众生受佛戒，即入诸佛位。"欲知佛戒者，但是众生心，更无别法。

又曰：

> 以心性圆净，故名为戒。②

在延寿的思想中，一心摄万法，菩萨戒亦基于一心。此观点的经典依据即《梵网经》。延寿还引《梵网经》"一切有心者，皆应摄佛戒"③之言，提倡一切众生皆应受持佛戒。但当时就有人质疑：

> 众生心既具佛戒，何用更受。④

提问者的关注点在于，既然说众生心具佛戒，按此逻辑，众生皆有心，心本具戒，那还有受戒的必要吗？此中之咎，便是将"性德本具"和"修德圆成"混淆了。以天台六即佛看，是将"理即佛"直接当成"究竟即佛"，属执理废事。延寿在解释时也说道：

---

① 〔宋〕延寿：《受菩萨戒法》卷1，《续藏经》第59册，第365页中。
② 同上。
③ 同上，第365页下。
④ 同上。

> 法界中无持犯故，一切法空故，今为未见性人，方便发扬，令信心戒，约事开导，体用双明。①

意思是说，关于戒律，"法界中无持犯故"是基于"一切法空"之理而言的。对于已经彻证"一心"者，自然没有持犯之说，因其所行皆自然合于戒。但是，对于未明心见性、未彻证"一心"者，则须以方便法发扬菩萨戒之理，令众生先对"心戒"之理生信，然后以事显理，从受戒之行持中圆证"心戒"之理，如此于体、于用皆能明了，亦无偏废。延寿所谓"只为垢重障深，令受佛戒"②便是佐证。

此外，从"心戒"的意义上说，律与禅、教、净皆能基于一心而圆融。延寿在《受菩萨戒法》中曰：

> 达磨西来，直指人心，见性成佛。③

以此引出一心旨趣下的禅律融合。在文中，他也常引《法华经》谈天台教义，阐发透禅融教律思想。对于律净融合，延寿在《受菩萨戒法》中阐述了持戒念佛的殊胜性。对于上根者，受菩萨戒念佛"易成就法忍"，"证上品往生"。对于中下根性者，则曰：

> 如下第九品，闻大乘，不信佛戒，或只念佛，乃至临终回向，亦得往生。十二劫始花开，未得见佛，渐证小乘。④

"如下第九品"举例说最下品的第九品（即下品下生）往生

---

① 〔宋〕延寿：《受菩萨戒法》卷1，《续藏经》第59册，第365页下。
② 同上书，第366页上。
③ 同上，365页下。
④ 同上，第367页下。

的情况：听闻大乘法，却不信佛戒，不信佛戒故不持佛戒，或只称念佛号，乃至到临命终时十称，甚至一称佛号，即可回向往生，亦可得往生净土。生净土后，于莲花中经历十二劫始得花开，花开后未得直接见佛，而是闻法进修，渐证小乘，并回小向大以增上。但是，不持戒或作恶者临终始念佛回向往生，有两大弊端：一是力单难支，"只有念佛之力，全无戒力，及闻大乘法等力"，导致的结果是"临终难值遇善友，皆遇缘差，又志力不坚，数数间断，恶业深厚，善弱难排"①。也就是说，没有戒力之助，临终时很可能被自身业力所障，失去往生的殊胜因缘。二是不持戒甚至造恶者于临终得遇善知识教令念佛，其人发忏悔心，信愿念佛，十称乃至一称佛名皆得往生。但此类人往往只得下品下生，如此生净土后需"十二劫始花开，未得见佛，渐证小乘"，成佛证果的时间很长。同样是中下根人，"若受菩萨戒，发无上菩提心者，已信大乘，已受大法，中间设破，亦兼念佛忏悔助生，又得戒威德力，发大乘心力"②。如是亦能增加临终往生的助力，往生的保障大增，而且往生品位也会随着资粮广积而相应增上。

由此可见，延寿在《受菩萨戒法》中也主张以一心透禅融教律，并极力提倡持戒念佛，将受菩萨戒与净土之行相结合。这既增加了往生保障，又提升了往生品位，而且一得往生则超凡入圣，速证无生圆成佛道。

（四）透禅归净类：心土不二与审根归净

延寿透禅归净的著述有《万善同归集》《大悲智愿文》《大

---

① 〔宋〕延寿：《受菩萨戒法》卷1，《续藏经》第59册，第367页下。
② 同上。

悲礼赞文》《观音礼赞文》《西方礼赞文》《观音灵验赋》《神栖安养赋》《神栖安养赋注》《永明四料简》《自行录》。之所以将观音类著述列入，是因为观音菩萨为西方三圣之一，是继阿弥陀佛之后西方净土的第二位教主。

在延寿述观音理事的著述中，《大悲智愿文》《大悲礼赞文》《观音礼赞文》皆已佚失。据名而推，《大悲智愿文》很可能是将观世音菩萨之大悲、文殊菩萨之大智、普贤菩萨之大愿合而为论，以三大菩萨所表悲、智、愿之性德启发众生心性。《大悲礼赞文》应是专门为观音菩萨的大悲精神所作的礼赞之文。《观音礼赞文》是从理、事两个方面对观世音菩萨作的礼赞之文。

延寿所作《观音灵验赋》（又名《观音应现赋》）尚存，收录于《全宋文》。延寿在《感通赋序》中指出了《观音应现赋》的主旨：

> 《观音应现赋》者，闻性成佛之本宗，普门垂化之妙迹。然诸佛道等，菩萨行齐，一切诸经，所诠无异。然则能诠有妙，悲愿弘深，就中安养宝尊，观音大士。①

意思是说，《观音应现赋》所阐主要是两个方面内容：一是"闻性成佛之本宗"，此处的"闻性"是指《楞严经》阐发的观世音菩萨耳根圆通，观音因地修行之要在于"反闻闻自性，性成无上道"②。"性"与"心"同，延寿作《观音应现赋》不离一心宗旨。二是"普门垂化之妙迹"，此是依《法华经·观世音

---

① 〔宋〕延寿著，刘泽亮点校整理：《永明延寿禅师全书》（下），北京：宗教文化出版社，2008年，第1952页。
② 〔唐〕般剌蜜谛译：《大佛顶如来密因修证了义诸菩萨万行首楞严经》卷6，《大正藏》第19册，第131页中。

菩萨普门品》而发，主阐观音慈悲救度、广大灵感的事迹。《观音应现赋》也指出了，观音感应灵验的关键在于"精诚"[①]。又从文中"诸佛道等，菩萨行齐，一切诸经，所诠无异"一句，可见延寿之透禅融教律。关于归净义，在"就中安养宝尊，观音大士"一句中彰显。须知，此处的"安养"即指西方净土，延寿还以"安养"二字作《神栖安养赋》，主阐往生西方净土之理事。观世音菩萨为西方净土之宝尊，就往生净土而言，持念观世音菩萨与持念阿弥陀佛无异，皆得往生。此即《观音应现赋》中所含的归净义。

《西方礼赞文》也已佚，此应为延寿礼赞西方净土之殊胜超绝而作。《万善同归集》《神栖安养赋》两部著述尚存。《万善同归集》为延寿以一心之理透禅融教律而劝归净土之作，对净土理事的阐发深刻且全面，是延寿阐净土理事的代表作。《神栖安养赋》是以切劝往生西方净土之事显发一心之理，是对净土事理的升华之作。《神栖安养赋注》已佚，但其思想主旨不出《神栖安养赋》。从宗晓对《神栖安养赋注》的记述中可知，《注》中对往生净土之事例收录较多，且广引经论，详阐唯心净土不碍西方净土、西方净土即唯心的心土不二理论。

《四料简》又称《禅净四料简》，文虽简短，但含摄了禅净在思想上的合流和行持上的双修。

《自行录》主述延寿所行之"百八佛事"，是在修持上对延寿"透禅融教律归净"思想的呈现。《自行录》中所载的延寿修持课业，净土之修占比最大，万善回向净土的修持就更多了，此

[①] 〔宋〕延寿著，刘泽亮点校整理：《永明延寿禅师全书》（下），北京：宗教文化出版社，2008年，第1957页。

不赘述。

除此之外，还有其他义类，可细分为"诫勉""赞颂""诗偈""杂集"等。《无常偈》《警睡眠法》《警世文》《示众警策》《永明延寿垂诫》《上堂语录》皆可归为诫勉类；《灵珠赞》《出家功德偈》《罗汉礼赞文》《高僧赞》《杂颂》可归为赞颂类；《诗赞》《山居诗》《吴越唱和诗》《光明会应瑞诗》《供养石桥罗汉一十会祥瑞诗》可归为诗偈类；《布金歌》《施食文》《放生文》《加持文》《愁赋》《物外集》《杂笺表》《杂歌》《抱一子注》《讲德诗》《齐天赋》统纳入杂集类。其中，《警世文》（又称《警世》）《永明延寿垂诫》《山居诗》《供养石桥罗汉一十会祥瑞诗》尚存，其余皆佚。延寿所作《抱一子注》属于道学类著述，《讲德诗》应是依儒学思想而述，《齐天赋》应是为赞钱王有齐天之德而作。

综上可见，在延寿思想中，禅、教、律、净皆不离一心，一心之"透禅""融教""融律""归净"皆具合理性。延寿基于一心之旨，透禅、言教、言律、言净之著述分而有之，但皆以一心透禅。教下又有性相之分，故延寿对性宗之台、贤及相宗之唯识亦皆有著述。"律"不属教，但延寿提倡"乘戒俱急"，故也有"透禅融律"之作。净土属教类，然在延寿的思想中，净土为禅、教、律诸宗的归趣，故延寿有专门"归净"类的作品。其他类如诫勉、赞颂、诗偈、杂集等，也都不同程度上体现了延寿"一心透禅融教律归净"思想的轨迹。应该说，延寿虽在不同的著述中有对不同主题的"个性"阐发，然其思想中却总可循到"一心透禅融教律归净"的"共性"之迹，可知太虚对延寿思想的准确把握。

第二节 《宗镜录》：主阐"一心"会通兼开净土之门

因《宗镜录》主阐"一心"之理，故研究者多视《宗镜录》为禅宗类著述，也有论及《宗镜录》以"一心"融会诸宗者，却鲜有论及《宗镜录》以"一心"兼开净土之门者。实际上，延寿面对当时的中下根及初学浅修者，也特于《宗镜录》中引《大乘起信论》"初信大乘心人，诸佛皆摄生净土"① 之文，兼开净土理事。高雄义坚发现："《宗镜录》百卷虽非直接的净土教书籍，却最善于说明其融和性的教学立场，因此为净土教徒所爱读。"② 而其中的深层原因正是《宗镜录》中本有兼开净土门之论述。以下围绕《宗镜录》，分析延寿以"一心"阐净土理门、启众生心门、开念佛行门之路径。

一 阐净土理门：以"一心"之旨明感佛之理

净土宗之解脱，强调往生净土圆成佛道；禅宗之解脱重视彻悟自心、见性成佛。禅宗唯接上根，延寿希冀修禅者兼修净土以二根普被。为此，他极力阐明"见性成佛"与"佛慈接引"之间的关系，而此理论的融通在于心、佛、众生之三无差别，由此也打开净土理门。

---

① 〔宋〕延寿集：《宗镜录》卷30，《大正藏》第48册，第592页下。
② 〔日〕高雄义坚著，陈季菁译：《宋代佛教史研究》，蓝吉富主编：《世界佛学名著译丛》第47册，台北：华宇出版公司，1986年，第177—179页。

(一) 明一佛即诸佛之理

五代狂禅者多视念佛为着相之修，延寿在《宗镜录》中阐发心佛不二，一佛即诸佛，弥陀与释迦一如之理，文云：

> 《法华经》明十方诸佛皆是释迦分身，则阿閦、弥陀悉本师矣，本师即我心矣。释云：非独弥陀、阿閦，十方诸佛，皆我本师海印顿现，且《法华》分身，有多净土，如来何不指己净土，而令别往弥陀、妙喜？思之故知贤首、弥陀等，皆本师矣，复何怪哉！言贤首者，即《寿量品》中，过百万阿僧祇刹，最后胜莲华世界之如来也。经中偈云："或见莲华胜妙刹，贤首如来住其中。"若此不是叹本师者，说他如来在他国土，为何用耶？且如总持教中，亦说三十七尊，皆遮那一佛所现，谓毗卢遮那如来内心，证自受用，成于五智，从四智流出四如来，谓大圆镜智，流出东方阿閦如来；平等性智，流出南方宝生如来；妙观察智，流出西方无量寿如来；成所作智，流出北方不空成就如来；法界清净智，即自当毗卢遮那如来。①

上文是延寿引澄观《大方广佛华严经随疏演义钞》卷90《入法界品39》中的内容②，而且在《宗镜录》卷91中再次出现③，旨在阐明"十方诸佛"皆释迦牟尼佛自性清净海中所现，佛之一心分身无量，成诸净土。释迦如来自有净土，但仍令众生往生弥陀之极乐净土、阿閦之妙喜净土及赞叹贤首如来的胜莲华

---

① 〔宋〕延寿集：《宗镜录》卷24，《大正藏》第48册，第548页中。
② 参见〔唐〕澄观述：《大方广佛华严经随疏演义钞》卷90，《大正藏》第36册，第698页下。
③ 参见〔宋〕延寿集：《宗镜录》卷91，《大正藏》第48册，第911页上。

世界，由此而证，弥陀如来、阿閦如来、贤首如来与本师释迦如来无二无别。释迦佛之所以说他方如来、他方净土，是在阐发自性本具之理及理不碍事之圆融性。此与总持教中三十七尊金刚界曼陀罗皆是毗卢遮那一佛所现的道理一致。毗卢遮那如来即究竟法身和圆满报身的总称，"如"者无形无相，表法身，"来"者从法身而来，表圆满报身。"如来"之性体，虽众生本具，然需修证才能契入。"内心证自受用"则已臻于圆满报身，成就五种圆满智，于理则曰"大圆镜""平等性""妙观察""成所作""法界清净"；而"从四智流出四如来"，于事名曰"阿閦""宝生""无量寿""不空成就"，再加"毗卢遮那"如来。

延寿还从法身、报身的不同角度分论：约报身论，由一法身可分出无量智，展现无量报身，成就无量净土；约法身论，无量智、诸净土，一切法界依正皆归同一性海。故曰：

> 十方诸佛，共一法身，何必须二。又三身十身，随用而说，约其本性，唯一身而已。①

诸佛法身本一，之所以现种种身，皆"随用而说"，为度众生故。延寿还于《宗镜录》中提出"自性平等，本无增减，今礼一佛，遍通诸佛"②的理论。也就是说，诸佛自性平等，性德无增无减，礼一佛即遍礼诸佛。由此，他进一步论述，称一弥陀名号能通十方诸佛性德，他以镜像喻解曰：

> 如一室中悬百千镜，有人观镜镜皆像现，佛身清净，明逾彼镜，递相涉入，镜无不照，影无不现，此则摄他为总，

---

① 〔宋〕延寿集：《宗镜录》卷24，《大正藏》第48册，第548页下。
② 同上书，第548页上。

入他为别。一身既尔,乃至一切法界,凡圣之身,供养之具,皆助随喜悉同供养。既知我身在佛身内,如何颠倒妄造邪业,不生愧耻?又诸佛德用既齐,名号亦等,随称何名名无不尽,如称一阿弥陀佛名,礼召一切诸佛,无不周备。西天云阿弥陀佛,此云无量寿,岂有一佛非长寿也?设一切佛不化众生,但一佛化生,即功归法界,法界德用遍周,是名遍入法界礼也。①

意思是说,譬如一室之中,悬挂成百上千的镜子,有人观镜,则百千镜中同时现出百千像。此是以镜身喻佛身,镜身洁净喻佛身清净,此处仅取其喻意以助理解。"递相涉入"即指室中百千镜及镜中之人,能与百千镜中互相映射,镜中出现百千人像,对于每一个镜子而言,他统摄了百千镜中之全像,此即"摄他为总";对于每一镜中之像而言,他都是一个个体,此即"入他为别"。明此一像能入无量镜中的道理,可知一切法界,若凡若圣,所有供养之物,皆能随喜供养一切诸佛。因为立一供养之具于镜前,百千镜中同时映出此供养之具,此即供养百千万佛之理。同理,如果是一污秽之具,放在镜前,同样百千镜中一时具显此污秽之具。故知,造清净善业即如以清净具入镜,"颠倒妄造邪业"即如以污秽具入镜。镜喻佛身,若以污秽之具入清净佛身则当愧耻无似。镜子照天照地的功能是本具且完备的,此喻"诸佛德用既齐",百千之镜可统称镜,也可命以大圆宝镜、大智慧镜等无量名号,如同佛名之释迦牟尼、阿弥陀等,名虽不同,然性体为一。

---

① 〔宋〕延寿集:《宗镜录》卷24,《大正藏》第48册,第548页上—中。

文中延寿以阿弥陀佛为例，为开净土之门预陈铺设。阿弥陀佛，此云无量寿佛，不仅阿弥陀佛寿命无量，而且一切诸佛寿命皆无量。无量寿佛是圆满报身外显之相，寿命之所以无量在于"如理为命"，又知心即理，"一心真如性无尽"，故曰"性"者"无尽"，"寿"者"无量"。

延寿举阿弥陀佛之例后，接着说，假设诸佛不度化众生，只有一佛度化众生，并将其度众生功德回向法界，则法界之德用皆堪受用。此即"遍入法界礼"，其中的道理，从镜像喻中亦可得知。净土宗主张将一切功德皆回向法界众生往生净土，此即假设只有阿弥陀佛度化众生，但将功德回向法界，那么生西方净土者，便如像入百千镜中，且一时具现。由此可知，念阿弥陀佛即遍念一切诸佛，礼阿弥陀佛即遍礼一切诸佛，生西方净土即遍入一切净土，其归处无非"一心真如"，与禅者追求"见性成佛"之境界了无二致，禅者明此，何由再斥净土？

综上，延寿以镜像喻阐明了生佛非一非异、本自一体的道理。所谓生佛"非一"是指修德不同，"非异"是指性德本同。延寿以念阿弥陀佛生西方净土，即念无量佛生无量净土的道理，为进一步阐明净土法门之殊胜预设铺陈。也正是因为延寿在《宗镜录》中的引发与铺陈，才有其后在《万善同归集》《神栖安养赋》中顺理成章地对净土展开论述，并升华往生之事。

（二）明一心与感佛之事

在延寿看来，净土宗的自他二力究竟不出"一心"之理。所谓自力即以自己之信愿修持形成感力，所谓他力即合于佛之因地本愿而形成应力。若从究竟论，众生无非是以修德之力启发性德本具之力。自他本是一体，自力、佛力皆从自心所现；又虽从自心所现，却不可否定他力的存在，否定了他力便是否定了心含自他之理。延寿在《宗镜录》中阐发自他之感应理时说道：

> 机应相关，感应缘会，能见一切无边佛事。以佛是增上缘，广大悲愿，慈善根力；以众生是等流果，志诚所感，根熟而见，然总不出自心。①

"机"是指众生之根机，"应"是指佛之应化。众生与佛本自一心，故"机应相关"；佛随众生信愿行感而为应化，故"感应缘会"。须知，"感"由众生心发，"应"是佛以众生之心为心，故而能"应"；众生有"感"，佛随"感"而"应"，故成就"一切无边佛事"。延寿解"佛是增上缘"，具备"广大悲愿，慈善根力"，众生则是随善恶之因而成善恶之果。众生见佛，是众生由志诚心感佛应化，根机成熟者可得见佛。然而，于理而言，生"感"佛"应"总不出一心本同之理。须知，感应皆是自心所现，对此多有不能明了者，故有人问曰：

> 岂都无外佛可见耶？

延寿解曰：

> 自他不二，但如来有同体大悲，众生有熏习之力，扣击同体智镜，随此心上感见相好。镜中之像，然不离镜，而非即镜，随照好丑，感者千差，相亦万品，或机地深厚，或佛身长千万由旬，寿命无量阿僧祇劫，以恒河沙世界微尘佛刹为净妙国土，说无量无边不可说不可说法门；或人天报殊示现八相，一期利益不过数百年间，如空云水月恍惚而生。斯

---

① 〔宋〕延寿集：《宗镜录》卷18，《大正藏》第48册，第514页下。

皆由感者一念之心，谓佛色身来应，佛实无来去之劳，无有形之患，无可说之法，无所度之机，但众生善缘心想，谓佛来应为我说法，实是众生于自心上现此相耳。①

"自"指众生，"他"指佛，众生与佛，体本不二，如来以"同体大悲"，众生以修行力熏，如此叩开生佛同体之性德智镜，所修、所感与本具性德相应，故能见佛相好。所感见的佛之相好，即如镜中所映之相，相不离于镜而能映，因镜有能照之性，镜中之相来自所照之众生。所照之众生本身的相好与丑陋决定了镜中之相的好丑。由此可以理解，众生感佛，所见之佛基于感者的修德不同，而成像千差万别。如根机深厚者，感佛现像自然殊胜，如延寿所言，"佛身长千万由旬，寿命无量阿僧祇劫，以恒河沙世界微尘佛刹为净妙国土，说无量无边不可说不可说法门"皆是大根机者所感而现。如果众生根机浅薄，则所感或为人天之报，见佛示现八相成道，一期寿命的利益，或长或短，如空云水月，风吹云散，云遮月隐，只在恍惚之间。以上两种境界的不同，无非是感者自心所决定的。

从事相论，便见有佛来应；从理体论，则佛之法身无来无去，既无形无相，也无法可说，更无众生可度。对众生而言，之所以见佛来应，无不是自身善缘所感，机感相应，心想所成；从究竟论，虽言佛来应化，为我说法，实皆众生自心所感、自心所现之"自相"罢了，然虽自心所感、自心所现，又不碍见佛来迎。

以上阐明三个要点：一者，从理上讲，生佛一体，即众生与

---

① 〔宋〕延寿集：《宗镜录》卷48，《大正藏》第48册，第514页中—下。

佛，心本同、体不二；再者，从事上讲，众生感佛皆随众生自身根性、心量与功夫，故有所感佛之境界各不相同；三者，"理事不二"，事上的感佛来现即理上的自心所现，理上的自心所现不碍事上的感佛来现。由此可见，感应之理，虽出一心，但不碍佛之来现；又虽有佛现，然终归于一心之理。是故，感应之理"不坏自他之境"。为将此理事关系阐述得更为清楚，延寿进一步以铸模喻解之：

> 以自心性遍一切处故，所以若见他佛即是自佛，不坏自他之境，唯是一心。众生如像上之模，若除模既见自佛，亦见他佛。何者虽见他佛，即是自佛，以自铸出故，亦不坏他佛，以于彼本质上虽变起他佛之形即是自相分故，变与不变皆是一心。①

意思是说，因为心性遍一切处，故见他佛亦是自佛，因他佛不出自心性外。然虽是不出自心，却不坏所现之境，约自、约他皆不出一心之理。以模型造像为例，如果除去模型则见本来面目，即见自佛。但是，见自佛也是见他佛，因模是一，所成之型脱胎于模，言一胎、二胎，皆是个体，然出于一模，言自、言他只是阐述的角度不同。从自佛的角度论，虽然是见他佛，实际上是自佛，因为所见之型是自模所出，此即像随自心所现之理；从他佛的角度说，虽然是自心所现，但确有他型已成，若无模，则型不能自成，此表"不坏他佛"之事。因此，虽然皆为一心所现，但不可执自非他，更不可执他非自。由于学人常犯执自非他或执他非自之咎，延寿只能不厌其烦地阐发此中道理。他还引

---

① 〔宋〕延寿集：《宗镜录》卷17，《大正藏》第48册，第505页上。

《宝藏论》详阐念佛佛现之理:

> 《宝藏论》云:夫所以真一无一而现不同,或有人念佛佛现,念僧僧现,但彼佛非佛非非佛,而现于佛,乃至非僧非非僧,而现于僧。何以故?彼妄心,悕望现故,不觉自心所现圣事缘起,一向为外境界而有差别,实非佛法僧而有异也。乃至譬如有人,于大冶边,自作模样方圆自称,愿彼融金流入我模,以成形像,然则融金虽成形像,其实融金非像非非像,而现于像,彼人念佛亦复如是。大冶金即喻如来法身,模样者即喻众生希望。念融得佛故,以念佛和合缘,生起种种身相。①

对此进行梳理可知:

一是,认识念佛佛现之现象,即所现之佛"非佛非非佛"。"非佛"是从法身佛的角度说,法身无形无相,故曰"非佛";"非非佛"是从化佛与法身佛本自一体的角度说,化佛有形有相,不可否认化佛为佛。从理上讲为法身佛无相,从事上讲则化佛可见,化佛不离于法身佛而现,故曰"非非佛"。

二是,明念佛佛现之成因,即"悕望现故,不觉自心所现"。也就是说,念佛者因有见佛之愿,故从自心中而现化佛,从此也能理解《观经》中"心作""心是"的道理。由于心想故成"圣事缘起",缘起则生法,心想佛时即见佛之三十二相。

三是,基于法身之应而成化身之理。此以冶金铸像为喻,冶金铸像需要金、模两个基本元素,金是本体,模是外形,模型是随我心中所想之模样而作。因此,金、模皆不出我心。金喻如来

---

① 〔宋〕延寿集:《宗镜录》卷17,《大正藏》第48册,第505页中。

法身,金之本质是不变的,但是冶金可随着模型而成众生所希望之模样。由此而表,众生念佛即感现众生所希望的佛模样,故曰"模样者,即喻众生希望"。由于众生根机不同,心境之粗细不同,因此,众生所想之佛和所现之佛便不相同。此如铸模者技术、功夫不同,铸造之模的样式、精巧程度便不相同,故曰"以念佛和合缘,生起种种身相"。明此便能理解念佛、感佛,及不同根性的众生感见不同相好程度之佛现的缘由了。

同时,延寿也指出了另一个层面的问题,即佛就众生境界之不同而能随机说法。文云:

> 佛地无自他,汝强谓自佛他佛者,众生心不尽耳。①

也就是说,对于已经达到佛之境界者,则无自佛、他佛之分,皆是自心所现。但是,之所以有自他之分,是因为众生之心未能彻证。对于未能证得自他不二者,便要以真谛之理导俗谛之事,而不能执理废事。而且俗谛不可否认自他有别。若自在俗谛,能明自他不二之理,便不会高推圣境自处凡愚,不否认自他有别之事,承认有佛力加持。此为度化众生方便之法,顺应了凡夫众生的根性而以真谛法导俗谛法。反之,若不审视众生根性,全以真谛为论,完全否定他佛的即存,那么对于中下根性者而言,虽是至理但不能证解,而成断灭知见。因此,延寿婆心叮嘱:

> 一向谓彼心外有佛,不知自心和合而有,或一向言心外无佛,即为谤正法也。②

---

① 〔宋〕延寿集:《宗镜录》卷18,《大正藏》第48册,第514页下。
② 〔宋〕延寿集:《宗镜录》卷17,《大正藏》第48册,第505页中—下。

"一向"一词便含执定义，无论执定心外有佛，还是执定心外无佛，都是执着障。若执心外有佛，则不契理，不知所见之佛是自心所现；若执心外无佛，则不契机，对于惑业未除之众生而言便成断灭见，延寿以此为谤佛、谤法。

延寿阐明念佛佛现之理，是为了解释净土宗言往生之时佛现接引之理。他在《宗镜录》中有针对性地回应了"既心外无佛，见佛是心，云何教中，有说化佛来迎，生诸净刹"① 的疑问。其重点仍是阐明虽心外无佛但不妨化佛来迎的理事关系。其谓：

> 法身如来本无生灭，从真起化接引迷根。以化即真真应一际，即不来不去随应物心；又化体即真说无来去，从真流化现有往还，即不来相而来，不见相而见也，不来而来，似水月之顿呈。②

意思是说，法身如来本体不生不灭，却能从真如本体中随众生心想而起种种应化，以此接引尚未悟明自心之理的迷根众生。从此可知，能直下悟证自心之理的上上根者，修禅能"直指人心见性成佛"，修净亦能上上品往生，直入无生之境。但是，对于中下根者及迷惑众生而言，现生无法彻了自心，但不妨专修净土以蒙佛接引。因为，化佛即真佛法身所现，化佛之体即法身佛体，净土亦是佛之法身所现、报身所成，净土之体亦即佛之法体。故此，何有不可往生之理！

延寿在论述自他一心、自他不二的基础上，指出了众生感佛及净土宗佛来接引的合理性和契机。关于佛接引时不同众生所见

---

① 〔宋〕延寿集：《宗镜录》卷17，《大正藏》第48册，第505页下。
② 同上。

的不同境界，及往生净土后的三辈九品之差别，他解析道：

> 以众生有感佛之善，自见不同。①
> 众生根善有浅深，遂令应身精粗随异。②

可见，佛接引不同众生所现境界各有不同，及众生往生净土有三辈九品，此皆由众生之心所感及功夫浅深不同而成差别。若从真谛论，法身不来不去，无形无相，而真谛不碍俗谛，故不来而来即成化身。佛以化身之来去，接引众生成方便，则"似水月之顿呈"，月之体表法身，水中之月表化身，水面澄澈与否便表众生之心清净与否；月之体虽不动，若遇澄澈之水，月现水中清晰可见。由此可知，众生以清净心感，见佛应化之像亦清净明澈，反之亦然。

以上分别阐明了自他一心与感佛之理，众生根性、功夫与现境、往生品位的差异之理。那么，对于佛力加持应如何理解呢？延寿解道：

> 由敬慕之心，感像现也，此真佛力，岂众生能置哉。③

也就是说，众生由诚敬仰慕之心，才能感佛现前。如他引《华严经》阐明"诚敬"感佛之要："化佛从敬心起……本质影像，亦是自心。"④ 而佛之应现虽起于自心，然亦是真佛力。也就是说，延寿并未因佛是自心所现而否定佛力加持，阐发了自他二力的和合，即表达了阿弥陀佛接引众生往生净土，既是众生诚

---

① 〔宋〕延寿集：《宗镜录》卷16，《大正藏》第48册，第502页下。
② 同上。
③ 〔宋〕延寿集：《宗镜录》卷18，《大正藏》第48册，第514页下。
④ 同上书，第513页下—514页上。

敬心感自心佛现，也是阿弥陀以佛力加被接引众生往生净土。

综上所述，延寿从一心进入，引出了一佛即诸佛、自心与感通的道理，并阐明诚敬为能感之要，而且还对佛慈接引的自他二力问题进行了圆融解析。那么，究竟何为他力？他力是一种怎样的存在状态呢？

（三）明本愿力即他力

净土一法被称为特别法门，其特别之处在于阿弥陀佛以其本愿功德力接引念佛众生往生净土。佛来接引便涉及自力和他力问题。延寿曾说"佛现，即我心现"①，又说"真佛力，岂众生能置"②，一是强调自心，一是强调佛力。对此，延寿以唯识理论解曰：

> 以诸佛悲智为增上，缘众生机感，种子为因，托佛本质上，自心变影像，故云在自识中现。③

也就是说，佛的悲智为增上缘，故不应否认"真佛力"；"众生机感"为能感之因，更不能否认众生之自力。虽然众生有感为因，托佛本质增上，但究竟皆为"自识中现"。延寿进一步引天台教理解析了自他二力，并强调了他力的既存问题，他述曰：

> 台教云："夫一向无生观人，但信心益，不信外佛威加益，此堕自性痴；又一向信外佛加，不内心求益，此堕他性痴。"共痴、无因痴亦可解。自性痴人，眼见世间牵重不前

---

① 〔宋〕延寿集：《宗镜录》卷18，《大正藏》第48册，第514页中。
② 同上书，第514页下。
③ 〔宋〕延寿集：《宗镜录》卷16，《大正藏》第48册，第502页中。

者，傍力助进，云何不信？罪垢重者，佛威建立，令观慧得益。又汝从何处得是无生内观，从师耶？从经耶？从自悟耶？师与经，即是汝之外缘，若自悟者，必被冥加，汝不知恩，如树木不识日月风雨等恩。经云："非内非外，而内而外。"而内故，诸佛解脱，于心行中求；而外故，诸佛护念，云何不信外益也？又若论至理，无佛无众生，岂云感应？若于佛事门中，机应非一，若无众生机，诸佛则不应，岂可执自执他论内论外，而生边见耶？①

意思是，天台教指出，一向执着"无生"即"实相"者，只信"心"之"性"德益，不信"佛"之"功"德益，这是堕入了执自的愚痴知见；而一向执着信奉"外佛"威加，而不知内求心益，这是堕入了执他的愚痴知见。"自性痴"者，也能见到世间被业障牵扯而无法向前的进修者因依靠他人助力而增上进步，为什么偏偏要否定外力的既存呢？罪垢重的人，仗佛力加持，能"观慧得益"。试想"无生内观"之理是从何而得呢？除了自观，还靠外在的师授、有相的经典，依师、依经进修方助达"自悟"境界。师与经都属外缘，自己依之进修而有所自悟，此便是受到了外力如师、经的加持。那些执着于"无生实相"者，不知师与经之恩德，就如同树木不知"日月风雨等恩"一样。经云："非内非外，而内而外。"就"内心"而言，诸佛得解脱，得益于向内心求故；就"外力"而言，得解脱也有诸佛的护念和加持，为什么不相信外力的加持之益呢？再者，如果论究竟"至理"，则一切皆寂，"无佛无众生"，哪里还有外佛加持的

---

① 〔宋〕延寿集：《宗镜录》卷61，《大正藏》第48册，第765页中。

"感应"之说？如果就佛法之事相而论，众生的根机与感应的程度是不同的，如果没有众生之感，也就没有诸佛之应。因此，怎么可以执自非他及执他非自呢？执着内心、执着外在两者都是偏执"边见"，疏离了圆融中道。

以上是延寿据台教对自力、他力的解释，并强调了虽然究竟在自心，但他力的既存不可否认。延寿还以佛之本愿功德力与接引佛的往还之理为例进行解析：

> 如来慈悲本愿功德种子增上缘力，令曾与佛有缘众生，念佛修观，集诸福智，种种万善，功德力以为因缘，则自心感现佛身来迎，不是诸佛实遣化身而来迎接，但是功德种子本愿之力，以所化众生，时机正合，令自心见佛来迎。则佛身湛然常寂，无有去来，众生识心，托佛本愿功德胜力，自心变化。有来有去如面镜像，似梦施为，镜中之形非内非外，梦里之质不有不无，但是自心非关佛化，则不来不去。约诸佛功德所云，有往有还；就众生心相所说，是知净业纯熟，目睹佛身。恶果将成，心现地狱，如福德之者，执砾成金，业贫之人，变金成砾，砾非金而金现，金非砾而砾生，金生但是心生，砾现唯从心现，转变是我，金砾何从，抱疑之徒，可晓斯旨。①

实际上，净土宗所谓他力，就是指佛之本愿功德力。以下从五个方面梳理延寿上文所阐之理事要点：

一是，延寿阐明了自力与他力的关系。见佛来迎，虽众生自心所现，然亦是仗"如来慈悲本愿功德种子增上缘力"，净土宗

---

① 〔宋〕延寿集：《宗镜录》卷17，《大正藏》第48册，第505页下—506页上。

常讲"佛力加持""仗佛力接引",由此而得回应。换言之,延寿着重对佛之他力进行了解析。净土法门之所以称为特别法门,关键在于佛力加持之特别。延寿认为如来的慈悲本愿功德种子的增上缘力,能够令曾经与佛有缘的众生念佛修观及修持万善之行,于自心诚敬所感中见化佛来迎。但是,是否能够感佛之关键,在于众生心中的诚敬程度。众生诚敬之心力及念佛、修观、万善之修持力统称为自力,而佛之"慈悲本愿功德种子增上缘力"即佛力,亦称他力。

二是,延寿再申"自心感现佛身来迎,不是诸佛实遣化身而来迎接"。这是从理上讲,"佛身湛然常寂,无有去来",且一切法皆从心生,化佛也不出一心所生,所以说化佛并非如来所遣,而是自心感现。既然是心感佛现,那为什么很多众生不能感得佛现呢?延寿意谓众生感力不达,或众生所感与佛之本愿功德力不相应。须知,念佛、观佛、万善,愿往生净土之众生,以自力所感,恰与如来因地修行时的"功德种子本愿之力"相契合,才能够随众生感而有化佛来迎,以感应相合故。

三是,延寿以镜像和梦境为喻,阐明佛之法身、众生之心及化佛三者的关系:镜外之物喻佛之法身本体,镜喻众生之心,镜中之像喻化佛。镜外之物自是无来无去,可知法身无来无去;镜中之像是镜照而显。镜子本具照物之质是为"能照",物具有能映之质是为"所照",能所相合,镜中之像自显。对于镜中之像而言,则是"非内非外"的,若说像从镜生,则物离镜中无物可觅;若说像是从外而来,镜外之物如如不动,不曾离而入镜。延寿还以日影喻、梦境喻,皆为阐发此理。

四是,延寿指出要从三个不同层面阐释心、佛、众生的问题：其一，"但是自心，非关佛化，则不来不去"；其二，"约诸佛功德所云，有往有还"；其三，"就众生心相所说，是知净业纯熟，目睹佛身"。对此，可以从三个层面分析：首先，从心的层面说，"是心作佛，是心是佛"，"心作""心是"非关佛化，佛本即如如不动、不去不来。其次，从诸佛功德的层面说，诸佛皆是从因地以信心为启发，愿心为动力，历劫精修不懈而成就圆满果德，同时也成就了其"功德种子本愿之力"。当众生之信愿力与如来之本愿力相合，则成就佛力加持。从这个角度说，是佛力加持，且佛来接引，有往有还。最后，从众生心相层面说，净业纯熟而能目睹佛现，这实际是从心和佛之功德相合的层面阐述。心能感佛，佛力加持，二力相合即净业缘熟，则佛自现。

五是，延寿明晰念佛心感佛现之理与造恶心现地狱相之理是相同的，如"福德之者，执砾成金"。所谓"福德之者"，便是指前文所说修行"念佛修观，集诸福智，种种万善"的众生，以此修持功德力，心感佛现。即使临终地狱相现，其以十念称佛或一念称佛，即感佛加持，转向"福德之者"。如延寿引《那先经》所言"人虽有本恶，一时念佛，不入泥犁中"[①]，此即转地狱猛火为清凉圣境，即所谓"执砾成金"。反之，"业贫之人，变金成砾"，"业贫之人"是指善业缺乏者，即平时少修或临终时未修"念佛修观，集诸福智，种种万善"的众生。须知，对凡夫而言，临终时即关键时，若临终不念佛便易被业所牵，便是"变金成砾"，亦如延寿引《那先经》所言："其小石没者，如人作恶不知念佛便入泥犁中。"[②] 此处旨在阐明"砾非金而金现，

---

① 〔宋〕延寿述：《万善同归集》卷1，《大正藏》第48册，第967页上。
② 同上。

金非砾而砾生，金生但是心生，砾现唯从心现，转变是我，金砾何从"之真义。

以上对延寿在《宗镜录》中所阐净土之理的关键问题进行了梳理和分析。可见，《宗镜录》从理的层面为净土的展开弘阐作了铺陈。以下梳理延寿在《宗镜录》中对菩提心、信心、愿心的阐发。须知，此是净土宗修法中的三个必不可少的核心要素。

二 启众生心门：对菩提心与信愿心的劝发

延寿在《宗镜录》中阐发"一心"之理，而菩提心、信心、愿心皆由"一心"所发，又是往生净土的核心要素，故说延寿以《宗镜录》兼开净土之心门。

（一）对菩提心的劝发

菩提心为大乘佛法所力倡，延寿以"遮那心，即菩提心"[①]阐之。《无量寿经》《观无量寿佛经》等净土宗之核心经典都明确提出往生净土要深发菩提心。他在《宗镜录》中说道：

> 若于宗镜才有信入，便生圆解，能发真正菩提心，更无过上，是无等等心，是最胜心，是最实心。[②]

也就是说，如果能够信入"宗镜"之理，便能够生圆教之解。"宗镜"之理即"一心"之理。圆解"一心"后所发的"菩提心"是真实的，真实的"菩提心"是最上乘"心"。文中

---

① 〔宋〕延寿集：《宗镜录》卷30，《大正藏》第48册，第593页下。
② 〔宋〕延寿集：《宗镜录》卷9，《大正藏》第48册，第464页上—中。

言"最胜心"是指德能、力量上的最胜,故曰"此菩提心,有大势力"①;言"最实心"是指最为真实不虚之"心"。这种真实菩提心的德能力量究竟何以殊胜呢?延寿述曰:

> 真正菩提心,此发一菩提心,即一切菩提心。譬如良医有一秘方总摄诸方,阿伽陀药功兼诸药,如食乳糜,更无所须,一切具足。②

"真正菩提心"即明"一心"之理后所发的菩提心,由"一心"摄法界故,此时的菩提心也包含了"一切菩提心"。从理上讲,就好比良医开一秘方,集医理、诸方之大成;从事相上讲,如"阿伽陀药"兼备了诸药之优势;从行持上讲,犹如"食乳糜"营养了无所缺,不需再饮食其他。可见,明"一心"之旨后所发的菩提心已然具足"理""事""行"之全摄特质。"心"中包含"理""事"易于理解,"心"中含摄"行"如何理解?延寿进一步解析:

> 菩提心,即万行之本,即此发心,便名为行。③

也就是说,菩提心虽属发心,却是万行之根本,是行的最初原点。从这个意义上说,发菩提心,就已经是行的开始。换言之,真发菩提心后则必然有实行,若无实行则是未真发菩提心。延寿又以"止观"之行解之,如果能够以"一心"圆旨发菩提心,则修行任运即"止观"。因从究竟理上论,"无发无碍即是

---

① 〔宋〕延寿集:《宗镜录》卷9,《大正藏》第48册,第464页中。
② 同上。
③ 〔宋〕延寿集:《宗镜录》卷30,《大正藏》第48册,第593页下。

观，其性寂灭即是止，止观即菩提，菩提即止观"①。"无发无碍"是指心性本寂，又具足万法万行，本寂故"无发"，也就是"止"了；为度生而照，心性之光无所不照，故能"无碍"，此即"观"。可见，明"一心"之理而发菩提心，随其所行，则"功德无际，念念圆满十波罗蜜"②。反之，若不明"一心"之旨，"以不识故，皆不能发此无上无等，最胜广大不可思议菩提之心，所有悲愿智行，俱不具足"③。

延寿引《华严经》偈颂劝发菩提心：

> 欲见十方一切佛，欲施无尽功德藏，欲灭众生诸苦恼，宜应速发菩提心。④

意思是说，要想见到十方一切诸佛，要想成就佛之"无尽功德藏"，要想灭除众生的无尽苦恼，就应该速发菩提心。反之，若"忘失菩提心，修诸善根，是为魔业"⑤。即使念佛之行也是要建立在发菩提心的基础上的，他在《宗镜录》中引述了道绰在《安乐集》中的开示："若人但能菩提心中，行念佛三昧者，一切恶魔诸障，直过无难。"⑥ 延寿提倡万善之行必定是建立在发菩提心的基础上的。

综上，延寿由明"一心"之旨，强调了菩提心之要；从菩提心具足悲、愿、智、行，进而强调"菩提心中，行念佛三昧"具备无上功德力。可以说，延寿既基于"一心"之旨劝发菩提

---

① 〔宋〕延寿集：《宗镜录》卷9，《大正藏》第48册，第464页中—下。
② 同上。
③ 同上。
④ 〔宋〕延寿集：《宗镜录》卷30，《大正藏》第48册，第593页下。
⑤ 〔宋〕延寿集：《宗镜录》卷26，《大正藏》第48册，第562页中。
⑥ 〔宋〕延寿集：《宗镜录》卷99，《大正藏》第48册，第951页下。

心，又引道绰之言，强调菩提心下的念佛之功，反映了他对净土门之兼开。

（二）对信心的启发

"信"之一法是佛法入门的基础，《华严经》中也说："信为道元功德母，长养一切诸善法。"① "信"更是往生净土"三资粮"之首要条件，"非信不足以启愿，非愿不足以导行"②。延寿在《宗镜录》中着重强调了"信"对菩提心的重要性，文云：

> 若于宗镜才有信入，便生圆解，能发真正菩提心。③

延寿还引《大般涅槃经》云：

> 若有信道，如是信道，是信根本，是能佐助菩提之道。④

可见，"信"是发菩提心的基础。那么如何才能启"信"呢？延寿指出，启"信"要先"断疑"，文云：

> 能断深疑，成于圆信。⑤

《宗镜录》的宗旨是"以心为宗"，延寿也详阐了"心"与"信"之间的内在关联，文中设问：

> 立心为宗，以何为趣？⑥

---

① 〔唐〕实叉难陀译：《大方广佛华严经》卷14，《大正藏》第10册，第72页中。
② 〔明〕智旭解：《阿弥陀经要解》卷1，《大正藏》第37册，第364页中。
③ 〔宋〕延寿集：《宗镜录》卷9，《大正藏》第48册，第464页上—中。
④ 〔宋〕延寿集：《宗镜录》卷2，《大正藏》第48册，第427页上。
⑤ 同上书，第422页中。
⑥ 〔宋〕延寿集·《宗镜录》卷6，《大正藏》第48册，第448页中。

答曰：

> 以信行得果为趣，是以先立大宗，后为归趣，故云："语之所尚曰宗，宗之所归曰趣。"遂得断深疑，起圆信，生正解，成真修，圆满菩提，究竟常果。①

简言之，"立心为宗"，"以信行得果为趣"。其内在逻辑为：以"心"为旨趣，以得佛果为归趣，而"信""行"是关键环节。从"信"到"行"到"果"是有阶进的。对"一心"之旨，先要"生信"，生信则必"断深疑"，断疑则能"起圆信"，此为信仰建立的基础。为防止"信"偏邪，故需"生正解"，此是对解悟而生正信的建立；"信""解"而后"正行"，即"成真修"，此为修行实践的建立；有了"信""解""行"而后能"证"圆满菩提，得究竟常果。此即华严宗清凉澄观所说的"信""解""行""证"四步要素。延寿对此四步要素的阐释紧紧围绕"一心"展开，故曰："初则信心而入道，后则证心而得果，始终不出宗镜矣。"② 可见，对"一心"之旨要先"信"后"解"，因为"信根既立，即入佛道"③，入佛道则佛理能契，契而能解，解而能行，行而能证，"故知若一念决定信受者，不问刹那，便登觉位"④。反之，延寿还提出先"解"后"信"的顺序，此亦"有超劫之功，获顿成之力"⑤，因为"若正解圆明，决定信入"⑥。由此可见，"信"与"解"是相辅相成、互为基

---

① 〔宋〕延寿集：《宗镜录》卷6，《大正藏》第48册，第448页中。
② 〔宋〕延寿集：《宗镜录》卷9，《大正藏》第48册，第460页下—461页上。
③ 〔宋〕延寿集：《宗镜录》卷10，《大正藏》第48册，第473页下。
④ 〔宋〕延寿集：《宗镜录》卷14，《大正藏》第48册，第493页中。
⑤ 〔宋〕延寿集：《宗镜录》卷9，《大正藏》第48册，第463页中。
⑥ 同上。

础、互相成就的，两者合之双美，离之两伤。延寿提倡"信""解"相合，故曰：

> 若正信坚固，谛了无疑，理观分明，乘戒兼急，如此则一生可办，谁论退耶。①

也就是说，如果既能坚固正信，又能够谛解妙理，自然能够理事分明，心行兼重。"理观"即指"依理作观"，"谛了无疑"即指对"理"已完全理解，然后依理作观。"乘戒"则指"宗乘之理"与"持戒之修"，如此修行则能一生成办。延寿还指出：

> 华严教明，此土说法十刹咸然，仰先圣之同归，令后学之坚信，偶斯教者莫大良缘。②

也就是说，释迦佛于娑婆世界说法度生，乃至十方诸佛于十方刹土说法度生，都是为了"仰先圣之同归，令后学之坚信"，遇到如此殊胜的圆教至理，可以令学教得解，是莫大的良缘。换言之，延寿所主张并提倡的是依教生信，依解而信则信心更加坚固。但是，初学者未必能够理解佛法至理，这种情况怎么办呢？延寿说道：

> 今明圆理难晓，但仰信而已。③

"仰信"是指"信"的态度和标准，延寿曰：

> 决定无惑……纵千途异说，终不能易。④

---

① 〔宋〕延寿集：《宗镜录》卷28，《大正藏》第48册，第582页上。
② 〔宋〕延寿集：《宗镜录》卷13，《大正藏》第48册，第487页下。
③ 〔宋〕延寿集：《宗镜录》卷19，《大正藏》第48册，第518页下。
④ 〔宋〕延寿集：《宗镜录》卷10，《大正藏》第48册，第474页中。

"仰信"就是决定不疑惑，信后决定不改易。初学者遇到佛教至理不能谛解时，就需要先"仰信"使自身不疑惑，纵使遇到千万种异端说法，自己也始终坚信不疑。如果确能做到，"遂使初心学者，信有所归，便能息外驰求，回光反照，顿见自己，了了明心"①。

可见，"仰信"并非"迷信"，对于初学者而言，即使当时不能理解佛教妙理，也会使心有所归向，这样心能安定，不外驰求，如此便能"回光反照，顿见自己，了了明心"。为了进一步明晰"仰信"为"正信"，而非"迷信"，延寿引《大乘起信论》指出了"正信"的标准：

> 信成就发心，略说有三：一发正直心，如理正念真如法故；二发深重心，乐集一切诸善行故；三发大悲心，愿拔一切众生苦故。②

也就是说，"正信"能够成就三种发心：一是发"正直心"，即要遵照"一心"之理而生正念。何谓"正念"？即念"真如"之法。二是发"深重心"，要乐修一切善法，即延寿所谓"万善同归"。三是发"大悲心"，即行一切善法，要以救拔一切苦难众生为愿，即发菩提心。简言之，以正念为指导，发菩提心，行一切善，就是检验"正信"与"迷信"的标准。实际上，《大乘起信论》中说的"信成就"三心就是取法于《佛说观无量寿佛经》中对往生净土上品上生者劝发之三心，《观经》云：

> 上品上生者，若有众生愿生彼国者，发三种心，即便往

---

① 〔宋〕延寿集：《宗镜录》卷44，《大正藏》第48册，第675页中。
② 〔宋〕延寿集：《宗镜录》卷45，《大正藏》第48册，第683页上。

生。何等为三？一者，至诚心；二者，深心；三者，回向发愿心。具三心者必生彼国。①

《论》中之"正直心"，即《经》中之"至诚心"；《论》中之"深重心"，即《经》中之"深心"；《论》中之"大悲心"，即《经》中之"回向发愿心"。具足《观经》三心者必生极乐国土，故《起信论》中成就信心者而能"悉皆现证，即凡即圣，感应非虚，坚信不移"②。蕅益智旭在《大乘起信论裂网疏》中解此"信成就发心"曰："三心圆发，不纵横、不并别、不可思议，故曰：初发心时，便成正觉。"③ 需要指出的是，延寿引《起信论》三种"信成就发心"，是偏重对上上根者而言，此与《观经》中发此三心能得上品上生论是相吻合的。然而，若非上上根者，多难以谛信"一心"之理，故延寿曰：

> 只为不信自心是佛，向外驰求。若中下根，权令观佛色身，系缘粗念，以外显内，渐悟自心；若是上机，只令观身实相，观佛亦然。④

意思是说，非上上根者因为对"自心是佛"之理难以生信，所以心会向外驰求。那么，对于中下根者而言，以权巧方便之法令其"观佛色身，系缘粗念"，也可以通过佛之相好光明，以佛相之庄严启发众生心内之清净，以此渐悟自心。如果是上根者，则只需要令其"观身实相"，从"实相"理修观，即使观佛也是

---

① 〔刘宋〕畺良耶舍译：《佛说观无量寿佛经》卷1，《大正藏》第12册，第344页下。
② 〔宋〕延寿集：《宗镜录》卷2，《大正藏》第48册，第426页下。
③ 〔明〕智旭述：《大乘起信论裂网疏》卷5，《大正藏》第44册，第453页下。
④ 〔宋〕延寿集：《宗镜录》卷17，《大正藏》第48册，第506页上。

在观"实相"之理。

综上可见，延寿在《宗镜录》中以《大乘起信论》之三心之信引发《观经》中三心的核心理论，由阐"信"而引出不同根性众生生起信心的程度差异，并依据上中下三根所"信"的差别，而给出了"观实相""观想"和"观像"的不同修行方法，从而引出了净土念佛行。关于净土念佛行，将在后文详述。

(三) 对愿心的倡发

"信"生而能发"愿"，对于净土宗而言，欣求极乐便是"愿"。禅者多以净土宗人求生净土为着相之修，故生非议。延寿倡净土行，则阐明"愿"生净土不悖于禅宗悟彻自心之理。延寿在《宗镜录》中解"愿求"的合理性时说道：

> 若于此平等性中，即不须求，为未知者说求耳。①

也就是说，于理而言，已证生佛平等性者，理体自显，不涉有无，何有所求？然对于未证此理者，则要以理导事，知所欣厌，即合于性理者则欣于上达，悖于性理者便要厌离。实际上，"愿求"心是以理导事的权方便，延寿引《思益梵天所问经》释曰：

> 菩萨以离愿求，但众生不知求佛道，菩萨故发愿，只云：我愿求佛道，众生因此，方知发心而求佛道，得意自知无所求也。②

也就是说，菩萨于事修上之所以提倡愿求心，是因为颠倒众

---

① 〔宋〕延寿集：《宗镜录》卷4，《大正藏》第48册，第438页中—下。
② 同上。

生不求佛道，只一味贪着五欲六尘，造作种种恶业，轮转六道，无法出离。菩萨为度众生，故发愿说"我愿求佛道"，以此引导众生效法，以愿求心进修，修德有功，性德方显。当修至性德显发时，方知自心本具，达"无所求"之境界。由此可知，言"无所求"是于理而言；言"愿求"，是于事而言。故延寿引澄观之言曰：

> 由此本觉内熏不觉，令成厌求反流顺真，故云用也。此释经中，由如来藏故，能厌生死苦，乐求涅槃也。①

释"由此本觉内熏不觉"可以净土宗为例，如信愿念佛便是在以佛之果地觉熏契众生之因地心，由信愿念佛之熏习而厌离娑婆，返求顺佛真性，这是从"用"的层面说的。也就是佛经中由如来藏的熏习，而使众生厌离娑婆之生死苦，欣求极乐之涅槃乐，最终以"因该果海果彻因源"达到成佛的目的。这种方法，是从"行用"上说的。实际上，这个欣求和厌离便是以是否顺真性为基础的，欣求极乐之乐，即欣求涅槃，厌离摒弃的则是一切欲望贪着之乐。所以延寿又说：

> 以本觉内熏妄心，故有厌求，有厌求故，真用即显，厌求劣故，相用即粗，厌求渐增，用亦微细。如是渐渐，乃至心原，无明既尽，厌求都息。②

从"厌求渐增，用亦微细"可知，心愈专一用愈微细。"如是渐渐，乃至心原"，即随着专一程度的增加，而渐至心原，当

---

① 〔宋〕延寿集：《宗镜录》卷48，《大正藏》第48册，第701页下。
② 〔宋〕延寿集：《宗镜录》卷16，《大正藏》第48册，第502页上。

专精到"无明既尽"的境界,便复本心,此时"厌求都息"。故知,对于修净土者而言,以厌离娑婆欣求极乐之心增上修持功夫,如持名、万善等的目的都是一致的,犹如百川入海,皆往同一方向,同入大海。待到修持功夫上达心原时,即由修得而合于性德时,则"厌求都息"。也就是说,欣厌如船,到达彼岸方可舍船。

以上为延寿对"愿"的阐释。须知,"愿"能导行,而净土宗所倡之修主要为念佛行。念佛行从狭义上讲即指持名念佛,广义所说的念佛行则包含实相念佛、观想念佛、观像念佛、持名念佛四种。① 以下对《宗镜录》中引发四种念佛行之处进行梳理,以示延寿对念佛行门的兼开。

三 开念佛行门:对四种念佛行的引发

净土宗修行尤重念佛,延寿在《宗镜录》中不仅总述了实相、观想、观像、持名四种念佛行,且常以阿弥陀佛及极乐净土举例阐理叙事,是其为开净土行门而作的铺陈。

(一) 对实相念佛的引发

《宗镜录》主摄上根利智,对象以宗门禅者为主。禅宗中,特别是南宗禅,崇尚"直指人心,顿悟成佛"。延寿在《宗镜录》中指出:"若是上机,只令观身实相,观佛亦然。"② "上机"者能够信"自心是佛",故心不外驰,"只令观身实相",即使"观佛"也是直观实相佛,由此引出实相念佛之法。

---

① 也有说五种念佛,包括持咒念佛,即把持咒归为念佛。
② 〔宋〕延寿集:《宗镜录》卷17,《大正藏》第48册,第506页上。

延寿在《宗镜录》中引《佛藏经》阐发上根利智以实相念佛之修，文云：

> 见诸法实相名为见佛，何等名为诸法实相，所谓诸法毕竟空无所有，以是毕竟空无所有法念佛，乃至又念佛者，离诸想，诸想不生心无分别，无名字无障碍，无欲无得，不起觉观，何以故？舍利弗，随所念起，一切诸想，皆是邪见；舍利弗，随无所有无觉无观，无生无灭，通达是者，名为念佛。如是念中，无贪无著，无逆无顺，无名无想；舍利弗，无想无语乃名念佛，是中乃至无微细小念，何况粗身口意业。无身口意业处，无取无摄、无诤无讼、无念无分别、空寂无性灭诸觉观，是名念佛；舍利弗，若人成就如是念者，欲转四天下地随意能转，亦能降伏百千亿魔，况弊无明从虚诳缘起无决定相，是法如是无想无戏论，无生无灭，不可说不可分别无暗无明，魔若魔民所不能测，但以世俗言说有所教化，而作是言。汝念佛时，莫取小想，莫生戏论，莫有分别，何以故，是法皆空无有体性不可念一相，所谓无相，是名真实念佛。[①]

可见，实相念佛深契禅宗悟彻自心之境界，此实是延寿对禅净合流的引导，可从四个方面进行解读：

首先，明实相念佛的宗旨，即"见诸法实相，名为见佛"。也就是说，在实相念佛中，"佛"是特指"诸法实相"，而非具体的有相之佛。如念释迦佛、阿弥陀佛等都是具体的有相之佛，实相念佛非以此为论。

---

① 〔宋〕延寿集：《宗镜录》卷17，《大正藏》第48册，第506页上—中。

其次，阐明实相念佛的对应境界，即"诸法毕竟空无所有，以是毕竟空无所有法念佛"。也就是说，所谓实相念佛即无念之念，"念佛者，离诸想，诸想不生，心无分别，无名字，无障碍，无欲无得，不起觉观"。对于实相念佛而言，动念即乖，有想即错，哪怕"微细小念"也不能生，粗重杂乱的身口意业更不可有，一念不起方合实相，否则便非实相念佛。故曰："无想无语，乃名念佛。"修禅宗者所崇尚的"无住生心"，即合于实相念佛之法。

再次，阐明达到实相念佛的境界与德能，即无明之惑净尽。性德本具之万德万能尽显，达此境界，则"欲转四天下地，随意能转，亦能降伏百千亿魔"。

最后，强调实相念佛的注意事项，即"念佛时，莫取小想，莫生戏论，莫有分别"。因为，实相妙理是诸法空相，无有体性，明实相以消妄想、分别、执着之念，达此境界才是真实相念佛。

以上境界只有上根者堪受。但是，延寿观察当时众生根性，上根者凤毛麟角，更多的是中下根者，因无法体解"自心是佛"之理，故难以彻底起信。上机者谓"信"并非口头浅信，若不能心不外驰、心不动念，便非实相境界的真信。换言之，修者之所以不能依教奉行，其根源在于不能真信，而不能真信的原因在于根机陋劣。那么，对于中下根众生而言，虽能闻知"自心是佛"之理，但尚无法达到真信境界，其心仍无法控制"向外驰求"，因此释迦大行方便，"令观佛色身，系缘粗念，以外显内，渐悟自心"。

(二) 对观想念佛的引发

众生根性实际是基于修持功夫之浅深而论的，随着功夫的增上,根性自然提升。如上所述,实相念佛的境界只有上上根者方能契入,佛教中的上上根无不是靠历劫精修而成。对于功夫不达、根性不及者,延寿在《宗镜录》中也提出观想念佛的方法,以此增上功夫,上达实相念佛境界。延寿从宗派角度阐曰:

> 夫观门略有二种:一依禅宗及圆教,上上根人,直观心性,不立能所,不作想念,定散俱观内外咸等,即无观之观,灵知寂照;二依观门,观心似现前境,虽权立假相,悉从心变,如《观经》中,立日观水观等十六观门。①

第一种观法:"直观心性",即理观,直达第一义谛,这是依禅宗及圆教的一乘妙理而修的实相观,亦称实相念佛,上上根人能当下契入。具体而言,其宗旨是"直观心性",即禅宗常说的"直指人心,见性成佛",原则是"不立能所,不作想念",方法是"定散俱观,内外咸等"。这就是"无观之观",虽"无观"而无所不观,因无观而契入"灵知寂照"的实相,心性寂然能发般若之智,照见万法。然此实相观,唯摄上上根人,中下根人无法即达,虽能通过文字解知第一义谛之理,却无法契入,因此需从事观入手,渐进增上。

第二种观法:"观心似现前境",即事观,《观经》"立日观水观等十六观门"即属此种,亦称观想念佛。延寿曾特别指出:"《(观)无量寿经》为中下之机作十六观想。"② 此虽然权立假相,然凡所有相皆从心起,由此通过观想念佛便能够契入实相念佛的境界。对于其中的义理,延寿做了详细阐发:

---

① 〔宋〕延寿集:《宗镜录》卷36,《大正藏》第48册,第623页中、下。
② 〔宋〕延寿集:《宗镜录》卷16,《大正藏》第48册,第501页下。

所观是一，能观自殊，诸佛徇机，密施善巧。又法是心体，观是心用，自心起用，还照自体，如炷生焰，明还照炷，似珠吐光，反照珠体。如《华严经》，善财参见弥伽长者，彻见十方佛海，显此定者，唯心之观，知众生界无量无边，皆心现，故明随心念佛，诸佛现前，以唯心观遍该万有。是以湛然尊者云："上根唯观一法，谓观不思议境。"境为所观，观为能观，所观者，谓阴界入不出色心，色从心造，全体是心，此之能造，具足诸法，众生理具，诸佛已成，成之与理，莫不性等。①

从"能所"的角度看，无论上上根"直观心性"，还是中下根"权立假相，悉从心变"，"所观"之"本心"是一。而"能观"者由于众生根性不同，诸佛顺应众生之机，施以种种善巧之法，便"立日观水观等十六观门"，即善巧观法。

从"体用"的角度看，"法是心体，观是心用"，用起于心，般若湛然，还照自心之体。其中道理，就如同炷焰、珠光皆能自照一般。《华严经》中，善财童子参见弥伽长者时，能彻见十方佛海，须知十方佛海皆是唯心，十方法界亦皆自心所现，明此则要随心念佛，以念佛而佛现，以佛皆从心所现故。以十六观为例，观日落之境，须知，日落之色法不出一心，"色从心造，全体是心"，众生以本具之心，由境缘之观而入唯心之理，观成契理，证得生佛一如，心性皆同。

延寿还引佛在《华手经》中的开示："复次坚意，菩萨以善

---

① 〔宋〕延寿集：《宗镜录》卷82，《大正藏》第48册，第867页下—868页上。

修习一佛相故，随意自在，欲见诸佛皆能现前"①，表达了对观佛见佛的肯定，而且通过观一佛契入随意自在境界后，则随愿而见诸佛。因此，延寿指出：

> 若中下根，权令观佛色身，系缘粗念，以外显内，渐悟自心。②

这是对中下根者设的方便之法，学人由此增上功夫，以修德有功而能显发内心本具之性德。延寿在《宗镜录》中也特别阐发了《观经》中的观佛之理事：

> 《(观)无量寿经》云："诸佛如来，是法界身，入一切众生心想中。是故汝等，心想佛时，是心即具三十二相，八十随形好，是心作佛，是心是佛，诸佛正遍知海，从心想生。"此《(观)无量寿经》为中下之机作十六观想，令韦提夫人等暂见佛身，恐生外解，故有此说是心是佛之文，令生实见。③

意思是说，从《观经》中所谓"诸佛如来，是法界身"可知，法界无处不有诸佛如来。"一切众生"不出法界之外，故众生心想中亦有诸佛如来。从这个意义上说，众生"心想佛时"便有诸佛如来住持心中，佛住心中故能当下具足"三十二相，八十随形好"，此即"是心作佛"之理事。换言之，佛心与众生心本无差别，众生心想佛时，似是心想他佛，实是心想自佛，即他而自，自他不二，此即"是心是佛"之理。由此"是心作佛，

---

① 〔宋〕延寿集：《宗镜录》卷95，《大正藏》第48册，第930页上。
② 〔宋〕延寿集：《宗镜录》卷17，《大正藏》第48册，第506页上。
③ 〔宋〕延寿集：《宗镜录》卷16，《大正藏》第48册，第501页下。

是心是佛"之理,所以"诸佛正遍知海"从众生之心想生,循此观想佛之修德达般若实相之境界。

换言之,因为中下根性众生无法即达实相之境,故释迦佛以"十六观"为方便法,令韦提希等以此法"暂见佛身"。同时为防止观想佛时生"外佛"解,释迦佛又阐发"是心是佛"之理,令众生仗佛相好庄严启发心中之自性佛。简言之,由观佛相好之修增上功夫,修德有成便见自性佛,见自性佛即证诸法实相。

然而,对于心粗的凡夫而言,若观佛之身量无边也有困难,则观丈六佛身更为契机,故延寿提出:

> 丈六虽粗而能传妙理,托事表理,寄言显道,犹影传于形。①

也就是说,观丈六佛身更为契机,不仅能够以事观进入理观,《观经》还指出,由观佛之功德,可得蒙阿弥陀佛接引生于净土,进而证达第一义谛,圆成佛道。

综上,观想念佛是在实相之理的指导下所设的方便观法,众生可通过观想念佛之修,证达实相妙理;又可使次根者仗佛慈力往生净土,令修者在不退转之极乐净土中证达实相妙理。

(三) 对观像念佛的引发

释迦佛为中下根性众生说观像之法,以此观法系念自心,摄粗杂之念亦能归于专一之境,以观佛相好之修法,显内心本具之佛性,可悟"自心是佛"之至理。然而,观想念佛亦非容易,若非功夫达到一定程度亦难成观,故延寿在《宗镜录》中还阐发了观像念佛之法,此法因设像可见,相对于观想念佛更为易

---

① 〔宋〕延寿集:《宗镜录》卷16,《大正藏》第48册,第503页上。

修。对此,延寿说道:

> 缘众生不能亲闻无漏质故,必资影像。①

也就是说,因为众生心浮散乱,不能亲闻自心本具的无漏之质,必须借影像而修,以增上功夫。观像念佛比观想念佛更易修持,可使散心众生借佛像而摄心专注,进而入观想境,再入实相境。应该说,观像念佛是从众生根性入手而设置的更为方便的修法。需要注意的是,此处所谓"不能亲闻",并非众生身体器质上的耳不能闻,而是指众生根劣,即使听闻了心本无漏之理,也无法透彻理解,"不解"故谓"不闻",但通过观像念佛却可以步步增上,渐渐契入境界。

观像念佛的方法即"对佛形像,想佛相好光明等"②。延寿为了使观像念佛之法更易于被修者理解和接受,他还以时人常见的祠堂供像为例,说明古代的官员、圣贤,或治政有德,或为善有功,惠及万民,故去后民众感德追思而为其立祠堂庙宇,并于庙中塑造其形、像,以供民众四时礼拜、供养,此不仅可慰藉民心,且能激发民众效法之愿。

延寿还以二十四孝中丁兰孝亲的故事形象地阐明了从"观"到"见"全凭诚心的感应之理。他说道:

> 丁兰至孝,刻木为母晨昏敬养,形喜愠之色,且土木不变,唯心感耳。③

---

① 〔宋〕延寿集:《宗镜录》卷37,《大正藏》第48册,第631页中。
② 印光:《弥陀圣典序》,弘化社编:《印光法师文钞》第4册,成都:巴蜀书社,2016年,第23页。
③ 〔宋〕延寿集:《宗镜录》卷79,《大正藏》第48册,第853页上。

故事梗概为：丁兰父殁后，事母更孝。母亲去世后，丁兰为寄托相思以木刻母像，用于晨昏瞻仰礼敬。丁兰每日都能于像中看到母亲的喜怒哀乐种种神情变化。延寿指出，土木之像本身是不会有喜怒哀乐的表情的，丁兰所见完全是出于自己的诚心，他观母像如同母在目前。当他对像检查自己之心行是否合于母亲之教诲时，若合于母教则知母必为之欢喜，若悖于母教则知母必为之愠怒，故而心中之母色能形于木刻之母像。由此可知，世出世间观像的道理是一致的，观像念佛之要亦无外乎诚心。以诚心故，则可透过佛像启发自心，由诚心所感则能启发心中本具之性德。延寿在《万善同归集》中也以此为例说道：

> 木母变色，金像舒光；道借人弘，物由情感。能生净种，敬假像而开心。①

既然观像有启发本心之功，而且易修易进，当时便有人问曰：

> 何不唯取影像为教体？②

延寿解曰：

> 虽即亲闻，必假本质。③

观像念佛之所以能够契入实相，是因为心中本具实相，所以说"色为所造，心为能造"④。若心不具，观亦不成。

实际上，从延寿《自行录》中也可知，他本人特重"资像

---

① 〔宋〕延寿述：《万善同归集》卷3，《大正藏》第48册，第988页中。
② 〔宋〕延寿集：《宗镜录》卷37，《大正藏》第48册，第631页中—下。
③ 同上书，第631页下。
④ 〔宋〕延寿集：《宗镜录》卷24，《大正藏》第48册，第553页上。

入道"的修持方式，此不赘述。

(四) 对持名念佛的引发

延寿在《宗镜录》中也多次倡导持名念佛，他自修也十分重视持名念佛。持名念佛的方法源于念佛禅，早期佛教以念佛的方法修禅定。净土法门兴起后，昙鸾力倡持名念佛，善导大弘持名念佛。这种修行方法至简至易、圆摄三根，但修禅者似乎忘却了持名一法。

五代时，修禅者多斥净土宗指方立相，不合般若空理，更对持名念佛不屑一顾。然而，禅者对深阐般若至理的《大涅槃经》多生信向，故延寿循此在《宗镜录》中略举了《大涅槃经》四个通过持名念佛而得救度的例子，以兼开持名念佛之行门。

引《大涅槃经》之例一：

> 优婆夷，患疮苦恼，不能堪忍，即发声言："南无佛陀，南无佛陀。"我于尔时，在舍卫城，闻其音声，于是女人起大慈心。是女寻见我持良药，涂其疮上，还合如本。我即为其种种说法，闻法欢喜，发阿耨多罗三藐三菩提心。①

引《大涅槃经》之例二：

> 调达恶人，贪不知足，多服酥故，头痛腹满，受大苦恼，不能堪忍，发如是言："南无佛陀，南无佛陀。"我时住在优禅尼城，闻其音声，即生慈心，尔时调达。寻便见我往至其所，手摩头腹，授与盐汤，而令服之，服已平复。②

---

① 〔宋〕延寿集：《宗镜录》卷18，《大正藏》第48册，第515页下。
② 同上书，第516页上。

引《大涅槃经》之例三：

> 憍萨罗国，有诸群贼，其数五百，群党抄劫，为害滋甚，波斯匿王，患其纵暴，遣兵伺捕，得已挑目，逐着黑暗丛林之下。是诸群贼，已于先佛植众德本，既失目已，受大苦恼，各作是言："南无佛陀，南无佛陀，我等今者，无有救护。"啼哭号咷，我时住在祇桓精舍，闻其音声，即生慈心。时有凉风，吹香山中，种种香药满其眼眶，寻还得眼，如本不异。诸贼开眼，即见如来住立其前，而为说法，贼闻法已，发阿耨多罗三藐三菩提心。①

引《大涅槃经》之例四：

> 琉璃太子以愚痴故废其父王，自立为主，复念宿嫌，多害释种，取万二千释种诸女，刖剔耳鼻，断截手足，推之坑堑。时诸女人，身受苦恼，作如是言："南无佛陀，南无佛陀，我等今者，无有救护。"复大号咷，是诸女人，已于先佛种诸善根，我于尔时，在竹林中，闻其音声，即起慈心。诸女尔时见我来至迦毗罗城，以水洗疮，以药傅之，苦痛寻除，耳鼻手足，还复如本。我时即为略说法要，悉令俱发阿耨多罗三藐三菩提心，即于大爱道比丘尼所，出家受具足戒。②

延寿所引《大涅槃经》中的四个例子颇具代表性，分析如下：

---

① 〔宋〕延寿集：《宗镜录》卷18，《大正藏》第48册，第516页上。
② 同上。

一是修行者念佛得益。"优婆夷"即修行者的代表,其为亲近三宝、受持三皈五戒的在家女居士。优婆夷因患病疮难忍而称"南无佛",期盼蒙佛救度。佛在舍卫城闻其音声,于是运大悲心为其救治,该优婆夷因而见佛持疮药而来,并为其说种种法,她闻法欢喜而发无上菩提之心。于净土宗而言,修行者念南无阿弥陀佛名号,临终蒙阿弥陀佛现前接引,往生西方净土,其理同此。

二是五逆十恶者念佛得益,例二、二均是。佛不弃逆恶众生,虽五逆十恶者,若念佛求救,佛亦平等救度。例二中,调达恶人曾意欲害佛,他因贪得无厌,多服酥,患四大不调,头痛腹满不堪忍受,故称念"南无佛陀"望蒙救度。调达称佛时已含忏悔之心,且当时竭诚尽敬,故能感佛。佛以手摩其头腹,并授其盐汤,使其服而得愈。例三中,五百盗贼被波斯匿王派兵抓获,并皆被挑目令盲,因受大苦恼而称"南无佛陀",愿蒙佛救度,佛同样以慈悲平等心现前救度。于净土宗而言,五逆十恶罪人临终时以至诚忏悔之心称念南无阿弥陀佛名号,蒙阿弥陀佛现前接引往生西方净上,与此同理。

三是已于先佛植众德本者念佛得益。如例三中五百盗贼之所以能够遇难称佛,及例四被琉璃太子"刵劓耳鼻,断截手足,推之坑堑"的释种诸女,之所以能够称念"南无佛陀",都是由于"已于先佛植众德本"。换言之,恶人能在痛苦之时念佛,皆因宿世或现生过往所培植的善根已成熟。此与智𫖮《净土十疑论》"但能临终遇善知识,十念成就者,皆是宿善业强,始得遇善知识，十念成就"① 的净土往生之解同。

四是念佛得益的究竟之理在于自心感现。《大涅槃经》在举以上四例后，紧接着阐明念佛蒙佛救度的深层原因，谓皆是"慈善根力"所感。延寿进一步引经阐云：

> 善男子，我于尔时，实不往至波罗奈城，持药涂是优婆夷疮；善男子，当知皆是慈善根力，令彼女人见如是事。②
>
> 善男子，我实不往调达所，摩其头腹，授汤令服；善男子，当知皆是慈善根力，令调达见如是事。③
>
> 善男子，我于尔时，实不作风，吹香山中种种香药，住其人前而为说法；善男子，当知皆是慈善根力，令彼群贼见如是事。④
>
> 善男子，如来尔时，实不往至迦毗罗城，以水洗疮傅药止苦；善男子，当知皆是慈善根力，令彼女人见如是事。⑤

也就是说，以上众生皆因苦巨难忍，为求救度而至心称佛，故而启发了自心本具之慈悲力，以此获得感通而蒙救度。

持名念佛是延寿自修的重要方式之一，他每日晨朝行道念阿弥陀佛，并愿一切法界众生皆欣求极乐圆证菩提。而且他还昼夜六时绕念观世音菩萨名号，其在《宗镜录》中引述《观世音菩萨普门品》经文并解曰：

> 众商人闻，俱发声言："南无观世音菩萨。"称其名故，

---

① 〔隋〕智顗说：《净土十疑论》卷1，《大正藏》第47册，第79页下。
② 〔宋〕延寿集：《宗镜录》卷18，《大正藏》第48册，第515页下。
③ 同上书，第516页上。
④ 同上。
⑤ 同上书，第516页上—中。

第二章 著述层面"透禅融教律归净"的内在演进

即得解脱者,六根都会一心,即是俱发声言;才了唯心,诸境自灭,即是称其名故即得解脱。①

从"六根都会一心"可知,此是《楞严经》中大势至菩萨所述"都摄六根"之念佛方法。《大势至菩萨念佛圆通章》详阐了"都摄六根"之念佛法:

若众生心,忆佛念佛,现前当来,必定见佛,去佛不远,不假方便,自得心开,如染香人,身有香气,此则名曰香光庄严。我本因地,以念佛心,入无生忍,今于此界,摄念佛人,归于净土。佛问圆通,我无选择,都摄六根,净念相继,得三摩地,斯为第一。②

延寿所解"随忆念时,彼业现前,次第不乱,相续不断"③便是对大势至"忆佛念佛,现前当来必定见佛"的回应。若念佛之心相续不断,便能与佛心相应。大势至菩萨在因地修行时便是以忆佛念佛之心行证得无生忍之境界,他也因此发愿"于此界摄念佛人归于净土",因为于净土中常得见佛且能不退成佛。

综上,延寿在《宗镜录》中对"实相""观想""观像""持名"四种念佛皆有引发,虽然所占篇幅不大,却是延寿以《宗镜录》为核心对净土念佛行门的开启。

延寿在《宗镜录》中主阐一心透禅融会诸宗,也兼开净土之门。他在《宗镜录》中以"一心"之理阐明净土宗所主张的

---

① 〔宋〕延寿集:《宗镜录》卷25,《大正藏》第48册,第556页上—中。
② 〔唐〕般剌蜜谛译:《大佛顶如来密因修证了义诸菩萨万行首楞严经》卷5,《大正藏》第19册,第128页上—中。
③ 〔宋〕延寿集:《宗镜录》卷5,《大正藏》第48册,第443页中。

感佛理事，劝发菩提心及净土宗所尚之信愿心，引发包括持名念佛在内的四种念佛行。应该说，正是因为延寿在《宗镜录》中对净土理、心、行的铺陈，才使《万善同归集》《禅净四料简》《神栖安养赋》中对净土理事的展开深阐和升华变得更加顺畅合理。

第三节 《万善同归集》：理归心与事归净

《万善同归集》是延寿在《宗镜录》之后亲自撰写的一部重要典籍，主要阐发"一心"之理与净土之事，讨论了净土的诸多具体问题，明确了劝归净土的主张，故亦被看作是延寿弘阐净土的代表作。

一 对净土理事的延伸论述

如果说《宗镜录》主阐"一心"融会诸宗，兼开净土理事，那《万善同归集》则基于"一心"之旨直阐净土理事并展开论述。《万善同归集》力倡万善之理归心，万善之事归净，理路清晰，确指西方。

（一）辨析唯心净土与西方净土

延寿论唯心净土也阐发唯心之理不坏净土之事，净土之事终归唯心之旨的观点。他在《万善同归集》中就曾以设问的形式，解答了唯心净土和西方净土的理事关系问题。他问曰：

> 唯心净土，周遍十方，何得托质莲台，寄形安养，而兴

取舍之念,岂达无生之门?欣厌情生,何成平等?①

此问主涉唯心净土和西方净土的关系问题,兼涉取舍之念与无生之门、欣厌之情与一心平等的逻辑问题。这是禅者对净土的主要疑惑,辩明此中理事,禅者才有可能接纳净土,禅净双修才有理论支撑。延寿之解契理、契机,他答曰:

> 唯心佛土者,了心方生。《如来不思议境界经》云:"三世一切诸佛,皆无所有,唯依自心。菩萨若能了知诸佛及一切法皆唯心量,得随顺忍,或入初地。舍身速生妙喜世界,或生极乐净佛土中。"故知识心方生唯心净土,著境只堕所缘境中。既明因果无差,乃知心外无法。又平等之门,无生之旨,虽即仰教生信,其乃力量未充,观浅心浮,境强习重;须生佛国以仗胜缘,忍力易成,速行菩萨道。②

他进一步引诸经论以详阐:

> 《起信论》云:"众生初学是法,欲求正信其心怯弱,以住于此娑婆世界,自畏不能常值诸佛亲承供养。惧谓信心难可成就,意欲退者,当知如来有胜方便,摄护信心。谓以专意念佛因缘,随愿得生他方佛土,常见于佛永离恶道。如修多罗说:'若人专念西方极乐世界阿弥陀佛,所修善根,回向愿求生彼世界,即得往生;常见佛故终无有退。若观彼佛真如法身,常勤修习毕竟得生住正定故。'"《往生论》云:"游戏地狱门者,生彼国土得无生忍已,还入生死国,

---

① 〔宋〕延寿述:《万善同归集》卷1,《大正藏》第48册,第966页中。
② 同上书,第966页中—下。

教化地狱，救苦众生。以此因缘求生净土。"《十疑论》云："智者炽然求生净土，达生体不可得，即真无生，此谓心净故即佛土净。愚者为生所缚，闻生即作生解，闻无生即作无生解；不知生即无生，无生即生。不达此理，横相是非，此是谤法邪见人也。"《群疑论》问云："诸佛国土亦复皆空，观众生如第五大，何得取着有相舍此生彼?"答："诸佛说法，不离二谛。以真统俗，无俗不真；以俗会真，万法宛尔。经云：'成就一切法，而离诸法相。'成就一切法者，世谛诸法也；而离诸法者，第一义谛无相也。"又经云："虽知诸佛国及与众生空，常修净土行，教化诸群生。"汝但见说圆成实性无相之教，破遍计所执毕竟空无之文；不信说依他起性因缘之教，即是不信因果之人，说于诸法断灭相者。《摩诃衍》云："菩萨不离诸佛者，而作是言：'我于因地遇恶知识，诽谤般若堕于恶道，经无量劫虽未得出，复于一时依善知识，教行念佛三昧，其时即能并遣诸障，方得解脱，有斯大益故，不愿离佛。'"故《华严》偈云："宁于无量劫，具受一切苦；终不远如来，不睹自在力。"①

延寿之解，主要围绕六个方面展开：

第一，解析了何为生"唯心佛土"，悟证"一心"之理便生"唯心佛土"。延寿引《如来不思议境界经》说明三世诸佛皆是"唯依自心"，菩萨如果要了知诸佛及一切法，皆依其心量大小，而了达的程度各有不同。菩萨若得"随顺忍"，入初地果位，则

---

① 〔宋〕延寿述：《万善同归集》卷1，《大正藏》第48册，第966页下—967页上。

可随愿往生到阿閦佛所在的妙喜世界，或阿弥陀佛所建的极乐世界。延寿以此证明，彻底了达自心，则生唯心净土；若非彻底了达自心，但已得"随顺忍"者，便可随自心愿，生于诸佛净土。即使生到妙喜世界、极乐世界，虽是指方立相，但依"心外无法"之理可知，一切净土皆依自心而现，故知其并非心外之土，诸方净土皆不外乎心。

换言之，延寿厘清了两个问题：一是彻证唯心者谓生唯心土，没有彻证唯心者，则随其心量大小、功夫程度，所达之境界各异；二是即使是指方立相的净土也不出"一心"之外，仍合于唯心之理，切不可以唯心净土之理否定妙喜净土、西方净土等有相净土之事。

第二，解析了"平等之门，无生之旨"与往生净土之关系。延寿直言："虽即仰教生信，其乃力量未充，观浅心浮，境强习重；须生佛国，以仗胜缘，忍力易成，速行菩萨道。"① 其中"仰教生信"是指仰信唯心之旨。但是，由于修者自身力量未达，观力浅薄，心浮气躁，加之外界逆恶境强，且自身宿世习气深重，因此虽仰信唯心而不能彻证唯心。故需要先往生到有相的佛国净土，仗净土胜缘而不退转，进而成就无生法忍，速成菩提，彻证唯心。

换言之，娑婆众生虽有"平等""无生"之理，但由于自身和外境的种种限制和障碍，难以凭自力证达"平等""无生"之境界；而在往生净土之后，仗净土胜缘却可速达真正的"平等""无生"境界。

---

① 〔宋〕延寿述：《万善同归集》卷1，《大正藏》第48册，第966页下。

第三,延寿引《大乘起信论》,对娑婆之逆缘与西方之胜缘作了进一步的分析和比较。一是对娑婆不常值佛与净土常能见佛进行比较。娑婆众生,特别是初习佛法者,虽欲求正信,但心力孱弱,加之娑婆世界不常值佛,无法常随佛学、"亲承供养",因此信心易退。二是明确"专意念佛因缘"而"随愿得生他方佛土",重点强调了西方净土。延寿举例"若人专念西方极乐世界阿弥陀佛,所修善根,回向愿求生彼世界,即得往生;常见佛故,终无有退","若观彼佛真如法身,常勤修习,毕竟得生,住正定故"①。也就是说,念阿弥陀佛往生西方净土,因为极乐净土常得见佛,所以佛力加持终无退转。而上根者采用观佛真如法身的修持方法,也能生西方净土,因观而得定,故能随愿往生。

第四,延寿引《净土十疑论》对"智者炽然求生净土"和"愚者为生所缚"进行比较。很明显,延寿主张求生净土。同时,他强调"生体了不可得"。也就是说,于体而言是真无生,然并非说事上不生,愚者则以为理无生即事不生,此是典型的"闻无生即作无生解"。须知,无生是于心之本体而言,事生净土不碍心体之无生,故曰"生即无生,无生即生"。若执着于事上不生净土,则是"横相是非","谤法邪见人"。

第五,延寿引《净土群疑论》以真俗观小结唯心与净土之关系,阐明往生净土"以真统俗,无俗不真"的道理。也就是说,净土本来唯心,此是约真谛之理而言;但净土宛然即存,则是约俗谛之事而言。然而,真与俗是相互融即的,故曰:"诸佛

---

① 〔宋〕延寿述:《万善同归集》卷1,《大正藏》第48册,第966页下。

说法，不离二谛，以真统俗，无俗不真；以俗会真，万法宛尔。"① 经中"虽知诸佛国及与众生空，常修净土行，教化诸群生"②，是对唯心与净土之关系的最好注脚。知空理而常修净土行，并以之教化诸群生，如此才是诸佛所倡。对上根者而言，知空理而能自力彻证，但仍可生净土以示现教化群生，了无妨碍；对于中下根而言，虽知空理而自力不能证得，则更需修净土行仗佛力而生净土，于净土中能速证无生之旨，此即净土之三根普被性。

第六，延寿引《摩诃衍论》和《华严经》，提出要誓"不愿离佛""终不远如来"，并强调"依善知识，教行念佛三昧，其时即能并遣诸障，方得解脱"的念佛事修之功。也就是说，以念佛的修持方法能实现业消慧朗，对此诸经、论皆有提倡，故应当遵从而修念佛法。

此外，延寿还引《目连所问经》强调于事而言诸佛土中西方净土最易生的观点。经中佛告目连云：

> 虽有豪贵富乐自在，悉不得免生老病死。只由不信佛经，后世为人，更深困剧，不能得生千佛国土。是故我说无量寿佛国土，易往易取，而人不能修行往生，反事九十六种邪道，我说是人，名无眼人、名无耳人。③

意思是说，即使是世间"豪贵富乐自在"的大福报者，也免不了生老病死等苦。如果不信佛教，现生往往会依仗福报造种

---

① 〔宋〕延寿述：《万善同归集》卷1，《大正藏》第48册，第966页下。
② 同上书，第967页上。
③ 同上书，第968页上。

种恶业，后世若仗余福幸得人身，但由于福报消耗而困苦加剧，难以往生诸佛国土。佛又告目连："无量寿佛国土，易往易取。"但是世间人却对净土不生信向、不事修行、不求往生，反而被九十六种邪道所惑，这种人就好比是无眼、无耳人，当面错过无上妙法。

延寿引此，是为表达阿弥陀佛之极乐国土是诸佛国土中最易往生之处，万不可当面错过，以免抱憾终生，由此可见延寿对行人归向西方净土的切劝。

综上可见，延寿阐明唯心净土不碍西方净土，西方净土即唯心净土。对于能当生证达唯心之旨者，可直证唯心，然亦不妨往生西方，以西方不离唯心故；对于不能当生彻证唯心之旨者，当一心愿生西方，因西方净土是十方佛土中最易生者且无上殊胜，唯佛与佛乃能究竟彻了。

(二) 破斥执理废事与执事废理

执理废事，简单说就是执着空理而废弃事修，此为断见；执事废理，则是认假有为实在，不知观空破执，属于常见。断见、常见皆非佛法正见。延寿在《万善同归集》中主张理事无碍、理事并进的圆教思想，并分别破斥断、常二见之咎。

延寿阐发"一心"，旨在令学人明了心性之理而破己之执。然而，由于众生执着根深，喜着两边，不行中道，不是执事，便是执理。譬如延寿于《万善同归集》中就引述了执理废事者所提的典型问题：

> 道无不在，真性匪移；有佛无佛，性相常住。此即一体三宝，常现世间。何用金檀刻像，竹帛书经，剃发出尘，以

为三宝?①

意思是说，佛法之道即心性之理，道无处不在，亦即真性之体不来不去。无论有相论佛还是无相论佛都不会影响性相常住之质。这就是一心之体具足佛法僧之理性三宝常住世间的道理。既然心之理体常住世间，那么为什么还需要用金、旃檀木等物质材料铸刻佛像，用竹简、布帛等书写经法，剃除须发以表出家离尘，以佛像、经书、僧人作为三宝的代表呢？

此问题的核心即：既然以心性为体的埋三宝遍满法界，事相之三宝还有什么存在的必要呢？岂不是多此一举吗？此种说法，仅上上根可彻悟无碍。对于中下根性者而言，若执着此说，则是典型的执理废事，将严重阻碍一般学人对事修和持戒的坚守。就净土宗而言，其特质即以事显理，若离事何以显理？延寿深知，唯上根者能自力证解实相妙理，中下根人由于惑业炽盛，更须于事修中以事显理，而至简至易、至圆至顿之修首推净土行。但是，开净土之门，须先破中下根者在思维方式上的执理废事之弊，故延寿说道：

> 上根玄解，何假相施？中下钝机，须凭事发，不睹正相，但染邪宗。只如此土，像教未来，惟兴外道，罔知真伪，莫辨灵踪。伏自汉明梦现金身，吴帝瑞彰舍利，尔后国王长者方知归敬之门，哲士明人顿晓栖神之地。是知迹能显本，相可通真；因筌得鱼，理事无废。是以木母变色，金像舒光；道借人弘，物由情感。能生净种，敬假像而开心；不结信缘，遇真仪而不见。是以迷之则本末咸丧，了之则真假

---

① 〔宋〕延寿述：《万善同归集》卷3，《大正藏》第48册，第988页中。

俱通。若验斯文冀生取舍，或广兴供养，发大志诚；意业功深，修因力大。是以贫女献潘淀，而位登支佛；童子进土麨，而福受轮王。①

意思是说，对于上根者而言，不须借事入理，妙理自能证解；对于中下根之钝机者而言，则须借有相之法引导，不以经论、佛像等为引导，则多会被邪见染着。就如同中国东汉明帝之前，佛教尚未正式东传，时人不知心生诸法之理，故只能心外求法，真伪不明，邪正莫辨，因此外道法炽盛。自东汉明帝夜梦金佛，而遣使求法，请摄摩腾和竺法兰以白马驮经并带佛像来华，于洛阳建白马寺，北方佛法渐兴。三国时吴王孙权因康僧会感得佛舍利而造建初寺，于江南大弘法化。经论、佛像、舍利皆为有相，然人们由此方知信仰佛教，归敬三宝，哲人明士由此而深解佛理、栖神于内法。

从佛法东传前后的对比可知，"迹能显本，相可通真"，如丁兰至孝看木刻之母像而能感母之悲喜溢于像上。同理，对佛至诚则能见佛之金像放光，此皆是凭心而感，于像而现。因此说，道仗人弘，物由情通。如果以清净之心，恭敬假像也能开启心中之真理；反之，如果不启信心之缘，即使遇到真佛也如叶公好龙。可见，迷惑时本末咸丧，觉悟时真假俱通。如果能领悟体证此义，又怎么会生执理废事之咎呢！由此可见，要理事皆重，事上广兴供养，心上深发志诚；意之功深，修之力大，理事相辅相成，自然相互促进。

延寿又以《普曜经》中贫女因献潘淀于佛之善行启发功德，

---

① 〔宋〕延寿述：《万善同归集》卷3，《大正藏》第48册，第988页中。

使其登辟支佛位，并举《杂阿含经》中阿育王过去世为童子时以沙土供佛，因此而受轮王福报等公案，强调于佛法中切不可执理废事。

综上，延寿强调了三个方面：一是修者需自审根机。须知，唯上根者能自证实相妙理，中下钝根者皆须借事入理。如果不以事相之佛法阐明佛理，虽人人皆具佛性，却无法启发性德，终会迷染于外道法中。二是佛教设像行道唯至诚而能感通。三是理事不可偏废。对于中下钝根者而言，更应从事修入手，事修功德功不唐捐。对此，延寿还引《法华经》云：

> 若人散乱心，乃至以一华，供养于画像，渐见无数佛。①

其中"供养于画像"即以花供养画佛形象，由此渐进启发自心，而无数化佛现前。此是修德有功而显自心本具之性德现为化佛，若离事修，中下根者无以显发心中之性德。换言之，于凡夫而言，虽万法究竟唯心，然需借纸木经像启发真心。对此，延寿又引天台智顗的开示，阐明其中道理。时人问智顗：

> 若观心是法身等，应触处平等，何故经像生敬，纸木生慢？敬慢异故，则非平等；非平等故，法身义不成。②

意思是说，观众生之本心与佛之法身是等同的，且心、佛、众生三者无差别。以此理观，所触万物，一切时处皆应平等不二，为什么偏对纸书佛经、木造佛像生起特别的恭敬之心，而轻

---

① 〔宋〕延寿述：《万善同归集》卷2，《大正藏》第48册，第979页上。
② 同上书，第961页中。

慢普通纸、木呢？有敬、慢的差别便不是平等心，不平等心则众生之心与佛无异之理便不能成立。对此，智𫖮首先指明了执此之问者犯了执理之咎，他说：

> 世间有空行人，执其痴空，不与修多罗合，闻此观心，而作难言。①

执空者，闻观心之理便执于痴空，不知一心三观，以空理否定一切俗谛中的规则和事修。实际上，这本身就与圆教之理背道而驰。智𫖮进一步指出，应该审视自身位次及堪受之境界，即人贵有自知之明，他说道：

> 我以凡夫位中，观如是相耳，为欲开显此实相，恭敬经像，令慧不缚；使无量人，崇善去恶，令方便不缚，岂与汝同耶？②

意思是说，对于如我（智𫖮谦以自喻）般凡夫位中的修行者所言，阅佛经、观佛像是为了帮助自己开显心性中的实相妙理。只有恭敬经像，才能以诚敬之心启发自心本具之智慧，从而使无量众生于事修中崇善去恶。须知，经像为修行之助而非修行之缚。故曰："虽一念顿具，不妨万行施为；虽万行施为，不离一念。"③ 这种以理导事、以事显理的修行方式，与执着空理者迥然有别。

延寿引此，旨在说明不应因执着空理而否定事修，也不能以空理妨碍事修。他认为，木已雕成佛像便应视作真佛，以此木像

---

① 〔宋〕延寿述：《万善同归集》卷1，《大正藏》第48册，第961页中。
② 同上。
③ 同上书，第961页上。

启发内心之实相，而不应以痴空之理将佛像等同于杂木。延寿阐明此理，正是为了说明观像念佛之合理性。

延寿反对执理废事，同时，也反对执事废理。他指出，在事修中要防止"一向外求，住相迷真"之弊：

> 一向外求，住相迷真，分别他境，不为助道，但求福门，似箭射空，如人入暗，果招生灭，宁越心尘？若达惟心，所见一切皆是心之相分，终不执为外来，然不坏因缘，理事无阂。①

也就是说，如果一心向外攀求，以六尘外相障蔽迷惑真心，却不能以外境为助道之缘，反而对境生出种种分别，进而贪求世间福报。这就"似箭射空"，没有实际目标，最终毫无所得；亦"如人入暗"，不知出路在何处。贪求世间福报，终是生灭之痴福，又怎么能超越六尘而证自心呢？反之，若能看破六尘，以事修助缘启发心中本具之理，如此理事无碍，方为至理。

延寿主张修行的总原则为"不坏因缘，理事无阂"，即知因缘生灭而不坏因缘，借助因缘事修而证达一心，理不碍事，事以显理，既不执理废事，也不执事废理。此即圆融无碍的圆教理事观。不执理废事，则为修净土法开合理之门；不执事废理，则为修净土法清除认假为真之弊。

（三）以事显理与导归净土

延寿虽然破斥执理废事之咎，但是众生执着根深，加之古德先贤之言也是因机设教，非契根机者闻之亦难解，故在实际教学中仍需循序渐进、因势利导、因材施教。譬如，当时就有人以唐

---

① 〔宋〕延寿述：《万善同归集》卷2，《大正藏》第48册，第978页上。

代庞蕴居士"事上说佛国,此去十万里;大海渺无边,动即黑风起。往者虽千万,达者无一二;忽遇本来人,不在因缘里"①之言问延寿应该"如何通会而证往生"②。实际上,庞蕴所谓"佛国",是以事相净土阐心具之理。延寿为此从多个角度进行解析,并以理肯定了往生净土之事。他说:

> 若提宗考本,尚不说有佛有土,岂言达之不达乎?所以天真自具,不涉因缘;匪动丝毫,常冥真体。若约事论,故非一等,九品往生,上下俱达。或游化国,见佛应身;或生报土,睹佛真体;或一夕而便登上地,或经劫而方证小乘;或利根、钝根,或定意、散意,或悟迟速,根机不同;或华开早晚,时限有异。今古具载,凡圣俱生;行相昭然,明证目验。故释迦世尊亲记文殊当生阿弥陀佛土,位登初地。《大经》云:"弥勒菩萨问佛:'未知此界有几许不退菩萨,得生彼国?'佛言:'此娑婆世界有六十七亿不退菩萨,皆得往生。'"智者大师一生修西方业,所行福智二严,悉皆回向,临终令门人唱起十六观名,乃合掌赞云:"四十八愿,庄严净土;香台宝树,易到无人。火车相现,一念改悔者,尚乃往生;况戒定慧薰,修行道力,终不唐捐,佛梵音声,终不诳人。"《称赞净土经》云:"十方恒河沙诸佛,出广长舌相,遍覆大千,证得往生。"岂虚构哉?③

由上可见,延寿为阐明庞蕴之言的真义,从四个方面进行了

---

① 〔宋〕延寿述:《万善同归集》卷1,《大正藏》第48册,第968页中。
② 同上。
③ 同上。

论述：

第一，延寿指出，要先厘清言者的出发点是在论理还是在论事。若论理，即如禅宗"提宗考本"，尚不言有佛有土，何言达与不达？所谓净土，唯自真心本性所具，不涉因缘，心具便无来去，故曰"匪动丝毫，常冥真体"①。若论事，则有种种差异：如九品往生，是品位差异；游化国土，是佛国地域有别；生报土，是修行境界差异；一夕而登上地、经劫而方证小乘，是修证时间差异；利根、钝根，是众生根性差异；定意、散意，是修行状态差异；悟迟速，根机不同，是指在择法不同的情况下的根性差异；花开早晚，时限有异，是往生净土后的修证差异。总而言之，从事相上论，有种种差异。

第二，得出的结论是往生净土之事不虚，并引经为证。他指出通过事修往生净土的案例，在佛经及历代论著中皆有记载，行相昭然，明证目验，不应怀疑。延寿遂引《大经》（此指《佛说无量寿经》），以佛言证明往生西方之事不虚；并举"释迦世尊亲记文殊，当生阿弥陀佛土，位登初地"的案例，以及释迦佛对弥勒菩萨说"此娑婆世界有六十七亿不退菩萨，皆得往生"的案例，证明往生西方净土之事不虚。

第三，延寿引智𫖮之论，借古德之言，证明生西方之事不虚。智𫖮作为天台宗的实际创始人，主张理事具明始为必然。延寿以智𫖮为例，言外之意为：上根者如智𫖮，尚且"一生修西方业，所行福智二严，悉皆回向"往生净土，何况他人。而且智𫖮在临命终时还切劝门人唱十六观名，并从佛愿不虚、净土庄

---

① 〔宋〕延寿述：《万善同归集》卷1，《大正藏》第48册，第968页中。

严、极乐易生,乃至恶人一念悔改亦得往生,何况勤修戒定慧者等不同角度,切劝门人信愿求生净土,又以"佛梵音声终不诳人"强调往生净土之事不虚。

第四,延寿又引《称赞净土经》说明,不仅释迦佛、智𫖮所代表的佛及前贤古德劝生净土,且"十方恒河沙诸佛,出广长舌相,遍覆大千,证得往生"[①]。延寿以此阐明,往生西方之事为诸佛诸祖所共倡,故不应断章取义错解庞蕴之言,否定往生之事。

需要注意的是,延寿以释迦、智𫖮,乃至十方诸佛共赞往生西方之事,证明佛言往生之事不虚,但非否定庞蕴之言。此问题延寿解释之始就已经言明,厘清所阐之法是从理阐还是从事阐一句即是。很明显,延寿此处是从事以显理的角度论述了往生之事不虚,此亦彰显了净土一法理事无碍的圆融性。

二 对净土菩提心与信愿行的专论

延寿在《宗镜录》中已经引出了"菩提心""信心""愿心"等要素,但其是对大乘佛法整体之言,非为净土专论。然在《万善同归集》中,延寿专为净土阐发"菩提心""信心""愿心"及念佛行持之要。《万善同归集》在《宗镜录》的基础上,对净土理事进行了延伸与专论。

(一) 菩提心中含摄信愿心

发菩提心是大乘佛教的根本标志之一。《观无量寿佛经》以

---

① 〔宋〕延寿述:《万善同归集》卷1,《大正藏》第48册,第968页中。

第二章 著述层面"透禅融教律归净"的内在演进

菩提心为"净业三福"之一，且为"三世诸佛净业正因"之一。净土宗特别注重对愿生净土者劝发菩提心。延寿在《万善同归集》中说道：

> 夫从凡入圣，万善之门，先发菩提心最为第一，乃众行之首，履道之初终始该罗，不可暂废。①

延寿提倡修万善以超凡入圣，而万善的首要基础就在于发菩提心。应该说，发菩提心为大乘修行第一要素，修行者从始至终不可暂废。延寿又引《华严经》云：

> 欲见十方一切佛，欲施无尽功德藏，欲灭众生诸苦恼，宜应速发菩提心。②

也就是说，"欲见十方一切佛"要"速发菩提心"，发菩提心修行，才能与佛心相应。欲见佛是为蒙佛教化，依佛教诲而能依修成佛，成佛才能"施无尽功德藏"，以度化无尽苦恼众生，而菩提心又是以上诸环节的首要基础。再者，菩提心中自然包含平等心，佛教的平等心不仅指人性的平等，更指一切有情众生之心性平等。

须知，菩提心是修行万善之基础，开启万善之钥匙。如果能念念发菩提心，必能增上修持，助力离苦得乐，终得究竟解脱。一念菩提心起即一颗金刚菩提种子。延寿引《华严经》述：

> 菩提心者，犹如种子，能生一切诸佛法故。菩提心者，犹如良田，能长众生白净法故。菩提心者，犹如大地，能持

---

① 〔宋〕延寿述：《万善同归集》卷2，《大正藏》第48册，第977页中。
② 同上。

一切诸世间故。菩提心者，犹如净水，能洗一切烦恼垢故。菩提心者，犹如大风，普于世间无所阂故。菩提心者，犹如盛火，能烧一切诸见薪故。①

可见，菩提心的广大功德力，如种子能生一切佛法，如良田能为种子提供源源不断的营养以助其成长，如大地能养育一切世间众生；而且还能洗涤已有的深重烦恼尘垢，清除世间种种障碍，断除见思烦惑，令一切众生速出生死证菩提道。

需要注意的是，菩提心中自然包含了"正信"，因为"信"是基础的基础，若无"信"则菩提心无以发。延寿指出：

不信，障未行善欲行善。②

即"不信"会障碍菩提心的显发，不发菩提心则善无以行，所以说：

以不信故，如同败种，永断善根，堕坏正宗，增长邪见。③

须知，"大信因智而成，智刃才挥，疑根顿断"④，可见，"因信，入菩提之户"⑤。延寿进一步引《华严经》偈云：

信为道元功德母，长养一切诸善法；信能增长智功德，信能必到如来地。信令诸根净明利，信力坚固无能坏；信能永灭烦恼本，信能专向佛功德。信为功德不坏种，信能生长

---

① 〔宋〕延寿述：《万善同归集》卷2，《大正藏》第48册，第977页中—下。
② 〔宋〕延寿述：《万善同归集》卷3，《大正藏》第48册，第986页中。
③ 同上。
④ 同上。
⑤ 同上。

菩提树；信能增益最胜智，信能示现一切佛。①

由此可见，信心是深发菩提心的基础，培养信心是入道的第一步。信是一切佛法入道的根本，无论大小乘，皆以信为本，而净土法门尤其重视信，并以"信、愿、行"为生净土的三资粮，其中信为最先，所谓因信发愿，依愿导行。可见，愿是基于信而发。延寿还引《大智度论》强调愿之要：

> 作福无愿，无所树立；愿为导师，能有所成。譬如销金，随师所作，金无定也。菩萨亦尔，修净土愿，然后得之。以是故知，因愿获果。②

就延寿的思想而言，"作福"可解为万善。换言之，行万善若无"愿"导，则万善不能立。须知，"愿为导师"，指导众生正行而得成就。往生净土一法，是因信而发愿，因愿而导行，故愿为能否往生净土的关键环节之一。延寿引《大庄严论》进一步阐明：

> 佛国事大，独行功德，不能成就，要须愿力。如牛虽力挽车，要须御者能有所至，净佛国土由愿引成。③

也就是说，往生佛国净土是大事因缘，如果只有行之功德，而没有愿之引导，是不能成就往生之事的。具体而言，譬如往生西方净土，虽能修念佛及种种行，但没有欣愿极乐、厌离娑婆之心，也是无法往生极乐净土的。故延寿说道："以愿力故，福德

---

① 〔宋〕延寿述：《万善同归集》卷3，《大正藏》第48册，第986页中。
② 〔宋〕延寿述：《万善同归集》卷2，《大正藏》第48册，第979页下。
③ 同上。

增长，不失不坏，常见佛故。"①

（二）倡禅净合流偏赞净土

对于禅者而言，修禅自是无上妙法。因此，有禅者便提出念诵不是修禅，"念诵有妨禅定"②，故排斥念佛、诵经。延寿对此进行了反驳，他强调念佛的殊胜性，并阐述念佛助于禅定的观点。

延寿认为，从"一心"之理的层面看，念佛即禅定，无二无别；从事修层面看，念佛能助禅定，何有妨碍禅定之说。他以修禅定时常遇的具体问题为例，述曰：

> 坐禅昏昧，须起行道念佛，或志诚洗忏，以除重障，策发身心，不可确执一门以为究竟。③

此阐明了行道念佛正是对治禅定中昏、掉之障的妙法。延寿主张禅者要辅以念佛、忏悔等方法以助禅定之功力。在此基础上，延寿提出了禅净合流理论。

延寿虽提出禅净合流理论，但他审视当时众生根性，堪修禅者少，能修净者多，故而偏赞净土。也正因为此，以至于延寿的门人多立足于净土弘禅净双修，使法眼宗在延寿之后未得到很好传承，却开启了净土宗发展的新境界。应该说，延寿是立足于净土而论禅净双修的，此从他引述唐慧日慈愍的观点中可见一斑，文曰：

> 圣教所说正禅定者，制心一处，念念相续；离于昏掉，

---

① 〔宋〕延寿述：《万善同归集》卷2，《大正藏》第48册，第979页下。
② 〔宋〕延寿述：《万善同归集》卷1，《大正藏》第48册，第963页中。
③ 同上书，第963页下。

平等持心。若睡眠覆障，即须策动，念佛诵经、礼拜行道、讲经说法、教化众生，万行无废。所修行业，回向往生西方净土。若能如是修习禅定者，是佛禅定与圣教合，是众生眼目，诸佛印可。一切佛法，等无差别，皆乘一如，成最正觉，皆云念佛，是菩提因。何得妄生邪见？①

此段引文，可归纳出三个重要论点：

其一，佛所说的正禅定法，是制心一处，念念相续，以此修持之力，能够远离昏沉、掉举，修至平等持心。换言之，正禅定是一种境界，而非修持的方法。能够以种种修法，将心统摄归一，念念相续，并远离昏沉、掉举，达到以平等心持一切法的状态，即正禅定。慈愍三藏开示：面对禅定进修中的睡眠之障，须策励自身精勤，要通过念佛、诵经、礼拜、行道、讲经说法、度化众生等种种法以为对治，不能拘泥于一种方法。延寿也说："或因念佛而证三昧，或从坐禅而发慧门，或专诵经而见法身，或但行道而入圣境。但以得道为意，终不取定一门；惟凭专志之诚，非信虚诞之说。"②

其二，要以禅理为指导，将所修行之善业功德回向往生西方净土。这也正是延寿所倡的禅净合流。换言之，以修禅定为手段，以往生净土为阶段性目标，生净土后必定圆成佛道。此谓禅净合流，也是佛所主张的禅定与佛所说之圣教宗旨相契合，如此才是众生眼目，能够三根普被，切实指导众生即生成就，是诸佛所印可、赞叹的修法。

---

① 〔宋〕延寿述：《万善同归集》卷1，《大正藏》第48册，第963页下。
② 同上书，第964页上。

其三，于理而言，一切佛法都是平等无差别的，都是"一心"所出，契一如之法而成就的无上正觉。从这个意义上说，一切修法皆可称之为念佛，都是成就佛菩提之因。明此，又怎么会妄生"念诵有妨禅定"之类的偏见呢！

综上可见，延寿引慈愍开示，强调念佛助于禅定，亦是赞叹念佛之行，其目的是引导禅者消除对念佛，乃至往生净土的偏见，进而导出以往生净土为立足点的禅净合流观。换言之，延寿认为若不回向往生净土，即使全以念佛之修法而得禅定，也不能称之为禅净合流。

(三) 对于持名念佛的宣导

对净土法门而言，发菩提心、信心、愿心以及念佛正行都是不可缺少的。延寿在《万善同归集》中对持名念佛一法进行强调，并对其中含摄的义理作了深入解析，可视为对《宗镜录》中四种念佛行的深化。

要强调持名念佛行，首先要驳斥反对念佛行的观点，否则一边在倡，一边在谤，此法便难以大弘。为此，延寿特别引唐怀感《释净土群疑论》中的一则问答以为解析。时人问曰：

> 名字性空，不能诠说诸法，教人专称佛号，何异说食充饥乎？①

怀感答曰：

> 若言名字无用，不能诠诸法体，亦应唤火水来，故知筌蹄不空，鱼兔斯得。故使梵王启请转正法轮，大圣应机弘宣

---

① 〔宋〕延寿述：《万善同归集》卷1，《大正藏》第48册，第962页中。

妙旨；人天凡圣咸禀正言，五道四生并遵遗训。听闻读诵，利益弘深；称念佛名，往生净土，亦不得唯言名字虚假，不有诠说者乎。[①]

可见，问者之疑在于滥用理而废弃事。何为滥用理？言理需应机，问者不论根机而完全被理缠缚，则为滥用理。怀感之解则机理双契，譬如，"言名字无用，不能诠诸法体"是问者的观点，怀感以"亦应唤火水来"回应。意思是说，如果说名字没有作用，不能够代表诸法的体性，那么当你叫人给你拿火过来的时候，拿来的应该是水，而不是火，因为你认为"名字无用"。按你的理解，火这个名字并不能代表火，那么你要火的时候，别人就不应该取火过来，而是应该取水过来。但是，实际情况是，你叫人给你拿火来，结果他人就把火拿过来了，这就说明，火虽然是个假名，但是这个假名是有用的。由此知道，"筌蹄不空，鱼兔斯得"。捕鱼用的"筌"（鱼笼）和捕兔用的"蹄"（兔网）虽然都是手段，但是却不可偏废，因为只有通过这样的手段，才能捕到鱼、兔。

由此而知，俗谛之中以事修为进路，由事修有功而契空理，尚在凡夫位，切不可废弃事修。佛所说法是应众生之根机而谈，如"听闻读诵，利益弘深；称念佛名，往生净土"，怎么可以只说名字虚假呢！须知，证理者不须论事，然仍不废事，未证者须借事进修。延寿自为上上根者，然尤重持名念佛求生净土，他说道：

> 且如课念尊号，教有明文，唱一声而罪灭尘沙，具十念

---

① 〔宋〕延寿述：《万善同归集》卷1，《大正藏》第48册，第962页中。

而形栖净土。拯危拔难，殄障消冤，非但一期暂拔苦津，托此因缘终投觉海。①

意思是说，持名念佛之行在释迦佛之经教中有明文开示，念一句佛罪灭尘沙，十念佛号往生净土，而且能够拯救危难，消除业障，解冤释结。念佛之功不仅能指导短暂的一期生命离苦得乐，而且能仗此胜缘终投如来无量觉海。简言之，"课念尊号"本即"契真如""顺法性"之行，以持名念佛"形栖净土"，即同于"终投觉海"不退成佛。对于念佛的功德，延寿还引诸经论作了如下阐释：

第一，他引《法华经》"一称南无佛，皆已成佛道"②，阐明念佛最终成佛之理。就念佛的终极解脱之功而言，对于上上根者，一念南无佛便能当下证达佛果；对于中下根者，临终时通过念佛也能仗此功德往生净土。

第二，他引《法华经》"受持佛名者，皆为一切诸佛共所护念"③和《宝积经》"高声念佛，魔军退散"，都是就念佛除障之功而言，一是表达蒙佛护念而障缘退，一是表达高声念佛，自心之魔退。可见，祛外魔和除心魔皆可通过持名念佛解决。

第三，他引《文殊般若经》"众生愚钝，观不能解，但令念声相续，自得往生佛国"④，指众生根性不同而立修法有别。对于中下根之愚钝众生，修观不能解证，而持名念佛之法三根普被；即使劣根众生，也能通过持名念佛，念念相续而往生净土。

---

① 〔宋〕延寿述：《万善同归集》卷1，《大正藏》第48册，第962页上。
② 同上。
③ 同上。
④ 同上。

此对于现生往生净土者而言，属"现时义"；若论成就最终佛果，则属"别时义"。然而，若以念佛往生净土为"别时义"，则是对净土往生一法的误解。

第四，他引《大智度论》"譬如有人初生堕地，即得日行千里，足一千年满中七宝，以用施佛，不如有人于后恶世称一佛声，其福过彼"①，《大般若品经》"若人散心念佛，乃至毕苦，其福不尽"②，《增一阿含经》"四事供养，一阎浮提一切众生，功德无量；若有众生，善心相续，称佛名号，如一挈牛乳顷，所得功德过上，不可思议，无能量者"③，皆为说明念佛功德胜于其他修行功德，甚至说散心念佛也获福不尽，何况至心念佛。以此突出念佛功德，引起学人对念佛名号的重视，形成以念佛为正行，供养等为助行的正助修行观。

第五，他引《华严经》"住自在心念佛门，知随自心所有欲乐，一切诸佛现其像"④，阐明"住自在心念佛"的境界，即以念佛之事修而得念佛三昧，使心自在，诸佛随自心而感现像；并引《三昧宝王论》"浴大海者，已用于百川；念佛名者，必成于三昧。小犹清珠下于浊水，浊水不得不清；念佛投于乱心，乱心不得不佛。既契之后，心佛双亡。双亡定也，双照慧也。定慧既均，亦何心而不佛，何佛而不心？心佛既然，则万境、万缘，无非三昧也"⑤，解析念佛得三昧的修行理路。即佛号能摄乱心为一心，进达心佛双亡，契入三昧境界；到三昧境界之后，便可随

---

① 〔宋〕延寿述：《万善同归集》卷1，《大正藏》第48册，第962页上。
② 同上。
③ 同上。
④ 同上。
⑤ 同上书，第962页中。

念万法,所念皆佛。

综上所述,延寿认为持名念佛一法简便殊胜,即使最下根众生亦能摄持,而且以持名都摄六根,净念相继,得三摩地殆为必然。此法可谓三根普被、利钝全收,故延寿尤为推崇。

三 对修行仗力义与九品往生义的深解

延寿在《宗镜录》中也阐述了自他二力的问题,但只涉及对净土法门的引发。然在《万善同归集》中,延寿则专门以净土法门的往生义,对自他二力及往生品位等相关问题进行了深入分析。

(一) 念佛唯心与念佛生西

净土法门以佛菩萨接引行者栖生净土为解脱。执理之人便提出"心外无法,佛不去来,何有见佛及来迎之事"[①] 的疑问。对此,延寿给予了深入解答。

第一,延寿阐明"心、佛、众生三无差别"的道理,指出既然无差别,何以妄生分别。此是从理不碍事的角度论述。他说道:

> 唯心念佛,以唯心观,遍该万法;既了境唯心,了心即佛,故随所念,无非佛矣。[②]

延寿基于发问者的知见体系,从唯心之理切入。于理而言,以唯心观之,万法皆不出自心,而且自心即佛,可知心、佛、众

---

① 〔宋〕延寿述:《万善同归集》卷1,《大正藏》第48册,第967页上。
② 同上。

生三无差别。因无差别故，随所念无非是佛。须知，众生所念之佛，本是心中所具之佛，以众生心中本具之佛接引众生，生于心中本具归净土，故而唯心净土不碍西方净土，此正是运用了唯心净土之理。

第二，延寿从"唯心所作""不妨普见"的角度阐明了应如何观照念佛、见佛的理事关系。换言之，佛来接引众生往生西方，虽然说来接引之佛是唯心所现，但唯心之佛不碍有相之佛，法身之佛无去无来，不妨碍普见弥陀、观音、势至、清净海众。而且，见有相之佛，如同《般舟三昧经》中所说，如人梦见七宝、亲属，心生欢喜，虽然醒后知梦是假，但不妨碍梦中见相欢喜。念佛、见佛亦如是，虽然觉悟之后了知所见皆自心所现，但不妨碍佛来接引往生净土及见圣境而精进修持。

同时，延寿也强调，虽见佛来接引，但应存"见即无见"之心。换言之，事上有见佛，心中无分别，不执两边，常契中道。因为，"佛实不来，心亦不去，感应道交，唯心自见"，不仅信愿念佛者见佛生西方是此理，"造罪众生，感地狱相"也是此理，"罪人恶业心现，并无心外实铜狗、铁蛇等事"①。可见，生净土、堕地狱皆不出唯心所现。

第三，延寿又从"理量双备，亲证无生"和"信心初具，忍力未圆"两个层面阐明要自审根机，量力而行，以劝生净土。从理上讲，"遮那佛土，匪局东西"，若以此为标准，须自身达到"理量双备，亲证无生"的程度。"理备"即性德本具，"量备"即修德圆成。换言之，只有修德臻于性德者，才是真正的

---

① 〔宋〕延寿述：《万善同归集》卷1，《大正藏》第48册，第967页中。

自力成就，能够任运于六道度化众生，而不为生死所缚。但是，初信之人"忍力未圆"，虽闻至理，但心力不济，遇境易于退转，若不仗佛力往生净土，好比坠海而"无船救溺"，翅弱而妄欲高飞，襁褓而欲离慈母，都是不自量力的表现，结果是"必死无疑"，而此种人"但得陷己之虞，未有利他之分"。因此，延寿说道：

> 初心菩萨，多愿生净土，亲近诸佛，增长法身，方能继佛家业，十方济运，有斯益故，多愿往生。①

可见，对自力不足者，延寿切劝要信愿往生净土，待到西方速证无生法忍之后，才能任运弘法，彼时才真正达到"继佛家业，十方济运"的程度。

第四，延寿还比较了极乐净土之境胜缘强与娑婆秽土的境劣缘逆。他引诸经述极乐的二十种殊胜，《安国钞》中述极乐世界二十四种胜缘，《净土群疑论》中述极乐世界三十种利益，略析净土法门"法利无边，圣境非虚，真谈匪谬"②。他又叙述娑婆秽土的种种逆缘，阐明若不生净土，则沉沦三界，难免轮回，全身是苦。他还"于八苦之中，略标生死二苦"③，意谓仅生死二苦尚且难以忍受，然此苦只是冰山一角，众苦逼迫时则更加惨烈。很明显，延寿通过比较苦乐，劝众生发厌离娑婆、欣生极乐之心。

第五，延寿又引《目连所问经》说明"无量寿佛国土，易

---

① 〔宋〕延寿述：《万善同归集》卷1，《大正藏》第48册，第967页中。
② 同上书，第967页下。
③ 同上书，第968页上。

往易取",并表达如果行人"不能修行往生,反事九十六种邪道"① 则是何等的遗憾。他还引《大集月藏经》"末法时中,亿亿众生,起行修道,未有一得者",阐发"当今末法,现是五浊恶世,唯有净土一门,可通入路"的观点,并引述"自行难圆,他力易就"② 的观点,旨在表达其他法门都是靠自力了脱,而净土法门是靠佛力度脱,其难易程度何啻天渊。

第六,延寿还以譬喻说明"如劣士附轮王之势,飞游四天;凡质假仙药之功,升腾三岛",并再次强调"易行之道,疾得相应,慈旨叮咛,须铭肌骨"③。

由此可见,延寿对众生往生西方净土的切劝,是基于理事无碍而发,且对末世众生,先解决理上的疑惑,进而以事劝为主而展开。

(二) 自行难圆与他力易就

净土法门的殊胜之处在于,众生即使一生作恶,在临命终时一念悔改,也能仗十念或一念念佛之力往生净土。前文已述,延寿引智𫖮之言:"火车相现,一念改悔者,尚乃往生。"④ 其中"一念悔改"阐明断恶向善的必要。须知,忏悔之念能开发自心本具之心光,一念忏悔犹如一盏明灯照亮千年暗室,此强调自心忏悔之力。而在解忏悔时,延寿也强调要仰仗他力,以自他二力和合,成就往生净土。对于他力的殊胜性,延寿了以说明:

> 当知自行难圆,他力易就,如劣士附轮王之势,飞游四

---

① 〔宋〕延寿述:《万善同归集》卷1,《大正藏》第48册,第968页上。
② 同上书,第968页中。
③ 同上。
④ 同上。

天；凡质假仙药之功，升腾三岛。实为易行之道，疾得相应，慈旨叮咛，须铭肌骨。①

也就是说，仅靠自力了脱生死、圆成佛道是非常难的。依台教所判，自力了脱须断尽见思二惑，修至圆教七信位才能了脱生死。须知，"八十八使见惑，八十一品思惑，但断见惑，如断四十里流，况思惑乎，若见思二惑毫发未尽，分段生死不能出离"②。但是，如果在自力的基础上合于他力，了脱生死则容易很多。就如同劣士，虽然自力羸弱，但是如果乘坐转轮王之轮宝，则能以轮宝之力"飞游四天"。因此，关于行人是唯仗自力还是兼仗他力已很明了。延寿还补充道：

> 夫因缘之道，进修之门，皆众缘所成，无一独立。若自力充备，即不假缘；若自力未堪，须凭他势。譬如世间之人在官难中，若自无力得脱，须假有力之人救拔。又如牵拽重物，自力不任，须假众它之力，方能移动。但可内量实德，终不以自妨人。又若执言内力，即是自性；若言外力，即成他性；若云机感相投，即是共性；若云非因非缘，即无因性，皆滞阂执，未入圆成。若了真心，即无所住。③

意思是说，选择哪种修行方法，需要各自根据因缘而定，并非一成不变。如果自力充备，那么修行时不需要借外缘，如上上根人闻道即能彻悟，直证自心本具性德，而此种上上根者自力充备，实是无量劫之修持积累而成，并非不修而自成上上根。中下

---

① 〔宋〕延寿述：《万善同归集》卷1，《大正藏》第48册，第968页中。
② 〔清〕了亮等集：《彻悟禅师语录》卷1，《续藏经》第62册，第341页上。
③ 〔宋〕延寿述：《万善同归集》卷1，《大正藏》第48册，第962页上。

根者自力未堪，则须凭借他势，兼仗佛力。仗他力之理，与世间遭遇困难蒙他力救助之理类似。行人要自审根机，自量己力。但是对于他人选择，则不可以因己力充备自力了脱，而干涉别人兼仗他力了脱。须知，一切执着自力、外力、共性、无因性等，皆落入理事两分的执着念中，都是不达圆融之理的。到了了达真心的境界，则一切法无所住，既不会执理废事，更不会执事废理，理事皆无妨碍。

需要指出的是，对于中下根性者，延寿力倡仗他力的净土法门。他强调净土法门是易行道，即使是下根性之劣士也能够蒙度脱，并特别叮咛一定要信佛慈旨，将兼仗佛力的净土之法铭刻在心。延寿还指出：

> 佛力难思，玄通罕测，如石吸铁，似水投河，慈善根力，见如是事，志心归者，灵感昭然。①

也就是说，他肯定佛力的不可思议，佛力就如同磁石遇铁吸力大彰；反之，磁石不遇铁，磁力虽在但不能彰显。众生念佛得佛力加持即此理。众生或不念佛，或所行与佛力不相应，此时佛力虽在，但无法得到彰显，也不能得到佛力加被。由此，延寿指出，对发愿往生净土者，以自具自修的信、愿、行力方能感佛力加持，这也就是"志心归者，灵感昭然"之理。

可见，延寿虽然特别强调净土法门的他力作用，但始终认为他力是由自力启发而展开。他还对"一生习恶，积累因深；如何临终，十念顿遣"进行了详细解答：

首先，延寿引《那先经》从他力的角度阐发了恶人"一时

---

① 〔宋〕延寿述：《万善同归集》卷1，《大正藏》第48册，第962页下。

念佛，不入泥犁"和"不知念佛，便入泥犁"等论。经中记载，国王对那先说出了自己的疑惑："人在世间，作恶至百岁，临终时念佛，死后得生佛国，我不信是语。"① 可见，国王所疑惑的正是净土法门说的，恶人临终遇善知识教令念佛，十念佛号也能蒙佛接引往生净土之事。那先则以大石因船不沉，小石无舟即沉的譬喻解释道：大石表积恶者之巨恶，小石表小恶者小恶，大石因放在船上，故能不沉水中而达彼岸，就如同一生作恶之人，临终念佛则能乘佛力不堕地狱而生净土。石虽大可仗船力，亦如恶虽大可仗佛力往生；反之，小石虽小，若无舟载，亦只能沉入水底，即如恶虽小，若无佛力加持，只能堕落。

其次，延寿引《大智度论》从自力的角度诠释了临终时求救度之心迫切，"心力猛利"而能以少时念佛"胜百岁行力"。临终念佛的时长虽短，但因紧迫勇猛，故可感佛加持。作恶之人临终地狱相现，此时遇善知识教令念佛，其人因恐惧堕于地狱受无量苦而发勇猛心念佛。此心便能至诚，无有妄念，一心念佛。如此便是大心，大心生大力，则能敌百年作恶之业力。

再次，延寿从以上他力、自力两个角度进行解析后，得出"善恶无定，因缘体空"②的结论，继而阐释了念佛为真、恶业为假、真自胜假的道理。从俗谛而言，所作所为有升沉、优劣之分，念佛为优，犹如真金，亦如星星之火可以燎原；恶业为劣，犹如叠花、枯草，真金虽少却能胜百两叠花，星火虽微却能燃万仞之草。延寿言此，是明"剧恶不如微善，多虚不如少实"③之

---

① 〔宋〕延寿述：《万善同归集》卷1，《大正藏》第48册，第967页上。
② 同上，第967页上。
③ 〔宋〕延寿述：《万善同归集》卷2，《大正藏》第48册，第972页中。

理。由此可知，十念称佛乃至一念称佛之力，实可敌百年恶业，原因在于真能胜假。

念佛之心与力是自力引发而感佛加持。延寿之后又引《大报恩经》对自力启发佛力加持的问题进行了深入解析，文云：

> 如阿阇世王，虽有逆罪，应入阿鼻狱，以诚心向佛故，灭阿鼻罪，是谓三宝救护力也。又如在山林旷野，恐怖之处，若念佛功德，恐怖即灭。是故归凭三宝，救护不虚。①

阿阇世犯下逆恶之罪，本应堕阿鼻地狱，但忏悔后"诚心向佛"，仗"念佛功德"而感得"三宝救护力"。可见，忏悔、念佛属自力，佛力加持属他力，心则是自他二力合于一心，以众生之修德启发心中本具之性德。需要注意的是，虽然延寿也强调净土之修为易行道，但是，他更强调仍需精进修持方可成办：

> 仍须一生归命，尽报精修。坐卧之间，常面西向；当行道礼敬之际，念佛发愿之时，恳苦翘诚，无诸异念；如就刑戮，若在缧牢，怨贼所追，水火所逼，一心求救，愿脱苦轮，速证无生，广度含识，绍隆三宝，誓报四恩。如斯志诚，必不虚弃。②

也就是说，修行中要一生归命阿弥陀佛，愿生西方净土，毕一生之报而精修念佛及万善，表现在日常生活中就是"坐卧之间，常面西向"，此即以世间之西方表达对出世间之西方净土的切愿。每日的行道念佛和礼敬诸佛，都要至诚恳切发愿，不能有

---

① 〔宋〕延寿述：《万善同归集》卷2，《大正藏》第48册，第977页下。
② 〔宋〕延寿述：《万善同归集》卷1，《大正藏》第48册，第968页下。

虚假之念，也不能有"诸异念"。换言之，不能念佛求生西方净土，而拜佛转求世间福报，如此三心二意，难得实益。求生净土不专一便是"异念"。延寿举例说明，专心求生净土的状态就如同临刑而望赦免，被盗贼追杀而一心求摆脱，被水火所逼一心求救拔一般，此种志切求往生之念方是深信切愿。而且还要发菩提心，菩提心的具体表现为"愿脱苦轮，速证无生，广度含识，绍隆三宝，誓报四恩"。也就是说，切愿往生西方，是为了速成佛道、回入娑婆、广度含识，以此绍隆佛法、誓愿报恩。至此，往生西方之信愿行及菩提心具足，这样的志诚修行必定蒙佛接引往生净土。反之，如果修行不能专心，而以散漫心对待，则难敌业力所障。延寿说道：

> 如或言行不称，信力轻微；无念念相续之心，有数数间断之意。恃此懈怠，临终望生，但为业障所遮，恐难值其善友；风火逼迫，正念不成。何以故？如今是因，临终是果，应预因实，果则不虚。声和则响顺，形直则影端故也。①

"言行不称"便非至诚，心地有假，此弊之根在于"信力轻微"，不能生真信便不能发切愿，更不会有实行。譬如念佛之修，若不能念念相续，便数数间断，间断则妄想趁虚而入，妄想充斥则修行便废，是为有名无实。以懈怠心行妄图临终往生西方，只怕难敌业力，被业障缠缚则难遇善友，不遇善友便无人提醒念佛，临终业障现前又不念佛，便无由往生。

须知，对于修行数数间断者而言，若临终有外缘相助，有善友教令念佛，则可因善友提醒而妄念息、正念起，以十念乃至一

---

① 〔宋〕延寿述：《万善同归集》卷1，《大正藏》第48册，第968页下。

念至诚念佛而蒙佛力加持往生西方。但是，众生业力深重，若自己不能念念相续修行，临终又无善友帮助，彼时众苦逼迫，正念丢失，正念失则随业流转，便不得往生净土。其中蕴含着因果论，平常是修因之时，临终是得果之时。如果平常认真修持，是为因实，临终则得果实；若平常修行散漫、造业因实，则临终难敌恶业之力。因缘果报如声随响，如影随形，因此延寿强调：

> 如要临终十念成就，但预办津梁，合集功德，回向此时，念念不亏，即无虑矣。①

也就是说，延寿提倡在平时要下深功夫，而不要因为净土之临终十念成就论而生偷心。只有平时预备津梁、积功累德，多多回向临终正念不失，善友为助，念念真修实行，则到真正临终时才能无虑而定，蒙佛接引往生净土。

最后，延寿在《万善同归集》的结尾写了一段偈颂，概述了全书的主旨，回答了"此集所申，当何等机、得何等利"②的问题，偈颂曰：

> 菩提无发而发，佛道无求故求；
> 妙用无行而行，真智无作而作；
> 兴悲悟其同体，行慈深入无缘。
> 无所舍而行檀，无所持而具戒；
> 修进了无所起，习忍达无所伤。
> 般若悟境无生，禅定知心无住；
> 鉴无身而具相，证无说而谈诠。

---

① 〔宋〕延寿述：《万善同归集》卷1，《大正藏》第48册，第968页下。
② 〔宋〕延寿述：《万善同归集》卷3，《大正藏》第48册，第992页下。

建立水月道场，庄严性空世界；
罗列幻化供具，供养影响如来。
忏悔罪性本空，劝请法身常住；
回向了无所得，随喜福等真如。
赞叹彼我虚玄，发愿能所平等；
礼拜影现法会，行道足蹑虚空。
焚香妙达无生，诵经深通实相；
散华显诸无着，弹指以表去尘。
施为谷响度门，修习空华万行；
深入缘生性海，常游如幻法门。
誓断无染尘劳，愿生惟心净土；
履践实际理地，出入无得观门。
降伏镜像魔军，大作梦中佛事；
广度如化含识，同证寂灭菩提。①

此偈体现了净土法门以理导事，以事显理，理事并进的特质：

第一，颂言开头四句是表达"以理导事"。约理而言，因菩提是心之本具，故"菩提无发"，"而发"之"发"便开事修之门。对凡夫而言，虽心中本具菩提，但因迷惑颠倒，心本具的菩提无法显现，故须从事修上启发，事上启发菩提便谓顺性而修，由此可臻心之本具的圆满菩提。若不于事上劝发菩提心，或不发菩提心，则易被种种惑业所障，于六道轮回苦多乐少无法出离。此之理事逻辑，同样适用于解"佛道无求故求，妙用无行而行，

---

① 〔宋〕延寿述：《万善同归集》卷3，《大正藏》第48册，第993页上。

真智无作而作"。

第二，阐发了"借事进修"之义，譬如颂曰："兴悲悟其同体，行慈深入无缘。无所舍而行檀，无所持而具戒。"须知慈、悲皆心性本具，然仍须于事中兴悲，于修中体悟同体之悲，于行中深入无缘之慈。之所以能够于事中达理，是因为始终以理导事。

第三，以六度波罗蜜为事修之展开。偈文中"无所舍而行檀，无所持而具戒；修进了无所起，习忍达无所伤。般若悟境无生，禅定知心无住"，分别对应六度的布施、持戒、精进、忍辱、般若、禅定。即，于无所舍中而行"布施"；"持戒"则于无所持之理戒中导事戒以具持；修持"精进"以无始无终，恒常不变；"习忍"达到自他一体，皆无所伤的境界；以"般若"法为指导而悟境本无生的道理，无生即无灭，般若之"寂而照"则谓生，"照而寂"则谓灭；以"禅定"的修法能够"知心无住"。从《金刚经》的"无住生心"可知，正是因"其心无住"而能"无所不住"，这也就是"鉴无身而具相，证无说而谈诠"的道理。

由此可见，延寿所提倡之理为究竟之理，所提倡之修是全事之修。须知，全事即理，全理即事。对于具体的事修而言，如"建立水月道场"为"庄严性空世界"，即从有形道场以庄严无形道场。以此理而论佛国净土，则可解西方净土不出唯心净土。从"罗列幻化供具，供养影响如来"可知，事与理一一对应，事上罗列种种供具，因供具缘起而生，故曰"幻化供具"。以此事之供具供佛，便如影随形，如声应响，便能以事供养通达真实之法身佛。

第四，阐述理不碍事之论。约理而言"罪性本空"，若约事修仍需"忏悔"；"法身"为理身，却仍要"劝请法身常住"以成就化身普度众生。虽理净土"了无所得"，然仍需回向往生西方净土以证成唯心净土。又因为心遍十方法界，所以随喜功德能够"福等真如"，故而不舍"回向""随喜"等一切事修，"赞叹""发愿"亦如是。因此，延寿说道："礼拜影现法会，行道足蹑虚空；焚香妙达无生，诵经深通实相；散华显诸无着，弹指以表去尘；施为谷响度门，修习空华万行。"延寿于此赞叹"礼拜""行道""焚香""诵经""散花""弹指"等种种事修，并倡以事修达理证。由此可知，事修能入性海，诸法门不舍事修，故曰："深入缘生性海，常游如幻法门。"

第五，全颂所彰显的即华严理事无碍境界。在事修中发愿"誓断无染尘劳，愿生惟心净土"，须知唯心之理因净土得以彰显，净土之事不离唯心之理。性德于事中所显即实报庄严净土，修德达到实报庄严便臻于理之常寂光净土，而其他净土皆随心量大小、心净程度而成"他受用净土""方便有余净土""凡圣同居净土"等。同样，若心秽无境，便显三途地狱之相。只有修德达于性德，才能"履践实际理地，出入无得观门"。魔军虽由心现，更应从心"降伏"；"佛事"虽似虚幻，仍须于事修中方能"大作"。只有理事并进，才能"广度如化含识，同证寂灭菩提"。

综上可知，延寿在《万善同归集》中对净土法门的理事，特别是菩提心和信愿行，以及自他二力等展开论述。从其思想的内在演进来看，《万善同归集》是在《宗镜录》阐"一心"之理兼开净土之门的基础上，对净土理事进行了深化和展开，旨在阐明净土理事无碍之圆融特质。

第四节 《四料简》《安养赋》：对净土的偏赞与升华

如果说《宗镜录》是对净土理事的引发，《万善同归集》是对净土理事的展开，那么《四料简》《神栖安养赋》则是对净土理事的偏赞与升华。

一 延寿是否作《四料简》的古今论争

谈到《四料简》，必然面对自古至今关于《四料简》的争议问题。对于延寿是否作《四料简》，古往今来大致有三种较具代表性的观点：一是肯定为延寿所作，二是不肯定亦不否定，三是否定为延寿所作。以下分别对此三种观点进行论述。

（一）肯定

认为《四料简》为延寿之作的观点始见于宋末元初的中峰明本（1263—1323），其为当时的禅宗硕德，主张禅净双修。他在《天目中峰广录》中明确《四料简》为永明延寿之作，并破时禅之惑。

明本以阐《四料简》义切入，赞叹"鲁庵和尚宗禅之师也效古作怀净土章句"[①]，意谓鲁庵效延寿，以禅师身份作诗偈偏赞净土，而且"辞达而意明，语新而思远，使人读之曾不加寸念，咸置身于纯白莲华之域"[②]。明本之后，天如惟则（约14世

[①] 〔元〕明本：《天目中峰广录》卷28，《大藏经补编》第25册，第960页上。
[②] 同上。

纪上半叶在世）在《净土或问》开篇即有"禅上人"因永明延寿为禅宗法眼三祖，"海内禅林推之为大宗匠"，却"说禅之外，自修净土之业，而且以教人复撰拣示西方等文，广传于世，及作《四料拣》偈"①。禅者请教惟则其中缘由，惟则就此开示延寿作《四料简》于禅于净之双重深义。

宋元之际，虽然禅者对《四料简》偈的意涵及永明延寿以禅宗祖师身份自修并广弘净土的做法表示不解，却未曾对《四料简》为延寿之作产生怀疑。降至明朝，幽溪传灯在《楞严经圆通疏》和《楞严经圆通疏前茅》中继承了惟则禅师的观点。莲池袾宏在《阿弥陀经疏钞问辩》及其参与校正的《净土资粮全集》中也延续了惟则禅师的观点。此外，大慧、如磐、大佑、宗本、一念、憨山、蕅益、居士李贽，及清朝之了根、道霈、济能、古崑、德真、观如、德润，居士彭际清、俞行敏、魏源等，还有近代谛闲、印光等，皆肯定《四料简》为延寿所作。

（二）不肯定亦不否定

持不肯定亦不否定态度者，不肯定是因为该偈在延寿现存著作中未见，不否定是因为延寿作《四料简》之说自古以来就流传甚广，且偈文见地与延寿思想高度契合，故为延寿之作的可能性较大。譬如虚云说道：

> 末世行人参禅，确实有走错路的，无怪有永明《四料简》中之所责。唯我平常留心典章，从未见到过《四料简》载于永明任何一种著作中；但天下流传已久，不敢说它是伪

---

① 〔元〕惟则：《净土或问》卷1，《大正藏》第47册，第292页中。

托的。①

虚云一肩担荷五家禅，他认为近代禅宗衰落，多是禅者错走路头所致，他希望能以《四料简》警醒禅门学人，谛了教理，奋发精进，重树禅宗法幢。然因《四料简》不见于延寿存世著述，故不能完全确定为延寿之作，但亦不能否定。

此外，太虚认为虽然历史上"此四偈亦有疑为后人伪托者"，但《四料简》"无论是否出于永明之手，是这个时期之作品，则不成问题"②。太虚认为延寿为透禅修净的倡发者，且自身力行念佛、愿生净土，还作《神栖安养赋》《万善同归集》《六重问答》③ 等专倡净土，故《四料简》为延寿所作的可能性较大，只是文献无法确证，故不宜断言肯定。

(三) 否定

持否定观点者，以当代研究者为代表。中国台湾学者孔维勤在《永明延寿宗教论》中说道：

> 永明延寿此《四料简》，为后世净土宗人所附会，其未见录于《宗镜录》《万善同归集》《观心玄枢》等永明论集中，然其义与永明"唯心净土"相背，终非永明唯心净土之说。④

日本学者柴田泰在《中国净土教的唯心净土思想之研究》

---

① 虚云：《答禅宗与净土》，净慧主编：《虚云和尚全集》第1册（法语·开示），郑州：中州古籍出版社，2009年，第351—352页。
② 太虚：《中国佛学》，《太虚大师全书》编委会编集：《太虚大师全书》第02卷·法藏·佛法总学（二），北京：宗教文化出版社，2005年，第170页。
③ 太虚大师说延寿作《六重问答》，其是《万善同归集》中的一部分，非单独著有《六重问答》。
④ 孔维勤：《永明延寿宗教论》，台北：新文丰出版公司，1983年，第124—125页。

中也说道:

> 明确主张禅净双修的《四料拣》与延寿的思想和史实相矛盾。①

顾伟康在《关于永明延寿的〈四料简〉》一文中也明确持否定态度,理由有二:一是在延寿现存著述中,《四料简》内容无考;二是"《宗镜录》《万善同归集》二书的主题,乃是禅教合一、万善同归,还没有到单独的禅净合一阶段,更不用说如'四料简'中那净高于禅的思想了"②。

杨笑天在《永明延寿〈四料拣〉(四料简)的背景、意义及真伪问题》中说:

> 《四料拣》当为后世的假托,其问世,大致当在南宋中期至元代初期之间。③

但是,杨笑天认为《四料简》的思想与延寿《万善同归集》第二十八章问答的"先往西方净土,再求唯心净土"④的旨趣基本契合。

由上可见,持否定观点者虽然都得出《四料简》非延寿所作的结论,但是他们的理由却不尽相同,甚至互有冲突。譬如孔维勤、柴田泰认为《四料简》不合于延寿的"唯心净土"思想,

---

① [日]柴田泰:《中国净土教的唯心净土思想之研究》(一),《札幌大谷短期大学纪要》22号,1990年,第92—93页。
② 顾伟康:《关于永明延寿的〈四料简〉》,赖永海主编:《禅学研究》第4辑,南京:江苏古籍出版社,2000年,第157页中。
③ 杨笑天:《永明延寿〈四料拣〉(四料简)的背景、意义及真伪问题》,《佛学研究》2004年,第234页。
④ 同上。

而杨笑天认为《四料简》所反映的思想与延寿"先往西方净土，再求唯心净土"的旨趣契合。实际上，从思想上论，延寿言"唯心净土"，具备"唯心不碍西方，西方亦是唯心"的特质。如果以"唯心净土"思想来否定《四料简》偈非延寿之作，便是未解延寿"唯心净土"所含之圆义。延寿在其著述中曾反复强调并诫勉不要错解"唯心净土"而堕入执理废事之弊。至于顾伟康认为延寿的思想只发展到了"禅教合一"，尚未发展到"禅净合一"的程度，且认为《四料简》是抑禅扬净等皆是站不住脚的。延寿的思想是透禅融会诸宗的，透禅融净是其基本主张之一，何有未发展到"禅净合一"之说？此外，《四料简》并非抑禅扬净，此在明本、惟则等人的阐释中已很明确。《四料简》不仅不抑禅扬净，而且于禅于净皆大有裨益。

二 对《四料简》偈义之阐与辨

从文献学角度无法确证《四料简》是否为延寿所作，那从义理层面进行辨析则至关重要，对《四料简》义的阐发和辨析，明本、惟则、印光等古德颇具代表性。

(一) 明本初阐《四料简》要义

目前可考文献最早提及延寿作《四料简》的是宋末元初的中峰明本，他在《次鲁庵怀净土十首（并序）》中述曰：

> 永明和尚以禅与净土拣为四句谓：有禅有净土，无禅无净土，有禅无净土，无禅有净土。特辞而辨之，乃多于净土也，致业单传者不能无惑焉。或谓禅即净土、净土即禅，离禅外安有净土可归，离净土岂有禅门可入？审如前说，则似

以一法岐而为二矣。不然教中有于一乘道分别说三,永明之意在焉。鲁庵和尚宗禅之师也,效古作《怀净土章句》,辞达而意明,语新而思远,使人读之曾不加寸念咸置身于纯白莲华之域,岂尚异耶![①]

文中有三处与《四料简》相关的重要信息值得关注:

第一,明本肯定《四料简》为延寿所作。他略言《四料简》首句以表全文。由此可知该偈在当时禅净学人中广泛流传,提及首句即知全文,故不须全引。

第二,明本"特辞而辨之",用的是辨析之"辨",而非辩论之"辩",表明明本进一步辨析了《四料简》义,以解问者之惑。文中"多于净土也,致业单传者不能无惑焉",其中"单传者"指以心印心的禅宗学人,意指《四料简》主禅净双修而偏赞净土,修禅者不免疑惑延寿何以要偏赞净土而抑制禅宗。对此,明本从两个方面进行了解析:一是约理而言,禅净一如,"禅即净土、净土即禅",无赞净抑禅之说;二是约事而言,虽然禅净之理一如,但为度化不同根性的众生,故需随机施教。换言之,禅净之真谛一如,却仍要于俗谛上进行区分以契合不同根机的众生,使众生皆能受益。延寿作《四料简》,旨在于此。

第三,明本评鲁庵和尚以禅师身份作《怀净土章句》:此为效古德如延寿者,其阐发的思想,"使人读之曾不加寸念,咸置身于纯白莲华之域"。"不加寸念"即一念不生,表理达唯心;"咸置身于纯白莲华之域"即皆往生西方净土、莲花化生,表事

---

① 〔元〕中峰明本:《天目中峰广录》卷28,《大藏经补编》第25册,第960页上。

生净土。换言之，鲁庵之《怀净土章句》阐明悟禅之理不碍生净土之事，此与延寿作《四料简》异曲同工。此亦体现了延寿《四料简》所倡之禅净合流思想对后世禅者产生了深刻影响。

综上可见，明本肯定《四料简》为延寿所作，且辨析了《四料简》并非偏赞净土抑制禅宗，而是为度不同根性的众生而求稳妥修途，于禅、于净皆无妨碍，且能相得益彰。但是，明本尚未对《四料简》全偈进行一一详阐，只是拣择开示了其中的要义，但观点已很明确。

(二) 惟则继阐《四料简》深义

明本之后，又有元代禅师天如惟则继阐《四料简》。他在《净土或问》中以问答的方式阐释《四料简》，以破时禅之惑。文云：

> 天如老人方宴默于卧云之室，有客排闼而入者，禅上人也。因命之坐，坐久夕阳在窗，篆烟将灭，客乃整衣起立，从容而问曰："窃闻永明寿和尚禀单传之学于天台韶国师，是为法眼的孙，匡徒于杭归净慈，座下常数千指，其机辩才智雷厉风飞，海内禅林推之为大宗匠。奈何说禅之外，自修净土之业，而且以教人复撰《拣示西方》等文，广传于世，及作《四料拣》偈，其略曰：'有禅无净土，十人九蹉路；无禅有净土，万修万人去。'看他此等语言主张净土，壁立万仞无少宽容，无乃自屈其禅而过赞净土耶？此疑非小，师其为我辩之。"①

此为《净土或问》开篇之问，分疏如下：

---

① 〔元〕惟则：《净土或问》卷1，《大正藏》第47册，第292页上—中。

首先，文中介绍了当时的问答背景，即惟则正在"卧云之室"静默修行，有客人推门而入，见为久修禅师，惟则请客入座。之后二人皆禅坐修行，直至夕阳西下，夜幕将至，盘香也快燃尽了，禅客整理三衣起座从容发问。由此情景可知，禅客从容发问是有备而来，且已深思熟虑，此行来见惟则禅师的目的即求师解惑。

其次，禅者简述了延寿其人及其修行主张，其中"窃闻"一词，表明延寿作《四料简》一事流传甚广。

最后，禅者的疑问是，延寿作为禅宗法眼二祖天台德韶国师的法嗣，自身又为法眼宗三祖，于杭州净慈寺（即永明寺）度徒数千人，开示法语、辩才无碍，为海内外禅林所公认的大宗师，他为什么还要在演说禅法之外，不仅自己以西方净土为归，而且还特别撰写与西方净土相关的著述广传于世，并作《四料简》偈呢？禅客还特举"有禅无净土，十人九蹉路；无禅有净土，万修万人去"两句，表达对延寿"自屈其禅而过赞净土"的不解，遂请惟则禅师为其"辩之"。由此"辩"字，可知其因疑而欲辩论，心中愤懑不平，有诘问惟则禅师之意。

禅者发问概存两种心：一是因疑而盼解，二是因惑而欲辩。应该说，此惑在当时是较具代表性的。因此，惟则的回答亦带有普遍性，希冀以一人之力解众人之疑。他答道：

> 大哉问也。当知永明非过赞也，深有功于宗教者也，惜永明但举其纲，而发明未尽，故未能尽遣禅者之疑也。余忝学禅，未谙净土，然亦尝涉猎净土诸书，稍知其概。本是易行易入之方，亦是难说难信之法，所以释迦慈父现在世时，为诸弟子说《弥陀经》，预知末法众生少能信向，故引六方

诸佛出广长舌说诚实言，以起其信，以破其疑。及于经末，因诸佛所赞，乃复自言："当知我于五浊恶世行此难事，为一切世间说此难信之法，是为甚难。"此皆苦口丁宁劝人信向矣。且大悲世尊垂救末劫，凡金口所宣，一偈一句而人非人等莫不信受奉行，独于净土之说，则间有疑者，何哉？良由净土教门至广至大，净土修法至简至易，以其广大而简易故闻者不能不疑焉。所谓广大者，一切机根摄收都尽，上而至于等觉位中，一生补处菩萨亦生净土；下而至于愚夫愚妇，与夫五逆十恶无知之徒，临终但能念佛悔过，归心净土者，悉得往生也。所谓简易者，初无艰难劳苦之行，又无迷误差别之缘，但持阿弥陀佛四字名号，由此得离娑婆，得生极乐，得不退转，直至成佛而后已也。其广大既如彼，其简易又如此，故虽智者亦不能无疑焉。汝如知此，则知永明之赞深有意焉而非过也。①

惟则禅师所答分层次，有次第，且从五个方面分析如下：

第一，"大哉问也"是惟则表达对问题的感叹。此问涉及一乘圆教的理事观，故曰"大"；此问是禅、净、教等诸宗行人关切的重要问题，亦曰"大"；也是惟则禅师表达对发问者的赞叹，先赞后答，体现了惟则高超的辩才。

第二，惟则站在延寿的角度上纠正时禅对《四料简》的误解。他阐明延寿作《四料简》并非过赞净土，对宗门、教下也都大有裨益。同时也指出，可惜的是延寿只概括了《四料简》之纲要，没有详阐发明具体含义，导致后世禅者多存疑惑。换言之，

---

① 〔元〕则惟：《净土或问》卷1，《大正藏》第47册，第292页中—下。

后世之疑多是因不解《四料简》真义所致。

第三，惟则从自身修学的角度解析延寿《四料简》义。他很谦虚地说自己忝列禅门，虽学习禅法却未能深谙净土，但是也曾涉猎过一些净土典籍，稍知其梗概。此即谦虚地表达了自己对净土有一定研究，接下来的解析是有依据的。

第四，惟则从释迦佛的角度阐发，以圣言量释禅者之疑。他说净土"本是易行易入之方"，同样也是"难说难信之法"，所以释迦佛在世时，无问自说讲演《弥陀经》，而且"预知末法众生少能信向，故引六方诸佛出广长舌说诚实言，以起其信，以破其疑"，并在《弥陀经》末尾述诸佛共赞，以表净土殊胜，释众生之疑。惟则此言，旨在托佛之言阐明净土一法为佛亲口宣说，十方诸佛共赞，故不应有疑，期望学人断疑生信，以此打消禅者对净土的偏见。

第五，惟则继续分析释迦佛所说之法，其他法门"一偈一句而人非人等莫不信受奉行，独于净土之说，则间有疑者"，主要原因在于"净土教门至广至大，净土修法至简至易，以其广大而简易故，闻者不能不疑焉"。之所以说净土法门广大，是因为其三根普被，"一切机根摄收都尽，上而至于等觉位中一生补处菩萨亦生净土，下而至于愚夫愚妇与夫五逆十恶无知之徒，临终但能念佛悔过，归心净土者，悉得往生也"。之所以说其简易，是因为净土之修以念佛为主，且能仗佛慈力生净土。不仅"初无艰难劳苦之行"，而且对众生是迷是悟皆等而视之，皆不舍弃，认为只要信愿念佛，便能往生极乐，得阿鞞跋致，直至成佛。净土至广大，故不舍一切众生；至简易，故一句佛号顿超生死。如此至广大又至简易之法，即使有一定智慧者也难以谛解，不能谛解便有疑惑。言此是为赞叹净土之殊胜超绝,意谓延寿作《四料简》倡禅净双修而偏赞净土的深意。换言之,禅宗提倡悟入佛之知见,见性成佛,虽是无上大法,但唯接上根;净土无须拣择迷悟,只要信愿念佛,一切众生无不蒙佛接引往生西方,上根众生能得遇上品,中下根者亦能预入圣流。禅净二法,上根利智者则不需论,随修一法皆能了脱,但是中下根性者更须修习净土。知此,"则知永明之赞深有意焉而非过也"。

(三) 印光详辨《四料简》微义

若论对《四料简》的精微之辨,则以近代四高僧之一的印光为代表。他辨析延寿《四料简》十分细致,曾多次逐条阐发《四料简》。周孟由、弘一皆肯定其"阐永明料简之微"[①] 的重要贡献。

1. "禅""净"二门统摄诸法论

印光在阐《四料简》之前,先基于"禅""净",从总体上概述了"佛教大纲"及"修持之要",他说道:

> 佛教大纲,不外五宗。五宗者,即律、教、禅、密、净也。律为佛法根本,严持净戒,以期三业清净,一性圆明,五蕴皆空,诸苦皆度耳;教乃依教修观,离指见月,彻悟当人本具佛性,见性成佛耳,然此但指其见自性天真之佛为成佛,非即成证菩提道之佛也;密以三密加持,转识成智,名为即身成佛,此亦但取即身了生死为成佛,非成福慧圆满之佛也。此三宗,均可摄之于禅,以其气分相同也,以故佛法

---

① 弘一·《致王心湛》(三),《弘一大师全集》编辑委员会编:《弘一大师全集》第8册,福州:福建人民出版社,1992年,第147页。

修持之要，不过禅净二门。①

意思是说整个佛法的纲要不出律、教、禅、密、净五宗，并分别论述了律、教、密三宗之旨，及各宗所谓"成佛"之义。从律、教、密之宗旨看，它们皆可摄归于"禅"，"以其气分相同"，因此佛教大纲可简要归纳为"禅""净"二门。这种划分方式，便为后文分析延寿之禅净《四料简》奠定了基础。实际上，延寿思想便是将律、教、密之理归于禅之"一心"，由禅之"一心"统摄诸宗，又以净土之事修包揽佛法行持之要。也就是说，印光此论源于延寿。继而，印光对禅净二门的修行方法及难易程度进行了比较：

> 禅则专仗自力，非宿根成熟者，不能得其实益；净则兼仗佛力，凡具真信愿行者，皆可带业往生。其间难易，相去天渊。故宋初永明寿禅师，以古佛身，示生世间，彻悟一心，圆修万行，日行一百八件佛事，夜往别峰行道念佛，深恐后世学者不明宗要，特作一《四料简》偈俾知所趣。②

此处的"禅"，便指统摄了律、教、密之禅，以禅专仗自力了脱生死，而律、教、密亦是，故以"禅"总而括之。印光所谓"得其实益"，即指当生了脱生死烦恼，若非宿根成熟的修行者，专仗自力是难以了脱生死的。若当生不能了脱，则是只种个远因而已，此生修行未得实益。净土一法则是在自力之外"兼仗佛力"，凡是具有真信切愿修行净土者，无不带业往生西方以

---

① 印光：《上海护国息灾法会法语》，弘化社编：《印光法师文钞》第6册，成都：巴蜀书社，2016年，第522页。
② 同上。

了生脱死,此较之专仗自力解脱者,其难易程度何啻天渊。也正是因此,延寿不惜以身表法,于禅宗"彻悟一心"之后"圆修万行",以"日行一百八件佛事"及每夜前往别峰行道念佛,以期往生西方净土。对于延寿而言,修禅已经彻悟,他却仍万行精进;靠自力已能了脱生死,他仍要念佛期生净土。究其目的,无非是以身示范,以启发时人及后学精进修持,万善同归净土。又因担心后世学人不明其中旨趣,他特作《四料简》偈,令学者皆知禅净合流之旨,行禅净双修以趣净土。

印光指出,《四料简》共"八十字,乃如来一代时教之纲要"①。此言对《四料简》赞叹至极,呼应了前文律、教、禅、密、净五宗终归禅净二法的观点。从这个意义上说,《四料简》虽专在禅净二门上讨论,但实际上讨论了兼仗他力归净土与唯仗自力的律、教、禅、密等诸宗间的关系。

2. "禅""净""有禅""有净"之辨析

印光指出《四料简》为"学者即生了脱之玄谟",而"阅者先须详知何者为禅,何者为净土,何者为有禅,何者为有净土"②。换言之,要先辨析清楚"禅""净土"二法门与"有禅""有净土"二行门之义,此是明《四料简》义的基础。

印光阐明"禅与净土"和"有禅有净土"是两组不同层面的概念:

> 禅与净土,乃约理约教而言,有禅有净土,乃约机约修而论,理教则二法了无异致,机修则二法大相悬殊,语虽相

---

① 印光:《上海护国息灾法会法语》,弘化社编:《印光法师文钞》第6册,成都,巴蜀书社,2016年,第522页。
② 同上。

似，意大不同，极须着眼，方不负永明之婆心矣。①

意思是说，"禅与净土"是"约理约教而言"，禅净之理是一，印光言"了无异致"，在延寿的思想中则皆不出"一心"之旨。"有禅有净土"是"约机约修而论"，如果论众生的根机和适合修行之法，则修禅、修净大为悬殊。可见，"禅与净土"与"有禅有净土"，两者"语虽相似，意大不同"，需要认真领会其中的意涵，如此才不会错解《四料简》之旨趣，不会辜负延寿之一片婆心。实际上，延寿作《四料简》偈，正是在禅净同理的前提下，针对众生不同的根机及其适合修持的法门而作出的研判与拣择。

印光分别详阐了"禅""净土""有禅""有净土"的具体内涵。关于"禅"，他的解析为：

> 何谓禅，即吾人本具之真如佛性，宗门所谓父母未生前本来面目，宗门语不说破，令人参而自得，故其言如此，实即无能无所，即寂即照之离念灵知，纯真心体也。（离念灵知者，了无念虑，而洞悉前境也。）②

也就是说，禅之理即指"吾人本具之真如佛性"，以禅宗之教解之，即"所谓父母未生前本来面目"。但是禅宗对此不说破，而令人参究，自己领悟，待到彻底领会时便谓之彻悟。悟后究其实际，既无能参之人，也无所参之理，达到了能所两亡的境界，"即寂即照之离念灵知，纯真心体"彻底显现，于不动念处

---

① 印光：《上海护国息灾法会法语》，弘化社编：《印光法师文钞》第6册，成都：巴蜀书社，2016年，第522—523页。
② 同上。

作大佛事。

关于"净土",他的解析为:

> 净土者,即信愿持名,求生西方,非偏指唯心净土,自性弥陀也。①

也就是说,延寿在《四料简》中言净土之理,并非"偏指唯心净土,自性弥陀"的理净土。他还强调了西方极乐之事净土,以净土之教理解之,即指通过"信愿持名,求生西方"之极乐净土。

前文已述"禅""净土"是约理约教而言,而"有禅""有净土"是约事约修而言。因此,印光进一步从事修的层面解析"有禅""有净土"。关于"有禅"义,印光解析为:

> 有禅者,即参究力极,念寂情亡,彻见父母未生前本来面目,明心见性也。②

也就是说,所谓"有禅"是通过极力参究的方法,参至"念寂情亡"的程度,彻见其所参之"父母未生前本来面目"。可见,"有禅"是通过"参禅"的方法修行达到明心见性的境界。若参禅未达"明心见性"的境界便不能称之为"有禅",如学之未成不能称为有学。印光在后文也说道:"倘参禅未悟,或悟而未彻,皆不得名为有禅。"问题是,"眼中无珠者,每谓参禅便为有禅",这种滥充"有禅"的情况"自误误人,害岂有

---

① 印光:《上海护国息灾法会法语》,弘化社编:《印光法师文钞》第6册,成都:巴蜀书社,2016年,第523页。
② 同上。

极"①。

此外,印光还特别强调,《四料简》中的"有禅"达到"大彻大悟"境界便是,而非必须达到"圆成佛道"的境界。因此,悟彻心性后仍需精进事修,此谓"悟后起修",以"修德"圆成方为最终圆证佛道。若悟后不修,虽能明心见性,见思二惑不断,生死不了,仍会轮回六道不得出离。如此也更显出了"有净土"之必要。

关于"有净土"义,印光解析为:

> 有净土者,即实行发菩提心,生信发愿,持佛名号,求生西方之事也。

又说:

> 倘念佛偏执唯心而无信愿,或有信愿而不亲切,皆不得名为有净土矣。至于虽修净土,心念尘劳,或求人天福报,或求来生出家为僧,一闻千悟,得大总持,宏扬佛法,教化众生者,皆不得名为修净土人,以其不肯依佛净土经教,妄以普通教义为准,则来生能不迷而了脱者,万无一二,被福所迷,从迷入迷者,实繁有徒矣。果能深悉此义,方是修净土人。②

可见,"有净土"是指发菩提心,且对阿弥陀佛的西方净土能够生信发愿,欣求往生,修行则以持佛名号为主,目的是成办"生西方之事",如此才算是"有净土"。印光还明确并非"念佛

---

① 印光:《上海护国息灾法会法语》,弘化社编:《印光法师文钞》第6册,成都:巴蜀书社,2016年,第523页。
② 同上。

便为有净土",那是"自误误人,害岂有极!"① 换言之,若只念佛而无信愿,则不能称为"有净土",如蕅益智旭所言:"若无信愿,纵使将此名号作个话头,持至风吹不入,雨打不湿,如银墙铁壁一般,亦万无得生净土之理。"② 净土一法仗佛慈力,三根普被,"若信愿坚固,纵使临终十念一念亦决得生"。所以,修净土者只有具足真信、切愿、实行,才是"有净土"。

印光在解"有禅"和"有净土"时,已经铺陈了"禅""净"在修行解脱上的难易之分。他在辨析了《四料简》中关于"禅""净土""有禅""有净土"的义理后,又逐条剖析了《四料简》的偈义,评赞延寿作《四料简》"犹如天造地设,无一字不恰当,无一字能更移"③。可见他对延寿的赞叹及对《四料简》的高度认同。

3. "有禅有净土"偈义辨析

印光对"有禅有净土,犹如戴角虎,现世为人师,来生作佛祖"偈义辨析曰:

> 盖以其人既彻悟禅宗,明心见性,又复深入经藏,备知如来权实法门,而于诸法之中,又复唯以信愿念佛一法,以为自利利他通途正行,《观经》上品上生,读诵大乘,解第一义,即此是也;犹如戴角虎者,以其人禅净双修,有大智慧,有大禅定,有大辩才,邪魔外道,闻名丧胆,如虎之戴

---

① 印光:《上海护国息灾法会法语》,弘化社编:《印光法师文钞》第6册,成都:巴蜀书社,2016年,第523页。
② 〔明〕智旭解:《阿弥陀经要解》卷1,《大正藏》第37册,第371页上。
③ 印光:《上海护国息灾法会法语》,弘化社编:《印光法师文钞》第6册,成都:巴蜀书社,2016年,第523页。

角，威猛无俦。有来学者，随机说法，应以禅净双修接者，则以禅净双修接之，应以专修净土接者，则以专修净土接之，无论上中下根，无一不被其泽，岂非人天导师乎？至临命终时，蒙佛接引往生上品，一弹指顷，华开见佛，证无生忍，最下即证圆教初住，亦有顿超诸位，至等觉者，圆教初住，即能现身百界作佛，何况此后位位倍胜，直至四十一等觉位乎？故曰来生作佛祖也。①

前文已经辨析了"有禅""有净土"之义，《四料简》第一偈说的便是"有禅有净土"的融合状态。"有禅有净土"者自是上根利智，既能"彻悟禅宗，明心见性"，又能"深入经藏，备知如来权实法门"②，并在诸法中"唯以信愿念佛一法，以为自利利他通途正行"。换言之，"有禅有净土"者是在参禅"明心见性"之后，通达教理，悉知净土法门的殊胜，又于事修中专以信愿念佛归净土法门作为自利利他的"通途正行"。可见"有禅有净土"是有前后顺序的，由此更加凸显对于大彻大悟的禅者而言，为进一步自利利他故，仍有进修净土之必要。

上文中"《观经》上品上生，读诵大乘，解第一义"，为"有禅有净土"偈提供了经典依据，目的是以佛之圣言量增加学人信心。从"有禅有净土"的前后顺序亦可知其与"戴角虎"的对应关系，即"有禅"便如"虎"之威猛，在"有禅"的基础上"有净土"，便如虎戴角。从"角"能增"虎"之威猛，喻"有净土"能助"有禅"之修德及利他功德。

---

① 印光：《上海护国息灾法会法语》，弘化社编：《印光法师文钞》第6册，成都：巴蜀书社，2016年，第524页。
② 此处也反映了《四料简》中之"禅"，是统摄了律、教、密之"禅"。

印光又指出,"有禅"者便有"大智慧""大禅定""大辩才",便具备了"现世为人师"的条件。有"大智慧""大禅定"则自利无碍,这亦是利他之基础,加之有"大辩才"便能更好地利他。然而,自利利他的程度是有大小之别的,只有在"有禅"的基础上再"有净土",方能"威猛无俦"。何以言之?对于利他而言,需要以智慧审其根机,以辩才劝其进修。若上根利智,则可劝其"禅净双修",既能于当生大彻大悟,又能上品往生净土,速证无生、速成佛道。若中下根者,修禅则现生难以"明心见性",然专以净土为归,只要信愿念佛,无不仗佛慈力往生西方,生西方便不退转,直至成佛,更何况是上根者,此便是"来生作佛祖"。所谓"来生",指往生西方,一得往生当生成佛。印光又说:大彻大悟者回向往生西方,"最下即证圆教初住"位,随其悟入增上,"亦有顿超诸位,至等觉者",但即使"圆教初住,即能现身百界作佛"度化众生,"何况此后位位倍胜,直至四十一等觉位乎"。

可见,"有禅有净土"不仅有不退转之保障,而且论其在自利利他上的功德利益,尤其殊胜,故为延寿力倡、印光明辨。

4. "无禅有净土"偈义辨析

印光辨析"无禅有净土,万修万人去,若得见弥陀,何愁不开悟"偈义曰:

> 以其人虽未明心见性,然却决志求生西方,佛于往劫,发大誓愿,摄受众生,如母忆子,众生果能如子忆母,志诚念佛,则感应道交,即蒙摄受,力修定慧者,固得往生;即五逆十恶,临终苦逼,发大惭愧,称念佛名,或至十声,或止一声,直下命终,亦皆蒙佛化身,接引往生,非万修万人

去乎？然此虽念佛无几，以极其猛烈，故能获此巨益，不得以泛泛悠悠者较量其多少也；既生西方，见佛闻法，虽有迟速不同，然已高预圣流，永不退转，随其根性浅深，或渐或顿，证诸果位，既得证果，则开悟不待言矣。所谓，若得见弥陀，何愁不开悟也。①

"无禅有净土"似是对中下根性而言，却可接上中下三根。因为净土一法三根普被，上根者亦含摄其中，若本就是上根利智者，不修禅专修净土，往生净土品位得上上品。但此条主要是对中下根性者而论，因中下根众生难以通过修禅"明心见性"，却可通过专修净土仗佛慈力往生西方。印光于此处还强调，即使五逆十恶者临终众苦逼迫，若遇善知识教令念佛，能生惭愧心，称念佛号十声乃至一声，也可仗佛慈力接引往生。换言之，即使五逆十恶的阿鼻种性，临终有人教令念佛，能信向念佛亦可往生，何况非五逆十恶者，故有"万修万人去"之功。需要注意的是，五逆十恶者临终十念乃至一念念佛往生，靠的是以勇猛心念佛，"虽念佛无几，以极其猛烈，故能获此巨益"。反之，若泛泛悠悠而修净土者，则不称为"有净土"，也未必能保证即生往生，其意在以此理劝行精进。

可见，上根者不修禅专修净土和中下根性不堪修禅专修净土，皆可当生往生净土以了生脱死，只是随其因地修行功夫的浅深，往生净土的品位有高下之分。然皆能花开见佛，见佛闻法，即使下下品往生，待至花开见佛时，"何愁不开悟！"

---

① 印光：《上海护国息灾法会法语》，弘化社编：《印光法师文钞》第6册，成都：巴蜀书社，2016年，第524—525页。

实际上，"无禅有净土"是前期于娑婆世界进修时的状态，以保障中下根者能够往生净土不退转，而生净土后则必定见佛闻法、明心见性，此便自然成就有禅有净土的状态。此处含有对禅净不二、相即不离的内在关系更深入的讨论。

5. "有禅无净土"偈义辨析

印光辨析"有禅无净土，十人九蹉路，阴境若现前，瞥尔随他去"偈义曰：

> 以其人虽彻悟禅宗，明心见性，而见思烦恼，不易断除，直须历缘锻炼，令其净尽无余，则分段生死，方可出离，一毫未断者勿论，即断至一毫未能净尽，六道轮回依旧难逃，生死海深，菩提路远，尚未归家，即便命终，大悟之人，十人之中，九人如是，故曰："十人九蹉路。""蹉"者，蹉跎，即俗所谓耽搁也；"阴境"者，中阴身境，即临命终时，现生及历劫善恶业力所现之境，此境一现，眨眼之间，随其最猛烈之善恶业力，便去受生于善恶道中，一毫不能自作主宰，如人负债，强者先牵，心绪多端，重处偏坠。五祖戒再为东坡，草堂青复作鲁公，此犹其上焉者。故曰："阴境若现前，瞥尔随他去"也。"阴"，音义与荫同，盖覆也，谓由此业力，盖覆真性，不能显现也；"瞥"，音撇，眨眼也。有以"蹉"为"错"，以"阴境"为"五阴魔境"者，总因不识"禅"，及"有"字，故致有此谬误也。岂有大彻大悟者，十有九人，错走路头，即随五阴魔境而去，着魔发狂耶！夫着魔发狂，乃不知教理，不明自心，盲修瞎炼之增上慢种耳，何不识好歹，以加于大彻大悟之人乎！所关

甚大，不可不辨。①

前文已述，印光以禅宗的"明心见性，见性成佛"所成之"佛"，并不等同于修德已成、圆证性德的圆满之佛。对于大彻大悟者所说之"佛"，最高者能直证圆满佛果，最低者只开悟而未能证。须知，若见思烦恼未能断尽，则不能出离生死。印光指出，从比例上看，若有十人大彻大悟，其中九人是未断见思二惑、生死不了者。因此，"有禅"只达"见性成佛"者，若无净土确保往生西方，则很多将会被耽搁，命终之后仍可能轮回于六道，随业流转，若恶业现前，则随之堕入恶道，故谓"十人九蹉路"。

需要指出的是，印光强调的所谓"蹉路"，并非大彻大悟的人会因修行之路径走错而着魔发狂，因为"有禅"的前提便是大彻大悟、理路清晰。所谓悟后起修，表明大彻大悟者的修行理路是不会错的，他们能够清晰辨认"五阴魔境"，且不可能有"着魔发狂"之弊；若错走路头，"乃不知教理，不明自心"，然此种人不能称为"有禅"。印光指出，有此种错解的人便是"不识禅，及有字，故致有此谬误也"。因此，所谓的"阴境"，是指修禅者虽然大彻大悟，但是未能断尽见思二惑，生死不了，命终之后，入中阴身之境，自力无法把持，只能随业流转。可见，"阴境"是指中阴身时被业力所障之境，因被业障随业流转，所以才会瞥尔随业受生。明此，则知"有禅"者已大彻大悟，虽修行不会错认路头，但是见思二惑未必能断，若不断见思惑，便

---

① 印光：《上海护国息灾法会法语》，弘化社编：《印光法师文钞》第6册，成都：巴蜀书社，2016年，第525页。

不了生死，转生之时十分危险，此时则更凸显了"有净土"的作用。

还需要指出的是，延寿此偈并非为了抑禅扬净，其目的在于助禅者确保不退转，因为泛泛修禅而不悟者不称为"有禅"，而开悟后的"有禅"者，若功夫不达见思惑净尽，"有净土"便大益于修禅者。

6．"无禅无净土"偈义辨析

印光辨析"无禅无净土，铁床并铜柱，万劫与千生，没个人依怙"偈义曰：

> 有谓无禅无净，即埋头造业，不修善法者，大错大错。夫法门无量，唯禅与净，最为当机，其人既未彻悟，又不求生，悠悠泛泛，修余法门，既不能定慧均等，断惑证真，又无从仗佛慈力，带业往生，以毕生修持功德，感来生人天福报，现生既无正智，来生必随福转，耽着五欲，广造恶业。既造恶业，难逃恶报，一气不来，即堕地狱，以洞然之铁床铜柱，久经长劫，寝卧抱持，以偿彼贪声色杀生命等种种恶业。诸佛菩萨，虽垂慈愍，恶业障故，不能得益，清截流禅师谓，修行之人，若无正信求生西方，泛修诸善，名为第三世怨者，此之谓也。盖以今生修行，来生享福，倚福作恶，即获堕落，乐暂得于来生，苦永贻于长劫，纵令地狱业消，又复转生鬼畜，欲复人身，难之难矣，所以佛以手拈土，问阿难曰："我手土多，大地土多？"阿难对佛："大地土多。"佛言："得人身者，如手中土，失人身者，如大地土。"万

劫与千生，没个人依怙。①

印光首先指出"无禅无净土"者并非指那些"埋头造业，不修善法者"，而是指那些修禅不能彻悟，念佛不求生净土，或朝愿夕改、泛泛悠悠、一事难成者。如此修者不但当生无法了脱生死，而且还可能因今生修行感来生人天福报，又因隔阴之谜使其后世全忘修行，还可能因为"耽着五欲，广造恶业"，所以"难逃恶报，一气不来，即堕地狱"，堕入地狱便要受"铁床铜柱"之狱苦无法出离，即使佛菩萨慈悲救济，无奈众生恶业自我障碍，难以得益。此便是截流禅师所说的"第三世怨者"。又，即使地狱业报尽，却可能复随业转，或生饿鬼、畜生，乃至善业现前得生人天。但是，生人天的概率是很小的，二是仍可能依人天之福，贪着五欲六尘，造种种恶业而再堕落，此便是"万劫与千生，没个人依怙"。

印光辨析了《四料简》偈义，并指出延寿正是因为担心世人不能明了"禅净之真义"才作此《四料简》，以明其中的意涵及利害关系。须知，"一切法门，专仗自力，净土法门，兼仗佛力；一切法门，惑业净尽，方了生死，净土法门，带业往生，即预圣流"②。净土一法虽有如此功德利益，然而"世人不察，视为弁髦，良堪浩叹"③。延寿作《四料简》，总体上是对自他二力及禅净解脱之难易的阐发。印光依照延寿之文论曰：

---

① 印光：《上海护国息灾法会法语》，弘化社编：《印光法师文钞》第6册，成都：巴蜀书社，2016年，第526页。
② 印光：《净土法门说要》，弘化社编：《印光法师文钞》第6册，成都：巴蜀书社，2016年，第408页。
③ 印光：《上海护国息灾法会法语》，弘化社编：《印光法师文钞》第6册，成都：巴蜀书社，2016年，第526页。

若论自力他力，禅净难易，讲得最清楚最明白，莫如永明延寿大师的《四料简》，照《四料简》说来，不通宗教的人，固然要念佛，就是通宗通教的，更要念，虽通没有证，总要念佛了脱生死，才是道理。①

以上为印光对《四料简》偈的解析，其解是符合延寿之本意的，此在《四料简》义与延寿现存文献中亦有体现。

二 延寿存世著述对《四料简》的佐证

将《四料简》偈与延寿现存著述中的观点进行对比分析，可见此四句偈在义理上是完全合于延寿的见地的。以下简要列举延寿存世著述与《四料简》偈表义相同的观点以为佐证。

（一）对"有禅有净土"偈之佐证

《四料简》"有禅有净土，犹如戴角虎，现世为人师，来生作佛祖"偈的观点，在《万善同归集》中即有体现，文曰：

> 圆根顿受之人，则遮照而无滞，即遮而照，故双非即是双行；即照而遮，故双行即是双遣，不坏本而常末，万行纷然；不坏末而常本，一心恒寂。②

意思是说，真正的上根利智能够"遮照而无滞，即遮而照"，遮为隐，照为显，以此表内之理与外之事皆无所碍。"双非即是双行"即指双遮即双照，因为理以导事，所以"万行无

---

① 印光：《世界佛教居士林开示法语》，弘化社编：《印光法师文钞》第6册，成都：巴蜀书社，2016年，第426页。
② 〔宋〕延寿述：《万善同归集》卷3，《大正藏》第48册，第983页上。

碍";因为事而显理,终归"一心恒寂"。正如《永明道迹》所述:

> 禅宗不立文字,而师乐说无碍,百卷河悬;禅宗呵斥坐禅,而师跏趺九旬,鹞巢衣袱;禅宗指决唯心,无他净土,而师经行持念,角虎示人;禅宗但贵眼正,不贵行履,而师万善同归,勤行百八,所以抑虚滥,示之堤防。①

换言之,延寿主理事无碍,以自身所行破时人之执。须知,净土一法尤重事修,却与理无碍。若真"圆根顿受之人",理悟与事修两不妨碍,且能相辅相成,修禅者不但不应排斥毁谤净土之修,还应该禅净双修。为此,延寿引慧日慈愍之言,论述了禅净在事修上不但不相悖,且能互相促进:

> 圣教所说正禅定者,制心一处,念念相续;离于昏掉,平等持心,若睡眠覆障,即须策动,念佛诵经、礼拜行道、讲经说法、教化众生,万行无废,所修行业,回向往生西方净土。若能如是修习禅定者,是佛禅定与圣教合,是众生眼目,诸佛印可。一切佛法,等无差别,皆乘一如,成最正觉,皆云念佛,是菩提因,何得妄生邪见?②

延寿引此,旨在表达佛法所说的正禅定本身就是"制心一处,念念相续"的修持状态。因此,如果以念佛方法达到"制心一处,念念相续"的状态亦是正禅定,此破除禅者执禅修而轻念佛诵经之修的弊端。他进一步指出,在修禅的过程中,要通

---

① 〔明〕大壑辑:《永明道迹》卷1,《续藏经》第86册,第54页下。
② 〔宋〕延寿述:《万善同归集》卷1,《大正藏》第48册,第963页下。

过念佛、诵经、礼拜、绕佛、讲法等万行对治昏沉、掉举等障碍，明确念、诵等种种行对修禅不仅没有阻碍，而且还是增上助力。在此基础上再将万善功德回向往生西方净土，如此才是"佛禅定与圣教合，是众生眼目"。此便是对禅净合流、禅净双修的明确主张。"是众生眼目"则强调在禅净合流的基础上以禅净双修之力助成禅定，并以修持之功回向净土，以此普利群萌，众生修路更加光明和稳当。延寿还说：

> 若见佛法，身易成就法忍，此是明文。证上品往生，如文殊菩萨云："如壮士屈伸臂顷，上品见佛，便证菩萨初地。"①

"若见佛法"即指对佛法大彻大悟，如此方为"见佛法"，此亦即"有禅"的境界。换言之，延寿是说悟后起修更容易成就法忍，而且成就法忍后仍以信愿念佛求生净土，得证上品往生。他以文殊菩萨为例，阐明文殊因地修念佛行，成就"一行三昧"，却仍于《文殊发愿经》中发愿求生西方净土，得上品往生净土，并刹那见佛，当下即证圆教初地果位，不但破一品无明证一分法身，且能随闻随悟随证，速成菩提大道。现世因彻悟自心而自能说法度生，而且临终上品往生西方，速证无生法忍，速成佛道，此便是"现世为人师，来生作佛祖"。此与《四料简》"有禅有净土"之偈的见地是高度契合的。

（二）对"无禅有净土"偈之佐证

《四料简》"无禅有净土，万修万人去，若得见弥陀，何愁不开悟"偈的观点，在《万善同归集》中亦有体现，文曰：

---

① 〔宋〕延寿撰：《受菩萨戒法》卷1，《续藏经》第59册，第367页下。

当今末法，现是五浊恶世，唯有净土一门，可通入路，当知自行难圆，他力易就，如劣士附轮王之势，飞游四天；凡质假仙药之功，升腾三岛，实为易行之道，疾得相应，慈旨叮咛，须铭肌骨。①

延寿首先指出当时为"末法"时代，强调"末法"是为了说明两个问题：一是外界环境为"五浊恶世"，乱世为修行之大障碍；二是众生自身根性拙劣，慧浅力弱、心浮气躁。在这种内外交迫的情况下，"当知自行难圆"，即以禅为代表的自力法门很难当生出离生死，圆成佛道。前文已述，延寿所言之禅为含摄律、教、密之禅，因此禅即可代表自力法门。由此可见，"自行难圆"即指禅行难圆，不仅难以圆成佛道，在末法之际内外皆多障碍的情况下，想要大彻大悟已经非常之难，修禅不能彻悟便是"无禅"。延寿又说："唯有净土一门，可通入路。"因为净土法门是以发菩提心、信愿念佛之力感佛，仗弥陀宏愿慈力接引，即使逆恶众生，临终忏悔，念佛十念乃至一念亦能蒙佛接引往生西方，此即"有净土"，且有"万修万人去"之效用。须知，净土法门兼仗他力，而"他力易就"是优势。就如同"劣士附轮王之势，飞游四天；凡质假仙药之功，升腾三岛"，虽是劣士、凡质，但能仗转轮圣王轮宝之大势力，仙药之去凡之功，任运"飞游四天""升腾三岛"。此喻净土仗弥陀加持能一念超越十万亿佛国土往生西方，生极乐净土之境。

延寿还说道：

---

① 〔宋〕延寿述：《万善同归集》卷1，《大正藏》第48册，第968页中。

第二章 著述层面"透禅融教律归净"的内在演进

若自力未堪,须凭他势。①

"自力未堪"便是根性不利,或修持不力,表"无禅"的状态。在这种状态下则"须凭他势",即指要"有净土",靠佛力加持而得往生。为什么能"万修万人去"呢?延寿说道:

佛力难思,玄通罕测,如石吸铁,似水投河,慈善根力,见如是事,志心归者,灵感昭然。②

由此可见,"佛力难思,玄通罕测",所以能够"万修万人去"。当然,其中也有必要条件,即"志心归",只有志心求生净土,才能"灵感昭然",如此才是"有净土";若不志心求生净土,便难以感通,便是"无净土"。

至于"若得见弥陀,何愁不开悟",延寿在《宗镜录》中说:

生极乐等诸佛国土,游戏神通者,皆能了达自心。③

所谓"了达自心",即大彻大悟,明心见性。"有禅"是先明心见性,"无禅有净土"是先往生净土后定然"明心见性"。对于"有净土"而言,生极乐国土而后蒙佛加持,不但能彻悟自心,且具足大神通,到十方国土见佛供养,此展现的是"游戏神通"之一端。

延寿也提道:"上根受戒习禅,中下行道念佛,众生根器不等,不可守一疑诸。"④ 如果众生是中下根者,即使修禅,也无

---

① 〔宋〕延寿述:《万善同归集》卷1,《大正藏》第48册,第962页上。
② 同上书,第962页下。
③ 〔宋〕延寿集:《宗镜录》卷30,《大正藏》第48册,第592页中。
④ 〔宋〕延寿:《受菩萨戒法》卷1,《续藏经》第59册,第367页下。

法即生达到"明心见性",终是"无禅"状态,但是"若生安养"则可于极乐净土中见佛闻法,净土境胜缘强"何愁不开悟"。延寿在《神栖安养赋》中也指出,往生西方净土则"变凡成圣,而顷刻即迷为悟"①,此与《四料简》中"无禅有净土,万修万人去,若得见弥陀,何虑不开悟"之义是高度契合的。

(三) 对"有禅无净土"偈之佐证

延寿在《万善同归集》中表达了证得唯心净土之难,他主张生有相净土后速证唯心净土。《四料简》偈中的"有禅",即悟达"唯心净土"之境界,但是悟达并非证达,因此需要"有净土"以确保悟后不退,于极乐净土中速证唯心之旨。若"无净土",即不念佛、不求往生,对于中下根者而言则极易堕落。延寿曰:

> 唯心佛土者,了心方生。《如来不思议境界经》云:"三世一切诸佛,皆无所有,唯依自心,菩萨若能了知诸佛及一切法,皆唯心量,得随顺忍,或入初地,舍身速生妙喜世界,或生极乐净佛土中。"故知识心方生唯心净土,着境只堕所缘境中。既明因果无差,乃知心外无法。又平等之门,无生之旨,虽即仰教生信,其奈力量未充,观浅心浮,境强习重,须生佛国,以仗胜缘,忍力易成,速行菩萨道。②

须知,此处的"了心"是指悟证自心,"了"有了知义,还

---

① 〔宋〕延寿:《神栖安养赋》,〔宋〕宗晓编:《乐邦文类》卷5,《大正藏》第47册,第215页上。
② 〔宋〕延寿述:《万善同归集》卷1,《大正藏》第48册,第966页中—下。

有了却义。了知自心即悟达自心，了却自心为证达自心。只了知而未了却则不能称之为彻"了"。只有悟证自心，方谓之生唯心净土。实际，唯心净土本自无生，为表其义而强名为生。延寿为进一步说明生唯心净土之难，生极乐净土之易，还特别引用《如来不思议境界经》为证明。

首先，引经表达了一切诸佛"唯依自心"，修行菩萨虽知唯心之理，但心量大小不同，随其心量修行得果也不同。

其次，虽然"识心方生唯心净土"，但是对于未证者而言，着境便会堕入所缘境中。换言之，虽明唯心之理，但遇悟净缘会随缘进修，遇迷染缘会随缘堕落。

最后，既明唯心之旨，又须审已根机，自身凡夫在娑婆世界，靠自力了脱实难，以"力量未充，观浅心浮，境强习重"。也就是说，如果已经开悟，但是未了生死，是非常容易再次堕落的。

由此可见，延寿认为若只求悟心而不求生净土，对中下根人而言是十分危险的。此与《四料简》之"有禅无净土"的主张是相同的。因此，延寿紧接着强调"须生佛国，以仗胜缘"，以此胜缘速成无生法忍。生净土后，而能普行菩萨道，圆证菩提，从而彻证唯心之旨。他强调信愿行具足往生净土，再于事净土中证理净土。

（四）对"无禅无净土"偈之佐证

在延寿看来，初信佛法者仗自力是难得成就的，需要修净土仗佛力以生净土，若诽谤净土则切断了初学者当生成就的进路。他说道：

> 诸佛本意为摄大乘，初入信之人，恐生恶世，难得成

就，令回向往生，免得退转。①

也就是说，诸佛说净土法的本意是摄持大乘学人，特别是初入信门之人，因担心其人当生不了生死而堕入恶道，因为自力"难得成就"而"令回向往生"，以仗佛慈力往生净土，免致退转。换言之，自非上根，又是初学，若执意修禅，当生难以彻悟，欲仗自力而了生死非常之难，此便堕入"无禅"之弊；加之不以信愿念佛求生西方，便堕入"无净土"之弊。其结果则是随业流转，于六道中头出头没，轮回不息，"没个人依怙"。"无禅无净土"是延寿最不愿看到的情况。

根据明本、惟则、印光之解可知，认为《四料简》不符佛言祖语是未理解其中真义所致。将延寿现存著述与《四料简》偈进行一一比对，明辨义理，可证《四料简》符合延寿的见地。

延寿以法眼宗祖师身份力倡禅净双修，并偏赞净土。他不仅提倡，更以身示范，他的"百八佛事"中有很多专修净土的条目，且以诸行回向净土，以此自修并引导学人。延寿"百八佛事"中专修净土行的如："第三，常修安养净业……同回向往生"，"第十七，晨朝……顶戴阿弥陀佛行道……慕极乐之圆修"，"第二十一，午时，礼皈依主安乐世界阿弥陀佛……成妙净土"，"第三十七，初夜，礼慈悲导师安乐世界大势至菩萨摩诃萨及一切清净大海众……同了唯心净土"，"第四十，初夜……旋绕念大势至菩萨摩诃萨……净念相继，托质莲台"，"第五十三，后夜……旋绕念阿弥陀佛……摄化有情"，"第五十八，昼夜六时，普为一切法界众生，念七如来名号……念阿弥陀

---

① 〔宋〕延寿：《受菩萨戒法》卷1，《续藏经》第59册，第367页下。

如来……神栖净土","第六十九,黄昏时……念阿弥陀佛心真言……同生安养","第九十七,常劝一切人念阿弥陀佛……恒有导首",等等。①

从《智觉禅师自行录》中延寿的日常修行实践情况来看,其修行"或时坐禅""常修安养净业",禅净之修在其一生修行中所占的时间比重,与《四料简》中所阐发的禅净双修而偏赞净土的思想是吻合的。

需要指出的是,延寿于《四料简》中偏赞净土,却并非抑禅扬净。延寿认为,对上根者而言,修禅净皆无所碍;而对中下根者而言,当己力未充,退缘炽盛时,修禅难得了脱,净土具有三根普被的特质更适合学人,亦更为稳当。且于净土中亦必大彻大悟,臻于修禅之目的。《四料简》应是延寿于五代乱世,佛教诸宗分宗至极的情况下,为广开门庭利钝全收、接引众生稳当修途,而倡禅净融合、开禅净兼修之作。应该说,《四料简》禅净兼修之倡,不仅发展了净土宗,而且禅宗理论也因此更加丰富,使宗门下的修途更加多元化。禅净融合双修,开拓了宋代以降中国宗派佛教进入融会发展的新阶段。

四 《神栖安养赋》对净土理事的升华

《神栖安养赋》作为一篇赋文,字数虽然不多,但对净土理事的阐发十分精当。应该说,其是延寿对净土理事的浓缩、总结与升华。

---

① 参见〔宋〕释文冲重校编集:《智觉禅师自行录》卷1,《续藏经》第63册,第158—166页。

（一）《神栖安养赋》的主旨

佛教修行皆以圆成佛道、普度众生为终极目的，但是不同宗派因注重的修法不同，对阶段性目标的设定也有差异。

在修行目的上，修禅者追求开悟，以"明心见性、见性成佛"为目的；修净土者追求往生，以"往生净土、不退成佛"为目的。就修行方法而言，修禅者以参禅为主要方法，修净土者以念佛为主要方法。但是判断行人为修禅者还是修净者，并非以修行方法为依据，而是以修持目的为依据。若以明心见性为目的，即使修观、念佛也是禅，如念佛禅，虽是念佛行，然目的在禅定与禅悟；若以往生净土为目的，即使采禅坐等禅修方法，然目的为回向往生，也是净土。

延寿以往生净土为阶段性目标而倡禅净双修，往生净土则境胜缘强，更能速得禅旨，圆成佛道。故延寿在《神栖安养赋》中说，往生西方净土则"变凡成圣，而顷刻即迷为悟"[①]。换言之，修净土者虽不以开悟为目的，但是却能够仗弥陀慈力，易得往生，一得往生则能花开见佛、见佛闻法，何愁不开悟。

实际上，延寿希望禅者无论根性利钝皆以净土为归。对上根者而言，修净土不碍开悟，且能助于证悟；对中下根者而言，因己力未充，退缘炽盛，修禅难得即生了脱，而净土易修，若生净土，定然开悟。延寿切劝应以净土为归，以净土而修更为稳当。

当时有禅者即使自力不足以解脱，也仍不愿生净土。对此，延寿感叹：

---

① 〔宋〕延寿：《神栖安养赋》，〔宋〕宗晓编：《乐邦文类》卷5，《大正藏》第47册，第215页上。

处铁城而拒王敕,须徇丹心。①

意思是说,如果执意不生净土,唯修自力法门,当生难得成就,临终之后宿业牵缠,重处偏坠,易于堕落,甚至还可能堕入地狱,此便如同处在铁城牢狱中的罪犯拒绝国王的特赦一样。因此,延寿切劝要善体其倡生净土的赤诚丹心。

(二) 阐定散二门赞净土殊胜

延寿之所以劝赞净土,是因为净土修法至简至易,净土成就至圆至顿。《乐邦遗稿》中载延寿亲自作《神栖安养赋注》,并在其中说道:

> 但发心者决定得生,只虑信不坚牢、前后间断耳。②

"但发心者"即发信愿往生之心,此为"有净土",则能决定得生净土;只是担心"信心"不能坚定,"前后间断",时信时不信,对修法朝三暮四,此为"无净土",便难得往生。须知,信心不间断则愿心不间断,信愿不间断则促使行持不间断,行持不间断则易于得定,若以得定之功夫回向生净土,则能得上品往生。延寿在《神栖安养赋》中还指出:

> 二八观门,修定意而冥往,四十大愿,运散心而化生。③

也就是说,延寿分别论述了两种颇具代表性的往生西方之修

---

① 〔宋〕延寿:《神栖安养赋》,〔宋〕宗晓编:《乐邦文类》卷5,《大正藏》第47册,第215页上。
② 〔宋〕宗晓编:《乐邦遗稿》卷1,《大正藏》第47册,第236页中。
③ 〔宋〕延寿:《神栖安养赋》,〔宋〕宗晓编:《乐邦文类》卷5,《大正藏》第47册,第214页下。

行方法：一是对于上根利智者而言，他们修十六观法，以观得定，以定合愿，由此而生西方净土得生上品，修禅定者正当其机；二是对于劣根者而言，他们心粗力浅，修观难持，得定非易，但却可通过持名念佛及种种善行回向往生，仗佛慈力接引往生净土而解脱。

需要指出的是，定散二心皆须信愿坚定，信、愿、行为往生之三资粮。修观得定往生西方，虽功夫纯熟，但仍需以信愿为先导；散心往生西方，虽仗佛慈力，仍需自心之信愿力与佛之本愿力相契合，如此方能感佛现前接引往生。此如蕅益智旭所论：

> 得生与否全由信愿之有无，品位高下全由持名之深浅。①

若以持名念佛得一心不乱便谓"持名之深"，若未得定便谓"持名之浅"，持名功夫之浅深决定了往生品位之高下，而能否往生，则是由信愿之有无决定的。

需要指出的是，所谓"散心"，是指客观境界上尚未得定的状态，而非指主观上的以"随意懒散"之心修持。须知，与修观得定相比，持名念佛、礼拜、供养等万善皆属散心一类。延寿奉劝学人"尔乃毕世受持，一生归命"②，仍要尽己所能专心致志精进修持。若将散心理解为散乱心、三心二意之修则是错误的。故此，虽然阿弥陀佛有愿，临终十念皆得往生。所谓散心修行可得往生，就是虽未得定，但要专精进修，即使临终十念乃至

---

① 〔明〕智旭解：《阿弥陀经要解》卷1，《大正藏》第37册，第367页中。
② 〔宋〕延寿：《神栖安养赋》，〔宋〕宗晓编：《乐邦文类》卷5，《大正藏》第47册，第214页下。

一念往生，皆是靠的专精之力。如延寿所指出的，临终地狱相现，善知识教令念佛，临终者因切求救度，故能专精念佛，此时一念可胜百念。

延寿在《神栖安养赋》中详细描述了往生净土前后的境界，旨在表达净土之殊胜，说道：

> 仙人乘云而听法，空界作呗而赞咏。紫金台上身登，而本愿非虚；白玉毫中神化，而一心自庆。详夫广长舌赞，十刹同宣，但标心而尽契，非率意而虚传。地轴回转，天华散前。一念华开，见佛而皆登妙果；千重光照，证法而尽厕先贤。考古推今，往生非一，运来而天乐盈空，时至而异香满室。一真境内现相而虽仗佛威，七宝池中睹境而皆从心出。故知圣旨难量，感应犹长。①

首先，延寿述"仙人乘云而听法，空界作呗而赞咏"。一般而言，道教修行目的在于成仙升天。宋代大行于世的《太上感应篇》所谓"欲求天仙者，当立一千三百善，欲求地仙者，当立三百善"②，皆是为善而成仙。延寿以"仙人听法"体现佛道融合观，也表明了他对道教修仙者听闻净土，进而愿生西方的期盼。此处的"空界"指天人以天乐梵呗赞咏西方净土。此二句意指，净土法门为诸善者，特别是高层次生命的仙人、天人所共修共赞，表达净土之殊胜。

其次，以佛力加持、佛慈接引表达净土的殊胜性。文中

---

① 〔宋〕延寿：《神栖安养赋》，〔宋〕宗晓编：《乐邦文类》卷5，《大正藏》第47册，第215页上。
② 〔宋〕李昌龄：《太上感应篇》，《道藏》第27册，北京：文物出版社、上海书店、天津古籍出版社，1988年，第34页上。

"紫金台上身登,而本愿非虚;白玉毫中神化,而一心自庆",是对修净土者而言,仗佛慈力临终时蒙佛接引,乘紫金台往生西方净土,以证明阿弥陀佛之本愿不虚。同时,往生之际见佛"白毫宛转",蒙佛光摄受,于白毫光中,其心欢喜踊跃,随佛往生西方净土。"一心自庆"则阐明了往生之理,不出"一心"之旨。

需要注意的是,延寿于此也阐明往生西方净土即往生唯心净土,唯心净土不碍西方净土,其理在于"是心作佛,是心是佛",以自心本具之弥陀接引往生到自心本具归净土,可知皆不出此一念心性,以自心、佛心相合,故曰"一心自庆"。

再次,以诸佛赞叹,坚定学人往生西方的信心,并以"标心而尽契"阐明往生之理。"广长舌赞,十刹同宣",指对于往生之事而言,十方诸佛于十方刹土皆出广长舌相而共赞。"但标心而尽契,非率意而虚传",指对于往生之理而言,则"标心而尽契",其解与前文的"一心自庆"相同。延寿又言"非率意而虚传",即指明不要执理废事,而要理事并进,持理事无碍的观点,并以此进一步坚定学人对净土法门的信心。

最后,以往生事例及往生种种瑞相表达净土的殊胜性,并合阐生净土之理。从文中"考古推今,往生非一,运来而天乐盈空,时至而异香满室"可见,延寿对净土往生的诸多事例持肯定态度,而且以相关记载中常有"天乐盈空""异香满室"等瑞相现往生者前之神异事迹佐证往生之事不虚及其殊胜性。

对于其中的道理,延寿解释道:"一真境内现相而虽仗佛威,七宝池中睹境而皆从心出。"也就是说,所有瑞相及西方圣境都是从"一真"的"理"境界中所感现,又虽然统归于一心之理，而事相宛然，故知事从理出、理不碍事。延寿以此表达"圣旨难量感应犹长"，可见净土法门之宗旨非凡夫所能测度，唯佛与佛乃能究竟。也正是因为理旨难量，所以才有净土之事迹的"感应犹长"。

(三) 以三根普被特质劝往生

延寿本人虽是法眼宗祖师，但他以身示范力修净土，并极力赞叹净土之殊胜。以至于钱弘俶在《进安养赋奉制文》中评赞道：

> 尝闻安养国中弥陀净土，万化将息，一念不迷，托彼圣胎，易于返掌，信及非及，俱是真如。予践康庄，坦然明白，师提携四众，纲纪一乘，劝我以白月之因，助我以青莲之果。人天善友，非师而谁，愧认之怀，早暮斯在。故兹奖谕，想宜知悉，遣书指不多及。①

由此可见，延寿对吴越王钱弘俶也是以净土之法切劝，而且钱弘俶也表达了对净土法门的极大认同。延寿以身示范，希望学人皆信愿往生净土。宗晓也因此赞曰：

> 禅师一志西方，极言洪赞也如此。②

前文已述，延寿以"仙人乘云而听法，空界作呗而赞咏"，表达了仙人、天人对净土法门的修与赞。他为了进一步劝修仙者以净土为归，指出往生极乐净土便得无量寿，以此引导修仙者修净土，文云：

---

① 〔五代〕钱俶：《进安养赋奉制文》，〔宋〕宗晓编：《乐邦文类》卷5，《大正藏》第47册，第215页上。
② 〔宋〕宗晓编：《乐邦文类》卷5，《大正藏》第47册，第215页上。

>昭彰探出仙书，真是长生之术，指归净刹，永居不死之乡，更有出世高人处尘大士，焚身燃臂以发行，挂胃捧心而立轨，仙乐来迎而弗从。①

须知，北魏昙鸾早年曾为了长寿而游方学仙，后遇菩提流支示以净土法门能得无量光寿。昙鸾遂专修、专弘净土一法，终为净土的弘扬作出了重要贡献。五代宋初延寿继之，指出净土一法是真正的"长生之术"，往生西方后则得无量寿，且永不受生死诸苦。

自古以来，有出世高人、菩萨大士以焚身、燃臂誓生净土之愿者，可谓披肝沥胆、挂胃捧心、发自肺腑。延寿指出，净土一法，关键在于信愿坚定，要能做到"仙乐来迎而弗从""天童请命而不喜"，此表决不求生仙道、贪恋天道，而要一心决意往生西方。

在佛教看来，仙道、天道皆不出六道，仙寿、天福各有尽时，若恶业现前仍会堕落三途，受极苦之报。延寿指出，往生西方净土，"绝闻恶趣之名，永抛胎狱之鄙"②，较之成仙、升天，其功德利益何啻天渊，而且生西方净土为莲花化生，永不再受胎狱等苦。关于佛教与道教的融合观，将在第六章第五节详述，此不赘述。

不仅如此，延寿还指出，假使修者临命终时地狱相现，若遇善知识教令念佛，临终人能够信向，也能以十念乃至一念念佛，当下蒙佛加被往生西方。为此，延寿还举例"眼开舌固而立验，

---

① 〔宋〕延寿：《神栖安养赋》，〔宋〕宗晓编：《乐邦文类》卷5，《大正藏》第47册，第215页上。

② 同上。

牛触鸡鸽而忽止"①，"眼开舌固"之时便是命终之时，愈是到命终时，净土法门的殊胜性愈加显现。即使一生造业，如唐朝的张善和、张钟馗一生以杀牛、杀鸡为业，临终时业感所杀之牛、鸡皆来讨命，生大恐怖，此时若遇到善知识教令念佛，只数声乃至一声，"牛触鸡鸽"之境当即消失，且能蒙佛接引往生西方净土。故延寿说道：

> 其或诽谤三宝，破坏律仪，逼风刀解体之际，当业镜照形之时，忽遇知识现不思议，剑林变七重之行树，火车化八德之莲池，地狱消沉，湛尔而怖心全息，天华飞引，俄然而化佛迎之。②

也就是说，不仅是造世间杀业者，临终一念回心可得念佛往生，即使是毁谤三宝、破坏正法的极重之罪，临终遇善知识教令念佛，亦可化地狱猛火为清凉池，转地狱业而生极乐。而且虽是恶人往生，也同样可得寿命无量，花开见佛，于极乐世界见佛闻法，一生成就无生法忍，得补处之位，终成无上菩提，究竟圆成法身。由此，延寿感叹道：

> 奇哉！佛力难思古今未有。③

此是延寿对佛力的赞叹，同时他也阐明：

> 坐莲台而赖佛恩，难抛至理。④

---

① 〔宋〕延寿：《神栖安养赋》，〔宋〕宗晓编：《乐邦文类》卷 5，《大正藏》第 47 册，第 215 页上。
② 同上。
③ 同上。
④ 同上。

意思是说，蒙佛接引往生西方，既仗佛力、赖佛恩，体现了佛力不可思议，同时也体现了一心至理，即终究不离《观经》"是心作佛、是心是佛"之理。

对于延寿的《神栖安养赋》，宗晓在《乐邦文类》中也说："是赋师自有注本，事广文长，此不暇录。眇观所属，皆经文妙语，及往生传中灵迹。"① 也就是说，净土之事虽"易而显"，但其理"费而隐"，《安养赋》文虽短，却有微言大义，若不注解，学人难以谛了。此也彰显了延寿对《安养赋》的重视，要亲自作注解。

小 结

本章先对延寿所有的著述进行了考证，并从总体上分析了其著述对透禅、融教、融律、归净思想的呈现。又围绕《宗镜录》《万善同归集》《四料简》《神栖安养赋》，论述了延寿"透禅融教律归净"思想的内在演进脉络。从《宗镜录》主阐一心融会兼开净土之门的净土理事引发，到《万善同归集》对净土理事的深阐与延展，再到《四料简》对禅净双修、偏赞净土的明晰，及至《神栖安养赋》对净土理事的总结和升华，能清晰见到延寿"透禅融教律归净"思想的内在演进脉络。

---

① 〔宋〕宗晓编：《乐邦文类》卷5，《大正藏》第47册，第215页上。

第三章 义理层面禅、教、律诸宗与净土的交涉

唐末五代,宗派佛教各宗阐理及修持的进路差别,渐被教徒发展成门户之见、宗派之争。五代禅宗尤盛,法眼禅为五家禅中最后立宗者,由文益禅师所创,提倡禅教融合,"法眼颂六相,既近华严"①。文益传法于德韶,"德韶禅师住天台山国清寺,传是智者大师的后身,而天台教义之能重兴,尤赖德韶之力"②。德韶进一步熔禅、台、贤教于一炉,又传法于延寿。延寿继之以一心为宗,"不为门庭所囿蔽,而能如理如量等观诸宗","把宗下教下大为和会"③,开"透禅融教律归净"的诸宗融会思想。延寿之后"透过宗门禅而融摄教律的净土行"④成为中国佛教的

---

① 太虚:《中国佛学》,《太虚大师全书》编委会编:《太虚大师全书》第02卷·法藏·佛法总学(二),北京:宗教文化出版社,2005年,第107页。
② 太虚:《〈大乘宗地图释〉序》,《太虚大师全书》编委会编:《太虚大师全书》第32卷·杂藏·文丛(二),北京:宗教文化出版社,2005年,第482页。
③ 同上。
④ 太虚:《中国佛学》,《太虚大师全书》编委会编:《太虚大师全书》第02卷·法藏·佛法总学(二),北京:宗教文化出版社,2005年,第169页。

主流。下文围绕"透禅融教律归净",从义理层面阐发禅、教、律诸宗与净土的交涉情况,以期对延寿"透禅融教律归净"思想有更深刻的理解。

第一节 禅教融合与净土理事

延寿的禅教融合思想主要体现在《宗镜录》中。《宗镜录》以一心平准大乘诸宗,对禅、教、律净诸宗之融合有开启之功。其"以心为宗"的思想,不仅融合了禅教,更打通了禅、教、律与净土之间的内在关联。以下先就当时的禅教关系,及延寿以"一心"融通禅教并导归净土的思想进行梳理和分析。

一 崇教毁禅与宗禅斥教

禅宗讲究唯上根利智能当下契入,释迦拈花、迦叶微笑皆以心印心、不立文字。达摩是"西天"(天竺)禅宗第二十八祖,中国禅宗初祖。他因"晋宋以来,竞以禅观相高,而不复知直指人心见性成佛之旨"[①],故西来传法、直指人心,以使上根者当下契入心旨、明心见性。但当时当机者难觅,他因此于嵩山面壁九年,直待慧可。延寿对此述曰:

> 达磨西来,默传心印,唯默知之一字,若机缘不逗,终

---

① 〔明〕袾宏:《云栖法汇(选录)》卷14,《嘉兴大藏经》第32册,第71页上。

不显扬,直候亲承,尔乃印可。①

达摩禅师"终不显扬"顿悟之禅法,只待上上根且缘熟者出现,方为印可。达摩禅师传法于二祖慧可,直至六祖慧能,一花开五叶,禅宗大兴。中唐之后,朝野上下习禅成风。禅宗唯接上根,然并非学禅者皆为上根。禅宗兴盛,修者泛滥,很多人并不能自审根性,甚至听两句禅语、学几个禅偈者就标榜自己为修禅,并以上根利智自居。之后便妄以古德不立文字之训破斥教门,以至于宗门毁谤教下望文生义,教下反驳宗门盲修瞎练。《永明道迹》述:"执禅呵教名之曰愚,泥教蔑禅名之曰狂。"②延寿认为,这种非愚即狂之弊,非宗、教不能融通,而学者不明"一心"妙理,他们为显自宗优胜而毁谤他宗,由此便落入了是非人我之中,与佛教究竟妙旨大相径庭。延寿述曰:

>近代已来,今时学者,多执文背旨,昧体认名,认名忘体之人,岂穷实地?徇文迷旨之者,何契道原?③

"执文背旨,昧体认名"指的是当时学禅而不知教、学教而不明禅两大弊病。如果学教者"执义背旨",又怎能契入道之本原呢?如果修禅者"昧体认名",又何以穷达实际理地呢?于教而言,如果望文生义则三世佛冤;于禅而言,如果"认名忘体"则与禅相悖。延寿依《楞伽经》之旨,提出"以心为宗"之思想,以"一心"为禅、教、律、密、净等诸宗所共遵。他提出"一心"思想后,便有人问道:

---

① 〔宋〕延寿述:《心赋注》卷2,《续藏经》第63册,第108页下。
② 〔明〕大壑辑:《永明道迹》卷1,《续藏经》第86册,第57页中。
③ 〔宋〕延寿集:《宗镜录》卷6,《大正藏》第48册,第488页下。

> 以心为宗,禅门正脉,且心是名,以何为体?①

也就是说,"以心为宗"是禅宗正统法脉所倡之旨。但是,"心"只是"名相",其"本体"是什么呢?对此,延寿开示曰:

> 心是名,以知为体,此是灵知。②

须知,"体"本无名,强以"心"为名,目的是以"名"显"体"。延寿所解"知为体"之"知",即指彻底明了之大智,强名为"灵知"。"灵知"是内心体证后的真知,有"灵知"便能"性自神解",而且还会达到"神光赫赫,威德巍巍;尼干魄消,波旬胆碎;烦恼贼飒然堕坏,生死军豁尔飘扬;爱河廓清,慢山崩倒;逍遥物外,无得无求;憺泊虚怀,旷然绝累;虚空让其高广,日月惭其光明"③的境界。也就是说,彻证"一心"后,功德从自性自然流露,且不会再受魔王外道的干扰,甚至能转魔为佛,由此超脱生死、爱欲、我慢等一切烦恼,达到自在逍遥、了无所碍的状态,触顺逆境皆如如不动,心中再无恐惧。心量无限而虚空有限,故"虚空让其高广";"日月"之光有限而"心光"无限,故"日月惭其光明"。延寿所言以上境界,亦可检验学人的根性与功夫所达之境界,故"真修行人,应自审察"④。

指心为体,原为"标月之指",为使众生循指得月,以月喻

---

① 〔宋〕延寿集:《宗镜录》卷6,《大正藏》第48册,第488页下。
② 同上。
③ 〔宋〕延寿:《永明智觉禅师唯心诀》卷1,《大正藏》第48册,第995页上。
④ 〔宋〕延寿:《杭州永明寿禅师戒无证悟人勿轻净土》,〔宋〕王日休撰:《龙舒增广净土文》卷11,《大正藏》第47册,第284页下。

第三章 义理层面禅、教、律诸宗与净土的交涉

性,见月即见性。见性则言语道断、心行处灭。指虽非性,若不以指标月,凡夫终不知月在何处,故标月对知月者则形同虚设,对不知月者则有标示作用,不应舍弃。故此,延寿说道:

> 古佛皆垂方便门,禅宗亦开一线道,切不可执方便而迷大旨,又不可废方便而绝后陈。①

意思是说,古佛为度众生,"皆垂方便门",即使禅宗面对上上根者,也仍开一线方便引其入道。不可执着方便法而迷失本性之旨,也不可废弃方便而一味谈空无之理。须知,无论是执理废事还是执事废理,终将理事并失。简而言之,"心"即方便名,不可废此方便而更觅心外之体,只有当人证达心体时,方可一切皆舍。延寿进而指出禅教互斥的深层原因:

> 心外立法立境,起斗诤之端倪,识上变我变人,为胜负之由渐。遂乃立空破有,宾有非空,崇教毁禅,宗禅斥教,权实两道,常为障碍之因。②

"心外立法立境"便生人我是非,由是非而起斗诤,此即"崇教毁禅,宗禅斥教"的深层原因。若明一切皆我自心所现,人、我、万物皆不出我心,则自己所现,何须妄生分别,执成人我。实际上,"空""有"是佛立教度生的权实两道,本为度生方便。然而"智灯焰短,心镜光昏"者,却以之为障碍禅教相融之据,由此便进入有诤之门。

一般认为,"心外立法立境"的错误初学者易犯,久修之士

---

① [宋]延寿集:《宗镜录》卷1,《大正藏》第48册,第417页中。
② [宋]延寿集:《宗镜录》卷34,《大正藏》第48册,第617页上。

为什么还会"起斗诤"之弊呢？延寿一针见血地指出，他们"不看古教，唯专己见，不合圆诠"①。不明经教之理而修习禅法，则会"以盲引众盲，相牵入火坑"②。实际上，这种情况"先圣教中，已一一推破"③，无奈禅门排斥经教之风炽盛，导致"后学讹谬"④者众。延寿于《宗镜录》提出"以心为宗"，就是希望能进一步破除此弊，使禅教互斥者因明"一心"之理而能和合互融。

二 宗说二通与应机施教

禅教相斥除了不明"一心"之旨外，另一个重要原因是"宗通""说通"不分。之所以"宗""说"不分，是因为不能自审根性，而妄以自己之钝根为利根。此种人又以修禅"不立文字"之言，不屑于学教，甚至斥教，如此又引得教下学人反斥修禅者。这都是由于不明一心之旨所致，故延寿感叹：

> 盖以妙理玄邈，大旨希夷，狂慧而徒自劳神，痴禅而但能守缚。⑤

教下之"狂慧"者不解"一心"妙理重在体证，只以文字知解为真解，实是得少为足，不明真理而自以为悉知悉见，这只是"徒自劳神"。宗门"痴禅"者不揣根性，尽弃教理，不知

---

① 〔宋〕延寿集：《宗镜录》卷34，《大正藏》第48册，第617页上。
② 〔元〕普度编：《庐山莲宗宝鉴》卷10，《大正藏》第47册，第348页中。
③ 〔宋〕延寿集：《宗镜录》卷43，《大正藏》第48册，第671页上。
④ 同上。
⑤ 〔宋〕延寿：《永明智觉禅师唯心诀》卷1，《大正藏》第48册，第995页上。

"一心"之旨，虽以磨砖之功，亦成枯坐守缚。为了对治狂慧、痴禅之弊，延寿引《楞伽经》厘清"宗通""说通"两大关键问题，说道：

> 本师于楞伽会上，为十方诸大菩萨，来求法者，亲说此二通：一宗通，二说通。宗通为菩萨，说通为童蒙，祖佛俯为初机童蒙，少垂开示，此约说通，只为从他觅法，随语生解，恐执方便为真实，迷于宗通，是以分开二通之义。宗通者，谓缘自得胜进相，远离言说文字妄想，乃至缘自觉趣光明辉发。①

从广义上说，"宗通""说通"是对菩萨和初学不同层级、不同根性者的应机说法。因为众生根机有差别，佛所说法以契理、契机为特质，故有理有事、有真有俗。理事不能混滥，真俗亦不能混淆，是以"宗通""说通"更需分明。

从狭义上说，"宗通""说通"代表着宗门和教下的区别。释迦佛在楞伽会上审视听者根机，为菩萨大士明"宗通"之旨，为初学凡夫明"说通"之旨，为上根利智言"宗通"，为中下根者言"说通"。上根利智堪修禅而能顿悟一心，故明"宗通"；中下根者依教进修，修德有功而能契入一心，故明"说通"。"宗通"能够"缘自得胜进"，"缘自觉趣光明辉发"，所以能"远离言说文字妄想"。但是对于初学而言，则须依教学解，循教进修，须从"说通"契入。

然而，若初学者错判根性，死执"宗通"为真，"说通"为俗，而认"宗"弃"说"，从宗派的角度论便是执禅废教。反

---

① 〔宋〕延寿集：《宗镜录》卷3，《大正藏》第48册，第428页中。

之，若学教，以"知解"为"证解"，则是得少为足，往往"随文生解，失于佛意，以负初心"①。根性利者能堪"宗通"，则不须言"说通"；根性钝只能循"说通"者，则万不可废"说"执"宗"。于是释迦佛分别表述"宗""说"二通，使契"宗"者当下明心见性，契"说"者依教进修，渐进会通而证解。

"宗""说"二通本来相合相济，奈何禅、教二宗却出现了相离相非。延寿为了和合禅、教，广引佛言祖语，倡导修禅者学教。依延寿所判，当时已是末法时期，众生根劣者多，根利者少，因此入佛多须依教进修。然而时人皆喜入禅门，其中不乏中下根性者，若不依教进修，必然理路不清，滋生种种邪见。又若论及修证，对于凡夫而言，亦必须学习教理。延寿为了劝修禅者学教说道，提出真正有智慧的人，在求法时"唯重他德，不耻下就"，而"凡夫无始不能入道，多皆由此不能求法"②。言外之意是，禅唯上根堪修，实是破斥中下根禅者自视甚高而不肯"自屈"学习教理的不良现象。

延寿还以"智非禅，无以发其照，禅非智，无以穷其幽"③的道理，促进禅教二门的和合。意思是说，学教者开智慧，然若不能契入禅境，又怎么能够发挥其自性之光照呢！修禅悟性者，如果不学习教理，又怎么能够穷达自性之幽微至理呢！延寿为让此理更易于理解，特作《定慧相资歌》以事寓理。该文多用譬喻，通俗易懂、朗朗上口：

> 定为父，慧为母，能孕千圣之门户，增长根力养圣胎，

---

① 〔宋〕延寿集：《宗镜录》卷1，《大正藏》第48册，第418页上。
② 〔宋〕延寿集：《宗镜录》卷2，《大正藏》第48册，第424页中。
③ 〔宋〕延寿：《观心玄枢》卷1，《续藏经》第65册，第435页下。

念念出生成佛祖；定为将，慧为相，能弼心王成无上，永作群生证道门，即是古佛菩提样。

慧如日，照破无明之暗室，能令邪见愚夫禅，尽成般若波罗蜜。

劝等学，莫偏修，从来一体无二头。

定须习，慧须闻，勿使灵台一点昏。①

可见，延寿于《定慧相资歌》中主要讲了定慧关系，于宗派而言便主要是禅、教二门的修持关系问题。"定"在狭义上即指"禅"，"慧"在狭义上即指"教"。从其所使用的譬喻可知，若以家庭为喻，禅是父，教是母，只有禅教相合才能孕育出万千圣贤，以至成佛作祖；以国家为喻，禅是将，教是相，将相和才能辅佐国王成就千秋基业。此实是言禅教融通能助心之王证成无上菩提。

由于延寿主要是劝禅者学教，所以他特别强调"慧"的作用。他以日光为喻，说明智慧能够破除愚暗，特别是能令那些修禅却无正见、以邪为正的愚痴之人，通过学教明理以真正成就"般若波罗蜜"。延寿提倡定慧等持，不能偏修，而且他强调"定须习，慧须闻"，万不可互相毁谤，否则将使灵明之心因自己的执着和愚痴而永处于昏暗无明之中。

实际上，"宗通"和"说通"的关系，亦是定、慧关系，禅、教关系。"宗通"的境界是"内证自心第一义理"，那么应如何"内证"呢？延寿说：

住自觉地，入圣智门，以此相应，名宗通相，此是行

① 〔宋〕延寿：《定慧相资歌》卷1，《续藏经》第63册，第80页中—下。

时，非是解时，因解成行，行成解绝，则言说道断，心行处灭。①

也就是说，"宗通"的境界是"证"达，而"证"达则不能离于"行"，正行则不能离于"教"，因"教"得解而知如何"行"，因"行"有功而终证第一义谛，证第一义谛则教解自绝，犹如乘船到彼岸之后自不再需船。从这个意义上说，"宗""说"二通不仅是逻辑递进关系，而且是从"说"到"行"，以及从量变到质变的修证过程。

综上可见，延寿在讲"宗通""说通"之理时，引出了从"解"至"行"，再至"证"的修行径路。那么"解"后应如何"行"才能达"证"之境界呢？延寿主张，在禅教相合的基础上导归净土，以净土能三根普被，且境胜缘强，能速证无上菩提。

三 禅教融合与净土理事

净土本教中所立，释迦佛于《佛说无量寿经》《观无量寿佛经》《阿弥陀经》等经中专立净土教法。延寿主张禅教相合的一个重要目的，便是为进一步融会净土奠定基础。

（一）禅教融合

延寿在《心赋注》中阐发了"心为万法之宗"②。他指出"心"是佛教诸宗共遵的思想主旨，"心"统诸宗就如同"百川

---

① 〔宋〕延寿集：《宗镜录》卷3，《大正藏》第48册，第428页中。
② 〔宋〕延寿述：《心赋注》卷2，《续藏经》第63册，第117页下。

入海，皆同一味之咸"①，"万境归心，尽趣一真之道"②。既然万法都归于"一心"，那么禅教二宗亦归于一心。延寿为消除禅教之间的隔阂，阐明禅教不二的观点，引用圭峰宗密之语：

> 诸宗始祖，即是释迦，经是佛语，禅是佛意，诸佛心口，必不相违。③

就佛教总体而言，诸宗都本自释迦教法而立，本应并行不悖。那么禅教何以相斥呢？须知，"经是佛语，禅是佛意"，佛之心口必然一致，知佛之心口一如，便知禅教是一非二。延寿进一步根据禅宗诸祖师的种种示现，说明自古以来，无论"西天东土"诸宗祖师都是主张禅教相合的。他先以"西天"（天竺）禅宗诸祖为例，述曰：

> 迦叶乃至毱多弘传皆兼三藏，及马鸣、龙树，悉是祖师，造论释经，数十万偈，观风化物，无定事仪，所以凡称知识，法尔须明佛语，印可自心。④

迦叶以"拈花微笑"得佛意旨，在释迦佛灭度后，成为"西天"禅宗初祖。自迦叶开始，禅宗接引上根以心印心，同时兼倡三藏之教，令中下根性者于教中明理。四祖毱多尊者也是如此。诸祖师皆一脉相承，及至马鸣、龙树，皆深明禅旨，蒙佛授记，却仍然广造诸论，"观风化物"，以种种方便，说法造论，度化有情。延寿又举"东土"（中国）禅宗祖师，他们亦主禅教

---

① 〔宋〕延寿述：《心赋注》卷4，《续藏经》第63册，第149页上。
② 同上。
③ 〔宋〕延寿集：《宗镜录》卷1，《大正藏》第48册，第418页中。
④ 同上。

融通,述曰:

> 药山和尚,一生看《大涅槃经》,手不释卷……乃至洪州马祖大师,及南阳忠国师、鹅湖大义禅师、思空山本净禅师等,并博通经论,圆悟自心。①

延寿以此说明"西天东土"禅宗祖师对禅教融合的示范和宣倡,希冀借古励今,使当时之学人有所取法。延寿还进一步引用南阳慧忠国师的开示:

> 纵依师匠领受宗旨,若与了义教相应,即可依行,若不了义教,互不相许。②

以此强调"依法不依人""依了义不依不了义"的修学原则。也就是说,即使依止极负盛名的宗门大德,也要看其开示是否符合"了义"原则。至于如何判断是否属于"了义",延寿则提出"理非教而不圆"③的观点,也就是说,其理不依圆教则非"了义",可见是否依圆教是评判"了义"与否的关键标准。由此可知,那些斥经废论的修禅者,自然不是遵圆教阐"了义"法,故其论当否立判。延寿还特别指出:

> 知教有助道之力,初心安可暂忘?④

也就是说,对于初学者学教尤为必要,教是理路依据,不可暂忘。须知,"一实谛中,虽无起尽,方便门内,有大因缘"⑤,

---

① 〔宋〕延寿集:《宗镜录》卷1,《大正藏》第48册,第418页上—中。
② 同上书,第418页下。
③ 同上书,第419页上。
④ 同上书,第419页中。
⑤ 〔宋〕延寿集:《宗镜录》卷2,《大正藏》第48册,第421页中。

不可因实谛法中无起无止、无始无终、涅槃寂静，而尽弃方便之门。须知方便门内，有助道之力，能成就真谛之大因缘。为了证明这个道理，延寿又引《法华经》偈加以强化：

> 诸法常无性，佛种从缘起，以万法常无性，无不性空时，法尔能随缘，随缘不失性，且夫起教所由，因缘无量。①

《法华经》为天台圆教所遵之根本经典。延寿引《法华经》也是以圆教思想示"了义"之法。其中，"诸法常无性"是讲理之究竟，"佛种从缘起"是开事之方便，"万法常无性，无不性空时"则说明要依理而行事，"法尔能随缘，随缘不失性"则说明要即事以遵理，"起教所由，因缘无量"则指要随众生根性，因时、地、人的不同而应机说法。换言之，佛所说的圆教思想紧扣契理、契机之原则。

延寿在讲理之后，便提出行持的重要性。他以理导事而倡修持，述曰：

> 设有问答解释，皆依古德大意，傍赞劝修，述成至教。②

也就是说，他自述对问题所给出的解释，都依据古德所阐之大意，并特别劝赞修持，以契合时下众生根性，依理、导事、契机是为"至教"。又说：

> 上上圆根，大机淳熟，无诸遮障，顿了顿修，若妄念不

---

① 〔宋〕延寿集：《宗镜录》卷2，《大正藏》第48册，第421页中。
② 同上书，第423页中。

生，何须助道？①

意思是说，上上根人可以顿悟且顿证自心。但是，"大凡微细想念，佛地方无"②，即只有佛才能彻了自心，彻证唯心，真正达到心中了无丝毫念头的程度。佛为妙觉，妙觉以下，即使等觉菩萨尚有一分无明未破。何况等觉以下乃至众生多是中下根性凡夫，"情尘障厚，卒净良难"③，何可同日而语！一般凡夫的烦恼极重，妄念实巨。延寿引述：

> 弹指之间，心九百六十转；一日一夕，十三亿意。④

按照弹指之间妄心以"九百六十转"计算，一日一夜所产生的妄念是"十三亿"之多，众生正是被这些妄念蒙蔽心源。要想消除如此多的妄念，是非常困难的，延寿指出：

> 若非万善助开，自力恐成稽滞。⑤

此处，延寿由烦恼妄念之多，引出了靠自力了脱实难的现实问题，并提倡"万善助开"的修持方法。延寿之所以提倡万善思想，是因为"万行庄严，不舍一法，皆能助道，显大菩提"⑥，此是以平等心对待万善之行。实际上，上根者自能存平等之念，即使微善亦能显发菩提之心；中下根者，则要有主次之别，遂成主助之修。但是，虽分主次，但仍要随缘中不舍微善，从点滴处

---

① 〔宋〕延寿述：《万善同归集》卷1，《大正藏》第48册，第963页中。
② 同上。
③ 同上。
④ 同上。
⑤ 同上。
⑥ 同上。

培养善念。须知,"于正法中,发一微心,皆是初因,终不孤弃"①。

那么,延寿提倡以何种修持为主呢?梳理其观点及其自修之行可知,他主张以诵经、念佛、礼忏等行为主,且尤重念佛。

(二) 净业行持

关于行持,当时有禅者提出,诵经、念佛等有碍禅定。延寿则指出:

> 所难念诵有妨禅定者,且禅定一法,乃四辩六通之本,是革凡蹈圣之因;摄念少时,故称上善,然须明沉、掉消息。②

延寿表达了两层意思:一是,禅定为生起四无碍辩和六通之本,何有妨碍之说?若以诵经、念佛妨碍禅定,则此种禅定并非正定。二是,禅定以修清净念为上善,若能摄念,哪怕很短时间都能称得上是上善。但是,对于初修者而言,欲修禅定要能够觉察对治昏沉和掉举之障,而昏、掉起时,念佛、修禅恰能对治。对此,延寿引经述曰:

> 如坐禅昏昧,须起行道念佛,或志诚洗忏,以除重障,策发身心,不可确执一门以为究竟。③

也就是说,对治坐禅昏沉的方法为行道念佛,可见念诵是修禅定之助,而非"妨禅定者"。延寿在永明寺期间,每夜必至别峰行道念佛,而且异常精进。可见,他是非常注重行道念佛的。

---

① 〔宋〕延寿述:《万善同归集》卷1,《大正藏》第48册,第963页中。
② 同上书,第963页中—下。
③ 同上书,第963页下。

"掉举"，即心不清净，常生妄想烦恼。对此，则要通过念佛以消业障，"志诚洗忏"以忏业障，以及"策发身心"以激励勇猛修持，切不可执着"坐禅"，而尽弃余门。延寿又引天台宗四种三昧，指出修禅即使小乘禅那也"具五观对治"①，并在阐发"五停心法"时明确指出："多障众生修念佛观。"② 须知，禅那之修"亦有常行、半行种种三昧，终不一向而局坐禅"③，更何况是大乘禅宗基于圆教思想的修持，更不可死执禅坐一法。

须知，念佛本自禅法，"念佛禅为净土行之滥觞"④。在东汉之际，支娄迦谶译出《般舟三昧经》，经中"说的一切佛，也就是无量（阿弥陀）佛"⑤。支娄迦谶还译了《佛说无量清净平等觉经》，支谦译《阿弥陀三耶三佛萨楼佛檀过度人道经》，这两本经尚存。根据文献记载，东晋之前的译本已佚失不少，如东汉安世高译过的《无量寿经》，魏帛延译过的《无量清净平等觉经》，西晋竺法护译过的《无量寿经》，东晋竺法力译过的《无量寿至尊等正觉经》。在庐山慧远以前，已有修西方净土者，如僧显禅师通过修习禅定愿生西方净土，故临终见阿弥陀佛而生极乐净土。东晋慧远开创莲社宗风，提倡以修念佛三昧往生西方净土。念佛三昧，即通过念佛的方法得三昧禅定的境界，慧远解曰：

夫称三昧者何？专思寂想之谓也，思专则志一不分，想

---

① 〔宋〕延寿述：《万善同归集》卷1，《大正藏》第48册，第963页下。
② 〔元〕无寄撰集：《释迦如来行迹颂》卷2，《续藏经》第75册，第47页中。
③ 〔宋〕延寿述：《万善同归集》卷1，《大正藏》第48册，第963页下。
④ 太虚：《中国佛学》，《太虚大师全书》编委会编：《太虚大师全书》第02卷·法藏·佛法总学（二），北京：宗教文化出版社，2005年，第156页。
⑤ 同上书，第158页。

寂则气虚神朗……又诸三昧，其名甚众，功高易进念佛为先，何者穷玄极寂尊号如来，体神合变应不以方。①

需要注意的是，此处的"念佛"不仅是狭义上的持名念佛，而且有观佛相好、观佛功德、观极乐依正庄严之义，等等，此统属念佛。慧远当时已经通过念佛的方法达到三昧境界，他在禅定中曾三次见到阿弥陀佛暨西方净土圣境。然而，虽然已得三昧境界，但他仍然提倡发愿往生西方净土，并命刘遗民作《净土发愿文》以强调净土之信愿力。对此，太虚说道：

> "依教律修禅归净"，即远公所谓"功高易进，念佛为先"者是。盖当时以念佛观为诸禅观中之最高者，所以念佛即是修习最上禅观。②

延寿也明确提倡以念佛修禅定，并建议融入往生西方之愿。他认为，念佛不仅能够对治坐禅时的昏、掉之障，以助修禅定，还能将修持功德回向往生净土。为此，他特别引用了慈愍三藏的开示，劝念佛回向净土。慈愍认为：首先，佛教所说的正禅定，实际是"制心一处，念念相续"，如果以念佛的方法达到"制心一处，念念相续"也同样是正禅定，以此破除禅者执坐禅而轻念诵之弊。其次，在修禅的过程中，要通过念佛、诵经、礼拜、绕佛、讲经说法等种种方法，对治昏沉、掉举等障碍。此明确以念诵为主的万行对修禅定不仅没有阻碍，而且还有良好的助推作用。再

---

① 〔东晋〕慧远：《念佛三昧诗集序》，〔唐〕道宣：《广弘明集》卷30，《大正藏》第52册，第351页中。
② 太虚：《中国佛学》，《太虚大师全书》编委会编辑：《太虚大师全书》第02卷·法藏·佛法总学（二），北京：宗教文化出版社，2005年，第159页。

次，将修万善之功德统皆回向往生西方净土，如此才是"佛禅定与圣教合，是众生眼目"。也就是说，以修持之力助成禅定，以修持之功回向西方，则是众生修行的光明坦途，如此便能得到"诸佛印可"。最后，阐明禅净相合，万行皆归一心，当证达一心后，便是成就了正等正觉，此时一切万行皆是念佛行，毫无分别。因此，不应"妄生邪见"，排斥"念佛"。

需要指出的是，证悟之后的一切修行皆云念佛。其中的道理在于，一切万行皆是自心本具，因为"心佛众生三法无差"，故知"心即佛"，念一切法皆为念心，念心即念佛，故曰："一切佛法……皆云念佛。"知此，又何从毁谤、轻视念佛之法呢！

由此可见，延寿的论述逻辑是：以一心之理为依明禅教相合，再明以念佛为主行的种种万行皆为修禅之助，进而阐明应以万行之力助禅，万行之功回向西方，确指西方净土之路。从这个意义上说，延寿提倡的禅净合流是建立在禅教融合的基础上的。

(三) 摄净归心

延寿言净土，先从唯心净土之理进入，而后转到往生西方净土之事，以此彰显往生净土之事不碍唯心净土之理。他引《净名经》"心净即佛土净""心净故众生净""心垢故众生垢"之文，阐述一心融会净土之理，进而表达：

> 一切垢净世界，及台教四土，只是一自性清净心，此心若净，一切佛土皆悉净也。①

此即从禅教相合的角度解净土之理，其中打开"禅净二行，

---

① 〔宋〕延寿述：《心赋注》卷2，《续藏经》第63册，第115页中。

原无二法"① 的理论之门是关键。对此,憨山德清也说道:

> 永明大师,示之于前矣。禅本离念,固矣。然净土有上品上生,未常不从离念中修,若曰念佛,至一心不乱,岂存念耶?②

意思是说,延寿明晰了禅的特质在于"离念","离念"便入寂灭之境。而净土法门中,得上品上生的关键也在于"离念"。通过念佛的方法,能够达到一心不乱的境界,一心不乱便是"离念"。需要注意的是,此处讲的"离念"并非"绝事离念"的断灭见,而是"即事离念"的圆教观。从相上看,则万法昭彰;从心上观,则如如不动。这种境界,只有上根利智者方能契入,中下根性者契入实难。因此,对中下根性者,若仍谈"性本具足,何假修求"③ 之语,便不契机,便是"禅宗失意之徒,执理迷事"④,不仅失去了禅宗的真实义,而且也阻碍了他们选择依教修净土的机会。因此,延寿主张中下根性者要"兴功涉有"⑤,即在明理的基础上事修精勤。

延寿在永明寺任住持期间,以身示范,每夜必精勤于行道念佛,并回向西方。忠懿王钱弘俶知道评赞曰:"自古求西方者,未有若是之切至也。"⑥ 可见延寿当时念佛之精进,求生西方净土之愿切。《智觉禅师自行录》也展现了延寿对往生净土的弘扬。文中

---

① 〔明〕福善录,〔明〕通炯编辑:《憨山老人梦游集》卷9,《续藏经》第73册,第524页上。
② 同上。
③ 〔宋〕延寿集:《宗镜录》卷33,《大正藏》第48册,第605页中。
④ 同上。
⑤ 同上。
⑥ 〔明〕大壑辑:《永明道迹》卷1,《续藏经》第86册,第57页下。

记述，壬申年（972）仲春，延寿夜梦有人说：若劝十万人各念《弥陀经》一卷，当生西方净土安养国。他"俄然惊觉，遂开《弥陀经》印版"①，广印施化。为了弘扬净土，他还刊刻西方九品变相图、弥陀塔等流通结缘，以劝导世人求生西方净土。

综上可知，延寿对上根利智者，提倡"离念"之修，禅、净之行皆可达于"离念"之境；对中下根者，他更提倡修念佛以生净土。"离念"即理，"生净土"即事。对于理事二法，延寿提出"合之双美，离之两伤"②，主张"理行双修，以彰圆妙"③。他不仅广宣"一心为宗"，明"休心绝念"之理行，同时提倡精勤念佛及印经、诵经、礼忏等万善，以此庄严净土，彰显唯心之旨。故此，憨山评"永明会一大藏，指归一心，亦摄归净土"④。

永明延寿提倡的是在禅教相融的基础上，不离一心而导归净土，太虚所谓"依教修心禅中的念佛禅，是净土宗的根源"⑤，此在延寿的思想中得到了充分体现。

就佛教诸宗而言，"教"是统称，"天台宗""贤首宗""法相唯识宗"等皆称为"教"。就教理而言，性相之教在阐理方式上又有区别，天台、华严皆为"性宗"，"唯识"则属"相宗"。当时性相二宗的学人也有互相非议的情况，而延寿仍是以"一

---

① 〔宋〕元照重编：《永明智觉禅师方丈实录》，绍兴三十年释行拱刻印版，国家图书馆中华古籍资源库藏。
② 〔宋〕延寿集：《宗镜录》卷33，《大正藏》第48册，第605页中。
③ 同上。
④ 〔明〕福善录，〔明〕通炯编辑：《憨山老人梦游集》卷8，《续藏经》第73册，第517页上。
⑤ 太虚：《中国佛学》，《太虚大师全书》编委会编辑：《太虚大师全书》第02卷·法藏·佛法总学（二），北京：宗教文化出版社，2005年，第156页。

心"衡准之,继而导归净土,摄净归心。

第二节 透禅融性相与净土理事

天台、贤首、法相为教下三宗,台、贤为性宗,是中国佛教自立之宗;法相宗(唯识宗)为相宗,是印度佛教学说在中国发扬光大而成宗。释迦言教本同一法,应机不同而立种种说。宗派之成亦为应机,由一门而入,殊途同归。

由于宗派间阐发教理的方式不同,唐末五代之际,诸宗教徒因不能互相通达竟成"互相矛盾"①。不仅禅教相非,而且教下本身也存在"性相角立,台贤互诎"②的问题。究其病根,"皆为智灯焰短,心镜光昏"③。学性宗者不能彻了心性之旨,学相宗者不能圆解唯识之意,故使本自"一心"之法,却生种种是非。须知,性相角立的矛盾在人而不在法。延寿见此,遂"馆其徒之知法者,博阅义海更相质难"④,引诸经论,"括三藏、会五宗"⑤,"以心宗之衡以准平之"⑥。延寿将诸宗统摄于"一心",旨在破除教内相非相忌之弊。佛法原是一法,自赞毁他无异于自我毁谤。明此,诸宗间的相非、角立、互诎自可消除。

延寿认为诸宗之理本自"一心",诸宗之事归于"一心"。

---

① 〔明〕瞿汝稷集:《指月录》卷24,《续藏经》第83册,第672页下。
② 〔明〕智旭:《较定宗镜录跋四则》,〔明〕蕅益智旭撰,明学主编:《蕅益大师全集》第8册,成都:巴蜀书社,2020年,第388页。
③ 〔宋〕延寿集:《宗镜录》卷34,《大正藏》第48册,第617页上。
④ 〔宋〕志磐:《佛祖统纪》卷26,《大正藏》第49册,第264页下。
⑤ 〔明〕大壑辑:《永明道迹》卷1,《续藏经》第86册,第57页中。
⑥ 〔宋〕志磐:《佛祖统纪》卷26,《大正藏》第49册,第264页下。

譬如他融会唯心净土与西方净土之旨，主张往生西方净土后圆证唯心净土之理，其目的是以三根普被之法利钝全收，随机施教，使众生各得解脱。以下就延寿以"一心"透禅融台、贤、相分别会通于净土之理事进行分析。

一 透禅融天台与净土理事

天台宗是从实相禅演变而来的，"慧文禅师并没有著作行世，只留几句简单的禅语"①，到了"慧思大师，禅定之余，虽常诵《法华》，修安乐行三昧，但他最注意的还是《大品般若》。至天台智者大师，始全重《法华经》"②。智顗在隋唐之际便以天台教理圆解净土，著《观无量寿佛经疏》《阿弥陀经义记》《净土十疑论》等，是台净合流的奠基人。应该说，台净合流圆开了禅、教、净合流之门，扫除了诸宗与净合流的理论障碍。

(一) "一心"之理与台净关系

延寿以"心佛及众生，是三无别"③之论阐述"一心"之旨下佛与众生的一体不二之理。天台宗依《法华经》阐圆教思想，延寿引《法华经》偈曰：

> 三千世界中，一切诸群萌，天人阿修罗，地狱鬼畜生，如是诸色像，皆于身中现。④

---

① 太虚：《中国佛学》，《太虚大师全书》编委会编集：《太虚大师全书》第02卷·法藏·佛法总学（二），北京：宗教文化出版社，2005年，第127页。
② 同上书，第128页。
③ 〔宋〕延寿集：《宗镜录》卷2，《大正藏》第48册，第425页下。
④ 〔宋〕延寿集：《宗镜录》卷6，《大正藏》第48册，第449页上。

引此偈语旨在阐明三个问题：

一是，明"性具万有"之理。须知"以自真心，为一切万有之性"①的道理，因为"心性遍一切处，所以四生九类，皆于自性身中现"②，经中举"天人阿修罗，地狱鬼畜生"③即是以六道之善恶彰显性具善恶、心遍万有的道理。

二是，明"凡圣有异"之事。对于凡夫而言，"循业发现，果报不同，处异生，则业海浮沉生死相续"④；对于圣者而言，"法身圆满，妙用无穷"⑤，入三途也能自在度生。所以，虽然凡圣一心本同，但是境界殊异。

三是，明"隐显虽殊，一性不动"⑥之理。即凡圣之性，德能相同，但妙用隐显不同，凡夫被惑业所障，性德隐而不显，依之造种种业，受种种报；圣人法性圆明，妙用圆彰，依之入九法界，广度群萌。

既然如此，"祖佛善巧，密布权门，广备教乘，方便逗会"⑦。也就是说，诸佛诸祖以种种方便，令众生破迷开悟，转凡成圣。教观之方便在于助道见性，犹如良药能治病苦，无病者自不需药，见性者亦不需教观。反之，病时须对症之良药，犹如众生迷惑须应机施教。由此可见，禅宗已悟者自不需另立文字，未悟者则需明教理。

凡夫仗万善之修德，功夫增上，显发性德；圣人则圆彰性

---

① 〔宋〕延寿集：《宗镜录》卷6，《大正藏》第48册，第449页上。
② 同上。
③ 〔姚秦〕鸠摩罗什译：《妙法莲华经》卷6，《大正藏》第9册，第50页上。
④ 〔宋〕延寿集：《宗镜录》卷6，《大正藏》第48册，第449页上。
⑤ 同上。
⑥ 同上。
⑦ 〔宋〕延寿集：《宗镜录》卷1，《大正藏》第48册，第419页下。

德，任运万行，度化众生。延寿认为：约理而言，诸法皆同；约事而言，净土最契时机。上上根者当生便得三昧，彻证唯心之理；中下根者则仗佛慈力，往生西方净土。须知，唯心净土寂然不动，却不碍西方净土之宛然目前，西方净土佛慈庄严而终归于唯心寂灭之境。

延寿在《宗镜录》中还引述了天台《净名疏》"欲得净土，当净其心"①的理论，讨论"净土以何为体"的问题。须知，于理而言，净土、秽土皆唯"一心"，那么"一心"为何会有净秽之别呢？延寿引智𫖮在《观无量寿佛经序》中的一段开示解释：

> 夫乐邦之与苦域，金宝之与泥沙，胎狱之望华池，棘林之比琼树。诚由心分垢净，见两土之升沉；行开善恶，睹二方之粗妙。喻于形端则影直，源浊则流昏。②

这段话旨在表达净秽两土及器界种种差别，皆由心感。心之垢净引发行之善恶，进而决定土之升沉。所见之境的粗与妙，就如形与影、源与流的关系一样，形直则影端，物曲则影斜。同理，水源清则流清，水源浊则流浊。于人而言，源即心，因此要注重修心。释迦佛在《观经》中教授修十六妙观以净自心，并导归西方的方法。延寿也说：

> 一念心起，净土宛然。③

可见，西方净土不出净心之旨。延寿还引台教判极乐四土的理论，并阐发了其中所含之理，文曰：

---

① 〔宋〕延寿集：《宗镜录》卷21，《大正藏》第48册，第533页上。
② 同上书，第532页中。
③ 同上。

第三章 义理层面禅、教、律诸宗与净土的交涉

至极法身，常寂光土，离身无土，离土无身。依报是心之相，正报是心之体，体相无碍，依正本同，所以摄境归心。真空观中，则摄相归体，显出法身，从心现境。妙有观中，则依体起用，修成报身。若心境秘密圆融观中，则心境交参，依正无碍。心谓无碍心，诸佛证之以成法身，境谓无碍境，诸佛证之以成净土。①

净土为依报，身为正报。于土而言，智𫖮以天台教理将其划分为常寂光净土、实报庄严土、方便有余土、凡圣同居土；于身而言，则分为法、报、化三身。无论身、土，皆不离"一心"之旨。须知，"真空观中，则摄相归体，显出法身"，"法身"居"常寂光土"，是为性德全彰。法身无相，故常寂光土无相，身、土皆无相，为显理故，强名为身、土。又"从心现境，妙有观中，则依体起用，修成报身"，此即对实报庄严土、方便有余土、凡圣同居土而言。实报庄严土又分自受用土和他受用土，修德圆满至成佛道则居实报庄严土之自受用土。圆教八地以上的法身大士在佛力的加持下，也可居佛之自受用土，然见相稍粗。初地以上的菩萨蒙佛加持，生净土后居实报庄严土之他受用土。若见思二惑皆断，即达小乘阿罗汉、声闻、缘觉，以及大乘圆教七信位以上的菩萨，回向往生净土则居方便有余土；凡夫往生净土，则生凡圣同居净土。然而，延寿指出，四土本是一土，皆不出"一心"，之所以有种种差别，是因为众生之心量不同，故见相不同。即使在凡圣同居土，往生者同样根据因地功夫不同，生净土有种种差别相。延寿特别举了凡圣同居土为例，以阐明凡圣

---

① 〔宋〕延寿集：《宗镜录》卷81，《大正藏》第48册，第866页上。

体同而用异之理,他说道:

> 凡圣共居,同一妙土,真俗所依,唯一法身,所依不二,能依自殊。①

"能依"即修者之功,"所依"即究竟本体。修者之功有异,而生净土见相有粗有妙,修德若达则可圆彰究竟性德。论至此,延寿再返回"一心"之理,阐发"能""所"之究竟本同之理,文曰:

> 所既不殊,能亦何别。无始妄习,谓依正殊,若能一切皆融,岂有身土别见。如此观心,实真净土,是真了义。若离此者,多是执文随语生见。②

延寿所要表达的是,"一心"含摄"能""所","若能一切皆融,岂有身土别见?"能依、所依皆同,则四土为一,此是从唯心净土的究竟理上进行论述的。

总而言之,延寿之解基于"一心"之理,言明"能所有别"与"能所无碍"的真俗之理,这样就消除了执理废事和执事废理两种弊端。

延寿还进一步引台教"行能成智,行满智圆;智能显理,理穷智寂"③的理论,阐发"因权显实,实立权亡;约妄明真,真成妄泯;权妄既寂,真实亦空;非妄非权,何真何实"④的实相妙理。可见,不着空有不着中,不弃空有不弃中,即基于

---

① 〔宋〕延寿集:《宗镜录》卷81,《大正藏》第48册,第866页中。
② 同上。
③ 〔宋〕延寿述:《万善同归集》卷2,《大正藏》第48册,第974页中。
④ 同上。

"一心"之理,开权显实,于事修中证达理事无碍之境界。

(二) 透禅融台与导归净土

禅宗以明心见性、见性成佛为终极目标。延寿作为法眼宗祖师,却提倡往生西方净土,时人因此便生疑惑而问道:"但见性悟道便超生死,何用系念彼佛求生他方?"[①] 其中隐含了一个亟待解决的问题,即禅宗的明心见性是否等同于了脱生死、成圆满之佛。对此,延寿依据台教所判,以"六即佛论"进行了圆阐。

1. 概述"六即佛"

隋唐之际,智𫖮用"六即佛"的判教观,根据凡圣境界的不同将广义之"佛"分成了六个层次。五代时,延寿又在《宗镜录》中引述并解释台教的"六即佛"思想,并以此在境界上对禅宗的"明心见性"进行研判。关于"六即佛论",延寿述曰:

> 须知六即,谓:"理即、名字即、观行即、相似即、分真即、究竟即。"此六即者,始凡终圣。始凡故,除疑怯;终圣故,除慢大。[②]

也就是说,"六即佛"始自业障凡夫,终至妙觉位之究竟佛。包括凡夫在内的一切众生皆是"理即佛",因众生之性被烦恼障蔽,光明德能无由显现,故称众生。众生之性与佛性无二无别,只要去除烦恼障蔽,众生皆佛。从这个意义上讲,众生便是"理即佛"。言"理即佛"是为了"除疑怯",即除去众生对于

---

① 〔宋〕延寿:《杭州永明寿禅师戒无证悟人勿轻净土》,〔宋〕王日休:《龙舒增广净土文》卷11,《大正藏》第47册,第284页下。
② 〔宋〕延寿集:《宗镜录》卷37,《大正藏》第48册,第632页下。

自身是佛之理的疑惑，消除妄自菲薄的怯懦之心，以增长对自己本具佛性的信心，进而精进修行达"究竟即佛"。正所谓"彼既丈夫我亦尔，何可自轻而退屈"①，信心由此激发。"终圣故"，即指"究竟即佛"，烦恼断得干干净净，一毫无余，才能成就"究竟即佛"；即使有一毫无明未破，也不能称之为"究竟即佛"。阐明这个道理，是为了"除慢大"，即防止贡高我慢障蔽心源，除却修行过程中的傲慢心和自大心，使学人能慎重审查自身境界，不至于错判自身根性而以凡滥圣。

至于禅宗"明心见性，见性成佛"所成之佛，是"六即佛"的哪一"佛"，则需要以"明心见性"的境界对照"六即佛"的判教，一一谛审比较。

2. 依"六即佛"判"明心见性"

延寿在《宗镜录》中对"六即佛"的境界进行了一一阐释。首先，他阐释"理即佛"曰：

> 理即者，一念心即如来藏理，如故即空，藏故即假，理故即中，三智一心中，具不可思议。三谛一谛，非三非一，一色一香，一切法，一切心，亦复如是，名为理即菩提，亦是理即止观，即寂名止，即照名观。②

对此可略从三个方面归纳要点：一是，"理即佛"是指单从理上讲，众生的"一念心"与"如来藏"无二无别，具足"空、假、中"三谛。二是，因为"理即佛"是单从理上讲，事修上

---

① 印光：《袁了凡四训铸板流通序》，弘化社编：《印光法师文钞》第2册，成都：巴蜀书社，2016年，第33页。
② 〔宋〕延寿集：《宗镜录》卷37，《大正藏》第48册，第632页下。

并无成佛之修德，故与"究竟即佛"有天壤之别。三是，因为凡夫的迷惑颠倒，若不学习教理便不能自知自己的"一念心即如来藏理"，此从后文"理虽即是，日用不知，以未闻三谛，全不识佛法"① 可知。

综上所述，一切众生皆是"理即佛"。众生因为"未闻三谛，全不识佛法"，虽具"如来藏理"却不自知。以上即"理即佛"的三要点。

延寿阐释"名字即佛"曰：

> 名字即者，理虽即是，日用不知，以未闻三谛，全不识佛法，如牛羊眼，不解方隅。或从知识，或从经卷，闻上所说一实菩提，于名字中通达解了，知一切法皆是佛法，是为名字即菩提，亦是名字止观。若未闻时，处处驰求，既得闻已，攀觅心息，名止；但信法性，不信其诸，名为观。②

"名字即佛"也可以从三个方面归纳要点：一是，"名字即佛"的境界，即从经典或者听闻佛法，了解自具"一实菩提"之理。二是，所知解之理，便是"知一切法皆是佛法"的圆教思想，此有别于藏、通、别等教法。三是，明理之后"攀觅心息"，心不再向外攀缘，从而踏上修行之路。又虽知修行，但并无切实功夫，心口尚难相应。对此延寿还说：

> 解而未修，是名字即。③

此处的"未修"是指未有切实修行，故不能解行相应，并

---

① 〔宋〕延寿集：《宗镜录》卷37，《大正藏》第48册，第632页下。
② 同上。
③ 同上书，第633页中。

非指毫无所修。此即"名字即佛"的三要点。

需要注意的是,"知解"并非"悟解"。从后文可知,"名字即佛"的境界,"但闻名口说,如虫食木,偶得成字,是虫不知是字非字,既不通达,宁是菩提?"① 也就是说,"知解"并非通达佛理,不通达佛理便非"彻悟自心",故不是"菩提"。实际上,学禅、学教者,理解禅、教之正理而起修者,功夫尚未达到"大彻大悟""大开圆解"的程度,其心口也不能相应。此即所谓的初学佛的凡夫境界,亦是"名字即佛"的境界。

延寿阐释"观行即佛"曰:

> 观行即者,若但闻名口说,如虫食木,偶得成字,是虫不知是字非字,既不通达,宁是菩提?必须心观明了,理慧相应,所行如所言,所言如所行。《华首》云:"言说名不行,我不以言说,但心行菩提,此心口相应,是观行菩提。"《释论》云:"四句评,闻慧具足,如眼得日,照了无僻。"观行亦如是,虽未契理,观心不息。如《首楞严》中射之喻,是名观行菩提,亦名观行止观,恒作此想名观,余想息名止。②

对于"观行即佛"也可略从三个方面归纳要点:一是,"观行即佛"的功夫境界为"圆悟佛性,依教修观,对治烦恼习气"③。"名字即佛"只是"但闻名口说",而"不通达",不是"菩提";进入"观行即佛",则能够深解"通达"佛法,约教

---

① 〔宋〕延寿集:《宗镜录》卷37,《大正藏》第48册,第632页下。
② 同上书,第632页下33页上。
③ 印光:《上海护国息灾法会法语》,弘化社编:《印光法师文钞》第6册,成都:巴蜀书社,2016年,第531页。

而言"大开圆解",约禅而言"大彻大悟"。于台教所判,即达到"圆教五品外凡位"①。二是,"圆解""开悟"的境界都是通过修持,达到"心观明了,理慧相应,所行如所言,所言如所行"的程度。也就是说,修行佛法之径路已经完全通达明了,如《释论》所云"闻慧具足,如眼得日,照了无僻",言行能相应,心中所解之教理能够付诸行动,而且心力很强,足以保障精进不懈,故《华首经》称之为"观行菩提"。三是,从"虽未契理,观心不息"一句可知,虽然悟彻佛法之理,但实未证达,只是修行精进"观心不息"。以台教所解,即见思烦恼得伏,但并未断除,见思烦恼不断,则未入圣流,也未能了脱生死之苦。

于禅而言,所谓"明心见性、见性成佛"同样分不同的境界,到"观行位"时便可称为"明心见性"。需要指出的是,此时所见之佛,并非指修德圆彰意义上的果佛,而是指悟达佛理,并正在向着果佛的目标精进修行,如能步步迈进,通过"明心见性"指导修持、增上功夫,最终可成就"究竟即佛"。因此,延寿说道:

> 但了一心,能成深观者,若无位次,皂白何分,须合教乘以祛讹滥。②

须知,"了一心",即"大彻大悟""明心见性";"成深观",即事修上"心口相应",达到"观行位"。在这种情况下,更要明了不同的修行程度所对应的"位次"区分,修行"位次"

---

① 印光:《上海护国息灾法会法语》,弘化社编:《印光法师文钞》第6册,成都:巴蜀书社,2016年,第531页。
② 〔宋〕延寿集:《宗镜录》卷37,《大正藏》第48册,第632页中—下。

的判定需要合教理宗乘,要防止以凡滥圣。

由此可见,若把禅宗的"明心见性"当成直接证达究竟果佛,则是不合台教的。但是当时禅宗中有修者,因为不明教理,以为"大彻大悟""明心见性"便为见究竟果佛,延寿故此批判他们说"盲禅暗证之徒,焉知六即"①。可见,延寿之所以在《宗镜录》中强调"六即佛论",目的之一便是防止以凡滥圣,杜绝把"明心见性"的境界误当成究竟解脱的"究竟即佛"境界。须知,开悟不仅不是究竟解脱,甚至还可能是见思二惑未断、生死未了的境界。

需要特别说明的是,"明心见性、见性成佛"的最高阶段,便是因"见性"而直证究竟果佛。此为最上根如等觉根性者方能成办,并非一般意义上所说的开悟,而是彻底悟证。

延寿阐释"六即"中的"相似即佛"曰:

> 相似即菩提者,以其逾观逾明,逾止逾寂,如射邻的,名相似观慧。一切世间治生产业,不相违背,所有思想筹量,皆是先佛经中所说,如六根清净中说,圆伏无明名止,似中慧名观。②

经历"观行位"上的继续修持,念念相续,"逾观逾明,逾止逾寂",达到"皆与实相不相违背"③的程度,便进入"相似即佛"境界。换言之,此时生死烦恼全然超脱,并仍有增上,据圆教所判即修成"十信内凡位也。初信断见惑,七信断思惑,

---

① 〔宋〕延寿集:《宗镜录》卷15,《大正藏》第48册,第496页中。
② 〔宋〕延寿集:《宗镜录》卷37,《大正藏》第48册,第633页上。
③ 〔姚秦〕鸠摩罗什译:《妙法莲华经》卷6,《大正藏》第9册,第50页上。

八九十信断尘沙惑"①,所以说此时已经"六根清净","圆伏无明"。

对于修禅而言,须于大彻大悟之后,继续进修,此为"悟后起修",直至断尽见思二惑,方才出离生死,进而力破"尘沙惑",进入"相似即佛"境界。但是,此时虽了生死,"以无明未破,不能见真空法界之本体"②,与究竟果佛仍距甚远。

延寿解析"分真即佛"曰:

> 分真即者,因相似观力,入铜轮位,初破无明,见佛性,开宝藏,显真如,名发心住,乃至等觉,无明微薄,智慧转著。如从初月,至十四日月,光垂圆,暗垂尽,若人应以佛身得度者,即八相成道,应以九法界身得度者,以普门示现,如经广说,是名分真菩提,亦名分真止观,分真智断。③

"分真即佛"又称"分证即佛"。关于延寿所说的"初破无明,见佛性,开宝藏,显真如,名发心住,乃至等觉,无明微薄,智慧转著",印光法师继之有更为详细的解释:

> 于十信后心,破一分无明,证一分三德,即入初住,而证法身,是为法身大士。从初住至等觉,共四十一位,各各破一分无明,证一分三德,故名分证即佛也。④

换言之,从"十信后心"始破无明进入初住,直至"等觉

---

① 印光:《上海护国息灾法会法语》,弘化社编:《印光法师文钞》第6册,成都:巴蜀书社,2016年,第532页。
② 同上。
③ 〔宋〕延寿集:《宗镜录》卷37,《大正藏》第48册,第633页上。
④ 印光:《上海护国息灾法会法语》,弘化社编:《印光法师文钞》第6册,成都:巴蜀书社,2016年,第532页。

菩萨"都是"分真即佛"的境界。须知，初住菩萨就能够随类化身度化众生，也能于无佛处示现佛身以度化众生，"何况位位倍胜，以至四十一位之等觉菩萨乎！"①

延寿阐释"究竟即佛"曰：

> 究竟即菩提者，等觉一转，入于妙觉，智光圆满，不复可增，名菩提果。大涅槃断，更无可断，名果果。等觉不通，唯佛能通，过茶无道可说，故名究竟菩提，亦名究竟止观。②

"究竟即佛"是修至等觉菩萨后，再破最后一品无明，则进入"妙觉"佛果位，可谓修德圆满，性德圆彰，已达到究竟圆满、位次无以复加之境。此时，方彻底证达自心具足的真实义，这也是大乘诸宗追求的终极目标。禅宗"见性成佛"若证至此，便是成就了究竟圆满之果佛。

可见，从最初的大彻大悟的"观行位"，到最后的究竟成佛的"妙觉"果佛位，还有很长的距离，并非一悟即达。

延寿以天台教理为禅者开示，目的是阐明禅宗"明心见性"所代表的不同位次，最低即指"观行即佛"，其虽已彻悟，但生死未了。因此说，"六即拣其叨滥，则免堕增上慢"③，然若能以"观行即佛"时的"明心见性"指导修行，步步增上，则终可修达"究竟即佛"。明此则既不会以凡滥圣，也不会妄自菲薄。以上为延寿以台教"六即佛论"对禅宗的"明心见性"位次的研

---

① 印光：《上海护国息灾法会法语》，弘化社编：《印光法师文钞》第6册，成都：巴蜀书社，2016年，第532页。
② [宋]延寿集：《宗镜录》卷37，《大正藏》第48册，第633页上。
③ [宋]延寿集：《宗镜录》卷23，《大正藏》第48册，第544页中。

判，也体现了延寿对禅台理论的融合。

3. 自审境界与导归净土

延寿以台教"六即"义判禅宗之"明心见性"境界。从修行境界来看，达到"观行即佛"位，便是宗门彻悟之"明心见性"的最低限度，即对修行理路领悟透彻了，然见思未断、生死未了，更需精进修行，终至修德圆成，彻证明心见性的究竟果佛才是圆满。须知，"悟"与"证"是不同的。若一味将"明心见性"直判为达"究竟即佛"的境界，则是不明教理，未能审察自身真实境界。对此，延寿说道：

> 真修行人应自审察，如人饮水，冷暖自知。今存龟鉴以破多惑，诸仁者当观自己行解见性悟道，受如来记绍祖师位，能如马鸣、龙树否？得无碍辩才证法华三昧，能知天台智者否？宗说皆通行解兼修，能如忠国师否？此诸大士皆明垂言教深劝往生，盖是自利利他，岂肯误人自误。况大雄赞叹，金口丁宁，希从昔贤恭禀佛敕，定不谬误也；仍往生传所载古今高士事迹显著非一，宜勤观览以自照知。又当自度临命终时，生死去住定得自在否？自无始来恶业重障定不现前，此一报身定脱轮回否？三涂恶道异类中行出没自由定无苦恼否？大上人间十方世界随意寄托定无滞碍否？若也了了自信得及，何善如之？若其未也，莫以一时贡高却致永劫沉沦，自失善利，将复尤谁？呜呼哀哉，何嗟及矣！①

其中表达了几层要义，本书作如下梳理：

---

① 〔宋〕延寿：《杭州永明寿禅师戒无证悟人勿轻净土》，〔宋〕王日休：《龙舒增广净土文》卷11，《大正藏》第47册，第284页下5页上。

第一，真修行人要自我审察，对照"六即"义，明确自己所在的位次，以免以凡滥圣而不自知。第二，以禅教诸大祖师为典范，劝修净土。对于修禅者而言，要审察自己的修行功夫，以及见性、悟道的程度，是否达到了马鸣、龙树二大士那样。他们都是禅宗的大祖师，蒙佛授记，尚且提倡往生净土之"易行道"。对于学天台教者而言，"得无碍辩才证法华三昧"，能否达到天台智顗的程度？智顗尚且依于《观无量寿佛经》修行，发愿回向往生西方净土。对于禅教兼通者，能否达到唐朝慧忠国师的境界？以上诸祖师尚且"明垂言教深劝往生"，悲心深切，以身示范，又怎么可能"误人自误"！第三，以释迦牟尼佛亲口宣说净土诸经，切劝修持净土法门，表达佛言不虚，故应生信之意。第四，以历代往生传所载的古今往生净土者为榜样，切劝勤修净土法门。第五，劝时时自我审察，要依照自己的修持情况，看自身在临命终时能否生死自在，真正了脱生死。依现在的自身情况看，能否保证无始以来的恶业不会在临终时起现形而障碍成道，自己的功夫能否达到定脱六道轮回的程度。审视一下自己，能够达到出入三途恶道、升入人天之上，乃至十方世界都随心所愿、无有任何障碍的程度吗？如果说自我审察后，对自身功夫已经非常自信了，以上诸事皆能成办，那当然可以无忧；如果自我审察，达不到以上境界，那就千万不要以一时的贡高我慢，不屑于修净土，致使自身永劫沉沦于三途六道，否则便是自己丢了解脱法宝、最善利益，又能怪得了谁呢！

综上可见，延寿切劝禅者、教者皆修净土，态度可谓恳切至极。延寿还引智顗《净土十疑论》中的观点，以天台教理圆解净土理事：

智者炽然求生净土，达生体不可得，即真无生，此谓心净故即佛土净。愚者为生所缚，闻生即作生解，闻无生即作无生解；不知生即无生，无生即生。不达此理，横相是非，此是谤法邪见人也。①

意思是说，有智慧的人欣求西方净土，在西方净土速证唯心净土，那是真正的生而无生境界。愚痴的人，妄以往生西方为"生"，闻"无生"字眼，便死执"不生西方"为"无生"。这是由于不能明了"生即无生，无生即生"的道理，便横生是非，以此邪见毁谤净土之法。

延寿以此表明他与智𫖮观点一致。他提倡即使是上上根者，能够达到唯心净土的境界，仍"炽然求生净土"，因为净土之相不碍唯心之理，净土即唯心；由于中下根者不达唯心净土境界，则更要切劝往生净土，在西方净土速证唯心之境。切不可执"不生即是无生"之谬论，被名相障碍，应知"生而无生"是为真智慧，故而要"炽然求生"，以在西方净土证达"生体不可得"之真"无生"境界。

二 透禅融华严与净土理事

禅、华严、净土三者之间本有深厚的渊源。华严宗是由如来禅演变而来，华严宗圭峰宗密、禅宗法眼文益等都主张禅教融通，其中主要就是华严和禅的融通。唐代华严诸祖也多有以华严教解净土理的传统。这为延寿以"一心"透禅融会贤、净奠定

---

① 〔宋〕延寿述：《万善同归集》卷1，《大正藏》第48册，第966页下。

了理论基础。

（一）华严解净的思想源流

杜顺禅师修禅开悟后，印证《华严经》之理而创华严宗。又以该宗实际创始人法藏大师人称贤首大师，故又名贤首宗。杜顺初祖只留下"有法界观与几首禅偈"①，二祖智俨判顿教就是专为摄入禅宗，后来法藏、澄观亦习禅宗，至圭峰宗密亦出于禅宗，"故后之贤首学者亦近禅宗"②。应该说，贤首宗是由如来禅演变而来，其教义则是"探本于《华严经论》"③。

《华严经·普行菩萨行愿品》中普贤菩萨以十大愿王导归极乐，可谓华严宗宣倡往生西方净土之肇始。杜顺作为华严宗的初祖，他的《修大方广佛华严法界观》在禅观三昧的基础上，提出了"一一尘皆净土，一一心尽弥陀"④的净土观，并引《华严经》解脱长者之言："我欲要见安乐世界阿弥陀佛及十方佛，随意即见。"⑤其中"欲要见"即表信愿具足，"随意即见"即表已修达三昧境界。

华严宗二祖智俨在《华严经内章门等杂孔目章》中指出，《华严经·寿命品》内"明往生义"⑥，并阐明往生净土"为欲防退，娑婆世界杂恶之处中下懦根，于缘多退，佛引往生；净土缘

---

① 太虚：《中国佛学》，《太虚大师全书》编委会编集：《太虚大师全书》第02卷·法藏·佛法总学（二），北京：宗教文化出版社，2005年，第127—128页。
② 同上书，第151页。
③ 同上书，第193页。
④ 〔唐〕释杜顺编：《修大方广佛华严法界观》卷1，《"国家"图书馆善本佛典》第38册，第29页中。
⑤ 同上。
⑥ 〔唐〕智俨集：《华严经内章门等杂孔目章》卷4，《大正藏》第45册，第576页下。

强，唯进无退，故制往生"①。需要注意的是，他认为"西方是异界故，须伏断惑"②。换言之，往生西方净土也是要得三昧、断见思二惑者才能成办，此没有显出净土为"易行道"。

华严三祖法藏则详解了修行净土之"易行道"。他在《大乘起信论义记》中对《大乘起信论》"如来有胜方便摄护信心，谓以专意念佛因缘随愿得生他方佛土，常见于佛永离恶道"③一句，专门引经为证：

> 修多罗说："若人专念西方极乐世界阿弥陀佛，所修善根回向愿求生彼世界，即得往生，常见佛故，终无有退。若观彼佛真如法身，常勤修习，毕竟得生，住正定故。"④

可见，他明确将《起信论》中"随愿得生他方佛土"指向念阿弥陀佛的西方净土。

四祖清凉澄观更大力提倡弥陀净土。他在《大方广佛华严经随疏演义钞》中以一切无碍理论提出"贤首弥陀等佛皆本师"⑤的观点，并指出本师之"妙观察智流出西方无量寿如来"⑥，以此表明佛佛道同，一佛即诸佛，诸佛即一佛之意。澄观的这个观点，为永明延寿常引。不仅如此，澄观还在《华严经行愿品疏钞》中明确指出普贤菩萨于《华严经》中导华藏海

---

① 〔唐〕智俨集：《华严经内章门等杂孔目章》卷4，《大正藏》第45册，第576页下。
② 同上。
③ 〔唐〕法藏：《大乘起信论义记》卷3，《大正藏》第44册，第286页下。
④ 同上。
⑤ 〔唐〕澄观述：《大方广佛华严经随疏演义钞》卷90，《大正藏》第36册，第698页下。
⑥ 同上。

众归向极乐净土，即"一刹那中即得往生极乐世界"①。他还对极乐世界的依正庄严进行了描述，并进一步说明"不生华藏而生极乐略有四意"②：一有缘故，"弥陀愿重偏接娑婆界人"③；二欲使众生归凭情一故，"但闻十方皆妙，此彼融通初心忙忙，无所依托，故方便引之"④；三不离华藏故，"极乐去此但有十万亿佛土，华藏中所有佛刹皆微尘数，故不离也……一一相当，递相连接，成世界网，故知阿弥陀佛国不离华藏界中也"⑤；四即本师故，"即此第三十九偈赞品云：或有见佛无量寿、观自在等共围绕，乃至贤首如来、阿閦、释迦等，彼并判云：赞本尊遮那之德也"⑥。由此可见，澄观圆解西方净土融理事。他还劝学人诵《行愿品》修普贤行。他指出，众生若发普贤愿，普贤菩萨能"于烦恼大苦海中拔济众生，令其出离，皆得往生阿弥陀佛极乐世界"⑦。众生"报尽舍命，一切不随，唯此愿王引生净土……到已即见阿弥陀佛、文殊师利菩萨、普贤菩萨、观自在菩萨、弥勒菩萨等"⑧。而且往生后，"其人自见生莲华中蒙佛授记"⑨。此表达往生西方净土之殊胜及必定见佛成佛之意。

华严宗五祖圭峰宗密继承了澄观的思想，也指出《行愿品》

---

① 〔唐〕澄观疏，〔唐〕宗密钞：《华严经行愿品疏钞》卷5，《续藏经》第5册，第305页中。
② 〔唐〕澄观疏，〔唐〕宗密钞：《华严经行愿品疏钞》卷6，《续藏经》第5册，第322页中。
③ 同上。
④ 同上。
⑤ 同上书，第322页中—下。
⑥ 同上书，第322页下。
⑦ 同上书，第307页中。
⑧ 同上书，第305页下。
⑨ 同上。

中普贤菩萨明确导归极乐净土。他在《圆觉经道场修证仪》中说道:"如是一切无复相随,唯此愿王不相舍离,于一切时引导其前,一刹那中即得往生极乐世界,到已即见阿弥陀佛。"① 而且他在《圆觉经道场修证仪》中还提出,要"至心奉请西方极乐世界四十八愿阿弥陀佛"②,忏仪结束时以称念弥陀名号结尾收摄,文曰:"行道欲竟,还如前称阿弥陀佛名字:南无阿弥陀佛!烧香正念行道终,即归依三宝。"③ 由此可见,圭峰宗密也是注重导归西方净土的。

在唐朝时,还有一位华严宗大德,即新罗国沙门元晓。他在中国学习并广泛弘扬华严思想,曾述《佛说阿弥陀经疏》以阐明净土理事,赞叹西方净土的依正庄严:"一者,器世间清净"④,指出西方净土的依报庄严清净;"二者,众生世间清净"⑤,指出西方净土的正报庄严清净。他还盛赞了《弥陀经》和弥陀圣号的功德利益,指出:"妙德可归者,耳闻经名则入一乘而无反,口诵佛号则出三界而不还,何况礼拜专念赞咏观察者哉!"⑥ 可见,他以华严教解析西方净土和持名念佛之殊胜性。

需要指出的是,在唐朝的华严弘传者中,也有判西方净土为权非实者,即李通玄,世称李长者。他在《新华严经论》中说道:

> 《阿弥陀经》净土者,此为一分取相,凡夫未信法空实

---

① 〔唐〕宗密述:《圆觉经道场修证仪》卷7,《续藏经》第74册,第424页上。
② 〔唐〕宗密述:《圆觉经道场修证仪》卷2,《续藏经》第74册,第380页上。
③ 同上书,第386页下。
④ 〔新罗〕元晓述:《阿弥陀经疏》卷1,《大正藏》第37册,第348页中。
⑤ 同上。
⑥ 同上书,第348页上。

理，以专忆念、念想不移，以专诚故、其心分净、得生净土，是权非实。①

他认为唯心净土是实净土②，毗卢遮那净土为实非权③，而弥陀净土是权非实。这种对西方净土性质的判教，不仅与净土宗诸师如东晋慧远、昙鸾、道绰、善导等所判不同，而且与天台宗智顗所判也不同，即使与唐时华严诸祖的判教也不同。究其原因，民国印光法师给出了详细解析，曰：

> 按枣柏造论，在唐玄宗开元年间。论成之后，随即入灭。历五十余年，至德宗贞元十一年，南天竺乌茶国王，方进《普贤行愿品》四十卷之梵文。至十四年，始译毕流通。其前之三十九卷，即八十《华严》之《入法界品》，而文义加详。彼第八十，善财承普贤威神之力，所证与普贤等，与诸佛等。普贤乃为说偈，称赞如来胜妙功德。以文来未尽，故未结而终。及《行愿品》来，第四十卷，普贤乃以十大愿王，劝进善财，及与华藏海众，令其回向往生西方极乐世界。说毕，如来赞叹，大众奉行，文方圆备。故古德以此一卷，续于八十卷后流通。欲后世学者，咸得受持全经云耳。

---

① 〔唐〕李通玄：《新华严经论》卷6，《大正藏》第36册，第759页中。
② 参见〔唐〕李通玄：《新华严经论》卷6，《大正藏》第36册，第759页下。"第九唯心净土者，自证自心当体无心，性唯真智不念净秽，称真任性心无恚痴、无贪嗔痴，任大悲智安乐众生，是实净土。以自净故教化众生令他亦净故。是故《维摩经》云：唯其心净即佛国净，欲生净土当净其心。"
③ 〔唐〕李通玄：《新华严经论》卷6，《大正藏》第36册，第759页下—760页上。"第十毗卢遮那所居净土者，即十佛刹微尘数莲华藏佛国土，总含净秽、无秽无净，无有上下。彼此自他之相，一一佛土皆充法界无相障隔。略言十佛刹微尘数国土，为知无尽佛国不出一尘，为无大小故，不立限量故，以法为界，不限边际，相海纯杂色像重重。此为实报非是权收。"

古德谓：念佛求生净土一法，唯佛与佛，乃能究尽。登地菩萨，不能知其少分者，即此是也。则一切上根利器，净土总摄无遗矣。《大集经》云："末法亿亿人修行，罕一得道"，唯依念佛，得度生死。则一切人天六道具缚凡夫，净土亦总摄无遗矣。汝信枣柏而不信《行愿品》，《大集经》。是遵县令一时权宜之告示，而违皇帝万古不易之敕旨，何不知尊卑轻重之若是也。①

印光法师主要从三个方面进行了分析：其一，《普贤行愿品》的翻译流通在开元以后，枣柏造论时并未见到，所以才有净土"是权非实"的论断。其二，因为净土法门唯佛与佛乃能究竟，登地菩萨不能知其少分；枣柏虽菩萨示现，然对净土一法也未全知，所以其对西方净土之殊胜性不能彻了。其三，依法不依人，《行愿品》中已有经文明确指归极乐净土，应依经不依人，而非舍经依人。须知，《行愿品》中普贤菩萨以十大愿望导归极乐，表明极乐净土之殊胜性不仅在于中下根者普摄无余、可以往生，即使大根如华藏海众亦导归极乐。印光法师以此反驳了李通玄关于西方净土"是权非实"的言论，此与华严澄观所论相合。

综上可见，华严宗本自禅宗出，而华严诸祖多赞净土法门。这一传统，为延寿提倡"透禅融教律归净"奠定了华严教理方面的良好基础。

（二）一心融会华严与净土

延寿在《宗镜录》中指出"华严宗，一心随理事，立四种

---

① 印光：《净土决疑论》，弘化社编，《印光法师文钞》第1册，成都：巴蜀书社，2016年，第348—349页。

法界"①，并依华严四法界观，延展"一心"之理。他详阐四法界理论曰：

> 一理法界者，界是性义，无尽事法，同一性故；二事法界者，界是分义，一一义别有分剂故；三理事无碍法界者，具性分义，圆融无碍；四事事无碍法界者，一切分剂事法，一一如性。②

简言之，"理法界"基于"性义"阐述事法无尽、千差万变，但是同一性理；"事法界"基于"分义"阐述虽性理为一，但由一生多，分出无尽的事法；"理事无碍法界"即合"性分义"，全事即理故万法归心，心生万法故理成诸事，可见理事互相融通；"事事无碍法界"，不仅全事即理，即使细化到每一具体之事法，也皆蕴含了全性之理，"一即一切"之理由此而出。

延寿认为，华严宗以四法界融通十法界的一切理事，收摄无遗。从理及理事无碍义上论，可知事事归一理而无所差别；从事及事事无碍义上论，可知虽一小小微尘，无不与十方刹土之全理相同。微尘含全理、"芥子纳须弥"，即华严初祖杜顺"一一尘皆净土，一一心尽弥陀"③之理论逻辑。

华严之"理无碍""事无碍""理事无碍""事事无碍"，皆基于"全一心之法界，全法界之一心"④的理事关系论而展开。实际上，从"一心"之理更能理解华严宗四无碍法界的逻辑关

---

① 〔宋〕延寿集：《宗镜录》卷4，《大正藏》第48册，第435页下。
② 同上。
③ 〔唐〕杜顺编：《修大方广佛华严法界观》卷1，《"国家"图书馆善本佛典》第38册，第29页中。
④ 〔宋〕延寿集：《宗镜录》卷4，《大正藏》第48册，第435页下。

系，因为"一心"生万法，万法归"一心"。心是无所不包的，只要动念，无论善恶，必属十界之中的一界。此心如幻师，只要心念不住，则一夜中能起种种念头，造出百界千法，故《华严经》偈曰：

> 心如工画师，能画诸世间，五蕴悉从生，无法而不造。如心佛亦尔，如佛众生然，应知佛与心，体性皆无尽。若人知心行，普造诸世间，是人则见佛，了佛真实性。心不住于身，身亦不住心，而能作佛事，自在未曾有。若人欲了知，三世一切佛，应观法界性，一切唯心造。①

既然一切唯心造，佛法界是唯心所造，地狱法界也是唯心所造，那么"行人当自选择，何道可从"②。此经偈所要表达的是，一切唯心造，娑婆秽土、极乐净土都是随众生的心而造，那么行人应选择以心具之佛性造出具佛归净土法界，而不应离经叛道造出万恶之地狱法界。故延寿引《华严经》云：

> 佛刹无分别，无憎无有爱，但随众生心，如是见有殊。③

华严理论不出"一心"，法界诸事复归"一心"。需要指出的是，在华严理论中，一心法界的"一心"也可分为二门：一是心真如门，二是心生灭门。虽分二门，然皆摄一切诸法。一心二门的关系，就如水与波的关系，延寿说道：

---

① 〔唐〕实叉难陀译：《大方广佛华严经》卷19，《大正藏》第10册，第102页上—中。
② 〔宋〕延寿集：《宗镜录》卷2，《大正藏》第48册，第425页下。
③ 〔宋〕延寿述：《心赋注》卷2，《续藏经》第63册，第115页中。

摄水之波非静，摄波之水非动。①

以水性喻心，即成真如门；水遇风而成波，如心遇缘而生妄，即成生灭门。就水性而言，无论是水是波，湿性无变。故知就心性而言，无论是净是秽，真如不变。

由此可知，"依华严性起法门，悉为真法界，若成若坏，若垢若净，全成法界"②。但是，依华严分剂门，则分"性净门"与"离垢门"。"性净门，在凡位中，性恒净故，真空一味，法无差别故"③，此同样可以水与波的关系譬喻。在凡位即水遇风成波，心随缘而动，六根接触六尘而生种种相；但是无论波大波小，对于水性而言，没有丝毫改变，此即"性净门"之性恒净。虽然性恒净，但是对于凡夫而言，六根接触六尘，则生善恶种种不同境界，如水遇风成波，波能助船日行千里，也能覆船坠入水里。因此，要修"离垢门"。也就是说，要修善而不造恶，要以波助船日行千里，防止波覆船坠入海底。所以，延寿指出，学华严教者要随行浅深而修离垢。那么，应该如何修离垢行呢？延寿继引华严教理云：

分别诸色无量坏相，是名上智者。古释云："六道之色，坏善坏定；二乘之色，坏因坏果；菩萨之色，坏有坏无；佛色者，坏上皆坏。"坏为法界，非坏非不坏，悉是法界。④

---

① 〔宋〕延寿集：《宗镜录》卷4，《大正藏》第48册，第436页上。
② 同上书，第436页下。
③ 同上书，第436页上。
④ 同上书，第436页下。

对于六道凡夫而言,"坏善坏定",此处的"坏"可理解为"分别",分别善恶,分别定散,要修善弃恶,要修定弃散。对佛而言,则"坏上诸坏",第一个"坏"作"破除"解,第二个坏作"分别"解。也就是说,对佛而言,"坏"是破除一切分别。"非坏非不坏",一切无执着,一毫不分别,事事悉是法界,法界即"一心"。在《宗镜录》中,延寿以问答的方式阐明了此理。时人问曰:

> 立心为宗,以何为趣?①

延寿答曰:

> 以信行得果为趣,是以先立大宗,后为归趣。故云:语之所尚曰宗,宗之所归曰趣。遂得断深疑,起圆信,生正解,成真修,圆满菩提,究竟常果。②

由此明确,延寿立一心为宗,目的是以理"断深疑,起圆信,生正解",解后而"成真修",以真实修行,断惑离垢,圆满菩提,究竟常果。以净土法门为例,"唯心净土""事事无碍""自性即弥陀""娑婆即极乐"都是从"性净门"的角度说的。对凡夫而言,因为分别情见难除,虽理论上解为性净无分别,但事上仍是分别执着难除,因分别,故有净土、秽土之别。因此净土法门提倡念佛消业、离垢。净土之成随其心净则佛土净,这本身就是指离垢而成净。而且净土法门主张厌离娑婆、欣求极乐、念念念佛、念念离垢,修德功满,性德方成。从这个意义上说,

---

① 〔宋〕延寿集:《宗镜录》卷6,《大正藏》第48册,第448页中。
② 同上。

修净土是无上的离垢妙法。延寿引澄观开示云：

> 从来未曾悟，故说妄无始，知妄本自真，方是恒常理，分别心未亡，何由出生死。①

此是破知解上的执理者，因望文生义，而执理废事之弊。须知，若未能证知"恒常理"，分别之心不亡，又怎么能出生死呢？不出生死，仍然是虚生浪死。面对《胜鬘经》"众生自性清净心，无烦恼所染，不染而染，染而不染"②，延寿特别赞叹澄观之解，述曰：

> 诸师所答但说无垢染耳，唯观和尚所答，约真如不变，不碍随缘，方为契当。③

由"约真如不变，不碍随缘，方为契当"，可见其理事无碍的理路。即以真如之理为依，随诸缘而不被事缘所转，面对诸缘，其心皆能契合真理，如此方为契当。那么，在具体的事缘中应该如何做呢？延寿在《心赋注》中指出：

> 一切国土，皆想持之，取像曰想，若无想则无境。④

须知，《观经》十六观主张取像作观，观成而生西方极乐国土。又说：

> 一切境界，随念而至，若无念，诸境不生。⑤

---

① 〔宋〕延寿集：《宗镜录》卷5，《大正藏》第48册，第440页中。
② 同上。
③ 同上。
④ 〔宋〕延寿述：《心赋注》卷4，《续藏经》第63册，第145页下—146页上。
⑤ 〔宋〕延寿述：《心赋注》卷1，《续藏经》第63册，第96页下。

第三章　义理层面禅、教、律诸宗与净土的交涉

念佛便是以佛之果地觉契众生之因地心，故《观经》曰"是心作佛""是心是佛"。反之，念贪瞋痴便是恶鬼、地狱、畜生境界。佛境界、地狱境界无不是从心想生，所以延寿说道：

> 凡曰垢净，无有不由心者，乃一净一切净矣。或见成住坏空，皆是众生善恶业现。①

需要注意的是，无想、无念则无境，究竟之无想、无念境界唯佛能契。然而，佛境常寂，以众生之心为心，为度众生故，寂而常照。对于凡夫众生而言，需明此理，但仍需精进于事修，以事修之功达于理体。对于精进事修方面，延寿希冀以此华严之理为导向，归于西方净土。他在《感通赋序》中说道：

> 菩萨以严佛刹为本心，生净土为正业。②

并说：

> 今为未为之者，不信之人，广引经文，搜其宝录，各成赋咏，显出希奇，令知佛语不虚，经文有据，发起信力，坚彼持心，同生安养之方，共证菩提之果云尔。③

此处阐明了"严佛刹为本心"之理与"生净土为正业"之事。但是，即使如此也仍有不修、不信者，因此延寿要广引经文，搜罗经论中言净土理事的"宝录"，以形成"赋咏"，以诗赋歌咏的方式，赞叹净土理事之精妙，进一步强化修者对佛言、经文的坚信，从而生起对净土一法的深信，以期同生西方，共证菩提。

---

① 〔宋〕延寿集：《宗镜录》卷21，《大正藏》第48册，第533页上。
② 〔宋〕延寿著，刘泽亮点校整理：《永明延寿禅师全书》（下），北京：宗教文化出版社，2008年，第1951页。
③ 同上书，第1952页。

此外，延寿在自修时十分注重依《华严经》而修，以华严教导修行，并倡导归向净土。他在"百八佛事"中列出"礼大方广佛华严经不思议藏""顶戴华严经行道""每日常读大方广佛华严净行品"等，而且特别指出"修习普贤行"，因为《华严经》中普贤菩萨发愿云："我此普贤殊胜行，无边胜福皆回向，普愿沉溺诸众生，速往无量光佛刹。"① 而且，普贤菩萨还普劝华藏海众诸大菩萨往生极乐净土。

由此可见，延寿对华严导归净土，不仅是在理论上宣倡，而且更在自我的修行实践中以身示范，引导众生通过实修往生净土，证无生法忍，乃至终成菩提妙果。

三　透禅融法相与净土理事

法相宗即唯识宗，相对于天台、华严之性宗而言，被称为相宗。性、相本是阐发理事的角度不同，而非义理上的水火不容。但是，唐末五代"性相角立"② 问题十分严重，延寿对此也以"一心"为之融通。而且，隋唐之际以唯识解净土也有一定程度的发展。降至五代，延寿亦十分注重发挥唯识义，以"一心"透禅融通性、相，进而导归净土，使得唯识与净土在理事上皆更加圆融。

（一）教理上融相归心之心土不二

唐末五代，在佛教分宗至极的背景下不仅出现性相角立，也

---

① 〔唐〕般若译：《大方广佛华严经》卷40，《大正藏》第10册，第848页中。
② 〔明〕智旭：《较定宗镜录跋四则》，〔明〕蕅益智旭撰，明学主编：《蕅益大师全集》第8册，成都：巴蜀书社，2020年，第388页。

有相净互斥。延寿广引唯识比量法阐真唯识义,以期融相于心,既消融性相角立,也为相净会通提供理论进路。

1. 阐唯识比量融法相于一心

玄奘译《成唯识论》阐发真唯识理,又译《因明入正理论》述三支比量法。窥基对《成唯识论》和《因明入正理论》分别作《述记》和《论疏》,以"宗""因""喻"三支比量法阐真唯识量所具之圆义。

延寿以"一心"为宗,将窥基以三支比量阐真唯识圆义的理论收录在《宗镜录》中。《续藏经》中还收录有一本《三支比量义钞》,署"唐三藏法师玄奘立,永明寺主延寿造,西蜀沙门明昱钞"①。从此《三支比量义钞》中析出"钞"的部分,剩下"三支比量义"的内容与《宗镜录》卷51所收录的内容基本一致。对此,明朝蕅益智旭在《唐奘师真唯识量略解》中指出,明昱的《三支比量义钞》是从"宋永明寿禅师《宗镜录》中节出"②。冉云华补充道:"明昱从玄奘所译之《因明入正理论》,窥基的《论疏》,及《宗镜录》中的引文三书,摘要合钞。"③

五代时,性相角立已较为严重,在此背景下,延寿在禅宗寺院述法相宗的三支比量法时就遭人质问:

> 今谈宗显性,云何广引三支比量之文?④

---

① 〔唐〕玄奘立,〔宋〕延寿造,〔明〕明昱钞:《三支比量义钞》卷1,《续藏经》第53册,第953页下。
② 〔明〕智旭:《真唯识量略解》卷1,《续藏经》第53册,第960页下。
③ 〔加〕冉云华:《永明延寿》,台北:东大图书股份有限公司,1999年,第62页。
④ 〔唐〕玄奘立,〔宋〕延寿造,〔明〕明昱钞:《三支比量义钞》卷1,《续藏经》第53册,第959页下。

从所问可窥见当时性相之间犹如水火,延寿则答曰:

> 诸佛说法,尚依俗谛,况三支比量,理贯五明,以破立为宗,言生智了为体,摧凡小之异执,定佛法之纲宗。所以教无智而不圆,木非绳而靡直,比之可以生诚信,伏邪倒之疑心,量之可以定真诠,杜狂愚之妄说。故得正法之轮永转,唯识之旨广行,则事有显理之功,言有定邦之力。①

延寿主要表达了两层意思:一是从俗谛显发真谛的角度,阐三支比量有显理之功;二是明三支比量显理之原因。所谓"以破立为宗",何为"破"?以"真唯识量""摧凡小之异执"即"破",也就是以大乘圆理摧破对凡情、小乘法的执着,以此破执事废理之咎。何为"立"?即以三支比量之法阐真唯识义。换言之,不舍事修而以事显理便是"立"。须知,若不以事显理,则理无以显。此与"教无智而不圆,木非绳而靡直"的逻辑是一致的,都是建立在"用"对"体"的贯通与辅成作用上。延寿的这个理论源于窥基的《因明入正理论疏》,如窥基解"因明"曰:

> 因者,言生因;明者,智了因。由言生故,未生之智得生。②

此处是以"体用"论"因明",即以"言"的"能生"之"用",显"智"的"所了"之"体"。窥基继续阐曰:

---

① 〔唐〕玄奘立,〔宋〕延寿造,〔明〕明昱钞:《三支比量义钞》卷1,《续藏经》第53册,第959页下。
② 〔唐〕窥基:《因明入正理论疏》卷1,《大正藏》第44册,第92页中。

> 因谓立论者言，建本宗之鸿绪，明谓敌证者智，照义言之嘉由，非言无以显宗，含智义而标因称，非智无以洞妙，苞言义而举明名。①

换句话说，"言生因"就是"立论者言"，目的是"建本宗之鸿绪"；"智了因"是"敌证者智"。此处的"敌"与"立"是相对而言，有"立论者"，与之相对的那一方便是"敌证者"。就因明而言，有立有破，且"以破立为宗"，"敌证者"循言而明"立论者"之意，故窥基阐述：

> 由言生因故，敌者入解所宗，由智了明故，立者正理方显。②

也就是说，立论者"由言生因"，即由言将"正理"的本体义显发出来，是由寂而照；"智了明"是敌证者循立论者之言而解达"正理"，是由照而寂。也正是"由言生因"，故能立宗，敌证者以言为抓手，循立论者之言而解所立之论。结合延寿所引述的三支比量法，"所明者因，能明者教"③。"因"即指"真唯识性"之"体"，"明"即指以三支比量法显发真唯识体，以事比之能够助生诚信，"伏邪倒之疑心"；以量比之能够防止"狂愚之妄说"，让人有自知之明。由此，在凡夫地的众生既不会因生佛本同之理而以凡滥圣，也能循义精勤事修以事显理。

法相唯识注重对法相微妙理和事相转化理的辨析。延寿强调"事有显理之功，言有定邦之力"，这是相与性会通的前提条件，

---

① 〔唐〕窥基：《因明入正理论疏》卷1，《大正藏》第44册，第92页上。
② 同上书，第92页中。
③ 同上书，第92页上。

也是"一心"融会性相的逻辑所在。所以,延寿又说:

> 万法唯识,述《宗镜》之正意,穷祖佛之本怀。①

在延寿的理论框架下,"《宗镜》之正意"即"一心","万法唯识"之理便是"正理","真唯识性"则合于"一心"。因此,延寿也说:

> 唯识之理,成佛正宗。②
> 依大乘胜义,故不相违。③

此为延寿论"一心"之理与唯识之理的一体不二逻辑。延寿之所以能用三支比量法阐"真唯识量"圆义,融性相二宗于"一心",皆基于"大乘胜义"。在此逻辑框架下,不仅性相二宗之义不相违,而且大乘禅、教、律、密、净等诸宗之理也不相违,皆归于"一心"。如明昱所说:

> 永明大师深穷性相,精核禅宗,观诸时彦各崇其尚,立宗以统之。④

延寿通达性相理事,所以对各宗所阐之理与事皆能融会贯通,故而立"一心"为宗以统之。太虚也说,延寿在《宗镜录》中"广辨真心妄心及唯识义,则明宗心也"⑤。

综上,延寿引窥基《因明入正理论疏》,以三支比量法论真

---

① 〔宋〕延寿集:《宗镜录》卷2,《大正藏》第48册,第426页中。
② 同上书,第426页上—中。
③ 〔唐〕玄奘立,〔宋〕延寿造,〔明〕明昱钞:《三支比量义钞》卷1,《续藏经》第53册,第955页上。
④ 同上书,第959页下。
⑤ 太虚:《读宗镜录随感》,《太虚大师全书》编委会编集:《太虚大师全书》第33卷·杂藏·文丛(三),北京:宗教文化出版社,2005年,第319页。

唯识义，目的在于彰显"一心"旨趣下的性相融通、理事无碍之义。法相虽重唯识之变，但从真唯识义看，体、相、用三者本自融通。延寿会通性相，也为法相与净土的会通奠定了理论基础。

2. "一心"理论下的心识关系论

性相角立问题本质上是心识关系问题。延寿基于"一心"理论，以体、相、用为框架，圆阐了心识关系。他在《观心玄枢》中说道：

> 八万四千法门，一切真俗之境皆从心所现，心为所现，法为能现，心为主，法为伴，能所相摄，主伴更资，隐显俱心，卷舒唯识。①

简言之，一切法皆从"心"生，亦从"心"灭，生灭隐显由"心"，而"卷舒唯识"。"识"可理解为"心"与"万法"之间的介质，"识"因"心"起作用，遇不同之缘而收卷或舒放，故所生之"法"各异。延寿在《宗镜录》中论"真心""妄心"曰：

> 真心以灵知寂照为心，不空无住为体，实相为相；妄心以六尘缘影为心，无性为体，攀缘思虑为相。此缘虑觉了能知之妄心，而无自体，但是前尘，随境有无，境来即生，境去即灭，因境而起，全境是心，又因心照境，全心是境，各无自性，唯是因缘。②

---

① 〔宋〕延寿：《观心玄枢》卷1，《续藏经》第65册，第436页下。
② 〔宋〕延寿集：《宗镜录》卷3，《大正藏》第48册，第431页中。

这是在体、相、用框架下对"真心""妄心"进行阐发：

第一，阐明"真心"的体、相、用。"不空无住"指"即相而不执相"，是从本体论上阐发"真心"的性质。"灵知寂照"属"用"，"灵知"是"真心"的功能，"寂照"是"真心"的状态。"实相为相"是从"相"的层面论述。

第二，阐明"妄心"的体、相、用。"妄心"以"无性为体"，虽言"体"而非"本体"。文中所谓"无性"又称"无体性"，即"无自体"，"妄心"因"无自体"故合于"空"理，这是从妄心的性质上讲的。须知，佛教所谓"空"并非以"无"为"空"，而是以"无体性"为"空"。"六尘缘影"是从"用"的角度讲的，"攀缘思虑为相"是从"妄心"所呈现出来的相态讲的。凡夫以六根接触六尘，由"妄心"分别故见山河大地、刀剑火海，凡此种种物相因"无自体"，故其质为"空"。换言之，以"妄心"所见，虽有种种相，因其相随境生灭，故似"有"而实"空"。

第三，阐明真妄之间的关系。"妄心"因为"随境有无，境来即生，境去即灭，因境而起"，但是"八万四千法门，一切真俗之境，皆从心所现"。也就是说，"真心""妄心"皆不离于"心"，因此"全境是心""全妄即真"的理论才得以成立。

综上，"不空无住"的"真心"为心之本体；"无自性"的"妄心"虽依前尘现境生种种法，然"一切真俗之境，皆从心所现，心为所现，法为能现"，若无"心"主宰，则"识"无所依凭。换言之，虽说法界六尘缘影种种境，因"识"中有"妄"，攀缘思虑起作用而生"相"，但"隐显俱心"，即"真心"的作用始终存在。

延寿又指出："真如是识性，识既该万法。"① 意谓"识"之"性"为"真如"，"真如"即"真心"，"真心"本具万法。所谓"识"中含藏万法，具体指阿赖耶识中含藏万法。《显识论》中将"识"分为两种：一是"本识"，即阿赖耶识；二是"分别识"，即"意识"。阿赖耶识为"含藏识"，"一切万法，因第八识之所持"②，"根身器世间，从第八识而建立"③。若论其功能，则可以"转作五尘四大等"④。"意识"是六根的代表，由六根接触六尘而起种种分别，又称"分别识"，由分别故生种种假有。而且"分别识"生出万法后，又能"转识"，即回转熏习"本识"成为种子，种子又能生万法，如此相续不断。但是，"转识"是转成佛还是转成魔，是转成福慧还是罪障，是转成净土还是转成秽境，则有种种差别。故此，延寿引《唯识论》曰：

  且如一水，四见成差，天见是宝严地，人见是水，饿鬼见是火，鱼见是窟宅。⑤

也就是说，同样是水，天人随其心量得见的是"宝严地"，人随其心量见到的是"水"。从天人、人乃至饿鬼、鱼，所见之水皆不同。这是堕入"所缘境中"，随自心量而"四见成差"，现种种境界。故此，《唯识论》得出结论：

  前尘无定相，转变由人，境随业识转，是故说唯心。⑥

---

① 〔宋〕延寿集：《宗镜录》卷2，《大正藏》第48册，第426页中。
② 〔宋〕延寿述：《心赋注》卷1，《续藏经》第63册，第94页中。
③ 〔宋〕延寿述：《心赋注》卷4，《续藏经》第63册，第142页下。
④ 〔宋〕延寿集：《宗镜录》卷56，《大正藏》第48册，第740页上。
⑤ 〔宋〕延寿述：《心赋注》卷4，《续藏经》第63册，第143页中。
⑥ 同上。

此表达了两层含义：一是"境随业转"，如果人被业障蒙蔽，智识无法启用，则"四见成差"，乃至落入地狱境界也在所难免；二是"唯心所现"，识之所以能现种种相，源于"心"中含摄诸法界之理，"是故说唯心"。

综上所述，从第一义谛论，即"染净缘起，不出自心，世界果成，更无别体"①；从事相上论，则"卷舒唯识"，"一切三界，但唯有识"②。那么，心和识何以融通？延寿进一步阐发了基于一体的真妄、心识的转化关系，他以水波喻之：

> 如全波之水，全水之波，动静似分，湿性无异。③

此处，"波"表"识""妄"，"水"即"真心""本体"。但全波即水，"动静似分，湿性无异"，水波本来是一，何有二性？换言之，全妄即真，何有二心？

综上所言，境与心的关系似波与水的关系。以"真心"观之"全心是境""不空无住"，是为实相；于"妄心"而言，"唯是因缘""卷舒唯识"，虽是因"识"而生法界，然法界亦不出心体之外，故而"全境是心"。究竟而言，"本末展转，唯是一心，毕竟无别"④，如延寿在《心赋注》中所论："唯识唯心，无二无别。"⑤ 延寿从"一心"理论出发，圆融了心识关系，也为心土不二理论提供了理论支持。

---

① 〔宋〕延寿述：《心赋注》卷1，《续藏经》第63册，第93页下。
② 〔宋〕延寿述：《心赋注》卷4，《续藏经》第63册，第142页下。
③ 〔宋〕延寿集：《宗镜录》卷5，《大正藏》第48册，第441页上。
④ 〔宋〕延寿集：《宗镜录》卷5，《大正藏》第48册，第441页中。
⑤ 〔宋〕延寿述：《心赋注》卷3，《续藏经》第63册，第127页中。

3. 心识融通下的心土不二理

心识既然能够融通，延寿又引《摄大乘论》"一切净土，是诸佛及菩萨唯识智为体"①，阐发诸佛及菩萨的唯识智，即"净土"之体的理论。净土之体本是唯心无相，而庄严相是体之显发，故延寿引《金刚般若论》曰："智习唯识通，如是取净土。"② 对此，守讷禅师详解曰：

> 《金刚般若论》偈曰："智习唯识通，如是取净土，非形第一体，非庄严庄严。"《论》自释云："智习唯识通者，此明真土，诸佛无有庄严国土之事，诸佛唯有真实智慧，习识通达，则是修习无分别智，通达唯识真实之性故。如是取净土者，即修此智习唯识通菩萨之人，乃取得净土之果故，非形第一体者，此句明净土体，不自生灭为净土形，乃以真实第一义理故，净土体故。非庄严庄严者：一形相土，即水鸟树林等事庄严也；二法性土，即是正智证契真如无漏功德，无有形相为庄严也。"③

"唯识智"即"自性清净心"，是一切净土的本源，亦即唯心净土的"真土"境界，在极乐四土中称为"常寂光"。因"真土"无土，强名为"土"，故曰"常寂光"，体现了"灵知寂照为心"的"真心本体"特质。既然"诸佛无有庄严国土之事"，为什么四土中却有"实报庄严土"之圆满果地相呢？这是因为修此智习唯识通的诸佛菩萨，以其修德圆满全契于性德，自然成

---

① 〔宋〕延寿述：《心赋注》卷2，《续藏经》第63册，第115页中。
② 同上。
③ 〔宋〕守讷：《唯心净土文》，〔宋〕宗晓编·《乐邦文类》卷4，《大正藏》第47册，第208页上。

就了"实报庄严"之果地土。换言之，极乐净土在心为"常寂光"，在果为"实报庄严"，在相显发为"水鸟树林等事庄严"。结合前文"真心以灵知寂照为心，不空无住为体，实相为相"来理解就更加清晰了，言"心"时为"寂"，言"相"时为"照"，"常寂光净土"和"实报庄严土"是寂照互动关系。"常寂"即"真心之体"，亦即"诸佛及菩萨唯识智之体"的特质，为度生，故寂照合一。由前述"四见成差"及"水波"案例得出的"唯是一心，毕竟无别"结论，可推出极乐净土从凡圣同居土到常寂光净土，无非是随生净土者心量而现的不同境界。延寿引《如来不思议境界经》云：

> 三世一切诸佛，皆无所有，唯依自心。菩萨若能了知诸佛及一切法，皆唯心量，得随顺忍，或入初地，舍身速生妙喜世界，或生极乐净佛土中。①

延寿还以心识变定理论解析恶人临终一念往生净土的合理性：

> 其或诽谤三宝，破坏律仪，逼风刀解体之际，当业镜照形之时，忽遇知识现不思议。剑林变七重之行树，火车化八德之莲池，地狱消沉，湛尔而怖心全息，天华飞引，俄然而化佛迎之。②

意思是说，众生造毁谤三宝、破戒坏正法的极重罪业，本应堕地狱现"剑林"及猛火之车等相，但临终时忽遇善知识教令

---

① 〔宋〕延寿述：《万善同归集》卷1，《大正藏》第48册，第966页中—下。
② 〔宋〕延寿：《神栖安养赋》，〔宋〕宗晓编：《乐邦文类》卷5，《大正藏》第47册，第215页上。

忆佛、念佛，受者当下念佛便能转恶境界为善境界，化地狱猛火为清凉池，转地狱境界为极乐莲池，恐怖之心全无，见天空散花及化佛接引往生极乐世界。此种境界的转变依据便是心具万法、境随识变的心识变定理论。延寿还特别举"眼开舌固而立验，牛触鸡鸽而忽止"①的唐代往生公案，即使一生以杀牛、杀鸡为业的张善和、张钟馗，临终业感所杀之牛、鸡皆来讨命，生大恐怖，当地狱相现"眼开舌固"之时，幸遇善知识教令念佛，只数声乃至一声，"牛触鸡鸽"之境当即消失，且见化佛接引往生西方净土。那么，"化佛迎之"之佛是怎么出现的呢？延寿以心识融通理论详阐曰：

> 如来慈悲本愿功德种子增上缘力，令曾与佛有缘众生，念佛修观，集诸福智，种种万善，功德力以为因缘，则自心感现佛身来迎，不是诸佛实遣化身而来迎接。但是功德种子本愿之力，以所化众生，时机正合，令自心见佛来迎。则佛身湛然常寂，无有去来；众生识心，托佛本愿功德胜力，自心变化，有来有去。如面镜像，似梦施为，镜中之形，非内非外，梦里之质，不有不无，但是自心，非关佛化，则不来不去；约诸佛功德所云，有往有还；就众生心相所说，是知净业纯熟，目睹佛身。②

延寿于此明确了三种"力"：一是"如来慈悲本愿功德种子增上缘力"，简称为"佛本愿力"；二是众生"念佛修观，集诸

---

① 〔宋〕延寿：《神栖安养赋》，〔宋〕宗晓编：《乐邦文类》卷5，《大正藏》第47册，第215页上。
② 〔宋〕延寿集：《宗镜录》卷17，《大正藏》第48册，第505页下—506页上。

福智,种种万善"的功德力,简称为"自力";三是众生自心本自具足随缘变化的功能潜力,简称为"自性力"。继而,延寿指出化佛来迎实际是众生的修持"自力",与佛因地发愿修行所成的"本愿之力"恰好相合。此二力合而启发众生本自具足的"自性力","自性力"中本具的法身佛形成化身佛来接引众生往生净土。简言之,"自性力"是从法身究竟义的理角度说的,心、佛、众生三无差别,法身如如不动、不来不去、不显不隐、无所障碍;若从"托佛本愿功德胜力"的事角度说,则实见化佛来迎。虽阐述角度不同,而终归于一心。延寿进而解曰:

> 既见自佛,亦见他佛。何者虽见他佛,即是自佛,以自铸出故,亦不坏他佛,以于彼本质上,虽变起他佛之形,即是自相分故,变与不变,皆是一心。①

也就是说,众生临终念佛所见之接引佛,虽是他佛,也是自佛,因皆不出一心。虽然是自佛,但不碍以他佛(阿弥陀佛)的形象出现。再者,极乐世界的种种境界,与延寿所谓"一真境内现相而虽仗佛威,七宝池中睹境而皆从心出"② 中的逻辑是相同的。

综上所言,"唯心佛土者,了心方生"③,净土唯心不碍胜境,现境不同由众生心量境界所感不同,及至临终念佛转地狱相为清凉池,也不出"心识变定""皆从心出"理论,故知心土不二,皆是一心。

---

① 〔宋〕延寿集:《宗镜录》卷17,《大正藏》第48册,第505页上。
② 〔宋〕延寿:《神栖安养赋》,〔宋〕宗晓编:《乐邦文类》卷5,《大正藏》第47册,第215页上。
③ 〔宋〕延寿述:《万善同归集》卷1,《大正藏》第48册,第966页中。

(二) 事修上境强习重之导归净土

延寿将法相与净土理论打通，以心识变定及融通理论阐明心土不二之妙义。进而，延寿考虑当时的社会环境动荡不安、战乱频发，众生习重、心力孱弱和"因果无差"等现实，提出行归净土以增加众生修行解脱之保障。

1. 对境强习重与因果无差的考量

唐末五代藩镇割据，战乱频发，对佛教的发展造成严重影响。唐武宗李炎和五代后周柴荣的毁佛，使中国佛教百年间连遭两次严重破坏，元气大伤。所以汤用彤指出，中国佛教"盛于隋唐，衰于五代"①。

如前文所述，延寿"一心"融会诸宗而行归净土的择法取向，有明显的时代烙印。延寿研判了当时众生的心力情况，并据唯识"因果无差"理论及"境强习重"的现实，引法相因果理论曰：

> 众生为善恶而受其报者，皆由众生心识三世相续、念念相传。如今世现行五蕴，犹前世识种为因，起今世果，今世有作业熏种，而为来世现行因，展转相续为因果故。又善恶之业，皆由心识而起，谓前念造得善恶业，然此一念识虽灭，而后念心识生，既心识相传不断，即能任持善恶之业，而亦不亡，以由识持故。②

也就是说，众生之所以造作善恶业而受善恶报，都是由于众生的心识三世相续、念念相传起作用，故而因果通三世，过去业

---

① 〔宋〕宗晓编：《四明尊者教行录》卷1，《大正藏》第46册，第856页中。
② 〔宋〕延寿集：《宗镜录》卷66，《大正藏》第48册，第787页上。

现在受。其论述逻辑是：由于前世身语意造作的种种业行种子，即过去因，在现世因缘会遇后感果；而现世的六根接触六尘继续造下了现世之业，即现因，成为后世起现形的种子。造作中有善、恶业之分，形成的种子就有了善恶之别。由于"心识"的作用，善恶种子对现世的善恶缘会产生感召，当内因接触外缘后，便有了因果报应，如此更迭轮回不断。因果形成的主要条件是"心识相传"，所以延寿指出："既明因果无差，乃知心外无法。"① 禅、教、律密诸宗的修持方法虽有不同，却皆在"纯净心识"上下功夫。延寿提出行行归净土，则是利用"心识变定"原理，将随业流转的生命状态转变成信愿往生净土的成就。他引古德之语曰：

> 众生世界海，依住形相，苦乐净秽，皆是众生自业果报之所庄严，不从他有。诸佛菩萨世界海，皆依大愿力，自体清净法性力，大慈悲智力，不思议变化力，之所成就。②

也就是说，众生世界的苦乐净秽是由众生业感，善业感善果生福域，罪业感苦果生秽土。诸佛菩萨的净土及其净土的庄严殊胜，是由诸佛菩萨以大愿力、自体清净法性力、大慈悲智力、不思议变化力所成就的境界。

延寿把法相宗的业力因果理论引申到佛菩萨的愿力果德世界中，为接下来提倡行归净土做了铺垫。

2. 据众生心力以事修导归净土

延寿基于因果理论，在考虑到时下众生的心力情况后提倡净

---

① 〔宋〕延寿述：《万善同归集》卷1，《大正藏》第48册，第966页下。
② 〔宋〕延寿述：《心赋注》卷1，《续藏经》第63册，第93页下。

土法门：

> 平等之门，无生之旨，虽即仰教生信，其乃力量未充，观浅心浮，境强习重；须生佛国，以仗胜缘，忍力易成，速行菩萨道。①

意思是说，"平等之门，无生之旨"的道理，信仰者虽然能深信不疑，但凡夫众生在功夫上力量较弱，修行上观浅心浮，再加之社会环境及自身习气的境强习重现实，使得众生只能随业流转，难以摆脱因果轮回之报。因此，须生佛国净土。如此做的优势是可仗净土的殊胜境缘，助证无生法忍，当忍力成就至不退转时，速回娑婆行菩萨道以普度众生。这是一种具有保障性的做法，然而，对于未证无生法忍，特别是初信者忍力不够，便想在污浊的社会环境下拯救沉沦众生，实在是非常危险的。延寿分析道：

> 信心初具，忍力未圆，欲拯沉沦，实难俱济。无船救溺，翅弱高飞，卧沉疴而欲离良医，处襁褓而拟抛慈母，久遭沉坠，必死无疑，但得陷己之虞，未有利他之分。故《智论》云："譬如婴儿，若不近父母，或堕坑落井，水火等难，乏乳而死，须常近父母，养育长大，方能绍继家业。"②

意思是说，如果对佛法的信心刚建立，功夫不够、忍力未成，虽想要在五浊恶世拯救沉沦众生，但实在难以济度。这就好

---

① 〔宋〕延寿述：《万善同归集》卷1，《大正藏》第48册，第966页下。
② 同上书，第967页中。

比人在没有船的情况下而望救诸沉溺众生,鸟在羽翼未丰的情况下想要远走高飞,病人在顽疾沉疴、久卧在床的状态下想要离却良医,婴儿处于襁褓期抛弃慈母的庇护,如此一来时间长了就会沉沦"必死无疑",把自己搭进去便无法真正长久利济众生。《大智度论》也说:譬如婴儿不亲近父母,则或遭受堕入深坑、落入深井及水火等厄难,或因缺乏哺乳滋养而饿死。因此,婴儿须常亲近父母,待父母将他养育长成,方有荷担家业的能力。

延寿表达了处于五浊恶世的劣根众生须先蒙佛加持往生净土,在净土随净境增上证达无生法忍后,再回入娑婆济度众生。这是一种具有解脱保障性,且能够真正长久利济众生的选择。然而,他虽详细阐发了净土法门的成因理路,但是众生执着根深,加之古德先贤因机设教,非契根机者闻之亦不解真义,故在实际教学中仍要循序渐进、因势利导、因材施教。当时,法相唯识师多尚弥勒菩萨的兜率净土,为此,延寿广引经论以倡阿弥陀佛的极乐净土。他不仅提出"释迦世尊亲记文殊,当生阿弥陀佛土"[1],更引《佛说无量寿经》中弥勒菩萨与释迦佛之间的一段对话:

> 弥勒菩萨问佛:"未知此界有几许不退菩萨,得生彼国?"佛言:"此娑婆世界有六十七亿不退菩萨,皆得往生。"[2]

这是以弥勒菩萨之问、释迦佛之口,说明娑婆世界众生与极乐净土因缘更深,得往生者更多,旨在引导众生归向阿弥陀佛的极乐净土。以弥勒菩萨发问,也更能引起法相师的注意。须知,

---

[1] 〔宋〕延寿述:《万善同归集》卷1,《大正藏》第48册,第968页中。
[2] 同上。

第三章 义理层面禅、教、律诸宗与净土的交涉

释迦佛之所以提倡往生西方极乐净土，其最大优势在于阿弥陀佛曾发大愿：在众生临命终时，接引念佛众生往生极乐净土。若生弥勒菩萨的兜率净土，则全靠修者功成而得生，难度系数较生极乐净土要大很多。延寿对阿弥陀佛的大愿力发出感叹：

奇哉！佛力难思古今未有。①

念佛修行本身也会产生大势力。为此，延寿引《那先经》曰："人虽有本恶，一时念佛，不入泥犁中。"② 此阐发了念佛的强大作用。对凡夫而言，临终即关键时，若临终不念佛便易被业力牵引，如经中所言："其小石没者，如人作恶不知念佛便入泥犁中。"③

延寿还依法相教理解析了佛力加持问题，及念佛转业问题。他说："坐莲台而赖佛恩，难抛至理。"④ 意思是说，蒙佛接引往生西方，既是仗佛力、赖佛恩，体现了佛力不可思议，其究竟在"一心"至理。正是因为众生心与佛本是一体，所以能感佛现前接引。实际上，"是心念佛"便是"是心作佛"，"是心感佛"之理源于"是心是佛"。

延寿还以心识及因果之理强调，净土法门虽然提倡弥陀接引，但修者要一生归命、尽报精修、信愿真切方能保障临终往生之事。他说道：

---

① 〔宋〕延寿：《神栖安养赋》，〔宋〕宗晓编：《乐邦文类》卷5，《大正藏》第47册，第215页上。
② 〔宋〕延寿述：《万善同归集》卷1，《大正藏》第48册，第967页上。
③ 同上。
④ 〔宋〕延寿：《神栖安养赋》，〔宋〕宗晓编：《乐邦文类》卷3，《大正藏》第47册，第215页上。

> 须一生归命，尽报精修。坐卧之间，常面西向。当行道礼敬之际，念佛发愿之时，恳苦翘诚，无诸异念。如就刑戮，若在狴牢，怨贼所追，水火所逼。一心求救，愿脱苦轮。速证无生，广度含识，绍隆三宝，誓报四恩。如斯志诚，必不虚弃。①

也就是说，修行中要一生归命阿弥陀佛，愿生西方净土，毕一生之报精修念佛及万善，表现在日常生活中就是"坐卧之间，常面西向"。此即以世间之西方表达对出世间之西方净土的切愿。他主张每日的行道念佛和礼敬诸佛，都要至诚恳切发愿，不能有虚假之念，也不能有"诸异念"。换言之，不能念佛求生西方净土，而拜佛转求人天福报，如此三心二意的念头，便是求生净土不专一，便是"异念"。关于求生净土的心念及程度，延寿说如同临刑而望赦免、被盗贼追杀而一心求摆脱、被水火所逼一心求救拔一般，达到此种志切求往生之念方是深信切愿。不仅如此，还要发菩提心，菩提心的具体表现为："愿脱苦轮，速证无生，广度含识，绍隆三宝，誓报四恩。"也就是说，切愿往生西方净土非为自身享受，而是为了速成佛道、回入娑婆、广度含识，以此绍隆佛法、誓愿报恩。至此，往生西方之信愿行及菩提心具足，这样的志诚修行才必定蒙佛接引往生净土。反之，如果修行不能专心，而以散漫心对待，则难敌业力所障。延寿说道：

> 如或言行不称，信力轻微；无念念相续之心，有数数间断之意。恃此懈怠，临终望生，但为业障所遮，恐难值其善友；风火逼迫，正念不成。何以故？如今是因，临终是果，

---

① 〔宋〕延寿述：《万善同归集》卷1，《大正藏》第48册，第968页下。

应预因实，果则不虚。声和则响顺，形直则影端故也。①

"言行不称"便非至诚，心地有假。此弊之根在于"信力轻微"，不能生真信便不能发切愿，更不会有实行。譬如念佛之修，若不能念念相续，便数数间断，间断则妄想趁虚而入，妄想充斥则修行有废，是为有名无实。以懈怠心行妄图临终往生西方，只怕难敌业力深重，被业障缠缚则难遇善友，不遇善友便无人提醒念佛，临终业障现前又不念佛，便无由往生。实际上，其中蕴含着因果理论，平常是修因之时，临终是得果之时。如果平常认真修持，是为因实，临终则得果实；若平常修行散漫，造业因实，则临终难敌恶业之力。因缘果报如声随响，如影随形，因此延寿强调："如要临终十念成就，但预办津梁合集功德，回向此时念念不亏即无虑矣。"②

综上可见，延寿十分提倡在平时就要下深功夫，而不要因为净土法门有临终十念成就之论而生偷心。只有平时预备津梁、积功累德，多多回向临终正念不失，善友为助，念念真修实行，到临终时才能无虑而定，蒙佛接引往生净土。此是延寿循心识因果理路，倡净土修持的进路。

实际上，法相与净土在大乘瑜伽行派的创立者世亲菩萨处本自圆融。世亲既造《唯识论》③阐法相理，又造《往生论》倡净土往生之事。从这个意义上说，教演法相、行归净土从世亲就开启了，窥基作《西方要诀释疑通规》《阿弥陀经疏》《阿弥陀

---

① 〔宋〕延寿述：《万善同归集》卷1，《大正藏》第48册，第968页下。
② 同上。
③ 世亲菩萨造《唯识论》在中国有三个译本，即北魏菩提流支译《唯识论》，陈真谛译《大乘唯识论》，唐玄奘译《唯识二十论》。

经通赞疏》《大乘法苑义林章》等阐解净土，是对世亲思想的继承和发展，而延寿融会相净又是对窥基理论的继承和呼应。

需要提到的是，近现代以来，日本学者如望月信亨、藤隆生、渡边隆生等，认为窥基阐扬净土经典之作是后人伪作[①]。其主要论点为：一是《西方要诀释疑通规》等著述中圆解净土理论似出自天台，而非法相，故不应出自窥基之手；二是认为窥基撰《阿弥陀经疏》《阿弥陀经通赞疏》中使用的《佛说阿弥陀经》是罗什译本而非玄奘译本，若是窥基所作应用玄奘译本。第一个论点，如果明晰了延寿引窥基唯识比量法融会相于心，并会通净土的理路，当可自释。至于第二个论点，因为罗什所译《佛说阿弥陀经》为当时的通行本，而玄奘所译《称赞净土佛摄受经》既非通行本，也未有大量刊行的记录。窥基阐解经典不太可能忽视译本的通行程度、流通面、影响力，而唯师译本是遵。再者，窥基作《阿弥陀经通赞疏》在《赵城金藏》中就有收录，《赵城金藏》无论内容、体例皆以《开宝藏》为底本。换言之，窥基撰《阿弥陀经通赞疏》应在《开宝藏》中就有收录，文献可靠度较高。还有，虽然日本近现代部分学者对窥基阐解净土的著述产生质疑，但是日本古德如智证、圆行等对窥基阐净土之作持肯定观点。法然也在其《选择本愿念佛集》中引了窥基《西方要诀释疑通规》，其后良忠继之，对窥基解净土的著述持

[①] 日本学者望月信亨在《中国净土教理史》提出，《阿弥陀经疏》《阿弥陀经通赞》《西方要诀释疑通规》均非窥基所作，并在《慈恩大师の净土に关する著书及び其の所说》中进行了具体分析。林香奈在《基撰とされる〈阿弥陀经〉注释书について》《基の弥陀身土观——〈大乘法苑义林章〉"三身义林"を中心として—》，藤隆生在《〈大乘法苑义林章〉研究序说》，渡边隆生在《〈大乘法苑义林章〉に关する文献上の问题》中，也都否认窥基有阐扬净土理论的著述。

肯定观点。中国近现代的唯识学大师太虚也肯定了窥基"广事阐扬"净土经论的事实①。

延寿融会相净，对法相、净土之理论发展皆有助益。就净土宗而言，其"指方立相"的特质在法相理论中得到了支持。对唯识学而言，虽然五代之后其作为宗未得到传承，但唯识学，特别是相净合流的思想却得以延续。明末憨山德清②、蕅益智旭③等都继承了延寿的相净会通思想，清末民初的杨文会更是教演法相、行归净土④，推动了相净融会的发展。

第三节 透禅融律与净土理事

佛教以经、律、论为三藏，所有大、小乘律合为律藏。释迦佛在世弘法度生时，制定戒律是根据弟子身语意三业随犯随制。佛临涅槃时"扶律谈常，作最后训"⑤，"以戒为师"是释迦佛

---

① 1935年10月太虚在上海雪窦寺讲《佛七开示录》时指出："中国之莲宗祖师，自初祖至十一祖，固皆为弘修弥陀净土行者，而天台宗之智者大师，慈恩宗之窥基大师，律宗之灵芝律师等，皆广事阐扬；至禅宗之永明，且兼为净土宗之六祖，均以念阿弥陀佛往生极乐为不退转法。"见《太虚大师全书》第33卷·杂藏·文丛（三），北京：宗教文化出版社，2005年，第177页。
② 憨山德清以唯心识观融摄净土，继承了永明延寿的观点。
③ 蕅益智旭的《唐奘师真唯识量略解》从《宗镜录》中节出内容进一步圆阐真唯识量义。
④ 参见洪修平：《近代佛教文化的复兴与杨文会及金陵刻经处》，《佛学研究》2007年第1期，第165—171页；张华：《杨文会与中国近代佛教思想转型》，北京：宗教文化出版社，2004年，第262页；李贺敏：《杨文会的净土观》，《佛学研究》2015年第1期，第346—352页。
⑤ 印光：《影印宋碛砂版大藏经序》，弘化社编：《印光法师文钞》第4册，成都：巴蜀书社，2016年，第120页。

涅槃时的重要遗嘱，故持戒是修证佛法的基础。中国佛教自古就有乘戒俱急、持戒念佛之倡。五代时，"永明则汇禅教律，归于一心，作四料简，偏赞净土"①，形成了以"一心"为统绪，以禅为底色、律为基址、教为指针、净为归宿的诸宗合流思想。以下就延寿透禅融律并导归净土的思想进行论述。

一 破斥末世狂禅轻律之弊

对于禅宗而言，由于修学者层次不一，对禅理的理解和把握也大相径庭，其中不乏仗世智而赞自毁他、不可一世者。"不立文字"本是禅宗不著文字相的断执之语，却一度被谬解为废教弃论。"法尚应舍"主张即有而空，得法后而舍，如到彼岸而舍舟，并非不得法时以舍法。禅宗因尚空理，还出现了观空舍律之言。延寿对此种谬论进行了严厉批判，他说道：

> 今末代宗门中，学大乘人，多轻戒律；称是执持小行，失于戒急。②

意思是说，当此佛教之末法时代，宗门中人有以大乘根性自居者，而轻视持戒为小乘行径，失去了对严持戒律的急急讲求。这些人的论据是：

> 《首楞严经》云："持犯但束身，非身无所束。"《法句经》云："戒性如虚空，持者为迷倒。"何苦坚执事相，局

---

① 印光：《陕西南五台山大觉岩西林茅篷专修净业缘起记》，弘化社编：《印光法师文钞》第2册，成都：巴蜀书社，2016年，第208页。
② 〔宋〕延寿述：《万善同归集》卷1，《大正藏》第48册，第965页中。

念拘身？奚不放旷纵横，虚怀履道？①

问题在于，此见是以《楞严经》《法句经》对上上根人之言，在不审根性的情况下，混滥在一切修行大乘者的身上，这是对佛法理事的混淆和对众生根性差异的无视。须知，上上根人自然无持犯分别，故不需执着于持戒，因为其所行皆与戒律冥合，犹如孔子"七十而随心所欲不逾矩"，所行不逾矩，故矩同于无。但若孔子非"天纵之圣"，或修养功夫未达，仍妄谈"随心所欲"，必会常常逾越规矩。何以孔子三四十时不谈"随心所欲"？此与佛教谈"戒性如虚空"之理是一致的。延寿认为，释迦佛料到会出现这种情况：

> 所以《大涅槃经》佛临涅槃时，扶律谈常，则乘戒俱急，故号此经，为赎常住命之重宝，何以故？若无此教，但取口解脱，全不修行，则乘戒俱失。②

意思是说，释迦佛在临涅槃时宣讲《涅槃经》，将大乘思想放在了与戒律同等的高度，要求学人日常修持以乘戒皆为急务，同时着重强调"以戒为师"。《涅槃经》由此成为护持佛法常住世间的重要法宝。反之，如果没有《涅槃经》"乘戒俱急"的教诲，只取口头解脱，而不注重实修持戒，那么大乘圆融之理与戒体之力全都会失去。延寿强调的是，若失去持戒实修，便是"乘戒俱失"，以此杜绝当时宗门中人以大乘圆融无碍论为由，轻视戒律，并将戒解为小行的谬论。延寿也曾无奈地感叹：

---

① 〔宋〕延寿述：《万善同归集》卷1，《大正藏》第48册，第965页上。
② 同上书，第965页中。

天下禅宗，一音演畅，如何后学，略不听从，自毁正因，反行魔说？只为宿薰业种，生遇邪师，善力易消，恶根难拔。岂不见古圣道："见一魔事，如万箭攒心；闻一魔声，如千锥扎耳。速须远离，不可见闻，各自究心，慎莫容易，久立珍重。"①

也就是说，天下禅宗都尊佛言教，持戒修行，而后学却不顺从，"自毁正因，反行魔说"，其原因是宿世业力习重，又遇到邪师导以邪论。延寿引古德之言开示当时禅者要远离邪见，"各自究心"，持戒要如履薄冰，"久立珍重"，不要随意改变曲解祖德之言教。

很明显，狂禅者提出的以《首楞严经》《法句经》为不持戒的依据是不能成立的。延寿指出两经皆是为"破执情，非祛戒德，若见自持、他犯，起讥毁心，戒为防非，因防增过，如斯之类，实为迷倒"②。也就是说，狂禅者以《首楞严经》"持犯但束身，非身无所束"作为修禅轻戒的理由，是错解了《楞严经》的真实义。他在《万善同归集》中明确指出："不着持犯二边，是真持戒。"③ 而这种持戒是从究竟处说，"唯佛一人持净戒"④，如果达不到佛之境界，须牢记"带习尚被境牵，现行岂逃缘缚"⑤的道理。延寿指出，对于业障凡夫而言：

三业难护，放逸根深，犹醉象无钩，痴猿得树；奔波乍

---

① 〔宋〕延寿述：《万善同归集》卷3，《大正藏》第48册，第993页下。
② 〔宋〕延寿述：《万善同归集》卷1，《大正藏》第48册，第965页上。
③ 同上。
④ 同上。
⑤ 同上。

第三章 义理层面禅、教、律诸宗与净土的交涉

拥,生鸟被笼。若无定水、戒香、慧炬,无由照寂。①

可见,他提倡要在事上持戒。如果只求理上圆融无碍,不尚事上持戒精修,则是迷惑颠倒;迷惑颠倒必然造诸恶业,受无量苦报。他作《垂诫》更是感慨:

> 深嗟末世诳说一禅,只学虚头,全无实解,步步行有,口口谈空,自不责业力所牵,更教人拨无因果,便说饮酒食肉,不碍菩提,行盗行淫,无妨般若,生遭王法,死堕阿鼻,受得地狱业消,又入畜生饿鬼,百千万劫无有出期。除非一念回光,立即翻邪为正,若不自忏、自悔、自修,诸佛出来也无救尔处。若割心肝如木石相似,便可食肉;若饮酒如屎尿相似,便可饮酒;若见端正男女如死尸相似,便可行淫;若见己财如粪土相似,便可偷盗。饶尔炼得至此田地,亦未可顺汝意在,直待证无量圣身,始可行世间逆顺事。②

可见,延寿严厉破斥狂禅之弊,说他们"只学虚头,全无实解,步步行有,口口谈空",自己被业力所牵而不知惭愧,更教人拨无因果,以自性本空之顽空谬见,为饮酒、食肉、行盗、行淫等破戒行径辩论,这样的人"生遭王法,死堕阿鼻"。但是,如果他们一念悔改,能够"立即翻邪为正",那么尚且有救,否则无救。延寿还说,如果执空,能达到"割心肝如木石相似,便可食肉;若饮酒如屎尿相似,便可饮酒;若见端正男女如死尸相似,便可行淫;若见己财如粪土相似,便可偷盗"。实际上,这只是延寿劝诫的第一步,后文他又说,只有证得"无

---

① 〔宋〕延寿述:《万善同归集》卷1,《大正藏》第48册,第965页上。
② 〔宋〕延寿述:《万善同归集》卷3,《大正藏》第48册,第993页中。

量圣身",才可以行世间逆顺事。也就是说,只有证成圣果而后能随心所欲,否则就要理事分明,以理为指导,精进于事修,且要严谨持戒。此是针对宗门狂禅者之顶门针。延寿又说:

> 是以菩萨禀戒为师,明遵佛敕,虽行小罪,由怀大惧,谨洁无犯,轻重等持,息世讥嫌,恐生疑谤。夫戒为万善之基,出必由户,若无此戒,诸善功德皆不得生。①

也就是说,即使菩萨也需要尊佛之教而严持净戒。若不持戒,虽小罪而生大惧,故要严持不犯。须知,菩萨持戒出于两种考量:一是"息世讥嫌,恐生疑谤",为众生做好榜样,不使愚者毁谤;二是"戒为万善之基,出必由户",修圣功德,必须从持戒开始。菩萨尚且持戒,更何况是业障凡夫呢!

延寿还分别引用《华严经》《萨遮尼乾子经》《月灯三昧经》《大智度论》等经论,说明持戒的功德与犯戒的罪过。戒能生定,定能发慧,这是因事显理的过程,不可以"坏正律仪"。而且延寿明确指出,若未成三昧,又不持戒,则虽知佛理,却是破坏佛法之徒,生为贼身,死堕地狱。真正有智慧者,应自思忖。

此外,他还表达了,佛及祖师所制戒规的目的,无非是让修者因持戒而防止退失道心,所以广行遮护,并以淫、酒、盗、肉之戒为例,阐明佛为保护众生清净种、智慧种、福德种、慈悲种的良苦用心。

---

① 〔宋〕延寿述:《万善同归集》卷1,《大正藏》第48册,第965页上。

二 围绕菩萨戒阐透禅融律

释迦佛广宣种种法,其根本目的是度化众生破除妄想、分别、执着。延寿在《受菩萨戒法》中将禅之"一心"与律之戒行的融合阐述得十分详尽,他说道:

> 三乘十二分教,惟翳我执;愚心执尽情亡,智生道现。故经云:"眼病见空花,除翳不除花;妄心执有法,遣执不遣法。"①

佛教以种种法对治执着心,是为破迷开悟,转愚为智。譬如,佛说空理,是为破执有之心,非为破事修之行。因此,延寿引"眼病见空花,除翳不除花;妄心执有法,遣执不遣法",对治禅者执理废事之弊。狂禅者之所以会执理废事,皆因未悟至理,我执尚存。延寿指出:

> 若悟大道圆通之人,尚不见一法是,何有一法非,尽十方世界未有一人成佛,亦不见一人作众生。②

也就是说,圆悟之人没有是非分别,没有佛与众生之别。换句话说,只有达到圆悟之境,才能了无分别之念。延寿又说:

> 此一心法,是普眼门,唯对上机,方能信入,沦五趣而不坠,登一相而非升,以是不变易之法故。③

---

① 〔宋〕延寿:《受菩萨戒法》卷1,《续藏经》第59册,第368页上。
② 同上。
③ 〔宋〕延寿述:《心赋注》卷2,《续藏经》第63册,第112页下。

可见,"一心"之法,只有上根方能信受并契入,"若上上机人,一闻千悟,获大总持"①,如同"大鹏翼鼚九万九千里,岂黄雀能及乎?此况直了自心圆信成就,岂小机劣解而能逮乎?"② 需要注意的是,虽然"一心"之法对中下根者而言"幽旨罕穷,浅根难信"③,但仍需令浅根者了知"一心"之理,故曰:

  一心广备,不择上中下机,以是一际平等法门,故竖彻三际,横亘十方,览而不遗,收无不尽,粗处粗现,细处细现,粗细随缘,法体恒寂,唯心之旨,常无变易。④

"一心"之理为平等法,亘古不变,一切根性"收无不尽"。至于对"一心"之理信入和理解的程度,则为众生根性所限。根劣心粗则解粗,根利心细则解细,因为"一心"之理皆随自心。而且心为万法根源,如《六妙门》云:

  此为大根人善识法要,不由次第,悬照诸法之原,所谓众生心也。一切法由心而起,若能反观心性,不得心原,即知万法皆无根本。⑤

也就是说,如果能够反观心性,虽然不能证入一心,但也能够理解"万法皆无根本"的道理。况且,不能达到"一心"之理,也不妨碍了解"一心"之理。因此延寿说道:

---

① 〔宋〕延寿述:《心赋注》卷2,《续藏经》第63册,第121页上。
② 〔宋〕延寿述:《心赋注》卷3,《续藏经》第63册,第124页下。
③ 同上书,第137页下。
④ 〔宋〕延寿述:《心赋注》卷2,《续藏经》第63册,第119页下。
⑤ 同上书,第126页中—下。

今为乐佛乘人，实未荐者，假以词句，助显真心，虽挂文言，妙旨斯在，俯收中下，尽罩群机，但任当人，各资己利。百川虽润，何妨大海广含；五岳自高，不碍太阳普照。根机莫等，乐欲匪同，于四门入处虽殊，在一真见时无别。①

但是，不能证得"一心"之理者，"此心今未圆具，须历别修行，次第生起，俱存教道，不入圆通，以此观门，唯上根直受尔"②。可见，对于不能证入"一心"之理者，需要进行别种修行，即万善之修。

延寿主张"一心"为宗，更提倡从心地上持戒。他以菩萨戒为入菩提路的基础，在《受菩萨戒法》中说道：

详夫菩萨戒者，建千圣之地，生万善之基，开甘露门，入菩提路。③

可见，菩萨戒具有基础性用、门户作用、路径作用。延寿引《梵网经》云：

众生受佛戒，即入诸佛位；欲知佛戒者，但是众生心，更无别法。④

也就是说，菩萨戒的核心在于戒心，以众生之心取法于佛心，便是无上戒。从心的层面看，佛、法、僧皆为心。对此，延寿分析道：

---

① 〔宋〕延寿述：《心赋注》卷1，《续藏经》第63册，第82页上。
② 〔宋〕延寿：《观心玄枢》卷1，《续藏经》第65册，第432页中。
③ 〔宋〕延寿：《受菩萨戒法》卷1，《续藏经》第59册，第365页中。
④ 同上。

> 以觉自心，故名为佛；以可轨持，故名为法；以心性和合不二，故名为僧。①

也就是说，其心觉悟即佛，引导众生走向觉悟者便是法，以心性和合为基础的人我和合便是僧。不仅如此，持戒、得定、开慧皆是基于心，须知：

> 以心性圆净，故名为戒；以寂而照，故名为般若；以心本寂灭，故名为涅槃。②

"圆净"者，"圆"而无所不包，即一切皆净，此为戒；"寂"是心之常态，是为定，涅槃为究竟之定；以常寂之心为度众生故，而起作用，则为"照"，心照万法以彰般若之行。延寿认为，以心为宗的菩萨戒"是如来最上之乘，祖师西来之意"③，但是，"闻者多生遮障，见者咸起狐疑，以垢深福薄故是，盲者不见非日月咎"④。简言之，对菩萨戒不能生信、起怀疑，是因为业障障蔽心源，就如同盲人不见日月之光，并非日月无光，而是因为目盲。延寿又引《梵网经》表达"一切有心者，皆应摄佛戒"⑤的观点，并说：

> 且禀人者谁不有心，凡成佛者皆从心现，所以释迦出世，开众生心中佛之知见，达磨西来直指人心，见性成佛。故祖师云：即心是佛，即佛是心，离心非佛，离佛非心。⑥

---

① 〔宋〕延寿：《受菩萨戒法》卷1，《续藏经》第59册，第365页中。
② 同上。
③ 同上。
④ 同上。
⑤ 同上书，第365页下。
⑥ 同上。

第三章 义理层面禅、教、律诸宗与净土的交涉

也就是说，一切众生皆有心，延寿提倡所有众生皆应受菩萨戒。原因是，菩萨戒是注重心的戒法，众生成佛不离此心，因而特重此戒。但是众生的根性不同，对菩萨戒的认识也不同，"自有闻而顿悟，或有闻而渐持，或有闻而起谤"①。因为认识不同，所以对待菩萨戒的态度就不同，所得利益也就不同。但是，即使是"闻而起谤"者也能获益，成为菩提种子，更何况闻而持、持而有悟者呢！故曰：

> 随机不同，皆能获益，佛法真实，终不唐损，如置毒乳中，味味杀人，又如以毒涂鼓，远近皆丧。此大乘戒法，闻而起谤，尚获大益，起尚供养恒沙佛人，何况谛信，一心求受。②

因为众生根性不同，所证悟的境界不同，不可一概而论。对于弘法要随机施教，延寿说道：

> 今依佛语，故遵至教，故曲顺机宜，随缘舒卷。有求大道者，说一乘之妙旨，来求小行者，布六行之权门。大小兼弘，禅律俱运。③

意思是说，他所说的《受菩萨戒法》依照佛之所言，尊崇至上圆满的圆教旨趣，根据众生的根机，"曲顺机宜，随缘舒卷"。对于上上根人、直求菩提大道者，宣一乘归心之妙理；对于中下根者、不堪大法者，则以"六行之权门"为教诲，随着修德有功，进而"开权显实"。这样"大小兼弘，禅律俱运"才

---

① 〔宋〕延寿：《受菩萨戒法》卷1，《续藏经》第59册，第366页中。
② 同上。
③ 同上书，第368页上。

能普利群萌。

上文论述了延寿围绕菩萨戒,以"一心"融会戒律,驳斥了狂禅者"失于戒急"之弊。须知,律须持,净须修,那么律净之间又是何种关系呢?

三 "一心"融禅律与导归净土

戒律为教、禅、密、净等一切大乘修法的基础。如果不持戒律,无论修何法,都不会得真实利益。不持戒律,或戒律松懈,就如同建设万丈高楼没有地基,或地基不坚固,未待建成,高楼即会倒塌。

净土则是律、教、禅、密的归宿,若修行往生净土,则不会退转,直至圆成佛道,究竟果德。延寿也指出,佛在《大乘起信论》中已经言明,"诸佛本意为摄大乘"①,为防止大乘初信之人无力断惑,生死不了,反因恶业堕入恶道,因此劝众生往生西方,得不退转,毕竟成佛。然而,关于受戒修净土,时人提出疑问:

> 于诸佛诱进门中方便极多,省要提携何不劝生安养,岂须破戒翻障净方。②

也就是说,不受菩萨戒则无有犯菩萨戒之说,如果受了菩萨戒,破戒之后,还有破戒之罪,反而因破戒障碍往生净土。为什么不直接劝生西方,而要提倡受戒而修净土呢?对此,延寿

---

① 〔宋〕延寿:《受菩萨戒法》卷1,《续藏经》第59册,第367页下。
② 同上。

解曰：

> 若生安养，教受九品之文，上根受戒习禅，中下行道念佛，众生根器不等，不可守一疑诸。①

也就是说，极乐世界有九品往生，上根者受戒习禅，以追求上品往生；中下根者行道念佛，也能往生而不退转。因为众生的根性不同，所以提倡生净土的方式也不尽相同。对于上根者而言，闻大乘法当生便能成就法忍，回向净土更可上上品往生。须知，"上品见佛，便证菩萨初地"②。而对于下品往生者，临终遇善知识教令念佛，乃至念十声也可往生净土。如《神栖安养赋》中所述：

> 其或诽谤三宝，破坏律仪，逼风刀解体之际，当业镜照形之时，遇知识现不思议，剑林变七重之行树，火车化八德之莲池，地狱消沉，湛尔而怖心全息，天华飞引，俄然而化佛迎之，慧眼明心。③

须知，平时破戒、临终幸遇善知识教令念佛而得往生者，往生西方后，需要六劫或十二劫莲花方开，而且不能马上见佛，其成佛时间与上品往生者相差甚远。故延寿说道：

> 闻大乘，不信佛戒，或只念佛，乃至临终回向亦得往生，十二劫始花开，未得见佛，渐证小乘，格其圆功，迟速

---

① 〔宋〕延寿：《受菩萨戒法》卷1，《续藏经》第59册，第367页下。
② 同上。
③ 〔宋〕延寿：《神栖安养赋》，〔宋〕宗晓编：《乐邦文类》卷5，《大正藏》第47册，第215页上。

大隔。①

此即《观经》所示：下品花开先闻观音势至说法，其由小乘余习转为大乘发心，随其修进方得见佛。

此外，不持戒欲往生还有一个严重问题，若"无戒力及闻大乘法等力"，即不持戒也不修其他大乘法而望往生净土，虽有可能，但无保障。延寿曰：

> 临终难值遇善友，皆遇缘差，又志力不坚，数数间断，恶业深厚，善弱难排。②

反之，如果受菩萨戒、发菩提心者，即使中间破菩萨戒，但仍可以通过念佛、忏悔以助往生净土，忏悔仍得戒力威德加持，仍发大乘心。因此，可得念佛力、忏悔力、菩萨戒力、菩提心力等众力共助往生净土，如此更能保障临终遇善缘而成就往生。可见，"须是众缘，方能克证"③，众缘则有众力为之资助，"约世间论，少力且不如多力，庶人力不如国王力"④。此表明，受菩萨戒能助发菩提心，由此持戒功德力，发菩提心之功德力，加念佛之助力，众力而成大力，故往生更有保障。

综上可见，延寿主张以"一心"之理导以持戒修净，尤其主张受菩萨戒以助生净土。延寿在临终前，还特赴天台山开授菩萨戒。据载，当时随他受菩萨戒者有上万人。而受戒功德，延寿仍主张回向净土，以期得上品往生。

---

① 〔宋〕延寿：《受菩萨戒法》卷1，《续藏经》第59册，第367页下。
② 同上。
③ 同上。
④ 同上。

小　结

以上分别是对延寿"透禅融教律归净"思想的论述，但各部分却仍是互相融摄的。延寿倡此思想主要有两个目的：一是使诸宗会归"一心"，消融大乘诸宗间的分歧；二是保障修禅、教、律诸宗者皆能因合流净土而得往生不退转。

在此之前尚无这种修法的提倡者，大概有两个主要原因：一是隋唐之际，宗派佛教始盛，各宗蒸蒸日上，且宗派间的矛盾并不突出；二是当时修者之根性普遍较利，随修一法各有成就。但是到了唐末五代之际，特别是遭受了两次"毁佛"事件之后，佛教遭到极大破坏，佛教徒危机意识激增。而且延寿判定，"当今末法，现是五浊恶世，唯有净土一门，可通入路，当知自行难圆，他力易就"①。因此，他大力提倡导归净土。然面对诸宗，提倡净土的最好方法并非舍此修彼，而是即此修彼。要即此修彼，首先就要使彼此之间的理路融通，一心之理由此而倡。

应该说，延寿"透禅融教律归净"思想，对后世中国佛教形成诸宗合流于净土的大趋势，产生了至为深刻的影响。而且，也由此开启了中国净土宗大发展之境界。

---

① 〔宋〕延寿述：《万善同归集》卷1，《大正藏》第48册，第968页中。

第四章 修持层面对"透禅融教律归净"的回应

延寿的自修情况主要体现在"百八佛事"中,详见于《智觉禅师自行录》(以下简称《自行录》)。《自行录》应是开化行明禅师根据延寿自述和他对延寿日常的观察记录整理而来的。行明是延寿的剃度弟子,后来又嗣法于天台德韶国师,所以他既是延寿的弟子,又是其法兄弟。行明在德韶处得法后回永明寺襄助延寿管理寺院,应是在此间记《自行录》。之后,由大云峰禅寺文冲禅师校订刊版。下文将分析延寿的"百八佛事"对其"透禅融教律归净"思想的呈现。

第一节 修持层面的"透禅融教律归净"

延寿在禅、教、律一心同源的基础上提出导归净土。他在自身修持中对此也予以回应,从他的"百八佛事"中可见其在修行中对透禅归净、融教归净、融律归净的回应。

一 综述"透禅融教律归净"之修

延寿的"透禅融教律归净",是以禅为底色,无论言教、言律、言净皆先透禅。禅是以大彻大悟、明心见性、见性成佛为目的的修行方式。"悟证"有多种:以参禅为修而明心见性称为"大彻大悟",以学教为修而彻了教旨称为"大开圆解"。虽然事修径路不同,但其理本同,皆不出一心。

延寿"百八佛事"皆可见其透禅之质及以禅修增上功夫,譬如第四条:

> 或时坐禅,普愿一切法界众生,同入禅智法明妙性。①

从"或时坐禅"可知,延寿自修非以坐禅为主,然亦不舍坐禅。坐禅的目的是"同入禅智法明妙性",即"明心见性"。延寿在其著述中常说坐禅修持容易昏、掉,因此他更提倡多种方式调节进修,如坐禅昏、掉便起而行道,长时行道会疲惫,故"或时坐禅"以调节,如此调停更利修行。

延寿门下多是慕名而来亲近他修持禅法者。他主张禅教融合,此在"百八佛事"中也有回应,譬如第五条:

> 每夜上堂说法,普为十方禅众法界有情,同悟心宗一乘妙旨。②

---

① 〔宋〕释文冲重校编集:《智觉禅师自行录》卷1,《续藏经》第63册,第159页上—中。
② 同上书,第159页中。

从"每夜上堂说法"可知,延寿每天为大众说法开示,此为丛林每日共修的必备功课。所谓"开示"即是以佛言祖语,开示众生悟入佛之知见,普愿"法界有情,同悟心宗一乘妙旨",此即对禅教融合、以教助禅的提倡和实践。

延寿作《定慧相资歌》主阐禅教二门"唯一法似双分,法性寂然体真止"①,表达禅教不二之理。他将禅教比作"定为父、慧为母""定为将、慧为相",并说"慧如日照破无明之暗室,能令邪见愚夫禅尽成般若波罗蜜"②,以阐发禅教相辅相成之理及教有助禅之功。

文殊菩萨以"大智"著称,是佛门中禅教融合而修的典范。延寿在"百八佛事"中特别强调"晨朝,礼阿阇黎金色世界大智文殊师利菩萨摩诃萨","旋绕念文殊师利菩萨摩诃萨",并祈愿"一切法界众生,入法界门,开根本智","成无性妙慧,作法王之子"③。从其发愿可知,不仅要禅悟"开根本智",还要"作法王之子"普宣妙法,此表效法文殊之志。这亦是对禅教融合的宣倡。禅教融合中实际是包含了禅净融合的。延寿希望以大智文殊为例,劝导禅者效法文殊禅净双修。他在《万善同归集》中也说道:

> 释迦世尊亲记文殊,当生阿弥陀佛土,位登初地。④

文殊愿生弥陀净土,经典中多有记载。譬如《华严经·普

---

① 〔宋〕延寿:《定慧相资歌》卷1,《续藏经》第63册,第80页中。
② 同上。
③ 〔宋〕释文冲重校编集:《智觉禅师自行录》卷1,《续藏经》第63册,第160页中—下。
④ 〔宋〕延寿述:《万善同归集》卷1,《大正藏》第48册,第968页中。

贤行愿品》中普贤菩萨末后以十大愿王导华藏海众归向西方净土，文殊菩萨以大智助力普贤行愿，偈曰：

> 文殊师利勇猛智，普贤慧行亦复然，
> 我今回向诸善根，随彼一切常修学。
> 三世诸佛所称叹，如是最胜诸大愿，
> 我今回向诸善根，为得普贤殊胜行。
> 愿我临欲命终时，尽除一切诸障碍，
> 面见彼佛阿弥陀，即得往生安乐刹。
> 我既往生彼国已，现前成就此大愿，
> 一切圆满尽无余，利乐一切众生界。①

可见，文殊菩萨以勇猛智助力普贤菩萨导归极乐净土。此外，在《文殊师利所说摩诃般若波罗蜜经》《文殊师利发愿经》中，有文殊菩萨因地以念佛成就"一行三昧"，并明确发愿往生西方净土的记载。文殊菩萨在《发愿经》中曰：

> 我回向善根，成满普贤行。
> 愿我命终时，除灭诸障碍，
> 面见阿弥陀，往生安乐国。
> 生彼佛国已，成满诸大愿，
> 阿弥陀如来，现前授我记。
> 严净普贤行，满足文殊愿，
> 尽未来际劫，究竟菩萨行。②

---

① 〔唐〕般若译：《大方广佛华严经》卷40，《大正藏》第10册，第848页上。
② 〔东晋〕佛陀跋陀罗译：《文殊师利发愿经》卷1，《大正藏》第10册，第879页下。

此明确体现了文殊发愿求生弥陀净土之意。《文殊师利发愿经》中"面见阿弥陀，往生安乐国"是文殊菩萨发愿求生弥陀净土的明证。"阿弥陀如来，现前授我记。严净普贤行，满足文殊愿"彰显了弥陀的大势力、普贤文殊的行愿力及佛力与自力的和合。"尽未来际劫，究竟菩萨行"则是对菩提心的显发。《发愿经》中将文殊菩萨往生弥陀净土的信愿行及发菩提心等要素阐述得完备无遗，表明了文殊与弥陀净土之间的深厚渊源。

延寿面对修禅者"不立文字"的说法，在日常功课中"看读大乘经典，普愿一切法界众生，同明佛慧"，并且"依了义经，通佛妙旨"。他不仅阅读经典，还通过礼拜、顶戴、刊刻等方式礼敬经典、弘扬经典。譬如，他"初夜礼《大宝积经》真如海藏"，"后夜，礼《般若波罗蜜多心经》无生奥典"，及"顶戴《大般若经》行道"①，还"印弥陀塔四十八万本，劝人礼念"②，印《般若》《宝幢》《楞严》《法华》等经及诸神咒，并切劝一切众生通过礼拜、读诵、宣讲、修观等方式明佛至理。他希望大众都能以身、语、意三业，通过书写、供养、施他、若他诵读专心谛听、自披读、受持、正为他开演文义、讽诵、思维、修习行等十种法行③，受持和供养所印施的"弥陀佛塔"及诸大乘经咒。

须知，印施"弥陀佛塔"是为了弘扬净土法门，印施诸大乘经咒是为了弘扬大乘教法，理行相应而导归净土。实际上，延

---

① 〔宋〕释文冲重校编集：《智觉禅师自行录》卷1，《续藏经》第63册，第161页。
② 〔明〕大壑辑：《永明道迹》卷1，《续藏经》第86册，第58页中。
③ 参见慈怡主编：《佛光大辞典》(1)，高雄：佛光出版社，1988年，第490页。

第四章 修持层面对"透禅融教律归净"的回应

寿最初印施经典正是为了得生西方净土。据《永明智觉禅师方丈实录》载，延寿于"壬申年（972）仲春月，夜梦人告云，募取十万人各念《弥陀经》一卷，当生安养，俄然惊觉，遂开《弥陀经》印版，旋施有缘"①。之后，又于"甲戌年（974），开二十四应观音像版，王赐钱千贯，用绢素印二万本"。除此，还"雕西方九品变相"，"印弥陀塔十四万本，遍施寰海，吴越国中念佛之兴"②。由此可见，延寿对净土相关经像，如《弥陀经》"弥陀塔""西方九品变相图""观音像"等的印施力度是非常大的，目的也十分明确，即劝令有缘众生往生西方净土。

延寿提倡禅教融合并付诸自修，他愿将所有修持功德回向往生西方净土，此在"百八佛事"第七十七条中有所表达：

> 昼夜六时，同与法界一切众生回向，从无始来，至于今日，三业所作，一念善根，尽用普施一切法界众生，回向无上菩提，同生西方净土。③

"从无始来，至于今日"体现了普皆回向的时间轴是无始无终。"一念善根，尽用普施一切法界众生"体现了普皆回向的全力以赴，一切善根，不舍微善皆回向，于禅于教种种修持，自然包含其中。"尽用普施一切法界众生"体现了普皆回向的对象范围，为"一切法界众生"回向。"回向无上菩提，同生西方净土"体现了普皆回向的目的，为成就无上菩提，往生西方净土。

---

① 〔宋〕元照重编：《永明智觉禅师方丈实录》，绍兴三十年释行拱刻印版，国家图书馆中华古籍资源库藏。
② 同上。
③ 〔宋〕释文冲重校编集：《智觉禅师自行录》卷1，《续藏经》第63册，第163页中。

从"回向无上菩提,同生西方净土"的逻辑关系可知,成就无上菩提需先生到西方净土,体现了延寿理论中西方净土与唯心净土无二无别的究竟义。

需要指出的是,延寿并没有因为究竟证一乘之理而废弃往生净土之事。因为,若离净土一法,上无以圆成佛道,下无以普度众生,故其第七十八条为:

> 昼夜六时,同与一切法界众生发愿,与一切法界众生亲证法华三昧,顿悟圆满一乘,临命终时,神识不乱,浊业消灭,正念现前,随愿往生西方净土,皈命弥陀佛,成就大忍心,遍入法界中,尽于未来际,护持正法藏,开演一乘门,圆满佛菩提,修习普贤行,广大如法界,究竟若虚空,誓与诸含灵,一时成佛道。①

此处明确体现了台贤融合以归净的修持特点。该条也呈现了《华严经》中的普贤行愿义,譬如"随愿往生西方净土"即体现了"恒顺众生","皈命阿弥陀佛"即体现了"常随佛学","普皆回向"则贯穿于始终。需要指出的是,"与一切法界众生亲证法华三昧"接引了台宗学人;"顿悟圆满一乘"接引了禅宗行人,并愿台、禅之修有所成就后仍"随愿往生西方净土,皈命弥陀佛",而且明确了往生西方的目的并非享乐,而是以菩提心"成就大忍心,遍入法界中,尽于未来际,护持正法藏,开演一乘门,圆满佛菩提,修习普贤行,广大如法界,究竟若虚空"。最后,他以此功德回向"誓与诸含灵,一时成佛道"。第七十八

---

① 〔宋〕释文冲重校编集:《智觉禅师自行录》卷1,《续藏经》第63册,第163页中—下。

条紧紧围绕着透禅融教归净展开,以净土圆成佛道、广度众生为目的,从而体现华严宗之"修习普贤行,广大如法界"的宗旨,诸宗合流的思想于此尽显。

不仅如此,延寿还将禅教融合贯穿于一句佛号之中,以此三根普被的修持方法普度众生。如第九十七条:

> 常劝一切人念阿弥陀佛,因修净业及修福智二严,习戒定慧六度万行熏修等,乃至广结香花净会,供养大斋,种种施为,恒有导首。①

此处延寿明确提出"常劝一切人念阿弥陀佛"为主,此即"修净业",并以"修福智二严,习戒定慧六度万行熏修等,乃至广结香花净会,供养大斋,种种施为"为助行,主助结合故不舍万善。"恒有导首"之"导首"一词来自唐代王维《西方变画赞》之"愿以西方为导首",延寿也是以自念并劝念阿弥陀佛修净业为导首。延寿于永明寺时,每夜到别峰行道念佛,吴越忠懿王钱弘俶闻而感叹"自古求西方者,未有若是之切至也"②,由此也可见其导归回向西方之切愿。

二 透禅融天台归净之修

延寿嗣法于天台德韶,将禅与天台教相融合。天台教理依《法华经》以开权显实,延寿在"百八佛事"中尤为重视法华相

---

① 〔宋〕释文冲重校编集:《智觉禅师自行录》卷1,《续藏经》第63册,第164页中。
② 〔明〕大壑辑:《永明道迹》卷1,《续藏经》第86册,第57页下。

关修持，而且主张透禅融台教以归净土。他的"百八佛事"第一条即为：

> 一生随处常建法华堂，庄严净土。①

他一生日诵《法华经》，"随处常建法华堂"，常修法华忏，充分表明对《法华经》暨法华忏的重视。条目中"一生"是从时间上表达建法华堂、修法华忏、诵《法华经》以自利利他的恒常性；"随处常建"是从空间上表达建法华堂的广泛性；"法华堂"是道场载体，为延寿率众修行、自度度人提供了方便；"庄严净土"表明他修此行的目的。"庄严净土"是为一切法界众生，而非为其个人，此中蕴含了普度众生往生净土的菩提心。从后文的种种条目可知，此处的"净土"特指西方净土，于西方净土彰显唯心之理。其中既表达了他对法华修行的高度重视，也体现了他对庄严净土之目的的强调。这种修持方法，自隋唐智顗之后，为台宗行人所常用。

融天台归净的重点在于教理上的融会，教理之融会便涉及精解《法华经》。所谓书读百遍其义自见，延寿的"百八佛事"第六条便是：

> 每日常念《妙法莲华经》一部七卷逐品，上报四重深恩，下为一切法界二十五有含识，愿证二十五种三昧，垂形十界，同化有情。②

从"每日常念《妙法莲华经》一部七卷逐品"可知，延寿

---

① 〔宋〕释文冲重校编集：《智觉禅师自行录》卷1，《续藏经》第63册，第159页上。
② 同上书，第159页中。

是日诵一部《法华经》。从诵读方式上看是"七卷逐品",此种方式一表连续不间断,二表按顺序诵读。"上报四重深恩","指父母恩、众生恩、国王恩、三宝恩"①。为三界"二十五有"一切众生之烦恼,而"愿证二十五种三昧"以度之,体现了应众生之机而度化之意。延寿不仅诵《法华经》,还礼拜《法华经》,"百八佛事"第十五条为:

> 晨朝,礼《妙法莲华经》真净妙法,普愿一切法界众生,同证法华三昧,咸生弥陀净方。②

礼拜《妙法莲华经》足以说明延寿对《法华经》的恭敬程度。其礼拜《法华经》之目的是普愿一切众生"同证法华三昧,咸生弥陀净方"。"同证法华三昧"强调了修持功夫,"生弥陀净方"明确了生西方净土之愿。从此愿再反观第一条"建法华堂,庄严净土",第六条"念《妙法莲华经》""垂形十界,同化有情",可知"同化有情"的方式也应是导归弥陀净土。延寿对《法华经》的修持是紧密围绕导归净土而展开的,"百八佛事"第四十一条说:

> 初夜,普为一切法界众生,顶戴《法华经》行道,尽入法华三昧,同归究竟一乘。③

由此可知,延寿以"顶戴《法华经》行道"之修,普为一切法界众生回向,愿"尽入法华三昧,同归究竟一乘"。实际

---

① 慈怡主编:《佛光大辞典》(2),高雄:佛光出版社,1988年,第1747页。
② 〔宋〕释文冲重校编集:《智觉禅师自行录》卷1,《续藏经》第63册,第160页中。
③ 同上书,第161页中。

上，在延寿的观点中，证法华三昧是为了有十足的把握往生西方净土，此观点从第七十八条中清晰可见：

> 昼夜六时，同与一切法界众生发愿，与一切法界众生亲证法华三昧，顿悟圆满一乘，临命终时，神识不乱，浊业消灭，正念现前，随愿往生西方净土，皈命弥陀佛，成就大忍心，遍入法界中，尽于未来际，护持正法藏，开演一乘门，圆满佛菩提，修习普贤行，广大如法界，究竟若虚空，誓与诸含灵，一时成佛道。①

此条也圆满地体现了普贤行愿的精义，着重呈现了普贤行愿中"恒顺众生""常随佛学""普皆回向"等条目。"随愿往生西方净土"即体现了"恒顺众生愿"，"皈命阿弥陀佛"即体现了"常随佛学愿"，"普皆回向愿"则贯穿于始终。需要指出的是，"与一切法界众生亲证法华三昧"是接引台宗学人，"顿悟圆满一乘"是接引禅宗行人，并愿台、禅修有成就后仍"随愿往生西方净土，皈命弥陀佛"，以此"成就大忍心，遍入法界中，尽于未来际，护持正法藏，开演一乘门，圆满佛菩提，修习普贤行，广大如法界，究竟若虚空"，并以此功德回向"誓与诸含灵，一时成佛道"。该条还明确，延寿愿"与一切法界众生亲证法华三昧，顿悟圆满一乘"，以证得三昧，故在临命终时神识不会昏乱，恶业及一切障碍皆不为障，正念现前则能"随愿往生西方净土，皈命弥陀佛"。

可见，第七十八条紧紧围绕透禅融教归净展开，以净土圆成

---

① 〔宋〕释文冲重校编集：《智觉禅师自行录》卷1，《续藏经》第63册，第163页中—下。

佛道、广度众生为目的，从而体现台贤融合；以华严宗"修习普贤行，广大如法界"的宗旨，回应了诸宗合流的思想主旨。

值得注意的是，往生西方净土并非延寿的终极目标，而是阶段性目标。他希望通过往生净土，亲侍弥陀，速证无生法忍，得大神通智力，以究竟佛果，并于未来际分身十方法界度化众生，普令众生共成佛道。此为延寿修持之究竟目的。

三 透禅融华严归净之修

华严教是依据《华严经》而形成的教理体系，以一即一切、一切即一的理论阐发理事无碍之境界，由此为禅、教、律、净互相融通提供理论支撑。《华严经》中普贤菩萨导华藏海众归极乐净土，使得华严教与净土渊源甚深。

在延寿之前，唐时华严初祖杜顺即赞西方净土，清凉澄观、圭峰宗密皆详阐了《普贤行愿品》导归西方净土之事。延寿继承此观点，并进一步发扬，对后世产生了深刻影响。他在"百八佛事"中多处呈现华严行，除了强调《行愿品》，还注重《净行品》，其"百八佛事"第八条即为：

> 每日常读《大方广佛华严经·净行品》，依文发一百四十大愿，普令一切法界众生，见闻之中，皆得入道。①

需要注意的是，此处的"每日常读"与第七"每日常诵"、第六"每日常念"形成细节对比。虽然都是对经典的学习，但

---

① 〔宋〕释文冲重校编集：《智觉禅师自行录》卷1，《续藏经》第63册，第159页下。

从遣词不同可知延寿对此三种经典的修持方式有细微差别。对《净行品》，他注重"读"，"读"即一句一读，抑扬顿挫，饱含感情。这种方式能为思考文意及依文发愿提供思考空间，也便于听闻者理解文意，故而其后能依《净行品》发愿，并愿一切法界众生"见闻之中，皆得入道"。又"百八佛事"第二十二条为：

> 午时，礼《大方广佛华严经》不思议藏，普愿一切法界众生，入缘起性德之门，游毗卢大愿之海。①

午时拜经，并祈愿法界众生"入缘起性德之门"，"缘起"是事，"性德"是理。此为入理事无碍之门，愿成就毗卢遮那之性德法身。"百八佛事"第二十三条为：

> 午时，礼忏悔师银色世界大行普贤菩萨摩诃萨，普愿一切法界众生，了罪性空，成无生忏。②

此条是继第二十二之后，从礼《华严经》进入礼普贤菩萨、修普贤忏法。普贤菩萨是华藏三圣之一，在《行愿品》中以十大愿王导华藏海众往生极乐世界以圆成佛道。此处延寿"普愿一切法界众生，了罪性空，成无生忏"。"了罪性空，成无生忏"是忏悔的最高境界，以明理契理而知业性本空。第二十六条为："旋绕念普贤菩萨摩诃萨，愿成差别之智门，运无始终之妙行。"③此条即绕念普贤菩萨名号，并愿法界众生以此功德各随

---

① 〔宋〕释文冲重校编集：《智觉禅师自行录》卷1，《续藏经》第63册，第160页下。
② 同上。
③ 同上。

根性，相应成就，并以普贤妙行自利利他。第四十八条为："顶戴《华严经》行道，咸入海印三昧，顿悟法界圆宗。"①"海印"即喻清澈海水印一切相，指心如大海、心印万法、万法归心，以此顿悟法界同归一心的圆教之旨。

延寿还特别注重发普贤行愿回向往生西方净土。在第七十五条中，他提到，昼夜六时要常以普贤行愿为行持指导，特别强调"请佛住世愿""常转法轮愿"和"普皆回向愿"。以普贤行愿为指导，目的是希望一切法界众生"尽出苦轮，皆达本心，同归净海"。文曰：

> 昼夜六时，同与一切法界众生，劝请十方一切诸佛，现出应世，常转法轮，将般涅槃，惟愿久住，遍众生界，尽出苦轮，皆达本心，同归净海。②

其中"同与一切法界众生，劝请十方一切诸佛，现出应世"，及"将般涅槃，惟愿久住"，着重体现了普贤行愿中"请佛住世"愿，表达了从始至终的无尽住世之愿。"昼夜六时"表达了此愿时刻不息，恒常保持。请佛应世并住世是为了请佛"常转法轮"，即普贤行愿中的"请转法轮"愿。请佛住世、请转法轮中，自然蕴含着"礼敬诸佛""赞叹如来"之意，而"遍众生界，尽出苦轮，皆达本心，同归净海"则属于普贤行愿之"普皆回向"。其中，"同归净海"将唯心净土和西方净土包含无遗。"达本心"则有方便说和究竟说之分：方便说之"达本心"，

---

① 〔宋〕释文冲重校编集：《智觉禅师自行录》卷1，《续藏经》第63册，第161页中。
② 同上书，第163页中。

从普贤导华藏海众往生西方净土可见，证至等觉菩萨尚回向往生西方净土以期圆成佛道，从此意义上看，"同归净海"是归西方净土；究竟说之"达本心"，则是究竟证得本心之理，故"同归净海"是归究竟之"唯心净土"。须知，理不碍事，唯心净土不碍西方净土，归西方净土必圆证唯心净土。延寿此愿行，实是以《普贤行愿品》为依，经云：

> 彼诸众生，若闻、若信此大愿王，受持读诵，广为人说，所有功德，除佛世尊，余无知者。是故汝等，闻此愿王，莫生疑念，应当谛受。受已能读，读已能诵，诵已能持，乃至书写，广为人说。是诸人等，于一念中，所有行愿，皆得成就；所获福聚，无量无边！能于烦恼大苦海中，拔济众生，令其出离，皆得往生阿弥陀佛极乐世界。①

> 我此普贤殊胜行，无边胜福皆回向，普愿沉溺诸众生，速往无量光佛刹。②

可见，延寿"百八佛事"第七十五条的修行逻辑与《普贤行愿品》所述如出一辙。由此可证，"百八佛事"此条的"同归净海"之愿中的"净海"，专指"无量光佛刹"，即"阿弥陀佛极乐世界"。

需要指出的是，在第七十八条中，延寿愿以成就法华三昧往生西方净土，成就无生法忍回度众生之时，也特别强调度化众生的重要方法之一就是普令众生"修习普贤行"。其中之意，便是以普贤行引导一切众生往生极乐净土。换言之，修普贤行导归极

---

① 〔唐〕般若译：《大方广佛华严经》卷40，《大正藏》第10册，第846页下。
② 同上书，第848页中。

乐净土是延寿着重强调的度生之法。

四 透禅融唯识归净之修

佛教将兜率天内院弥勒住处称为弥勒净土。在隋唐之际，一般修唯识者多愿生弥勒净土。但是，当法相唯识宗二祖慈恩窥基在《阿弥陀经通赞疏》中，将"弥勒净土"与"弥陀净土"进行了详细的比较后，很多唯识家开始转而愿生阿弥陀佛的西方极乐净土。但是，仍有很多学人坚定不移要往生到弥勒净土。

五代之际，誓愿往生弥勒净土者仍大有人在，延寿也对唯识思想多有阐发。他在"百八佛事"中，专门设置了修弥勒行往生兜率内院净土的功课，譬如第二十八条：

> 黄昏，礼教授师兜率天宫当来下生弥勒尊佛，普愿一切法界众生，成无等真慈，继一生补处。①

弥勒尊佛居兜率内院净土，为继释迦佛之后应化在娑婆世界度生的一尊补处佛，故称"当来下生"。延寿礼弥勒尊佛，普愿众生"成无等真慈，继一生补处"。"无等真慈"是自性平等的本具之慈，即愿一切众生都能发愿生一生补处，成佛度化众生。又第三十九条为：

> 初夜，普为一切法界众生，旋绕念弥勒慈尊佛，愿生内

---

① 〔宋〕释文冲重校编集．《智觉禅师自行录》卷1，《续藏经》第63册，第160页下。

院亲成法忍。①

从"绕念弥勒慈尊佛,愿生内院亲成法忍"的特定意义上说,延寿是普为法界一切众生回向,而法界一切众生则各有因缘。对于与弥勒佛缘深、愿生兜率内院,且有能力生兜率净土者,此愿皆能使其满愿得生兜率内院。需要注意的是,此处是称念的弥勒当来佛,条目中明确了是"当来下生弥勒尊佛""绕念弥勒慈尊佛",而非"弥勒菩萨"。释迦佛曾于《菩萨处胎经》为弥勒菩萨授记成佛,曰:

> 弥勒当知,汝复受记:五十六亿七千万岁于此树王下成无上等正觉。我以右胁生,汝弥勒从顶生。如我寿百岁,弥勒寿八万四千岁。我国土土,汝国土金。我国土苦,汝国土乐。②

也就是说,弥勒菩萨将在释迦牟尼佛灭度后,经过五十六亿七千万年示现成佛,度化众生,届时将转娑婆世界之秽土为净土。延寿于"百八佛事"中礼念弥勒尊佛,并发愿往生兜率内院,应是为与弥勒有特别缘分者示范。唯识家以弥勒菩萨为宗门主尊,对弥勒菩萨所居的兜率净土也更为亲切,多愿生于兜率净土,以期亲侍弥勒,并愿在弥勒下生时随愿助其度化众生。

但是,不可否认,延寿仍认为娑婆众生多与阿弥陀佛缘分更深,此观点应是受窥基影响。前文已述,窥基曾对比了兜率净土

---

① 〔宋〕释文冲重校编集:《智觉禅师自行录》卷1,《续藏经》第63册,第161页上—中。
② 〔姚秦〕竺佛念译:《菩萨从兜术天降神母胎说广普经》卷2,《大正藏》第12册,第1025页下。

与西方净土。譬如,当时有人问窥基:"十方佛国快乐皆同,何故偏指西方劝人生彼?"① 窥基回答:"西方净土主胜愿强,偏劝往生疾成圣果,所以偏指也。"② 而且,当时唯识学者有判弥勒菩萨的兜率净土更为殊胜者。他们问窥基:"弥勒下生,此土亦净,复是同界;佛劝生彼,何胜此间?"③ 对此,窥基就弥勒菩萨的兜率净土和阿弥陀佛的西方净土进行了比较,说道:"此虽言净,由劣四天,当知西方胜过自在。又复此界有三恶道、女色淫欲便利之秽,何得同彼?地既非胜,终还退转,所以赞彼。"④ 此表达西方净土更为优胜之意,而且窥基进一步以西方净土的十胜比较兜率天宫内院净土的十劣⑤。延寿也是认可窥基的观点的,此从他在《万善同归集》中引《无量寿经》弥勒菩萨与释迦牟尼佛的对话可知:

> 《大经》云:"弥勒菩萨问佛:'未知此界有几许不退菩萨,得生彼国?'佛言:'此娑婆世界有六十七亿不退菩萨,皆得往生。'"⑥

此处的《大经》即指《无量寿经》,"得生彼国""皆得往

---

① 〔唐〕窥基:《阿弥陀经通赞疏》卷2,《大正藏》第37册,第338页上。
② 同上。
③ 〔唐〕窥基:《阿弥陀经疏》卷1,《大正藏》第37册,第313页上。
④ 同上。
⑤ 参见〔唐〕窥基:《阿弥陀经通赞疏》卷2,《大正藏》第37册,第343页上。"劝生西方舍劣求胜也。胜劣有异者,净土十胜、天宫十劣。净土十胜者:一、化主所居胜,二、所化命长胜,三、国非界系胜,四、净方无欲胜,五、女子不居胜,六、修行不退胜,七、净方非秽胜,八、国土庄严胜,九、念佛摄情胜,十、十念往生胜。天宫十劣者:一、所居国土劣,二、所化寿役劣,三、界系摄属劣,四、彼天有欲劣,五、男女杂居劣,六、修行有退劣,七、秽方非净劣,八、国土庄严劣,九、善念摄情劣,十、修行劳苦劣。有斯十胜十劣,所以劝彼国。"
⑥ 〔宋〕延寿述:《万善同归集》卷1,《大正藏》第48册,第968页中。

生"指往生西方弥陀净土。延寿引此是为了说明,娑婆众生与弥陀净土有缘者更多。此外,释迦佛在《无量寿经》中还告诉弥勒菩萨:

> 不但我刹诸菩萨等往生彼国,他方佛土亦复如是。①
>
> 不但此十四佛国中诸菩萨等当往生也,十方世界无量佛国其往生者亦复如是,甚多无数。②

而且释迦佛还特别嘱托弥勒菩萨曰:

> 弥勒!设有大火充满三千大千世界,要当过此,闻是经法,欢喜信乐,受持读诵,如说修行。③
>
> 吾今为诸众生说此经法,令见无量寿佛及其国土一切所有,所当为者皆可求之,无得以我灭度之后复生疑惑。当来之世经道灭尽,我以慈悲哀愍特留此经止住百岁,其有众生值斯经者,随意所愿皆可得度。④

最后,"佛说经已,弥勒菩萨及十方来诸菩萨众,长老阿难、诸大声闻,一切大众,闻佛所说靡不欢喜"⑤。

综上可知,延寿在"百八佛事"中一礼一念弥勒尊佛,发愿往生兜率内院净土,是为与弥勒有特别缘分者回向。而释迦佛在《无量寿经》中也特别嘱托过弥勒,净土法门稀有难闻,就算三千大千世界充满大火,也应该穿过去,听闻此法。所以说,

---

① 〔曹魏〕康僧铠译:《佛说无量寿经》卷2,《大正藏》第12册,第278页下。
② 同上。
③ 同上书,第279页上。
④ 同上。
⑤ 同上。

修弥勒行当来关涉西方净土之行。由此可见,延寿不仅提倡当下众生往生弥陀净土,还考虑到未来众生仗弥勒度化而生西方净土之事。此是延寿在修持实践上对唯识与净土的融合。

五 透禅融戒律归净之修

延寿宣倡"乘戒俱急",此即透禅融律的理论主张。他在自我修持中,也十分重视严持戒律。对于度众,他尤为注重菩萨戒的传授,"百八佛事"第六十六条便是:

> 晨朝,普为十方面一切法界众生,授菩萨戒,愿承三宝威神,一一现前,皆得亲受。①

晨朝,普为十方一切众生授菩萨戒。菩萨戒重在戒心。延寿以心遍授一切众生菩萨戒,并以此功德祈愿三宝加持,使一切众生皆心心相通,现前感应,如当面亲受一般。又第六十七条为:

> 晨朝,普为尽十方面众生,念施戒陀罗尼,普愿具佛律仪,谨洁无犯。②

晨朝,普为十方众生念施戒真言,并祈愿一切众生皆具足佛律仪,严持不犯。此处"律仪"泛指一切大小乘戒。第九十八条为:

---

① 〔宋〕释文冲重校编集:《智觉禅师自行录》卷1,《续藏经》第63册,第162页上。
② 同上书,第162页中。

常与四众授菩萨戒。①

"四众"即指为出家、在家四众分别授菩萨戒。延寿直到圆寂前,"于开宝七年复入天台开菩萨戒,求受者约万余人"②。他不仅"常与四众授菩萨戒",对于犯戒者还特别提倡修忏悔业障之法。他在自修中将忏悔业障作为重要修持,前文修法华忏即其中之一。此外还有如第九条、第十条,分别为:

> 常六时诵千手千眼大悲陀罗尼,普为一切法界众生,忏六根所造一切障。③
> 常六时诵加句佛顶尊胜陀罗尼,普为法界一切众生,忏六根所作一切罪。④

这两条都是由诵咒而忏悔六根,含摄了三个层面的意思:一是,"诵"法本身能摄六根无暇妄驰,故而易得一心,六根因此无暇外驰,此是断恶之忏;二是,"诵"则易得一心,得一心则与佛菩萨感通,在佛菩萨加持之下而利于忏除业障;三是,得一心进而契入三昧之境,从"罪从心起亦从心亡"的角度看,是为根本忏悔。又如第六十五条为:

> 晨朝,普为尽十方面众生,擎炉焚香,忏悔先业,念七佛灭罪陀罗尼,普愿三业无假,毕竟清净。⑤

---

① 〔宋〕释文冲重校编集:《智觉禅师自行录》卷1,《续藏经》第63册,第164页中。
② 〔明〕大壑辑:《永明道迹》卷1,《续藏经》第86册,第58页上。
③ 〔宋〕释文冲重校编集:《智觉禅师自行录》卷1,《续藏经》第63册,第159页下。
④ 同上。
⑤ 同上,第162页上。

即每日为十方所有众生焚香忏悔。焚香为供佛,求佛加持,此表诚心与佛感通。所谓迷时众生觉时佛,众生迷惑颠倒,造作种种恶业,恶业障诸圣道,使众生轮转生死无法出离,然却可通过忏悔业障,并念诵七佛灭罪真言消除业障。由此普愿一切众生,身、口、意三业皆契真理,毕竟清净。

对于已经犯戒堕落乃至堕入地狱者,延寿则主张修地藏法以期超荐,如第四十四条、第五十五条:

> 中夜,礼大慈大悲救苦地藏菩萨摩诃萨,普愿一切法界众生,证无垢三昧,度恶趣众生。①
>
> 后夜,普为一切法界众生,旋绕念地藏菩萨摩诃萨,愿布无缘慈,救拔三涂苦。②

地藏菩萨以"地狱不空誓不成佛,众生度尽方证菩提"为愿,故以此启发众生效法地藏菩萨大愿,以大慈悲心度地狱及恶趣苦难众生。地藏菩萨能以无缘之大慈,誓愿度尽地狱恶道一切众生。故此,延寿以此回向法界一切众生,愿皆以地藏菩萨之无缘之慈,救拔三涂一切苦难众生。

以上无论是传授戒律,还是修持忏悔,皆是在修持净业。净业有狭义和广义之分:从狭义上讲,"安养净业"是特指的如修《观经》中的"十六观""净业三福",《无量寿经》中的合弥陀之"四十八愿"之修,《弥陀经》中的"执持名号"等,即与往生安养净土密切相关的正行。从广义上讲,"所有毫善",只

---

① 〔宋〕释文冲重校编集:《智觉禅师自行录》卷1,《续藏经》第63册,第161页中。
② 同上书,第161页下。

要是回向往生西方安养净土的万善,皆可称为"净业"。延寿将所有修持功德,皆作为回向往生净土归净业。此在第三条中有表达:

> 常修安养净业,所有毫善,悉皆念念普为一切法界有情,同回向往生。①

"修安养净业"表正行,特指狭义的净业;"所有毫善"表助行,是指广义的净业。正助相资,则"普为一切法界有情,同回向往生"。

由上可知,延寿融律归净,无论是传戒、忏悔,还是修观、念佛、供养,种种万善,都是以菩提心为导,念念为一切法界有情回向往生西方净土。

第二节 关于净土往生的主助之修

在延寿的"百八佛事"中,有专修净土行的,有万善回向净土的;也有既不属于专修净土,也没有明确回向净土,但是却属旁涉净土之修的。"百八佛事"是延寿在实践层面对万善同归净土思想的总回应。

---

① 〔宋〕释文冲重校编集:《智觉禅师自行录》卷1,《续藏经》第63册,第159页上。

一 专修专向净土之修

净土法门以信、愿、行为三资粮,其中"行"分正、助。如第十七"顶戴阿弥陀佛行道"是属正行,其将净土宗强调的信、愿、行三要素含摄无遗。其具体的修持为:

> 晨朝,普为一切法界众生,顶戴阿弥陀佛行道,承广大之愿力,慕极乐之圆修。①

延寿每日晨朝"顶戴阿弥陀佛行道",其中"顶戴"表意有二:一表恭敬顶礼,二表请佛住世。"行道"即"行道念佛",是传统"设像行道"修行方式的一种。"承广大之愿力"表明弥陀愿力之广大,"慕极乐之圆修"表明愿生极乐。由愿由信导,则知"慕极乐"中含信、愿二门;"极乐之圆修"明确了生极乐世界能圆成佛道;"普为一切法界众生"彰显了基于菩提心而发的回向愿。可见,此条将净土宗之信、愿、行,发菩提心,弥陀愿力,自他二力,欣厌心及西方净土圆修成就究竟果位的殊胜性都涵盖其中。又如第二十一条:

> 午时,礼皈依主安乐世界阿弥陀佛,普愿一切法界众生,顿悟自心,成妙净土。②

此是午时第一佛事,先礼拜并皈依极乐净土之教主阿弥陀佛,并愿一切众生"顿悟自心,成妙净土"。所谓"妙净土",

---

① 〔宋〕释文冲重校编集:《智觉禅师自行录》卷1,《续藏经》第63册,第160页中。
② 同上书,第160页下。

即以西方净土具备唯心净土之质方为妙。西方净土是融即唯心净土和妙有净土之土。唯心净土不碍西方净土，西方净土圆彰唯心净土。

从禅净合流的角度说，延寿愿众生"顿悟自心"是遂禅者顿悟之愿，虽顿悟自心仍愿"成妙净土"。此即主张禅净合流，亦为《四料简》"有禅有净土"之偈的呈现。净土宗以念佛为主修，延寿十分重视持名念佛，第五十三条便是：

> 后夜，普为一切法界众生，旋绕念阿弥陀佛，愿成无上慧，摄化有情。①

"旋绕念阿弥陀佛"之修，既能破坐禅时的昏、掉，为助成禅定的妙法，又可仗念佛之力，往生西方净土。此条愿中有"摄化有情"，而念佛一法亦是上成佛道、下化众生的普适方便门。

因为持名念佛的修法至圆至顿、至简至易，能够普被上中下三根，所以延寿不仅自修，更劝一切众生以此方法求生极乐净土。第九十七条即延寿对持名念佛之劝修：

> 常劝一切人念阿弥陀佛，因修净业及修福智二严，习戒定慧六度万行熏修等，乃至广结香花净会，供养大斋，种种施为，恒有导首。②

此处延寿表达了主助之修的观点。"常劝一切人念阿弥陀佛"为专修净业之行，"修福智二严，习戒定慧六度万行熏修

---

① 〔宋〕释文冲重校编集：《智觉禅师自行录》卷1，《续藏经》第63册，第161页下。
② 同上书，第164页中。

等，乃至广结香花净会，供养大斋，种种施为"为往生净土之助行，主助结合，呼应了延寿万善庄严净土的思想。"恒有导首"之"导首"一词来自唐代王维《西方变画赞》之"愿以西方为导首"，延寿此处也是以自念佛及劝念佛而专修净业为导首。

延寿于永明寺时，每夜到别峰行道念佛，当时忠懿王钱弘俶闻而感叹："自古求西方者，未有若是之切至也。"① 他还持念"七佛如来"名号，如第五十八条：

> 昼夜六时，普为一切法界众生，念七如来名号，念宝胜如来，愿一切众生，积劫尘劳，悉皆清净；念离怖畏如来，愿一切众生，离五怖畏，得涅槃乐；念广博身如来，愿一切众生，咽喉广大，禅悦充足；念甘露王如来，愿一切众生，饮甘露味，成大菩提；念妙色身如来，愿一切众生，离丑陋形，相好圆满；念多宝如来，愿一切众生，永离贫穷，法财具足；念阿弥陀如来，愿一切众生，离恶趣形，神栖净土。②

也就是说，延寿昼夜六时常念宝胜如来、离怖畏如来、广博身如来、甘露王如来、妙色身如来、多宝如来、阿弥陀如来七佛名号。七佛名号出自《瑜伽集要救阿难陀罗尼焰口轨仪经》，经中说："此七如来，以誓愿力，拔济众生，永离烦恼，脱三涂

---

① 〔明〕大壑辑：《永明道迹》卷1，《续藏经》第86册，第57页下。
② 〔宋〕释文冲重校编集：《智觉禅师自行录》卷1，《续藏经》第63册，第161页下。

苦，安隐常乐。一称其名，千生离苦，证无上道。"① 值得注意的是，他以"阿弥陀如来"为结念，即表收摄前诸念佛功德，通皆导归极乐净土之意。持念阿弥陀如来不仅能够三根普被，使一切众生皆得往生净土，而且还能够在西方净土具足和圆成持念前六如来名号之"悉皆清净""得涅槃乐""禅悦充足""成大菩提""相好圆满""法财具足"等种种功德。

延寿除了持念阿弥陀佛名号，还持念阿弥陀佛心真言，如第六十九条：

> 黄昏时，普为尽十方面众生，擎炉焚香，念阿弥陀佛心真言，悉愿证悟佛心，同生安养。②

黄昏时，普为十方一切众生焚香供佛，并"念阿弥陀佛心真言"，普愿一切众生"证悟佛心，同生安养"。需要注意的是，"证悟佛心"是禅者所追求的境界，"同生安养"是净业行人所追求的阶段性目标。延寿此处将"证悟佛心"放在"同生安养"之前，隐喻修禅者即使证悟了佛心，仍要发愿同生安养，亦呈现出《四料简》中的"有禅有净土"义。

当然，延寿除了修弥陀行外，还注重修势至行，如第三十七条：

> 初夜，礼慈悲导师安乐世界大势至菩萨摩诃萨及一切清

---

① 〔唐〕不空译：《瑜伽集要救阿难陀罗尼焰口轨仪经》卷1，《大正藏》第21册，第471页上中。
② 〔宋〕释文冲重校编集：《智觉禅师自行录》卷1，《续藏经》第63册，第162页中。

净大海众,普愿一切法界众生,引导利济众生,同了唯心净土。①

延寿选择专礼西方三圣之一的大势至菩萨及一切清净大海众菩萨,并普愿一切众生"引导利济众生,同了唯心净土"。此处"引导"众生,是引导往生西方净土,并在西方净土"同了唯心净土",而非在娑婆世界直证"唯心净土"之境界。此从礼拜西方净土之大势至菩萨和清净大海众菩萨之特定事修上可知。修势至行还有第四十条:

> 初夜,普为一切法界众生,旋绕念大势至菩萨摩诃萨,愿摄诸根,净念相继,托质莲台。②

他"旋绕念大势至菩萨摩诃萨"名号,其中"愿摄诸根"便是《大势至菩萨念佛圆通章》中所说的"都摄六根"。由此修行方法使"净念相继",便能乘此功德回向往生西方净土,托质莲台。需要指出的是,虽然此条并未直接提及观世音菩萨,但是观世音菩萨是西方三圣之一,与大势至菩萨同为阿弥陀佛的左右胁侍,亦为清净大海众菩萨之一,所以此条也应包含了顶礼观世音菩萨。延寿也有专修观音行,如第二十七条:

> 午时,普为一切法界众生,顶戴观音行道,成观音实际之身,运同体大悲之行。③

此是午时佛事的最后一行,也是对午时修行的总结,延寿选

---

① 〔宋〕释文冲重校编集:《智觉禅师自行录》卷1,《续藏经》第63册,第161页上。
② 同上书,第161页中。
③ 同上书,第160页下。

择以"顶戴观音行道"的方式持念观音圣号并礼拜。从修行形式上看,其与第十七"顶戴阿弥陀佛行道"的方式是一致的;从目的上看,则是成就观音的实际威德之身,以观音之同体大悲心来普度众生。在第三十三条中,延寿还特别以"旋绕念观世音菩萨摩诃萨"名号为正行:

> 黄昏时,普为一切法界众生,旋绕念观世音菩萨摩诃萨,愿具十四无畏,福佑众生。①

绕念观音圣号,愿一切众生具十四无畏,此取自《楞严经》:

> 观世音菩萨摩诃萨,于怖畏急离之中,能施无畏,是故此娑婆世界,皆号之为施无畏者。②

观音以大慈悲心救护和"福佑众生"。此处强调在当下和现世离怖悭、获福佑。延寿希望以观音行使众生之现世、来世皆获实益。现世离怖悭获福慧,以正念导之,又是成就出世道业的资助。从这个意义上说,绕念观音圣号,是以菩萨的慈悲心护念众生现世离苦得乐,终成道业。须知,观音之性德施于一句名号,持念观音名号即是以观音之果地觉启发众生之因地心,以此行持普愿一切众生"成观音实际之身"。延寿所修的观音行还有第九条:

> 常六时诵千手千眼大悲陀罗尼,普为一切法界众生,忏

---

① 〔宋〕释文冲重校编集:《智觉禅师自行录》卷1,《续藏经》第63册,第161页上。
② 〔姚秦〕鸠摩罗什译:《妙法莲华经》卷7,《大正藏》第9册,第57页中。

六根所造一切障。①

"诵"的关键在于不间断之连贯性,其要在于摄耳谛听,由诵大悲咒而能忏悔六根之业。此含摄了三个层面的意思:一是"诵"法本身能摄六根无暇妄驰,故而易得一心,六根因此无暇外驰,故能成就断恶修忏;二是"诵"则易得一心,得一心则必与佛菩萨感通,在佛菩萨加持之下而利于忏除业障;三是得一心进而契入三昧之境,从"罪从心起亦从心亡"的角度看,是为根本忏悔。

又第二十四条:

> 午时,普为一切法界众生,旋绕念《观世音本身陀罗尼》,普愿具圆通身,成普门行。②

第二十四条是绕念《观世音本身陀罗尼》。观世音菩萨是西方三圣之一,在《楞严经》中以"耳根"成就圆通境界。延寿念观音咒,普愿法界众生成就圆通身,并成普门行,是以大慈悲心和圆通身、普门行示现度化众生。

又第三十条为:

> 黄昏,礼同学法侣宝陀洛山大慈大悲救苦观世音菩萨摩诃萨,尽十方法界一切菩萨摩诃萨,普愿一切法界众生,入圆通门,运法界行。③

礼宝陀洛山之观音菩萨及十方一切菩萨,以此功德普愿众生

---

① 〔宋〕释文冲重校编集:《智觉禅师自行录》卷1,《续藏经》第63册,第159页下。
② 同上书,第160页下。
③ 同上书,第161页上。

"入圆通门,运法界行"。此愿与第二十七"顶戴观音行道"时的发愿类似。

此外,第七条"每日常诵《般若心经》"①,第三十八条"旋绕念观音莲华部心陀罗尼"②,第五十条"礼《般若波罗蜜多心经》无生奥典"③,第七十条"念般若大悲心陀罗尼"等,皆是观音相关之行。应该说,修观音行是往生西方净土的重要行持。在延寿之后,净土宗诸师在提倡持念阿弥陀佛圣号之外,又特别提倡兼持观音圣号,并作为必要之行。譬如净土宗第十三代祖师印光法师就尤为提倡这种修法,他指出:

> 若病苦至剧,不能忍受者,当于朝暮念佛回向外,专心致志,念南无观世音菩萨。观音现身尘刹,寻声救苦。人当危急之际,若能持诵礼拜,无不随感而应,即垂慈佑,令脱苦恼而获安乐也。④

> 观世音菩萨,应以何身得度者,即现何身而为说法。普令一切众生,同出生死,同成佛道。方可圆证自己本具之妙真如心。方可究竟契合乎菩萨四宏誓愿,与阿弥陀佛四十八愿,及普贤菩萨十大愿王也已。⑤

> 观音于娑婆有大因缘。于念佛外,兼持观音名号亦可。

---

① 〔宋〕释文冲重校编集:《智觉禅师自行录》卷1,《续藏经》第63册,第159页中—下。
② 同上书,第161页上。
③ 同上书,第161页中。
④ 印光:《复邓伯诚居士书一》,弘化社编:《印光法师文钞》第1册,成都:巴蜀书社,2016年,第27页。
⑤ 印光:《与心愿居士书》(代友人作),弘化社编:《印光法师文钞》第1册,成都:巴蜀书社,2016年,第56页。

或兼持楞严大悲等咒，亦无不可。①

在往生西方净土之事上，持观世音菩萨圣号及兼持大悲咒等行持，与持念阿弥陀佛圣号及持往生咒，是无差异的。观音行普度众生之愿，与弥陀四十八愿以及普贤十愿，在本质上也是一致的。因此，修观音行亦必得生西方净土。

《佛说无量寿经》中释迦佛开示观世音菩萨及诸众生"志求严净土，受决当作佛"②，而且明确开示观音、势至因地修行"命终转化生彼佛国"③，即确指西方净土。在《观无量寿佛经》中，释迦佛特别指出，在第十一、十二、十三观中，观想观世音、大势至、阿弥陀佛三圣像，以成就往生西方净土之愿。而且在众生往生净土之际，中品以上都是观世音、大势至与阿弥陀佛一同接引临终众生往生净土；中品下生之下，包括下品上生和下品中生都是阿弥陀佛遣观音、势至之化身前往接引临终众生，由此可见观世音菩萨在西方净土中的地位之重要。而且在极乐世界，观世音菩萨常宣妙法开示极乐世界的众生。更重要的是，当阿弥陀佛入般涅槃后，观世音菩萨于极乐世界示现成佛，所行与阿弥陀佛皆同。从这个意义上说，修观音行与修势至行、弥陀行对于往生极乐净土而言无差异。

综上所述，从修行时间上来看，延寿专修净业、专门回向净土的修行包括了"晨朝"（见第十七条）、"午时"（见第二十一条）、"黄昏时"（见第六十九条）、"初夜"（见第三十七条、第

---

① 印光：《复永嘉某居士书五》，弘化社编：《印光法师文钞》第1册，成都：巴蜀书社，2016年，第96页。
② 〔曹魏〕康僧铠译：《佛说无量寿经》卷2，《大正藏》第12册，第273页上。
③ 同上书，第273页中。

四十条)、"后夜"(见第五十三条),还有"昼夜六时"(见第五十八条)。应该说,其修行贯穿了昼夜的每一个关键时段。若从一生的修行时段来看,第三条"常修安养净业"及第九十七条"常劝一切人念阿弥陀佛"都表达了恒常修净业、恒常劝人念佛之意。应该说,专修净业、专向净土的修行,是延寿一生修行的恒常佛事,也是主要佛事之一。

需要指出的是,在延寿的思想中,唯心净土即西方净土,西方净土不异于唯心净土;唯心净土由西方净土而彰显,西方净土由唯心之旨而成就。此亦即华严圆教理论"华严妙典,理事圆融,理由事显,事因理成,理事各臻其极,圆证毗卢法身"[①] 的逻辑呈现。

二 万善回向净土之修

延寿不仅专修净土行,而且提倡"所有毫善,悉皆念念普为一切法界有情,同回向往生"[②]。

如前所述,"常修安养净业"有狭义和广义之分:从狭义上讲,"安养净业"是特指,如《观经》中的"十六观""净业三福",《无量寿经》中的合弥陀"四十八愿"之修及《弥陀经》中的"执持名号"等修。简言之,狭义的"安养净业"即与往生净土密切相关的主要正行;从广义上讲,指"所有毫善",只

[①] 印光:《净土五经后附华严经净行品缘起序》,弘化社编:《印光法师文钞》第4册,成都:巴蜀书社,2016年,第9页。
[②] 〔宋〕释文冲重校编集:《智觉禅师自行录》卷1,《续藏经》第63册,第159页上。

要是回向往生西方净土之善，皆可称为"安养净业"。

第三条则以"修安养净业"表正行，以"所有毫善"表助行，正助相资，彰显了万善同归净土之意。延寿修观、念佛及种种万善，都是以菩提心为导，念念为"一切法界有情，同回向往生"。譬如第七十七条：

> 昼夜六时，同与法界一切众生回向，从无始来，至于今日，三业所作，一念善根，尽用普施一切法界众生，回向无上菩提，同生西方净土。①

此条着重体现了普贤行愿中"普皆回向"愿。"同与法界一切众生回向"，体现了普皆回向的主体范围，即与法界一切众生共同回向；"从无始来，至于今日"体现了普皆回向的时间轴是无始无终的；"一念善根，尽用普施一切法界众生"体现了普皆回向的载体范围，一切善根，不舍微善皆回向；"尽用普施一切法界众生"体现了普皆回向的对象范围，为"一切法界众生"回向；"回向无上菩提，同生西方净土"体现了普皆回向的目的，成就无上菩提，往生西方净土。就"回向无上菩提，同生西方净土"的逻辑关系来看，要想成就无上菩提，则须先往生西方净土。

除了持念往生咒外，延寿持诵的其他咒也有回向净土，譬如第九十一条：

> 受持回向真言，一回向真如实际，心心契合；二回向无

---

① 〔宋〕释文冲重校编集：《智觉禅师自行录》卷1，《续藏经》第63册，第163页中。

上菩提，念念圆满；三回施法界一切众生，同生净土。①

实际上，身心清净者才能与真如实际的境界相应，理事无碍者才能大作佛事，成就无上菩提。"回施法界一切众生，同生净土"是三根普被的：上根者，可上品往生；中下根者，也可以蒙佛接引得往生；甚至逆恶众生，临终一念念佛，也有机会往生净土，此即净土法门的殊胜性。

对于净土法门而言，最为关键的是临命终时。因此，延寿在第九十二条特别回向愿一切众生临命终时同生净土。第九十三条是往生净土之后，不退成佛，此时则应以菩提心为导向成就菩提道，后回入娑婆度化众生，此"为法王之真子"。回入娑婆之后，度化众生需要借种种方便。以钟声为例，钟声可警醒一切三途八难众生，并以破地狱真言，叩开地狱之门，誓愿地狱众生闻钟声得解脱。第九十五条虽非言持咒功德，但是与第九十四条紧密相连，都是通过方便法叩开地狱之门而行度化。可见，以上持咒修行，形成了从众生修行到成就菩提再到度化众生的循环运动，而往生净土是此循环运动能够普被三根的关键一环。

延寿为了使自己不暂忘所有善业回向往生西方净土，在第一百七条中专门设定在每次接受粥饭时提醒自己：首先要发愿"供养法界一体三宝"，并为施主祈福；其次要想到还有饥渴众生，希望他们能够法喜充足，且能"修西方净业，成无上菩提"，文曰：

每受粥饭之时，恒发愿先供养法界一体三宝，廓周沙

---

① 〔宋〕释文冲重校编集：《智觉禅师自行录》卷1，《续藏经》第63册，第164页上。

界，大作佛事，十方施主六度圆满，一切饥渴众生法喜充足，为补饥疮，修西方净业，成无上菩提，故受此食。今此食者，不润生死身，惟成佛果法身，愿定慧今增长，施生之时，普施六道众生，具足六波罗蜜。①

第一百七条是以事入理，"每受粥饭之时"是因事启发内心，"法界一体三宝"是一心之理，以事发理。只有明理才能"廓周沙界，大作佛事"，亦才能圆满报答供养者之深恩，并祈愿一切饥渴众生法喜充足，"修西方净业，成无上菩提"。"饥渴众生"必是业障凡夫，业障凡夫更应修西方净业，蒙佛力接引往生西方净土，成就无上菩提。而且受食之时，不能起贪食之念，不贪恋色身，而惟愿以此进修，成就"佛果法身"；并愿定慧增长，愿普施六道众生，具足六波罗蜜，以六度进修，成无上菩提。

由此可见，延寿以"百八佛事"呈现对六度万行的齐修，不同的行持有其主要对应的回向目的，但延寿更愿导归极乐。"百八佛事"中也有些条目虽然没有明确回向净土，但其本身或侧面与净土有重要关涉。

三 其他旁涉净土之修

"百八佛事"中有的修行条目虽然没有明确指示回向净土，但是实际却旁涉净土。譬如延寿在"百八佛事"中专门设置了

---

① 〔宋〕释文冲重校编集：《智觉禅师自行录》卷1，《续藏经》第63册，第164页下。

修药师行的功课,如第四十六条:

> 中夜,普为一切法界众生,旋绕念药师琉璃光佛,愿成本愿风轮,往生宝刹。①

此是绕念药师佛,并"普为一切法界众生"回向,愿得生药师宝刹。此与第三十九条"旋绕念弥勒慈尊佛,愿生内院亲成法忍"异曲同工。延寿以平等无差心,普愿众生随缘随愿往生,法界与药师佛缘深者,愿生药师净土者,皆得满愿生药师净土。

又第四十九条:

> 后夜,礼东方满月世界药师琉璃光佛,普愿一切法界众生,发大誓心,摄无边众。②

后夜礼拜"东方满月世界药师琉璃光佛",之所以特别指出"东方满月世界"的药师佛,是因为"东方满月世界"是药师佛因地发大誓愿,并历无量劫修行满愿而成就。由此,普愿一切众生效法药师佛,"发大誓心,摄无边众"。

须知,药师佛有药师净土,而延寿修药师行的回向是"愿成本愿风轮,往生宝刹"和"发大誓心,摄无边众","往生宝刹"是劝令往生药师佛净土。但需要指出的是,在《药师经》中,药师佛有愿:

> 若有四众:苾刍、苾刍尼、邬波索迦、邬波斯迦,及余

---

① 〔宋〕释文冲重校编集:《智觉禅师自行录》卷1,《续藏经》第63册,第161页中。
② 同上。

净信善男子、善女人等，有能受持八分斋戒，或经一年，或复三月，受持学处，以此善根，愿生西方极乐世界无量寿佛所，听闻正法，而未定者。若闻世尊药师琉璃光如来名号，临命终时，有八菩萨，乘神通来，示其道路，即于彼界种种杂色众宝华中，自然化生。①

也就是说，药师佛曾发愿，如果世间的比丘、比丘尼、优婆塞、优婆夷，以及信仰净土法门的善信男女等，能够受持八关斋戒，并以此功德回向往生西方净土，由持闻药师佛名号的缘故，临命终时会有八大菩萨来导其往生西方净土。

可见，第四十六条中夜"旋绕念药师琉璃光佛"，回向"愿成本愿风轮，往生宝刹"，与西方净土是有重要关涉的。此处的往生既可以是往东方药师净土，也可以是往生西方弥陀净土。因此，延寿于"百八佛事"中修药师行，虽未正涉西方净土，但却可以说是旁涉西方净土，此合于药师佛助修行人往生西方净土之愿。

小　结

延寿以"百八佛事"之修，成就自身往生西方净土上品上生。莲池袾宏述曰："禅如永明，以宗门柱石而上上品生。"② 这也体现了延寿禅净双修、理事双运的圆融理论。《自行录》末尾则沿用了《万善同归集》中的偈语：

---

① 〔唐〕玄奘译：《药师琉璃光如来本愿功德经》卷1，《大正藏》第14册，第406页中。
② 〔明〕袾宏述：《阿弥陀经疏钞》卷1，《续藏经》第22册，第622页上。

> 誓断无染尘劳,愿生唯心净土;
> 履践实际理地,出入无碍观门。
> 降伏镜像魔军,大作梦中佛事;
> 广度如化含识,同证寂灭菩提。①

意思是说,心净本无染,尘劳仍须断,断后证无染;净土须愿生,生后证唯心;践履之事、观门之修,本自无碍,皆实际理地,虽实际理地,仍需以修观等种种事修显发;魔军本自心生,仍需着力降服;迷惑为梦,以大作佛事而得梦醒觉悟;以此理事并进、理事无碍之修持,广度自心所化现之众生,同证自心本然之寂灭菩提。也就是说,思想与修持须统一,不能偏废,而且延寿更为强调修持,以契合凡夫众生之根机。须知,西方净土即唯心净土,唯心净土亦摄西方净土。如果只认唯心净土,否认西方净土,则是执理废事;如果只认西方净土,否认唯心净土,则是执事废理。

需要注意的是,延寿的"百八佛事",有人言其为一日功课有百八,也有人言其非一日功课,乃一生功课。对于"百八佛事"是属于一日功课,还是一生常行功课,也因真俗角度不同,故众人所论有差异。认为"百八佛事"为一日功课者,即偏重于从真谛之理上言,如莲池所谓"此大师禅定中事"②,印光所谓延寿以"佛事百八,振大机以警愚顽"③。就俗谛之事而言,

---

① 〔宋〕释文冲重校编集:《智觉禅师自行录》卷1,《续藏经》第63册,第165页下。
② 〔明〕袾宏:《云栖法汇(选录)》卷14,《嘉兴大藏经》第32册,第57页上。
③ 印光:《楹联·永明塔院》,弘化社编:《印光法师文钞》第4册,成都:巴蜀书社,2016年,第285页。

"百八佛事"应是贯穿于延寿一生的主要课业。他每日功课根据"百八佛事"的修行宗旨展开,所谓日行"百八佛事"是概说,故憨山言延寿的"百八佛事"为"方便行"[①],即以此为大旨作为每日修行的总原则、总指导,以促进自身精修不懈,亦即莲池所谓"大概极言须臾不离之意"[②]。

[①] 〔明〕福善录,〔明〕通炯编辑:《憨山老人梦游集》卷8,《续藏经》第73册,第513页下。
[②] 〔明〕袾宏:《云栖法汇(选录)》卷14,《嘉兴大藏经》第32册,第57页上。

第五章 "透禅融教律归净"的圆融性特质

唐代智𫖮、慈恩、澄观、宗密、慈愍、法照、慧忠等诸宗祖师已奠定了圆阐净土的理论基础。延寿继承并融会前贤诸师的理论,以"一心"统摄诸宗,万善同归净土。他论净土既不执于理,又不滞于事,所论之理为即事之理,所论之事为即理之事,所论之心为即修之心,所论之修为即心之修。延寿阐发净土理事更加宏大圆融,以下就其阐发净土理事的圆融性特质进行论述。

第一节 净土理事的圆融无阂特质

延寿在《万善同归集》中以理事、权实、真俗、性相、体用、空有、正助、同异、修性、因果十对范畴阐发无阂、双行、并陈、融即、自在、相成、兼修、一际、不二、无差十种事修特质①。这十对范畴的逻辑关系是统一的，只是阐发的角度不同，谛了其中一对范畴，便可举一反三，融会贯通。此奠定了净土圆融无碍性的逻辑基调。

一 净土之理与万善之事的圆融

关于延寿的佛学思想特质，其在《万善同归集》中有言："所集者，惟显圆宗。"②延寿以"一心"为基，"一心"既圆，法法皆圆。就净土一法而言，若不能圆解，净土便无法透禅，亦无法融教、律。此为延寿"透禅融教律归净"圆融性的理论支撑。

（一）理事圆融无阂的基础

延寿在《万善同归集》中强调："夫众善所归，皆宗实相。"③"实相"在延寿的语境中可理解为"一心实相"，此不仅为禅教融合提供了合理性，更为禅净双修提供了可行性。所谓"圆宗"，重点在于"圆顿性"，在"圆宗"的理论框架下，便能开权显实，即权而圆。"圆宗"不同于"别论"，故延寿说道：

今所论者，不同凡夫所执事相，又非三藏菩萨偏假离真，及通教声闻但空灭相。若离空之有，乃妄色之因；若离有之空，归灰断之果，今则性即相之性，故不阂繁兴；相即性之相，故无亏湛寂，境是不思议境，空是第一义空，舒卷

---

① 参见〔宋〕延寿述：《万善同归集》卷3，《大正藏》第48册，第992页上。
② 〔宋〕延寿述：《万善同归集》卷1，《大正藏》第48册，第959页中。
③ 同上书，第958页上。

同时，即空而常有；存泯不坏，即有而常空。①

须知，"今所论者"即指一心圆融理论。也就是说，一心圆融理论不同于凡夫所执之事相；也不是三藏教（指小乘）菩萨那样偏假离真，而不知真空妙有；也不同于通教声闻那样只认空理，而断灭一切事相。如果离开空而执着有，便是虚妄假有之色相产生的原因；如果离开有而唯论空理，则为断灭见，成"灰断之果"。此处所论之"性"，是"即相之性"，而非离"相"论"性"，是故"性"不碍"相"之繁兴。论"相"则是"即性之相"，而非离"性"论"相"，是故"相"不妨碍"性"之湛寂。所论之境，即"空"之"有"的不思议境。所论之"空"，即"有"而"空"的"第一义谛空"。"不思议境""第一义空"则具"舒卷同时，即空而常有；存泯不坏，即有而常空"的特质。由此可见，延寿的理论基于大乘圆教思想，延寿解净土在此基调之上自然具有圆融性特质。

需要指出的是，真正的圆融不仅有圆融无碍之理，还有普皆同归之事，只有理事皆圆融，才是理事无碍。在圆教理论下，论理时自有显理之事包含其中，论事时自有圆融之理包含其中，如此方为"舒卷同时""存泯不坏"。反之，若只论空理，空理不融事修，便非圆融之理，而是执理废事，断灭之见；若只论事，而事不以理为归宿，则非圆融之事，而是执事废理，即是常见。断见、常见皆非正见，只有理事圆融无阂，方可称为圆教正见。故延寿道：

> 以理从事显，理彻于事，事因理成，事彻于理，理事交

---

① 〔宋〕延寿述：《万善同归集》卷2，《大正藏》第48册，第973页上—中。

彻，般若方圆，故能有无齐行，权实双运。①

"理从事显"是在"理不碍事"的基础上又迈进一步，"理不碍事"阐明了"不碍"，而未强调"事"的作用，但是"理从事显"则强调了"事能显理"的重要作用。"事因理成"是在"事不碍理"的基础上迈进了一步，即在"不碍"的基础上，强调了"理"的主导性地位。又，虽然"理"居于主导地位，但是凡夫在事法中仍会生种种分别念，因此延寿又阐发了"毕竟空门，理无朕迹，分别之道，事有开遮"② 的真、俗理论。也就是说，如果从理之真谛上论，则一切毕竟空，了无一法可得；但从凡夫的俗谛上论，则须有所分别，有所为、有所不为，延寿强调的是修万善而非造万恶，便是这个道理。

当然，延寿阐发理事圆融无碍论，也是因为当时有人以经中"但凡夫之人，贪着其事"③ 之句诘问他曰：

若得理本，万行俱圆，何须事迹，而兴造作乎？④

延寿解曰：

此是破贪着执取之文，非干因缘事相之法。⑤

也就是说，经中"但凡夫之人，贪着其事"，本意是从心上破除贪着事功的执着心，并非废除事修。"若得理本，万行俱圆"，心不执着事修即谓之"无修"，因为心不着相，事上虽万

---

① 〔宋〕延寿集：《宗镜录》卷36，《大正藏》第48册，第629页中。
② 〔宋〕延寿集：《宗镜录》卷16，《大正藏》第48册，第499页上。
③ 〔宋〕延寿述：《万善同归集》卷1，《大正藏》第48册，第959页中。
④ 同上。
⑤ 同上。

善皆修，理上实无所修。延寿还进一步指出：

> 若离事而推理，堕声闻之愚；若离理而行事，同凡夫之执。当知离理无事，全水是波；离事无理，全波是水。①

也就是说，如果离开事修而唯推崇空理，则是堕入了声闻的执空之见，执理废事即断灭见；若离开性理而行事，则如同凡夫认假为真，则是堕于常见，常见即没有智慧觉照之见，无法出离烦恼，便只能随波逐流。断灭见和常见皆非圆教理论，没有理事圆融无阂的特质。延寿为阐明此理，以水和波的关系为喻。他以水表性理，以波表事相，离开理则无事，即如同离开水则无波；离开事则无以显理，因为波即水，则离开波则无以见水性。波与水本即同一性，波是水遇缘而起之相，但始终不离水之性，即如修有万善，而万善始终不离心性之理，离开万善，何以显发性理？延寿又引《华严经》四无碍理阐释曰：

> 能依之事，从理而成，所依之理，随事而现。如千波不阂一湿，犹众器匪隔一金，体用相收，卷舒一际，若约圆旨。不惟理事相即，要理理相即亦得；事事相即亦得，理事不即亦得，故称随缘自在无阂法门。②

简言之，理不碍事，事不碍理，不能执理废事，也不能执事废理，是知"以理导行，以行圆理"③，"岂可滞理亏行，执行违理？"④ 很明显，延寿时时都在强调"理事无阂"的道理，而且

---

① 〔宋〕延寿述：《万善同归集》卷1，《大正藏》第48册，第958页中。
② 〔宋〕延寿述：《万善同归集》卷2，《大正藏》第48册，第970页中—下。
③ 〔宋〕延寿述：《万善同归集》卷1，《大正藏》第48册，第959页中。
④ 同上。

由华严四无碍理论可知，不仅全事即理、全事无碍，即使一事亦无碍，亦包含全理。

延寿强调理与事的圆融无阂关系，还有其现实考量，既为破狂禅执理废事之弊，也为破凡夫执事废理之愚。当时有禅者常执空理，由于不能了达空之真义，自身又非上上根器，故徒执空理，不得其益，反受其损。延寿主张理事圆融、理事无阂，既反对执理废事，也反对执事废理。他引《华严演义》加以说明：

> 若执禅者，则依本智性，无作无修，镜本自明，不拂不莹；若执法者，须起事行，求依他胜缘以成己德，并为偏执，故辩双行。依本智者，约理，无漏智性本具足故，而求佛智者，约事，无所求中吾故求之。心镜本净，久翳尘劳，恒沙性德，并埋尘沙烦恼。是故须以随顺法性，无悭贪等，修檀等六波罗蜜故，诸佛已证，我未证故，又理不碍事，不妨求故，事不碍理，求无求故，若此之修，修即无修，为真修矣。①

也就是说，禅宗重理，本为破执，执禅者却迷之而执理废事，"本智性"即约"智"而言心之本体。意思是说，若执着众生皆具一心之理，却废弃事修之功，就犹如以"镜本自明"之理而废弃除尘拂镜之事。须知，无尘清净之镜自无尘可拂，此即对已证"本智性"者而言，自不须论修；但是，业障凡夫即如经劫蒙尘之镜，便须依种种事修去除镜面之尘垢，以彰显本自清净之镜体。此喻成就自心本具之性德，仍须起事修而成修德以彰显性德。然而，所清除的只是尘垢，镜体本身不增不减，且镜体

---

① 〔宋〕延寿集：《宗镜录》卷33，《大正藏》第48册，第605页下。

本具照天照地之光,因除尘除垢而得镜体尽显。同理,万善之修对于心性本具之智亦是不增不减,对已证心性者自无修可言,但不妨于修;对具缚凡夫而言,须仗万善之修方可显发心中本具万德、万能之性德。

前文已述,净土的理事无阂特质来自圆教理论。延寿为了强化净土圆融特质的合理性,在《万善同归集》中用较大篇幅阐发了净土的理事无碍、理事双契,指出理事不可偏废。他在阐发"如来藏性"之理和万善之修时说道:

> 本如来藏性,为万善之因,亦名正因,亲生万善。①

"如来藏性"即"性理",众生之"性"和如来之"性"无二无别。此处以"如来藏性"强调性德上的至善圆满。于此"性"而言,凡夫亦分毫不缺,然唯有如来能够圆彰。"性"自本具的至善圆满之"德"为万善之正因,故能生"万善";众生仗"万善"之事修,使"修德"圆成,便可圆彰"性德"。修德与性德皆圆,方为佛果圆成。

由此可知,"如来藏性"之理与万善之事,两者相辅相成、缺一不可。延寿以圆教理事论阐发净土理事,使净土圆融性特质得以彰显。此为净土理事圆融无阂的理论基础。

(二)理事圆融的基本原则

延寿阐发净土的圆融特质时预设了基本原则,若失去了基本原则,则恐怕就不是圆融,而成混滥。

就佛教而言,只有在圆教理论的框架下持戒、修行,方可得圆满佛果。虽然持戒与否、修行与否,于性理而言皆本自圆满,

---

① 〔宋〕延寿述:《万善同归集》卷2,《大正藏》第48册,第976页上。

然若执理废事便非圆教。因为不持戒、不修行，则修德功夫无以增上，修德无法契合性德，便不得究竟圆满之果。因此，若以圆融为由，提出不持戒、不修行亦可得圆满佛果之论，则只是佛之境界，并非凡夫境界，对凡夫而言便违反了佛教基本原则，不契合凡夫根机。

此不难理解。以儒家孔子为例，儒家讲"人人可以为尧舜"，孔子"七十而随心所欲不逾矩"。"人人可以为尧舜"是讲理，然就修养功夫而言，孔子七十方达随心所欲自然合于规矩的程度，此时任运所为自然合于规矩，故不需在合规矩中再言规矩。但是，对于不学不修者而言，虽人人本具圆满性德，人人可为尧舜，若不以戒德、修德增上修养功夫，则终不能契于性德。不见孔子三四十时讲"随心所欲不逾矩"，以功夫未达故。

需要指出的是，即使是孔子暮年功夫已达，他却仍愿天假数年卒以学《易》，以期无大过耳。换言之，孔子之所以能达到"随心所欲不逾矩"，正是凭着这种永不自满、始终精进的治学及修养功夫。可见，修养功夫无止境，孔子亦是为后学做榜样。

儒家与佛家所达之境界有别，然此处所表之道理是一致的。就佛教而言，修至妙觉位之佛果方称法（身）报（身）皆圆。若未达时，虽位至等觉，亦不称为圆满。而且妙觉位之佛仍未停止精修和持戒，此正是延寿所谓："得本之后，亦不废圆修。"① 须知，成佛仍不废修，是基于度生而言，为后学之榜样故，是寂而常照的状态。若论法身，照而常寂，尚无一法可言，更无度生与不度生、修行与不修行之说。此处所表，已成佛果却仍"不

---

① 〔宋〕延寿集：《宗镜录》卷15，《大正藏》第48册，第496页中。

废圆修",未成者更须如法进修。因此,若非已达佛之境界,却妄言知空理便不须持戒、修行,或言持戒、修行有碍空理,此言不但不契机,并理性亦失之,机理双失,何谈圆融?延寿所阐,为度凡夫众生,故其指出:

> 多虚不如少实,但能行者,不弃于小心;纵空说者,徒标于大意,若未契真如之用,顺法性而行,惟得上慢之心,自招诬罔之咎。①

也就是说,凡夫进修,谈玄说妙,只尚口头禅,不如踏实进修。只要能扎实修行,即使心量尚小,佛也不会舍弃,因为在进修中,随着业消理明,自会逐渐发起广大之菩提心。反而是那些只尚谈空者,徒标理之广大意,却不能将理契入真如境界,甚至谈理而弃修,那就只能得大傲慢心,并因废修废戒之言论而感召无限罪业。延寿在《垂诫》一文中也对不遵守基本原则而妄谈圆融者进行了严厉批驳,他说道:

> 深嗟末世谄说一禅,只学虚头,全无实解。步步行有,口口谈空。自不责业力所牵,更教人拨无因果。便说饮酒食肉,不碍菩提;行盗行淫,无妨般若,生遭王法,死堕阿鼻。受得地狱业消,又入畜生饿鬼,百千万劫无有出期。除非一念回光,立即翻邪为正。若不自忏、自悔、自修,诸佛出来也无救尔处。若割心肝如木石相似,便可食肉;若饮酒如屎尿相似,便可饮酒;若见端正男女如死尸相似,便可行淫;若见己财如粪土相似,便可偷盗。饶尔炼得至此田地,

---

① 〔宋〕延寿述:《万善同归集》卷2,《大正藏》第48册,第972页中。

亦未可顺汝意在，直待证无量圣身，始可行世间逆顺事。①

意思是说，深深叹息末世狂禅一派，只学虚浮之口头禅，全无正解与实修。其行为步步都落入"有"中，指事事分别、执着，然其口头句句谈"空"，此实为断灭之妄空。自身被业力牵缠尚不知自省自责，反而更教他人驳斥因果，妄言饮酒食肉之事并不妨碍证入一心菩提之理；行偷盗邪淫之事，也不妨碍证达般若境界。岂不知这样的人在世间也会因为杀盗淫等违法行径遭到国法的制裁，死后还会因造作种种恶业，如破戒谤法、邪见误人等罪业，受阿鼻地狱的极重罪报，其报惨烈，直待地狱重罪受完，然后转入饿鬼道、畜生道继续受恶报。因为业重，如此受罪经过千万劫也无法出离，除非受报者一念回光返照，"立即翻邪为正"，仗改邪归正之势而脱离恶趣。如果不知自我忏悔、自我修正，即使诸佛出世也无法救度。如果确实已经修行到了刀割心肝如同割截木石一般的境界时，或可食肉，因为心对理事皆无分别；如果确实达到了饮酒就如同食屎尿一般，或可饮酒，因为心无分别；如果见端正美丽的男女如同腐臭的死尸一般，或可行淫，因为心无分别；如果能视自家财产如粪土一般，弃之尚不及，或可偷盗，因心无分别。然而，即使修炼到如此地步，也仍不可妄循己意，因为有己意，便有人我是非，便非真达此种境界。所以要"直待证无量圣身"，圆成佛道而后，"始可行世间逆顺事"。因为只有此时才能真正彻底断尽妄想、分别、执着，以众生之心为心，行世间种种逆顺事以为度生之方便。综上可知，延寿着重强调了三个层面的问题：

---

① 〔宋〕延寿述：《万善同归集》卷3，《大正藏》第48册，第993页中。

一是，时有狂禅，只尚口头活计，没有真参实修，妄谈杀盗淫酒等破戒事无罪及不会妨碍内心修道等。这种情况必然会造恶因受恶报，一盲引众盲，相牵入火坑。

二是，在地狱中受无量劫罪报，然后受饿鬼道、畜生道等罪，如果不能回光返照，不知悔改、不自修进，则地狱之苦不息，即使佛亲自救度也无济于事。也就是说，一念向善之心、自忏、自悔、自修才是脱罪报之第一法宝。

三是，如果真正达到对善恶、好丑无分别时，或可行世间顺逆之事。但是，只有达到佛的妙觉果位，才能真正没有妄想、分别、执着。

以上是延寿奉劝所有众生皆须断恶修善、不破戒、勿作恶之言。须知，只有佛才能彻底不动念、善恶无分别，而那些妄言作恶无罪者，只是"反用正言"为自己私欲开脱罢了。延寿在《万善同归集》中也说道：

> 正法以空去其贪，邪说以空资其爱。大士体空而进德，小人说空而退善。良由反用正言，以生邪执矣！不观空以遣累，但取空而废善。又善恶诸法，等空无相；而善法助道，恶法生障。故知万法真性，同一如矣；无妨因缘法中，有万殊矣。故经云："深信因果，不谤大乘。"三世因果，佛不诳欺；十力劝诫，闻当不疑。而谓善恶都空，无损益乎？夫法眼明了，无法不悉；舌相广长，言无不实。其析有也，则一毫为万；其等空也，则万像皆一。防断常之生尤，兼空有而除疾。非圣者必凶，顺道者终吉；勿谓不信，有如皎日。故《中论》云："诸佛说空法，为治于有故；若复着于空，

诸佛所不化。"①

可见，正法以空理断除自心贪念，而邪说却以空理滋长自身爱欲。菩萨大士体解空理而努力进德修行，小人妄谈空理，譬如恶业本空、造恶无罪等邪说，退失了善法。这真是用空理增长邪知邪见和执着贪欲啊！他们不观真空之理以断除执着、分别、妄想之累，反而取顽空之理为自身弃善作恶开脱。虽然于理而言"善恶诸法"都具空性，无形无相，但于事而言，善法能够助道，恶法却是障道。由此而知，万法真如自性是相同的，但真如自性却不会妨碍因缘法中的种种差别。简言之，一心本同，但一心之旨不坏因果，不妨碍善恶之报，不妨碍俗谛事修之千差万别。《观经》曰："深信因果，不谤大乘。"以空理为自身作恶开脱，便是不信因果，毁谤大乘。三世因果之事理是佛亲口宣说，佛不妄语、不欺诳众生。佛以"十种智力"②劝诫众生要深信因果，正解佛法。狂妄者不达真境便说善恶都空，岂能真无损益吗？须知，佛之法眼明了，法法洞悉；佛之舌相广长，证明他所言不虚。佛说有为法，一有一切皆有；佛说空理，则万像皆空，空有不二，虽有亦空，空不碍有。佛为了防止唯谈空之断灭见和唯谈有之常见之弊，融通空有二法而除断常之咎。如果不依佛言，那么必定有凶灾待受；而顺佛言循法道者，则终是趋吉避凶。不要说不信佛言，佛所说法犹如皎日当空，因此《中论》云：诸佛说空法，是为了对治众生对有的执着，如果再执着于

---

① 〔宋〕延寿述：《万善同归集》卷3，《大正藏》第48册，第983页中—下。
② 十种智力："指如来十力，唯如来具足之十种智力，即佛十八不共法中之十种。又作十神力。谓如来证得实相之智，了达一切，无能坏，无能胜，故称为力。"参见慈怡主编：《佛光大辞典》（1），高雄：佛光出版社，1988年，第361页。

空，那么对这种人诸佛也没有办法度化了。

延寿在言圆教理论理事圆融特质时，强调圆融特质的前提和原则，并指出若不遵守基本原则，便非真圆融，实是妄生混滥。

（三）理事圆融与万善同归

延寿的理事圆融理论总体上是通过一心之理和万善之修表达的，细化到诸宗，包括净土在内的理事圆融特质皆不离于此。

1. 万善之行彰理

延寿既反对执理废事，也反对执事废理。他主张理事双契、理事圆融，提出以万善之修启发至善心性的理论。他根据善的性质将万善归纳成四种：

> 一、自性善，无贪瞋痴等三善根；二、相应善，善心起时，心王、心所一时俱起；三、发起善，发身语业，表内心所思；四、第一义善，体性清净。①

第一，"自性善"，即指人人自性本具的、圆满的至善之德，然而佛能背尘合觉故全彰，而众生背觉合尘故全迷。又众生虽然迷失但不缺损，机缘到时仍起作用。简言之，此即说众生本质是善的，"无贪瞋痴等三善根"是指自性本具对治三不善根的三种心所，即"无贪善根"又作不贪善根，"无瞋善根"又作不恚善根，"无痴善根"又作不痴善根。贪瞋痴等不善法皆由自性本具之"无贪""无瞋""无痴"三善根一一对治。此是从自性的角度而论。

第二，"相应善"，即以内发外，因心内起善，则八识皆善，识善触尘而生善行，此便是内外相应。

---

① 〔宋〕延寿述：《万善同归集》卷3，《大正藏》第48册，第986页上。

第三,"发起善",即以外显内,因身语意三业之善,能够显发内心所思之善。

第四,第一义善指体性清净无染,为究竟之善,即修德圆满、性德全彰之善。

以上四种善之间存在逻辑关系:因人人本具的"自性善"而启发善心;善心起时心王、心所俱起,故识善,触尘皆修善业;从身语之修善可反照内心之意善;由修善功圆,而彻底圆彰性德本善,证达自性清净的第一义善。也可理解为,"自性善"为理,"相应善"为以理导事,"发起善"为以事显理,"第一义善"为理事圆彰。若将四善归纳为二善:

> 一、理善,即第一义;二、事善,即六度万行。①

此处的"理善"含摄了上文的"自性善"和"第一义善",因为"第一义善"本自具足"自性善"之义,所以此处延寿仅以"第一义"解析"理善"。"事善"含摄了上文的"相应善"和"发起善",理善能够生出"六度万行"之"事善","六度万行"之"事善"可以圆彰"理善"。

若从"全理即事、全事即理"的角度论,理善与事善是不二的,舍"理善"则"事善"不得其真,舍"事善"则"理善"无以圆彰,故理事二善不可分断。此即延寿圆教理论下的"万善"思想,言"事"为显"理",言"善"为彰"心"。延寿说道:

> 应以善法扶助自心、应以法水润泽自心、应于境界净治

---

① 〔宋〕延寿述:《万善同归集》卷3,《大正藏》第48册,第986页上。

自心、应以精进坚固自心、应以智慧明利自心、应以佛自在开发自心、应以佛平等广大自心、应以佛十力照察自心。①

此阐明修行中所应注重的几个方面，以下略作解析：

一者，"以善法扶助自心"，说明俗谛中有善恶之别，善法能够扶助自心，不可因真谛之无善无恶，而弃俗谛之修善。延寿提倡万善同归，同时他也指出，虽万善同归，但就俗谛而言仍有世善和出世善、小大之善、偏圆之善等种种差别；出世心能转世善为出世善，菩提心能转小善为大善，圆融无碍心能转偏善为圆善。此即一切善行由心而导，还归于心的道理。

二者，"以法水润泽自心"，指出修行佛法要学习经教。当时部分禅者并不主张学习经教，对于行持也往往以圆融无碍搪塞，致使禅教相离成为时弊。延寿作为禅宗法眼三祖，主张禅教融合，乃至禅教一致。所谓禅、教、律，分别代表佛心、佛语、佛行，佛之身语意是统一的，佛心须借经教而显，靠行持而证，故修心须明教，法水能润自心。

三者，"于境界净治自心"，是指对凡夫而言，修行中自有善境界与恶境界之别，而且延寿明确指出"今时则劫浊时讹"，娑婆世界修行，违缘较多，易障圣道。虽说处恶境也能够借事励心，转恶境为逆增上缘，磨砺自心、增上净心，而且当练就心不随善恶所动时，则为净治自心。但是，延寿更强调"净境"的重要性。他曾明确指出，凡夫心易被境转，且轮回路险，需自审根性，如自非上上根者，又身处娑婆不能即生了脱，则应力修念佛，求生极乐世界，以极乐净土境胜缘强，能使心不退转，于净

---

① 〔宋〕延寿述：《万善同归集》卷1，《大正藏》第48册，第958页中。

境中成就净心。

四者,"以精进坚固自心",娑婆世界违缘强盛,精进修行能够消除业障、坚定自心,若不精进,"志力不坚,数数间断,恶业深厚,善弱难排"[1]。虽说佛有易行道、胜方便,作恶众生十念也能得生净土,但须知"如今是因,临终是果,应预因实,果则不虚。声和则响顺,形直则影端故也。如要临终,十念成就,但预办津梁"[2]。

五者,"以智慧明利自心",智慧主要来源于学教以明理,及修定以开慧。学教以明理则基于"以法水润泽自心",而此处更多是指以精进为前提的修定以开慧,定慧等持才不会被世缘扰动,又能明辨是非,清晰进路,且会更加精进修持。

六者,"以佛自在开发自心""以佛平等广大自心""以佛十力照察自心",前提是基于佛之"自在""平等""十力",可见唯佛方能彻照自心。于理而言,虽皆自心本具,但须修德有功性德方显。故延寿说道:

> 心虽即佛,久翳尘劳,故以万行增修,令其莹彻。但说万行由心,不说不修为是;又万法即心,修何阂心。[3]

意思是说,虽然理上说心即佛,但是由于自心被妄想执着等尘垢所蒙蔽,光明、德能均无法显现。众生自心功德无法显现,就如同具有种种宝物的目盲众生,虽有宝物但是却看不到,并非宝物不存在,只是因为眼盲不能得见。如经曰"众生如大富盲

---

[1] 〔宋〕延寿:《受菩萨戒法》卷1,《续藏经》第59册,第367页下。
[2] 〔宋〕延寿述:《万善同归集》卷1,《大正藏》第48册,第968页下。
[3] 同上书,第958页下。

儿，虽有种种宝物，而不得见"①，即表此意。而万善修行就同治盲之药，通过修持万善来对治妄想、分别、执着等污垢，令内心的光明和德能充分显发出来，故曰："今行道用功，垢除心净，如翳眼开明，如水澄镜净，众像皆现。"②

延寿还对古德前贤的修行状态进行了评赞，旨在使学人有所取法，他说道：

> 前贤往圣，志大心淳，究理而暑刻不忘，潜行而神灵罔测，晓夕如临深履薄，克证似然足救头，重实而不重虚，贵行而不贵说。涉有而不住有，行空而不证空，从小善而积殊功，仗微因而成大果。③

延寿对前贤的评赞可从五个方面进行分析：

一是，"志大心淳"，即根性猛利。简言之，志向远大、心朴愿淳，对佛教而言主要表现为成佛之志与度生之愿。如佛在《杂宝藏经》中说"唯求作佛，度一切人"④；禅宗六祖慧能在初见五祖弘忍时也表达了"唯求作佛"⑤之志，而作佛之志中自含度生之愿。"心淳"能够助力内心时时保持不舍作佛之念，志坚不移则在学习佛法时能够持续着力，"究理而暑刻不忘，潜行而神灵罔测"，故要以理导行、以行证理、暗合道妙。

二是，防心离过、精进修行，具体表现在心念和行持两个方面。"晓夕如临深履薄"是指从朝至暮念头上不敢稍有懈慢放

---

① 〔宋〕延寿述：《万善同归集》卷1，《大正藏》第48册，第958页下。
② 同上。
③ 〔宋〕延寿述：《万善同归集》卷3，《大正藏》第48册，第987页中。
④ 〔元魏〕吉迦夜共昙曜译：《杂宝藏经》卷6，《大正藏》第40册，第478中。
⑤ 〔宋〕赞宁等：《宋高僧传》卷8，《大正藏》第50册，第754页下。

纵，时时保持谦虚谨慎的态度、防心离过，如临深渊、如履薄冰般恒持淳念；行持上则"似然足救头"，如同足和头着火急于扑救般精勤修持，丝毫不松懈。

三是，注重实修不妄谈空理，即"重实而不重虚，贵行而不贵说"。其与"修行精进"有相似之处，但更强调"贵行而不贵说"。此为对治当时妄谈"空理"，不重事修的狂禅之弊。

四是，事修精勤而心不着相，以此防止贪功之念，并防人我是非。执事者往往以我是人非、我修人懈等起瞋慢孤傲之心，故而提出要"涉有而不住有"，而"行空而不证空"则是强调了心不执着能修、所修之相。此为以空理破执着，但并非崇尚虚无、空无之顽空。

五是，万善一如，无有大小。此是建立在前四条的基础上，即以"志大心淳"修行精进；事修精勤而心不着相；虽行事善，以心志广大，心无杂念，故能与理相合；虽是微因小善，皆可积殊功、成大果，且于理而言，本无小大之别。

综上，延寿以"前贤往圣"为例对比时禅，指出时禅的问题所在，同时借古励今，使学人有所取法。

延寿在《垂诫》中还说道：

> 学道之门，别无奇特，只要洗涤根尘下无量劫来业识种子。汝等但能消除情念，断绝妄缘，对世间一切爱欲境界，心如木石相似，直饶未明道眼，自然成就净身。①

也就是说，学道入门的关键在于洗涤根尘无量劫来的业识种

---

① 〔宋〕延寿述：《永明寿禅师垂诫》（附文），《万善同归集》卷3，《大正藏》第48册，第993页中。

子，消除情念，而方法则是通过修行断绝妄念，把持住内心不起爱欲贪着。如此用功，即使尚未得道，通过心行两个层面的修行也自然能够成就净身。

2. 微小之善归心

延寿主张不舍微善，微善亦可归心之言论，前文已有涉及。他还曾引台教理论从反向论曰：

> 如轻小善不成佛，是灭世间佛种。①

轻视小善则不能成佛，甚至会断灭世间众生成佛的种子，可见小善之重要。延寿于此是将小善列入成佛的必要条件。小善为什么会成为成佛的必要条件呢？此需要从"一心"之理来解，于"心"之"理"而言，"善"无大小之分，皆是"理"之所现，又皆能显理之第一义。从一即一切的理论看，舍一微善无异于"心"有所缺。况且，圆成佛果，从初发心而论，无非起于"小善"，此如同老子"合抱之木，生于毫末；九层之台，起于累土；千里之行，始于足下"之意。延寿在《心赋注》中也说道：

> 百尺之山，起于累土；千里之程，起于初步；合抱之树，生于毫末；滔滔之水，起于滥觞。如一念心生，若善若恶，善则远期佛果，恶则永劫沉沦，应须护于初念。②

可见，一念心善，哪怕是小善，都会远期佛果，因为与佛果相应。反之，一念之恶则是种下了沉沦之因，因为与佛果相悖。

---

① 〔宋〕延寿述：《万善同归集》卷2，《大正藏》第48册，第976页上。
② 〔宋〕延寿述：《心赋注》卷3，《续藏经》第63册，第130页中—下。

延寿进一步引《法华经》以示微善成佛之例,经云:

> 明散心念佛、小音赞叹、指甲画像、聚沙成塔,渐积功德,皆成佛道。①

"散心念佛"与"至心念佛"相比,其功德利益属于"微善";"小音赞叹"与"广宣弘赞"比较也属于"微善";"指甲画像"与"造大佛像"比较亦属于"微善";小儿"聚沙成塔"与阿育王"广造塔寺"比较还属于"微善"。但在《法华经》中,以上微善皆感得圣果。

须知,若是利根,"微善"便能启发心中圆满之第一义善,当下圆成佛道;若是钝根,"微善"便可作为向上之阶,"渐积功德",终可圆成佛道。延寿还引《大悲经》云:

> 若有众生,于诸佛所,一发信心,种少善根,终不败亡。假使久远,百千万亿那由他劫,彼一善根,必得涅槃。②

《大悲经》说明,在佛门种善,哪怕是少善根,也是金刚菩提种子,经久远劫永不会坏,且他日必可仗此善根念念增长而得涅槃。此与上文《法华经》所阐之理相契合。需要指出的是,如果是久远劫后仗微善而成佛道,那就是唯识理论中说的"别时意",意谓过去种因,将来因熟得果。若欲破除"别时"成就,则需要从三个方面进取:

一是,仗此微善继续增进,前念之善促后念之善,善善相续

---

① 〔宋〕延寿述:《万善同归集》卷2,《大正藏》第48册,第976页上。
② 同上。

则成巨善,终成佛果。

二是,明一心旨,以菩提心导善行,微善亦成巨善,堪成佛果。

三是,回向净土,以微善功德回向净土,只要信愿真切,亦可得往生净土,并于净土圆成佛果。

须知,善之大小,在心而不在相。小心则感小果,如人天花报乃至小乘四果;大心则感成佛之大果,因一心周遍法界。这就是善无大小,小善仗一心之理,亦可当下成满佛果之理。很明显,延寿主张在明一心之理的基础上修行,以理导修,微善亦可圆成果德,故而说道:

> 世出世间,以上善为本:初即因善而趣入,后即假善以助成,实为越生死海之舟航,趣涅槃城之道路,作人天之基陛,为祖佛之垣墙,在尘、出尘不可暂废。①

也就是说,世出世间,以上善为本,但是上善是由初善而趣入的,需要借世善助成上善,以超越生死轮回,以至成佛。对于善的践行,无论是尘还是出尘皆不可暂废。

总而言之,延寿以圆教的理事观提倡万善之修,以万善之修彰显圆理。同时,他也以此破斥时禅执空废行之弊。延寿鼓励学人坚定信根,以理导行,不仅要行万善,还要精进修行,如救头燃。万善之修不弃微善,微善归心则成上善,为成佛之因。净土一法的理论便是建立在圆理的基础上而力倡事修的,此论便为净土宗完善导归净土及一念称佛、微善而能往生净土成圣果,提供了圆教的理论支撑。

---

① 〔宋〕延寿述:《万善同归集》卷1,《大正藏》第48册,第960页上。

二 心性超绝与该通因果的圆融

延寿提倡万善同归,便为凡夫修行成佛提供了种种修法;仗万善之因最终可成就至善之果,此是将种善因得善果的道理延伸到修行成佛上。执理者往往不屑于言因果,认为因果法着相,然而延寿却不避因果而常谈因果,以一心圆融故。

(一) 心性超绝与该通因果

按照天台圆教理论,性具善恶,诸佛以自性本具之善恶,示现种种方便度化众生。自性本具之善自不必论,就自性本具之恶而言,诸佛倚之可示现恶道度化众生。凡夫之性与诸佛同,皆为性具善恶,然而因为迷惑颠倒,以性具之恶造种种恶业,受无量苦。同为性具之恶,佛与众生用之则天渊悬殊,延寿说道:

> 若以性善性恶,凡圣不移。诸佛不断性恶,能现地狱之身;阐提不断性善,常具佛果之体。若以修善修恶,就事即殊,因果不同,愚智有别。修一念善,远阶觉地;起一念恶,长没苦轮。若以性从缘,虽同而异;若泯缘从性,虽异而同。①

也就是说,延寿以性具善恶与凡圣之别阐明,从事上论"因果不同,愚智有别"。既然如此,对于凡夫而言,在行持中则需要有所拣择,何者当行,何者不当行,其判断标准当以因果为参照。

因果范畴并非佛教所特有,但是佛教将其理论化和系统化

---

① 〔宋〕延寿述:《万善同归集》卷2,《大正藏》第48册,第976页中。

了，将因果与心性相融通，形成真俗互相融即的关系。因果法则建立在"有"上，"心性"妙理"即有而空"。"心性"之"即有"该通因果，"心性"之"空理"超绝因果。然而，心性之"有"与"空"是一体不二的，若只讲"心性"之"即有"，而否定"空"，则落入常见。反之，若只讲"心性"之"空"而否定"有"，则落入断灭见。因此，延寿在阐发心性与因果之间的关系时说道：

> 普光明智，不属因果，该通因果，其由自觉圣智超绝因果。故《楞伽经》妙觉位外，更立自觉圣智之位，亦犹佛性有因、有果、有因因、有果果。以因取之是因佛性，以果取之是果佛性；然则佛性非因非果，普光明智亦复如是，体绝因果，为因果依，果方究竟。故云：如来，普光明智，或称为本者，以心为本……心为本故，其宗得立。①

"普光明智"即心性本具之智，此处指代心性，虽不属于因果，但该通因果。"自觉圣智"即由自性本具之智不生不灭，因本具故能觉，觉后而显其智，也是指代心性。简言之，"心性"不属因果，却该通因果、超绝因果。

延寿引《楞伽经》从真俗两个层面谈因果：

一是，约俗而论，"佛性有因有果"，自心本具之普光明智，该通因果，故不坏因果。若以因果论佛性，则本具之佛性为"因佛性"，台教称之"理即佛"；圆成之佛性称为"果佛性"，台教称之为"究竟即佛"。以众生皆具佛性之因，故众生皆当成就佛果，此即佛性中所含之因果。

---

① 〔宋〕延寿集：《宗镜录》卷1，《大正藏》第48册，第418页上。

二是，约真而论，"佛性非因非果"，佛性本具之普光明智也非因非果。因为佛性即本体，本体寂然无相，如如不动，亘古不易，不受因果匡缚，故曰"体绝因果"。但是，因果依本体之性而起作用，本体之性也以不坏因果之事而能成就"果佛性"之果报究竟。

由此，梳理其逻辑关系为：如来即心性圆彰之普光明智，又称为本体，皆以心为本；因为以心为本，万法皆依心而立，因果也依心而立，然心不坏万法，故心性之理不坏因果之事。延寿进一步解析道：

> 一切因果从自心生，心外实无善恶业可得，以业无自性，但由心起故，所以如影如幻，无有定相。又以业无自性，故不落有，以不坏业果，故不堕无，非有非无，则一心中理。①

意思是说，一切因果都是从自心所生，心之外别无善恶业可得，因为业无自性，只由起心动念之缘起便产生业。因为业从心缘而起，所以虚妄不实，如影如幻；因心无定相，故心所生之业也无有定相；又因为业性本虚，故曰无有自性，以无有自性，故不落于"有"；然虽无自性却不坏业果，以不坏业果，故不堕于"无"。由此可见，业因果报，非有非无，不出一心之理。可见，延寿对心性"超绝因果"和"该通因果"都作了解析。

他在《万善同归集》中还从凡圣迷悟层面分析了心性与因果的关系，文曰：

---

① 〔宋〕延寿集：《宗镜录》卷85，《大正藏》第48册，第882页中—下。

> 不了无性，迷为实有，所以受其实报，如达其性空，即不生贪着，既不耽着，任运施为，不住其因，终不受果，故经云："心生，种种法生。"又云："一切惟心造。"若心不起，外境常虚；了境性空，其心自寂；妄心既寂，幻相何生？心境俱冥，自然合道。《华严经》云："眼耳鼻舌身，心意诸情根；一切空无性，妄心分别有。"又云："世间一切法，但以心为主；随解取众相，颠倒不如实。"①

"达其性空"之"达"表"证达"义，即证入离相之境，对万事万物，一切有相皆不贪着，也不执着，"任运施为"。故不住一切法，不造一切因，所以"终不受果"，此为"超绝因果"。又虽然"超绝因果"，但"不坏因果"。

如果仅从心性上论，则如经云："心生，种种法生""一切惟心造"，都是阐明心性的主体作用和主导作用。如果能做到不起心动念，则外境常虚，虚而不实则无有因种，更无相可生，终无果可成。又因为境由心生，心性本空，故境性本空，明了此理，则遇境又有什么可耽着的呢！心不耽着，故"其心自寂"；如果妄心能够安寂，幻相从何而生呢！如果心境俱寂，便与心性之理相合。若心不动念，相亦不生，何有因果可言？故知心性为一切法之主体。

延寿还引《华严经》阐明，眼、耳、鼻、舌、身以及意根所产生的种种"情根"，一切本无自性，因为妄心分别而成假有。"随解取众相"，即分别念，由分别而生种种相，皆属颠倒妄想，虚妄不实。若"不了无性，迷为实有"，便为凡夫境界，

---

① 〔宋〕延寿述：《万善同归集》卷3，《大正藏》第48册，第989页中。

第五章 "透禅融教律归净"的圆融性特质

迷惑自性，认假为真，落入有相，因此所有造作皆不出因果定律，故受其报。故知心性"超绝因果"但"不坏因果"之义。

关于心性与因果的关系，延寿还做过更为详细的论述。在《宗镜录》中，有人提出：

> 立心为宗，以何为趣？①

延寿开门见山：

> 以信行得果为趣。②

所谓"信行得果"，即建立在由因得果的因果逻辑上。延寿进一步解释曰：

> 是以先立大宗，后为归趣，故云："语之所尚曰宗，宗之所归曰趣。"遂得断深疑，起圆信，生正解，成真修，圆满菩提，究竟常果。又唯识性，具摄教理行果四法。心能诠者，教也；心所诠者，理也；心能成者，行也；心所成者，果也。法藏法师依《华严经》，立因果，缘起，理实法界，以为宗趣。③

"先立大宗"即首先要对"以心为宗"之语确信无疑，然后通过修行归向并证达"一心"之理。因此，其步骤为：先对"一心"之旨"断深疑"，进而对"一心"之旨"起圆信"，断疑生信后，再通过学习教理，对"一心"之理"生正解"，以正解而促"真修"，最终修德圆成，圆满一心本具之菩提，成就究

---

① 〔宋〕延寿集：《宗镜录》卷6，《大正藏》第48册，第448页中。
② 同上。
③ 同上书，第448页中—下。

竟恒常之佛果。

以"唯识性"论之,"唯识性"中圆摄了"教理行果四法"。所谓"教",即佛所说之圆教,只有圆教方能诠释心之至理;所谓"理",即"心"之究竟妙理,圆教所诠释的对象便是此究竟妙理,称为"所诠者"。简言之,即以能诠之教诠所诠之理,此便是"教"与"理"。所谓"行",即依圆教之理所导之修,因此修行而能成佛果,故称"心能成者";所谓"果",即"佛果",也称究竟圆满之理果,是修行所要取得的最终成果,此即"心所成者"。延寿还以"十义门"① 阐述因果、法界、心性的十重关系,进而彰显出因果以心为本,心性超绝因果、该通因果、不坏因果之理。

(二) 因果唯心与报唯约色

心为主宰,若心不动念则无因果可言,但是此并非凡夫境界。心寂然不动,无有妄想、分别、执着,究竟而论唯佛能达。佛立种种法无非为度化一切众生证心性之本有,达到无有妄想、分别、执着之境界。但是未达之前,皆不离因果法则,即使证达亦不坏因果法则。

须知,心生万法,万法不离因果,即使证达佛果,也终不昧因果之理。延寿以天台教解析"因果唯心,报唯约色"的道理,述曰:

> 台教,多约本迹,明凡圣不二,辩生佛之因果。故肇法师云:"本迹虽殊,不思议一。"所以湛然尊者,约三观四教十如十乘,一念三千等。于此迹门,论其十妙,若知迹门

---

① 参见〔宋〕延寿集:《宗镜录》卷6,《大正藏》第48册,第448页下。

尚妙，本门可知。遂撮略色心不二等十门，明权实之宗，辩能所之化。故云：为实施权，则不二而二；开权显实，则二而不二，斯则始终明不二。十门者，一色心不二门者，且十如镜乃至无谛，一一皆有总别二意，总在一念，分别色心。何者初十如中，相唯在色，性唯在心，体力作缘，义兼色心，因果唯心，报唯约色。①

从生佛皆具佛性的层面说，生佛虽异而同。所异者，是约迹而论，如荆溪湛然所言"三观四教十如十乘，一念三千等"皆是迹。所同者，是约本而论，虽迹有千差万别，但是其心性本同。故云："为实施权，则不二而二；开权显实，则二而不二。"换言之，以实相为依凭，通过种种方便度化众生，则在本同之心中展开种种迹门，通过种种迹门，引导众生觉悟自心，觉后方知此心不二。因果之理，便在其中。约心而论，因果之理唯一心之理；约相而论，因缘果报历历分明。因果之理可彰显涅槃之性，论心性与因果即将理事并论。若执着一心之理，而泯灭因果之事，则是执理废事，终必理事并失，故因果之事不可弃。延寿引《净名经》之偈云：

虽无我无造无受者，善恶之业亦不亡。②

"虽无我无造无受者"是从"心"之理上论，"善恶之业亦不亡"则是从因果之事上论。心性该通因果，于事而言善，恶业报也必然随心性之理而应受，故曰："因果不亡。"③ 延寿又引

---

① 〔宋〕延寿集：《宗镜录》卷15，《大正藏》第48册，第494页下—495页上。
② 〔宋〕延寿集：《宗镜录》卷66，《大正藏》第48册，第787页上。
③ 同上。

古德之言对心性该通因果之理事进行阐述：

> 众生为善恶而受其报者，皆由众生心识，三世相续，念念相传。如今世现行五蕴，犹前世识种为因，起今世果；今世有作业熏种，而为来世现行因，展转相续为因果故。又善恶之业，皆由心识而起，谓前念造得善恶业，然此一念识虽灭，而后念心识生，既心识相传不断，即能任持善恶之业，而亦不亡，以由识持故。①

也就是说，众生造作善恶业而受善恶报，都是由于众生的心识在起作用。众生的心识三世相续，念念相传，故而因果报应该通三世。譬如"今世现行五蕴"，"现行"指显现，可解为"今世显现的五蕴假合之'我'"。就其论述逻辑而言，由于前世有五蕴之种子，前世的种子即是因，由前世之因而得现世之果，那么现世所作之业，也即后世之因，如此辗转相续，因果报应相续产生。须知，善恶之业都是由心识而起，所谓相续，是指前念造作善恶之业，后念起时，前念虽灭，但心识依然起作用使前后念相续。因此，在凡夫地不可执理废事，而应以事显理。

综上而知，心性、因果、事修三者的逻辑关系为：心性该通因果，因果促进事修，事修有功而显发心性；心性、事修、佛果之间始终寓有因果之理，论心性与事修，亦自然包含因果；心性为理因，事修为事因，成就报身为事果，成就法身为理果。须知，于佛而言，法身、报身本是一身，以常寂而照则为报身，以常照而寂则为法身。

延寿以心性圆融因果、超绝因果，亦该通因果，不可以心性

---

① 〔宋〕延寿集：《宗镜录》卷66，《大正藏》第48册，第787页。

之理废弃因果;若因心性之理废弃因果,便是执理废事,执理废事则理亦非圆。既然强调因果,则必然强调事修,净土一法尤重事修,亦尤重因果;信愿念佛是因,往生净土不退成佛是果,心性、因果、净土之理事亦相会通。

三 净土有相与唯心无相的圆融

净土一法倡导往生西方,执理者往往以西方为有相,而排斥往生之事。这实是由不解即相无相之圆融理论所致。当时宗门教下都有排斥往生净土者,他们以执空之理说西方净土是权非实,甚至说欣求极乐是小乘法。延寿的《万善同归集》中有这样一段典型问答,问曰:

> 唯心净土,周遍十方,何得托质莲台,寄形安养,而兴取舍之念,岂达无生之门?欣厌情生,何成平等?①

可见,问者以"唯心净土"与"西方净土"对立,故对欣求净土一法产生怀疑。那么对两者应持何解、如何修?延寿解析道:

> 唯心佛土者,了心方生。②

此阐明了唯心净土的境界,修证至了达自心即谓生唯心净土。延寿进而引《如来不思议境界经》,以圣言量阐述究竟"了心"的境界是诸佛的境界。也就是说,具缚凡夫不可以圣者之

---

① 〔宋〕延寿述:《万善同归集》卷1,《大正藏》第48册,第966页中。
② 同上。

理境，破斥凡者之事修。须知，唯心净土并非口头上谈论的唯心，而是通过实证所达之唯心境界，这种境界凡夫无分。延寿引用《大乘起信论》说明娑婆世界的染缘之重，初心凡夫的心境之浮。由于众生业习强，且难值佛，故信心易退，稍纵即逝，若仅靠自己的力量证得唯心境界非常难。进而延寿指出："如来有胜方便，摄护信心。谓以专意念佛因缘，随愿得生他方佛土，常见于佛，永离恶道。如修多罗说：'若人专念西方极乐世界阿弥陀佛，所修善根，回向愿求生彼世界，即得往生；常见佛故，终无有退。'"① 若往生净土，在净土修行忍力易成，待证得无生法忍后，再回入娑婆救度众生，即使到地狱教化众生，都能自在如游戏。

延寿还说，对于西方净土而言，若论境界，即使是证入初地的菩萨也同样需要"生极乐净佛土中。故知，识心方生唯心净土"②。也就是说，初地菩萨尚需求生净土，因为极乐净土即唯心净土。换句话说，延寿要表达的是，不要以唯心净土否定西方净土，如果没有达到万法唯心的境界，则需要依靠往生西方净土进而证得唯心净土。而且，以圆教论，西方净土本即唯心净土，两者无二无别，不达此理者则妄生分别。又因不达此理，则更需以西方净土为阶，生西方净土后而速证唯心净土。

延寿还从修观的层面解析道：

> 夫观门略有二种：一依禅宗及圆教，上上根人，直观心性，不立能所，不作想念，定散俱观，内外咸等，即无观之

---

① 〔宋〕延寿述：《万善同归集》卷1，《大正藏》第48册，第966页下。
② 同上。

观，灵知寂照；二依观门，观心似现前境，虽权立假相，悉从心变，如《观经》中，立日观水观等十六观门。①

延寿所举，禅宗"直观心性"属理观，理观接"上上根人"，"即无观之观"；净土"十六观门"属事观，事观"权立假相，悉从心变"。然上上根人仍可修事观，心力有余故；而中下根人却难以修理观，心力不济故。譬如大力者随意持轻物，力有余故，小力不堪持重物，力不足故。从这个意义上说，十六妙观是二根普被，上中下根皆可修。通过十六观法，知"权立假相，悉从心变"，此便"以外显内，渐悟自心"②，悟心则理自显。延寿还引唯识理论说道：

> 智习唯识通，如是取净土，是知昔人有言，万事万形，皆由心成。③

由此便明，西方净土由心所成。那么，心是如何成境的呢？延寿说道：

> 心有高下故，丘陵是生。④
> 观心性本净，犹如虚空，即是性净之境。⑤

也就是说，心有高下，境即现成丘陵；反之，境若虚空，则表心性清净。可见，观境可明心。《大集经》亦云：

---

① 〔宋〕延寿集：《宗镜录》卷36，《大正藏》第48册，第623页中—下。
② 〔宋〕延寿集：《宗镜录》卷17，《大正藏》第48册，第506页上。
③ 〔宋〕延寿：《观心玄枢》卷1，《续藏经》第65册，第429页上。
④ 同上。
⑤ 同上。

唯心所作，还见自心。①

由此可知，《观经》十六观正是基于如是理而成。观西方圣境而得生西方圣境，由西方圣境反观内心之性本净，此便是观法中的事以显理。延寿还以佛慈接引往生及生净土见极乐圣境之事为例，解析道：

> 一真境内现相而虽仗佛威，七宝池中睹境而皆从心出。②

"一真境内现相"是就娑婆众生往生净土佛来接引之事而言。"一真境内"是指理，"现相"即化佛接引之事，"虽仗佛威"从事上讲是仗佛慈力。但从理上论，"现相"之事及"仗佛威"之事都源于"一心"，故用"虽"字，此则主阐理不碍事之论。"七宝池中睹境"是指往生极乐世界后所见之圣境，"皆从心而出"亦指事自理现，即极乐之境从心出，主阐事以彰理之论。

净土往生和极乐圣境所蕴含之理，不出于理以导事、事自理出、理不碍事、事归于理的理事圆融特质。须知，唯心净土强调心之理的根本作用。于圆教理论而言，唯心净土是即相唯心，非离相唯心。唯心净土不坏西方净土，西方净土彰显唯心净土。唯心净土的重点在于心，境则为心之果德所现。延寿举例曰：

> 《阿弥陀经》云："水鸟树林，皆悉念佛念法念僧。"是知境是即心之境，心是即境之心，能所似分，一体无异，若

---

① 〔宋〕延寿述：《心赋注》卷2，《续藏经》第63册，第108页中。
② 〔宋〕延寿：《神栖安养赋》，〔宋〕宗晓编：《乐邦文类》卷5，《大正藏》第47册，第215页上。

能见境识心，便是密传之旨，终无一法与人。①

意思是说，《阿弥陀经》中所描述的西方净土，如"水鸟树木"等皆为有形之境，却能"皆悉念佛念法念僧"，随众生心，识众生机，说种种法。这种随心应机的说法，不出"境是即心之境，心是即境之心"的道理。正是因为众生心、弥陀心、极乐境三者本"一体无异"，故能如影随形。明此，便明"见境识心"，亦能即西方净土而明唯心净土。

关于西方净土的圆融性特质及在西方净土证唯心净土的现实性，延寿在《神栖安养赋》中分四个方面进行阐发：

一是，"弥陀宝刹安养嘉名，处报土而极乐，于十方而最清"②，表达西方极乐净土为报土，而且说明极乐净土为诸佛净土中最为殊胜处。须知，究竟报土即常寂光土，所谓寂而法身，照而报身，约体则是一非二，约用则即一而二，此表法门殊胜。

二是，说明十六观是通过众生修观之定善而往生西方，佛以四十八愿接引念佛及修万善的众生往生西方，且都是当生往生，当下解脱，此表修行殊胜。

三是，说明往生西方净土，天乐鸣空、紫金台接引等殊胜境界为阿弥陀佛本愿力加持而能得见；往生西方净土后，花开见佛，永不退转，终成佛果，其理则是"标心而尽契"。

四是，说明自古以来，往生西方者很多，感得天乐鸣空、异香满室等殊胜境界是可信的。究其理，于一真境中现佛接引，生入西方见种种庄严，虽是仰仗佛力加持，但"睹境而皆从心

---

① 〔宋〕延寿述：《心赋注》卷2，《续藏经》第63册，第109页下。
② 〔宋〕延寿：《神栖安养赋》，〔宋〕宗晓编：《乐邦文类》卷5，《大正藏》第47册，第214页下。

出"。此将西方净土与唯心净土融为一体。

综上所述,延寿指出待到证得自性本具之理时,则"生即无生,岂越性空之地?"① 可知,当证得唯心之理时,"生即无生",虽言生西方净土,实是证唯心净土。此与禅宗所追求的证达性空之理并无二致,仅路径有异。

第二节 净土理事的三根普被特质

佛教以八万四千法门度生,种种法门各有契机。延寿的思想呈现出一心融会诸宗而偏赞净土的特点。净土一法于理而言,"一心本具"为深因,因圆而得果圆;于事修而言,净土修法能三根普被、利钝全收,特别是持名念佛至简至易,且能潜通佛智。只有圆融无碍之理,合利钝全收之机,并主助同修之事,方能尽显净土之圆融无碍特质。

一 净土法门的三根普被特质

延寿指出,对于净土法门而言,上上根人可直示唯心净土,心净则佛土净,自心本净,则娑婆与极乐无二无别。中下根者,无法直达唯心,则可以"是心作佛、是心是佛"之理为指导,以信愿行具足而往生净土。即使最下如五逆十恶众生也可仗佛慈力而得往生,一生净土则境胜缘强而能不退成佛。

---

① 〔宋〕延寿述:《万善同归集》卷3,《大正藏》第48册,第984页上。

（一）净土摄上根直至等觉

净土法门含摄了唯心净土之理境界和西方净土之事境界。唯心净土之理境界，本是"唯心"，又言"净土"，此为明理而强名为"土"，如延寿所言：

> 若提宗考本，尚不说有佛有土，岂言达之不达乎？所以天真自具，不涉因缘；匪动丝毫，常冥真体。①

此与宗门探究理本是一致的，唯言见性，不言佛土。一切都是自心本具、唯心所现，不涉事修因缘，尚且没有净土，何有生与不生之说！须知，究竟佛土是寂而常照、照而常寂的，故能"匪动丝毫，常冥真体"。若论究竟净土，"唯佛一人居净土"②。净土一法至圆至顿，所谓至圆，因为净土包含了常寂光净土，约"寂"则称"常寂光净土"，亦即"唯心净土"，约"照"则称"实报庄严土"。

如前所述，"实报庄严土"又分"自受用净土"和"他受用净土"，能摄大机众生，虽位至等觉者亦不能超出其外。是故《华严经》中普贤菩萨以十大愿王导华藏海众归向极乐净土，以期圆满果德。对此，延寿说道：

> 华严圆旨，具德同时，理行齐敷，悲智交济，是以文殊以理印行，差别之义不亏；普贤以行严理，根本之门靡废。③

此是对《华严》理事圆融无碍论的彰显。文中"具德同

---

① 〔宋〕延寿述：《万善同归集》卷1，《大正藏》第48册，第968页中。
② 同上书，第965页上。
③ 同上书，第958页下。

时","具"是指"性具","德"是指修德,强调的是"性""修"同时存在,缺一不可,言及"性理"自然含摄"事修",言及"事修"自然蕴含并显发"性理"。若言"性"不摄"修",或言"修"不具"性",皆非圆教之旨。明此,则后文"理行齐敷,悲智交济"皆明,因他们的逻辑一致,仅阐发角度不同罢了。须知,"具德"是基于"性"论,"理行"是基于"理"论,"悲智"是基于"用"论,以此彰显从"性"之隐幽、"理"之显发,到"用"之具体呈现的性修与理事进路。

延寿述此,是为了阐明净土理事的无碍与相即。须知,文殊以理印行,普贤以行严理,智慧与践履犹如目与足,智慧如目,行愿如足,"若有目而无足,岂到清凉之池"①,反之亦然。普贤菩萨以十大愿王导华藏海众归向弥陀净土,文殊菩萨以大智力助成普贤行愿,文殊、普贤又皆倡《华严》会通净土之圆旨,故《华严经》偈云:

> 文殊师利勇猛智,普贤慧行亦复然……面见彼佛阿弥陀,即得往生安乐刹。②

偈文中,普贤菩萨明确发愿临终要面见阿弥陀佛,往生极乐净土,以此圆成十大愿王,利济一切众生;文殊菩萨不仅助成普贤之愿,他自己也发愿往生极乐净土。《文殊师利发愿经》中文殊菩萨云:

> 我回向善根,成满普贤行,愿我命终时,除灭诸障碍,

---

① 〔宋〕延寿述:《万善同归集》卷1,《大正藏》第48册,第958页下。
② 〔唐〕般若译:《大方广佛华严经》卷40,《大正藏》第10册,第848页上。

面见阿弥陀,往生安乐国。①

可以说,《文殊师利发愿经》是对《普贤行愿品》的呼应和助力,表明文殊、普贤皆倡发愿求生弥陀净土之意。

澄观在解析《普贤行愿品》时,也特别阐述了普贤、文殊归向极乐净土的理事内涵,此被延寿所引用并发挥。净土一法摄诸上根,如文殊、普贤并华藏海众等诸大菩萨尚不能超出其外,此意已明。

(二) 净土摄下根不弃逆恶

因为净土之法能接上上根者,当时就有人据此认为,净土并非易修易进,而是唯摄上根,并以《维摩经》"成就八法,于此世界,行无疮疣,生于净土"②作为论据。但是,延寿却指出持此观点者是错解净土法,误会《维摩经》。误会者以经文为据:

> 饶益众生而不望报,代一切众生受诸苦恼,所作功德尽以施之。等心众生,谦下无阂,于诸菩萨,视之如佛,所未闻经,闻之不疑,不与声闻而相违背,不嫉彼共不高己利,而于其中调伏其心,常省己过不讼彼短,恒以一心求诸功德。③

"饶益众生而不望报"表明利众要"三轮体空"。"代一切众生受诸苦恼,所作功德尽以施之"是表舍己为人的大慈悲心和"不为自己求安乐,但愿众生得离苦"的大菩提心。"等心众生,

---

① 〔东晋〕佛陀跋陀罗译:《文殊师利发愿经》卷1,《大正藏》第10册,第879页下。
② 〔宋〕延寿述:《万善同归集》卷1,《大正藏》第48册,第968页中—下。
③ 同上书,第968页下。

谦下无阂"是指有平等心与谦卑心，如《法华经》不轻菩萨般，不轻视一切众生，对一切众生皆恭敬。"于诸菩萨，视之如佛"中的"菩萨"是泛指。一切众生本具佛性，皆当作佛，故泛指一切众生皆菩萨，此句即启发视一切众生如佛的恭敬心。"所未闻经，闻之不疑"是对佛所说的教法有坚定不移的信心，若有不解"但仰信而已"①。譬如，释迦佛说净土经典《阿弥陀经》为"难信之法"，但大众对此应秉持仰信态度，切忌因己智不达而妄生诽谤。"不与声闻而相违背"，是指恒顺一切大小乘法的圆融无碍心。"不嫉彼共不高己利，而于其中调伏其心"是指心中对超越自己者无嫉妒，对不及自身者无傲慢，要于此中调伏自心，使嫉妒、傲慢等恶心皆不起现。"常省己过不讼彼短，恒以一心求诸功德"是指不见他人过只见自己过的内求心。

误会者认为只有成就以上"八法"，并不打折扣地完全做到才能生于净土。若如此论，那往生净土的标准的确很高，唯有上根者才能成办，中下根性的凡夫是无分的。但是，延寿却不持此解，他说道：

> 理须具足，此属大根，八法无瑕，成就上品；如其中下，但具一法，决志无移，亦得下品。②

也就是说，延寿认为《维摩经》中成就八法往生净土，是对上根众生成就上品往生而言的；对于中下根者，则随具一法，只要坚定不移受持，也能得生，且至少是得下品往生。须知，净土往生分三辈九品，品位高下由功夫之深浅而定。又净土一法被

---

① [宋]延寿集：《宗镜录》卷19，《大正藏》第48册，第518页下。
② [宋]延寿述：《万善同归集》卷1，《大正藏》第48册，第968页下。

称为特别法门，其特殊性在于，即使微善亦可回向往生，乃至恶人临终遇善知识教令念佛，十念乃至一念念佛，具足信愿，皆得往生。

这就如智𫖮曾劝门人诵十六观名时所指出的"火车相现，一念改悔者，尚乃往生"，彰显了净土摄持下根，不弃逆恶之特别之处。延寿也说道，修十六观及修净业三福等种种万善，不同根性的众生于此皆能摄受。虽《观经》"心作""心是"之理等觉菩萨不能超出其外，但同样能接中下根者，乃至地狱种性的最下根者。《观经》所谓"五逆十恶，具诸不善"①众生，临终地狱相现时，若遇善友教令念佛，"至心令声不绝，具足十念，称南无阿弥陀佛。称佛名故，于念念中，除八十亿劫生死之罪。命终之时见金莲花，犹如日轮，住其人前，如一念顷，即得往生极乐世界"②。此为《观经》对下下根性众生往生净土的瑞相描述。延寿就此以"眼开舌固而立验，牛触鸡鹆而忽止"③的往生公案为佐证。"眼开舌固"之时便是命终之时，即使如一生造业之唐朝张善和、张钟馗类，以杀牛、杀鸡为业，临终地狱相现，业感所杀之牛、鸡皆来讨命，生大恐怖，此时遇善知识教令念佛，或只数声，乃至一声，"牛触鸡鹆"之境随即消失，并皆仗念佛功德蒙佛接引往生净土。延寿以此二例为佐证，说道：

其或诽谤三宝，破坏律仪，逼风刀解体之际，当业镜照

---

① 〔刘宋〕畺良耶舍译：《佛说观无量寿佛经》卷1，《大正藏》第12册，第346页上。
② 同上。
③ 〔宋〕延寿：《神栖安养赋》，〔宋〕宗晓编：《乐邦文类》卷5，《大正藏》第47册，第215页上。

形之时，忽遇知识现不思议，剑林变七重之行树，火车化八德之莲池，地狱消沉，湛尔而怖心全息，天华飞引，俄然而化佛迎之。①

也就是说，不仅是造世间杀业者，即使是毁谤三宝、破坏正法等极重之罪，本应堕阿鼻地狱，而临终遇善知识教令念佛，亦可化地狱猛火为清凉池，拔地狱苦生极乐国。而且虽是恶人，一得往生，同样得不退转，莲花化生，花开见佛，寿命无量，于极乐世界一生成就无生法忍、得遇补处，终成无上正等正觉，获究竟"报""法"二身。延寿还引《大报恩经》中阿阇世之例进一步证明：

> 如阿阇世王，虽有逆罪，应入阿鼻狱，以诚心向佛故，灭阿鼻罪，是谓三宝救护力也。又如在山林旷野，恐怖之处，若念佛功德，恐怖即灭，是故归凭三宝，救护不虚。②

经中举阿阇世王的事例：阿阇世不仅欲弑父害母，犯了五逆重罪，而且与提婆达多一起谤佛毁法，果报当在阿鼻地狱。但是，由于他及时悔过，诚心向佛，仗佛慈力阿鼻罪消。由于阿阇世忏悔之心猛利，修持精勤，蒙佛授记"当得为佛"③。而且，如果在山林旷野等所有恐怖之处，以念佛功德，可消除恐怖，此也彰显了三宝救护功德力真实不虚。延寿感叹道：

---

① 〔宋〕延寿：《神栖安养赋》，〔宋〕宗晓编：《乐邦文类》卷5，《大正藏》第47册，第215页上。
② 〔宋〕延寿述：《万善同归集》卷2，《大正藏》第48册，第977页下。
③ 〔后汉〕支娄迦谶译：《佛说阿阇世王经》卷2，《大正藏》第15册，第404页中。

> 奇哉！佛力难思古今未有。①

此是延寿对佛力加持的感叹，同时他也阐明：

> 坐莲台而赖佛恩，难抛至理。②

意思是说，蒙佛接引往生西方，既是仗佛力、赖佛恩，体现了佛力不可思议，更是一心至理的体现。若以《观经》理论视之，则是"是心作佛、是心是佛"之理的体现。

综上可见，延寿举张善和、张钟馗临终"牛触鸡鸽"而念佛数声往生净土的公案，及阿阇世王的公案，旨在说明净土一法能摄最下根者及五逆罪众生，只要一念念佛及一念忏悔，便能当下转业，乃至预入净土，此不出"心作""心是"之理。

(三) 净土摄中根初发心人

净土一法上至等觉菩萨不能超出其外，下至逆恶凡夫亦可预入其中。众生根性千差万别，有无量种根性，姑将除上上根、下下根之外的众生统称为中根者。净土于诸根众生普摄无遗，于中根者而言，仅以初心菩萨，即初发大乘心的凡夫众生为例，看延寿是如何劝中根者归净土的。

延寿在《万善同归集》中讲述了初心菩萨的往生事宜，文云：

> 初心菩萨，多愿生净土，亲近诸佛，增长法身，方能继佛家业，十方济运，有斯益故，多愿往生。③

---

① 〔宋〕延寿：《神栖安养赋》，〔宋〕宗晓编：《乐邦文类》卷5，《大正藏》第47册，第215页上。
② 同上。
③ 〔宋〕延寿述：《万善同归集》卷1，《大正藏》第48册，第967页中。

初心菩萨既非上上根之大菩萨，也非下下根之逆恶凡夫，是中根者的代表。延寿说，初心菩萨多愿往生净土，因生净土能亲近诸佛，增长法身，直至成佛。之后回入娑婆度化众生，方能真正荷担如来家业，应化到十方世界济度众生，广运佛慈。延寿又引《大乘起信论》：

> 初信大乘心人，诸佛皆摄生净土。①

上文"初心菩萨"与此处的"初信大乘心人"表义有相同之处，只是"初心菩萨"表义更广泛，包含"初信大乘心人"。上文是"初心菩萨，多愿生净土"，表自发愿；此处"初信大乘心人"是"诸佛皆摄生净土"，表佛愿摄受。可见，对于愿生净土的初发大乘心人，诸佛皆摄受其归向净土。因为初发心者忍力未成，在娑婆世界容易沉沦，而净土易生，一得往生则能亲近诸佛，增长法身，得无生忍后，乃至成就佛果后乘愿再来，度化有缘。反之，如果初信大乘人不求生净土，因为五浊障重，自身忍力未成难敌诸障，容易堕落，危险至极。延寿也进一步详阐并规劝：

> 信心初具，忍力未圆，欲拯沉沦，实难俱济。无船救溺，翅弱高飞；卧沉疴而欲离良医，处襁褓而拟抛慈母。久遭沉坠，必死无疑，但得陷己之虞，未有利他之分，故《智论》云："譬如婴儿，若不近父母，或堕坑落井，水火等难，乏乳而死，须常近父母，养育长大，方能绍继家业。"②

---

① 〔宋〕延寿集：《宗镜录》卷30，《大正藏》第48册，第592页下。
② 〔宋〕延寿述：《万善同归集》卷1，《大正藏》第48册，第967页中。

也就是说，如果对佛法的信心刚刚建立，无生法忍未成，因为修德力弱，又欲于娑婆世界、五浊恶世拯救沉沦众生，那么实在难以济度。这就好比没有船而望救诸溺水众生，又如没有强壮的羽翼而想要高飞，还如自身尚且顽疾沉疴久卧病床而要离开良医，亦如自身尚是处于襁褓期的婴儿却要抛弃慈母的庇护。这种情况，"久遭沉坠，必死无疑"。应该说，如上述情况，只有自己沉沦之分，没有救度众生之力。因此，如《大智度论》所譬喻，婴儿如果不亲近父母，或堕入深坑，或落入深井，或遭受水火等厄难，或者因为缺乏哺乳滋养而饿死。故婴儿须常亲近父母，待父母将自己养育长大，方有荷担家业的能力。同理，娑婆世界的劣根众生，要先往生西方净土，得到如慈父慈母般阿弥陀佛的加持和庇护，待于净土证达无生法忍，乃至不退成佛后，再担荷如来家业，回入娑婆济度众生。

纵然延寿如此规劝，但仍有很多众生自身本为中下根性，却仍不愿往生净土。他们或是未能谛审自身根性，或是因不能圆解净土，将净土判为权法，甚至视净土为小乘，因轻视净土故不愿往生。时人诘问延寿曰：

但见性悟道，便超生死，何用系念彼佛，求生净土？[①]

延寿面对此问，便知问者未能谛审自身根性，故而劝诫曰：

真修行人，应自审察。[②]

也就是说，若自认为是真修行人，那就应当谛审自我根性。

---

① 〔宋〕延寿：《杭州永明寿禅师戒无证悟人勿轻净土》，〔宋〕王日休：《龙舒增广净土文》卷11，《大正藏》第47册，第284页下。

② 同上。

延寿进而基于古德祖师皆谛审自我根性而欣愿求生净土为例，说道：

> 诸仁者当观自己行解，见性悟道，受如来记，绍祖师位，能如马鸣、龙树否？得无碍辩才，证法华三昧，能如天台智者否？宗说皆通，行解兼修，能如忠国师否？此诸大士，皆明垂言教，深劝往生，盖是自利利他，岂肯误人自误？①

以上古德祖师，有修禅者、演教者及禅教兼通者，皆劝修净土。修禅者，以"见性悟道"是尚，马鸣、龙树皆已悟道，而对于净土之"最胜方便之行，马鸣示于《起信》；易行疾至之道，龙树阐于《婆沙》"②。演教者，智𫖮教演天台，辩才无碍，证法华三昧，却演说"《十疑论》而专志西方"③。延寿还曾进一步以智𫖮为例，曰：

> 智者大师，一生修西方业，所行福智二严，悉皆回向。临终令门人唱起十六观名，乃合掌赞云："四十八愿，庄严净土，香台宝树，易到无人，火车相现，一念改悔者，尚乃往生。况戒、定、慧薰修行道力，终不唐捐；佛梵音声终不诳人。"④

延寿举智𫖮此例，并引经据典，旨在说明：

---

① 〔宋〕延寿：《杭州永明寿禅师戒无证悟人勿轻净土》，〔宋〕王日休：《龙舒增广净土文》卷11，《大正藏》第47册，第284页下。
② 印光：《印施极乐图序》，弘化社编：《印光法师文钞》第2册，成都：巴蜀书社，2016年，第3页。
③ 同上。
④ 〔宋〕延寿述：《万善同归集》卷1，《大正藏》第48册，第968页中。

第一，如智顗这样的通宗通教者，其根性必是上上，尚且一生精修净业，求生净土，更何况其他人。试问不求生净土者能超过智顗的根性吗？此外，智顗将一生所修福慧全部回向西方净土，即万善同归净土之意，是为后学示范。

第二，智顗赞叹西方净土，强调其三根普被特质。他临终时令门人唱十六观名，阐明阿弥陀佛以四十八愿庄严净土，西方净土易生，即使造作五逆十恶的众生，临终一念悔改，愿生西方尚得往生，何况勤修戒定慧者？若将所有修行功德回向西方净土，皆可作为往生资粮，得生净土，此是释迦佛亲口宣说，十方诸佛共同赞叹的真实语。

此外，延寿还举禅解融合、行解相应者，如南阳慧忠国师可谓禅门大德，然亦倡往生净土。延寿进而引佛言为劝："大雄赞叹，金口丁宁，希从昔贤，恭禀佛来，定不谬误也，仍《往生传》所载，古今高士事迹，显著非一，宜观览以自照知。"① 不仅如此，他在《神栖安养赋》中还以极乐净土之殊胜和易修易往之特质切劝往生，他说道：

> 弥陀宝刹安养嘉名，处报土而极乐，于十方而最清，二八观门，修定意而冥往，四十大愿，运散心而化生，尔乃毕世受持，一生归命，仙人乘云而听法，空界作呗而赞咏，紫金台上身登，而本愿非虚，白玉毫中神化而一心自庆。②

"二八观门"即指《佛说观无量寿佛经》中以十六观往生净

---

① 〔宋〕延寿：《杭州永明寿禅师戒无证悟人勿轻净土》，〔宋〕王日休：《龙舒增广净土文》卷11，《大正藏》第47册，第284页下。
② 〔宋〕延寿：《神栖安养赋》，〔宋〕宗晓编：《乐邦文类》卷5，《大正藏》第47册，第214页下。

土，此为禅、教皆尚，即使上根者也可依之而得上品往生。"四十大愿"则指《佛说无量寿经》详述弥陀以四十八愿接引众生当生往生净土之事，此皆释迦佛亲口叮咛，且十方诸佛共赞西方净土。"运散心而化生"则是说明中下根者亦可仗弥陀之愿而得往生。"《往生传》所载，古今高士事迹"，多有"空界作呗而赞咏，紫金台上身登"等种种瑞相示现。"白玉毫中神化而一心自庆"则阐明了往生西方之理，皆不出一心之旨。延寿以祖师及佛陀皆劝修净土为例，倡导上中下三根众生皆往生西方。

须知，同样是往生净土，但品位和境界却是不相同的。上上根者可直探唯心净土之堂奥，即使最下根性，下下品往生，亦得不退转，为一生补处菩萨，终成就佛道。延寿解析道：

> 若约事论，故非一等，九品往生，上下俱达，或游化国，见佛应身。或生报土，睹佛真体，或一夕而便登上地，或经劫而方证小乘。或利根、钝根，或定意、散意，或悟迟速，根机不同；或花开早晚，时限有异。今古具载，凡圣俱生，行相昭然，明证目验。①

也就是说，根据根性不同，生净土后有种种差异，所谓九品往生便是，但是上根、下根都能得生。如果是下根者，或见化身佛接引往生下品净土；若是上根，则见报佛接引往生上品净土。往生净土后，成就品位不同，花开迟速不同，见佛时间不同，证得佛果位的时间也不同。有的一夜便登上地，有的经劫方能花开，证如小乘圣者般的果位，这与根性利钝、修行定散等因素都有直接关系。但是，古今著述中皆有往生公案，若凡若圣无不得

---

① 〔宋〕延寿述：《万善同归集》卷1，《大正藏》第48册，第968页中。

生,"行相昭然,明证目验",当谛信不疑。

第三,延寿再次切劝修者自审根性,临终若能定得自在,无始以来的业障定不现前障碍,定能了脱生死,超越轮回,则或可不必修净土,然亦不妨修净土;若已具威德,出入三途恶道,应化自如,不生烦恼,十方世界,随意寄托,或可不必修净土,亦不妨修净土。但是,如果尚未达到以上必定了脱的境界,了脱未有保障,则切"莫以一时贡高,却致永劫沉沦,自失善利"①。延寿反复劝诫,"令人万善齐修,回向净土"②,可见其悲心至切。

综上所述,延寿对禅门、教下诸宗学人皆劝修、劝生净土。《净土资粮全集》对延寿"得无碍辩材,柱石宗门,而作《四料简》,偏赞西方"③之评,可谓得当。净土一法,摄根之广无所不被,然理不出一心之外;又一心之理,不坏佛力加持及往生之事相。此可谓理至圆、事尽摄、机普被,净土理事圆融特质展现无遗。

二 念佛行门的三根普被特质

上文所述是作为净土法门的三根普被特质,而净土法门以信、愿、念佛为三资粮,念佛行持中具备三根普被特质的当数持

---

① 〔宋〕延寿:《杭州永明寿禅师戒无证悟人勿轻净土》,〔宋〕王日休:《龙舒增广净土文》卷11,《大正藏》第47册,第285页上。
② 印光:《复永嘉某居士书二》,弘化社编:《印光法师文钞》第1册,成都:巴蜀书社,2016年,第127页。
③ 〔明〕袾宏校正,庄广还辑:《净土资粮全集》卷1,《续藏经》第61册,第538页中。

名一法。阿弥陀佛名号具足佛之圆满果德，延寿所谓以一名号"包罗无外，十界具足，三谛理圆"①，故他对持名念佛尤为提倡。

（一）持名念佛摄最上根者

延寿在《宗镜录》中就已经详阐了四种念佛的方法。实际上，他最为推崇的是持名念佛一法，因持名念佛至简至易，能普摄三根，又至圆至顿，上根者如等觉菩萨亦可持名，文殊菩萨和大势至菩萨在因地时都是以持名念佛的方法证三昧而成道。譬如《文殊师利所说摩诃般若波罗蜜经》曰：

> 善男子、善女人，欲入一行三昧，应处空闲，舍诸乱意，不取相貌，系心一佛，专称名字，随佛方所，端身正向，能于一佛念念相续，即是念中，能见过去、未来、现在诸佛。②

文殊菩萨以持名念佛得一行三昧，成就后又教令众生持名念佛。具体方法是：第一，将自身事务安排妥当，使自己处于不为琐事挂碍的状态。第二，平心静气，使心中妄想得以平息。第三，以实相之理为指导，不取着相貌，不起人我分别。第四，"系心一佛，专称名字，随佛方所，端身正向"，此与大势至"都摄六根"的念佛方法异曲同工。须知，"系心一佛"摄住意根，念从心起，以佛念摄诸妄念，自不至于妄想纷飞，所谓"佛号投入乱心，乱心不得不佛"③；"专称名字"以口念、耳听

---

① 〔宋〕延寿述：《万善同归集》卷1，《大正藏》第48册，第962页上。
② 〔梁〕曼陀罗仙译：《文殊师利所说摩诃般若波罗蜜经》卷2，《大正藏》第8册，第731页中。
③ 〔明〕智旭解：《阿弥陀经要解》卷1，《大正藏》第37册，第365页上。

第五章 "透禅融教律归净"的圆融性特质

为要，摄住舌根和耳根；"随佛方所"摄住眼根，方向即定，不至于东张西望；"端身正向"摄住身根，使身不乱动。由此，眼耳舌身意五根均摄，鼻根自随之而摄。第五，念念相续入一行三昧境界。第六，得一行三昧，于念一佛而见过去、现在、未来三世诸佛，可知一佛即诸佛，法身无有异，进而证入实相妙理。

由此可见，持名念佛可摄诸上根，直至证入实相妙理，所以文殊菩萨极力提倡一行三昧。需要注意的是，文殊菩萨以持名念佛成就一行三昧是回向往生西方净土的，《文殊师利发愿经》有云：

> 愿我命终时，除灭诸障碍，面见阿弥陀，往生安乐国。①

文殊菩萨被称为七佛之师，为古佛再来示现为等觉菩萨，以方便度化众生。从这个意义上说，持名念佛一法及往生极乐净土之愿，为诸佛所共遵。延寿由此说道：

> 释迦世尊亲记文殊，当生阿弥陀佛土，位登初地。②

不仅是文殊菩萨，而且大势至菩萨同样是以持名念佛的方法成就三昧，证入实相妙理。《楞严经》中大势至菩萨自述："都摄六根，净念相继，得三摩地。"③ "三摩地"即"三昧"的别名。而且大势至菩萨"因地以念佛心入无生忍，今于此界摄念

---

① 〔东晋〕佛陀跋陀罗译：《文殊师利发愿经》卷1，《大正藏》第10册，第879页下。
② 〔宋〕延寿述：《万善同归集》卷1，《大正藏》第48册，第968页中。
③ 〔唐〕般剌蜜谛译：《大佛顶如来密因修证了义诸菩萨万行首楞严经》卷5，《大正藏》第19册，第128页中。

佛人归于净土"①。可见，大势至菩萨与文殊菩萨的修行方法是一致的，都是以持名念佛之法成就三昧境界，证入实相妙理，且劝令众生持名念佛，发愿往生净土。以至于延寿"百八佛事"中还专门于初夜时顶礼西方"安乐世界大势至菩萨摩诃萨及一切清净大海众"②，而且"旋绕念大势至菩萨摩诃萨，愿摄诸根，净念相继，托质莲台"③。可见，延寿提倡持佛名号，念大势至菩萨名号，发愿往生西方极乐世界，托质莲台。

延寿还专门解析了持名念佛三根普被之原因，他说：

> 阿弥陀者，此云无量寿，即如理为命，以一心真如性无尽故。④

也就是说，阿弥陀译为无量寿，因为一心之理无始无终，故佛之寿命无量。由"凡圣交彻，理事相含"⑤之理可知，以"一心真如性"之无量德能融于名号，称名便含一心之德，契合一心之理。

不仅如此，延寿还从理事相即的层面破除当时学人但执空理而废弃念佛之弊，表明持名念佛不落有无，不离实相。延寿说道：

> 名字性空，皆唯实相，但从缘起，不落有无。⑥

---

① 〔唐〕般剌蜜谛译：《大佛顶如来密因修证了义诸菩萨万行首楞严经》卷5，《大正藏》第19册，第128页中。
② 〔宋〕释文冲重校编集：《智觉禅师自行录》卷1，《续藏经》第63册，第161页上。
③ 同上书，第161页中。
④ 〔宋〕延寿述：《心赋注》卷3，《续藏经》第63册，第136页下。
⑤ 同上书，第124页中。
⑥ 〔宋〕延寿述：《万善同归集》卷1，《大正藏》第48册，第961页上。

第五章 "透禅融教律归净"的圆融性特质

即从实相理而言，万法皆空，名字之性亦空，以实相理指导缘起法，则名字之功德不落有无。"不落有"防止认假为真之弊，"不落无"防止断灭无修之弊。须知，即有之无方为实相妙理，断有之无则是断灭见。延寿还引《华严经》阐持名念佛所蕴之至理：

> 譬如诸法不分别自性，不分别音声，而自性不舍，名字不灭。菩萨亦复如是，不舍于行，随世所作，而于此二无执着。①

意思是说，理上说"诸法不分别自性，不分别音声"，但是自性始终存在，名字恒常不灭，此便是即有而无。以即有而无的实相妙理指导修行，便是即修而无修。菩萨修行也是这样，不舍事修，随世间需要而做种种度生之事，心中又对度生之事了无执着，此便是即修行而无修。须知，"修行"是菩萨常行，"不执着"便称为无，而不是称"不修行"为"无"。如果把"不修行"称为"无"，则是邪见。所以，延寿说道：

> 以不动实际，建立行门；不坏假名，圆通自性。②

即以实际理地之理指导建立修行，在修行中"不坏假名"，即借假修真，以圆通自性。譬如"阿弥陀佛"名号，即以阿弥陀如来之法身性德为皈依，建立修行如持名念佛。要以持念阿弥陀佛名号之修，持至杂念归一念，念而无念，无念而念，念念相续而得三昧，从而以持名念佛之修德圆通自心本具之性德。

---

① 〔宋〕延寿述：《万善同归集》卷1，《大正藏》第48册，第961页上。
② 同上。

(二) 持名念佛摄最下根者

《阿弥陀经》主要阐述了执持名号念佛往生净土的殊胜利益，《无量寿经》也以"闻其名号信心欢喜，乃至一念，至心回向愿生彼国，即得往生住不退转"① 强调名号功德。持名念佛能够摄受最下根之逆恶众生，只要临终蒙善知识教令念佛，十念乃至一念皆蒙救度，此在《观无量寿佛经》中有明确记载。

《观无量寿佛经》以提倡十六观之观想念佛为主，但是第十六观中也明确提出持名念佛摄持五逆十恶等地狱种性者，经云：

> 下品下生者，或有众生作不善业，五逆、十恶，具诸不善。如此愚人以恶业故，应堕恶道，经历多劫，受苦无穷。如此愚人临命终时，遇善知识，种种安慰，为说妙法，教令念佛，彼人苦逼不遑念佛。善友告言：汝若不能念彼佛者，应称归命无量寿佛。如是至心令声不绝，具足十念，称南无阿弥陀佛。称佛名故，于念念中，除八十亿劫生死之罪。命终之时见金莲花，犹如日轮，住其人前，如一念顷，即得往生极乐世界。②

须知，西方净土分三辈九品。上上根者可往生净土上品上生，而下品下生则是不作善业、常犯五逆十恶及作种种不善的众生。他们按照所造作恶业应堕入恶道多劫受苦，但如果临命终时遇到善知识为其说净土妙法"教令念佛"亦可得度。众生临命终时，心力羸弱，多有恐惧，妄念纷飞者难以受持。在此时，善

---

① 〔曹魏〕康僧铠译：《佛说无量寿经》卷2，《大正藏》第12册，第272页中。
② 〔刘宋〕畺良耶舍译：《佛说观无量寿佛经》卷1，《大正藏》第12册，第346页上。

友告知，如果心力太弱不能"念"，即用心"忆念"，则应当"称念"，即以口念"归命无量寿佛"。"归命"，梵语即"南无"，"无量寿佛"即"阿弥陀佛"。故此，如果能够以至诚心称念"南无阿弥陀佛"，令念佛声相续不绝，具足十念，以此称名功德，念念之中能除八十亿劫生死之罪。而且命终之际，能够见到金莲花体积大如日轮，临终人一念间，便得往生极乐世界。此类人往生极乐世界为下品下生，虽然下品下生花开见佛时间长，但是同样能得不退转，为一生补处菩萨，终成无上菩提。经以此说明，持名念佛能够接引最下根者。延寿还引《文殊般若经》曰：

> 众生愚钝，观不能解，但令念声相续，自得往生佛国。①

可见《文殊般若经》也表达了，即使愚钝众生不能理解修观，无法修持，但是通过声声念佛，也能够自在往生佛国净土。

那么，何为最下根者？按经中所言，即专造恶业、毫不为善，不仅作恶多端，而且造五逆十恶等极重之罪，当堕阿鼻地狱受极重之苦者，亦称地狱种性。此类众生，只有到了临命终时，地狱相现，才会感到极度无助和恐慌。然而此时其人心力、体力俱下，若遇善知识教令持念南无阿弥陀佛名号，便如救命稻草般一心称念，如此十念得生净土，可见持名念佛的殊胜性，及其接引最下根的特殊性。也正因此，延寿尤为推崇持名念佛，他说道：

> 课念尊号，教有明文，唱一声而罪灭尘沙；具十念而形

---

① 〔宋〕延寿述：《万善同归集》卷1，《大正藏》第48册，第962页上。

栖净土，拯危拔难，殄障消冤，非但一期暂拔苦津，托此因缘终投觉海。①

意思是说，教令持念阿弥陀佛名号，在佛之经教中有明文所示，念佛一声而能灭罪如尘沙般无可限量。十念称名能往生西方净土，拯救危急、济拔苦难、解冤释结，不仅能救拔一期生命的苦厄，而且能仗此念佛往生因缘终投佛之觉海，成就圆满菩提。可见延寿对持名念佛的推崇。

延寿为了强化对持名念佛的宣倡，还引《宝王三昧论》阐明，只要有持名念佛一法便能万行无亏，成就圆满觉道。文云：

> 浴大海者，已用于百川；念佛名者，必成于三昧，亦犹清珠下于浊水，浊水不得不清。念佛投于乱心，乱心不得不佛，既契之后，心佛双亡，双亡定也，双照慧也，定慧既均，亦何心而不佛，何佛而不心？心佛既然，则万境、万缘，无非三昧也。②

"浴大海者，已用于百川"表明念佛名号具足自心无量功德。如果说万行之修如百川入海，那念佛之行无异于在大海中沐浴，自然用到了百川之水，即念佛之行含摄了万行之功德。此外，念佛名号者，就如同将有净水之功的清珠投入浊水之中，"浊水不得不清"。同理，"念佛投于乱心，乱心不得不佛"，念佛可转乱心成佛心，念念相续而能契入三昧境界，此时心佛双寂，进入正定状态。心佛双照，则能够定慧齐发，达此境界，"何心而不佛"，更何况是念佛之心呢！"何佛而不心"，指佛佛

---

① 〔宋〕延寿述：《万善同归集》卷1，《大正藏》第48册，第962页上。
② 同上书，第962页中。

皆归一心，阿弥陀佛更会归一心！"心""佛"之理事如此，那么"万境""万缘"都归于佛心。由此可知，持佛名号达到三昧境界，一法即万行，能够圆成佛道。

以上论述了持名念佛摄受最上根者，连等觉菩萨都不能超出其外；摄持最下根者，连五逆十恶的地狱种性尚能十念往生。因此当然能摄中根众生。持名念佛一法是三根普被的。实际上，净土法门之所以具足三根普被特质，与持名念佛之至圆至顿、至简至易的修法也有重要关涉。

(三) 十念往生须预种生因

延寿肯定了五逆十恶众生临终十念，也可仗佛慈力往生净土。但是，他更提倡要提前预备往生资粮，以确保万无一失，并增上往生品位：

> 九品经文自有升降，上下该摄，不出二心：一、定心，如修定习观，上品往生；二、专心，但念名号，众善资熏，回向发愿，得成末品。仍须一生归命，尽报精修，坐卧之间，常面西向。当行道礼敬之际，念佛发愿之时，恳苦翘诚，无诸异念。如就刑戮，若在狴牢，怨贼所追，水火所逼，一心求救，愿脱苦轮，速证无生，广度含识。绍隆三宝，誓报四恩，如斯志诚，必不虚弃。①

意思是说，净土九品往生摄不同根性众生，但是往生须具备定心和专心。具备定心，如修观成定，以此回向往生则得上品往生。专心，则是一心称名，加之众善相资、回向往生，也能得生末品，但同样需要以毕生精修专志回向往生，而且要时时处处常

---

① 〔宋〕延寿述：《万善同归集》卷1，《大正藏》第48册，第968页下。

具愿心愿行，恳切至诚，除愿往生外无有别愿。这种念佛心，就如同临刑之人或遇到怨贼、水火逼迫一心求救一般；要发菩提之心，果然至诚，则必得往生。延寿继续说道：

> 如或言行不称，信力轻微，无念念相续之心，有数数间断之意。恃此懈怠，临终望生，但为业障所遮，恐难值其善友。①

也就是说，如果信心微弱，修行不能精进，愿力不能恒常，时而间断，以懈怠之心行期望往生，恐怕容易被业障所遮，临终难值善友助力提醒念佛，如此则很可能丧失往生机会。延寿又说：

> 风火逼迫，正念不成，何以故？如今是因，临终是果，应预因实，果则不虚，声和则响顺，形直则影端故也。如要临终，十念成就，但预办津梁，合集功德，回向此时，念念不亏，即无虑矣。②

延寿以因果理论进行解析：如果平时不种往生因，则临终难得遇善知识教令念佛；如果恰能得遇善友，提醒念佛并助力念佛，临终时信愿念佛也能往生，然此情况亦是因宿世的善因成熟。如果以偷心不预种往生之因，而期盼临终时得遇善知识教令念佛一举往生，此则万人不见一二。因此，延寿主张平时预办津梁，合集诸行功德，以回向往生，即得顺利往生。因此，平时就要注重修功累德，念念不断，时时回向，临终便能感得增上助

---

① 〔宋〕延寿述：《万善同归集》卷1，《大正藏》第48册，第968页下。
② 同上。

缘。延寿劝道：

> 劝诸子，勿虚弃，光阴如箭如流水。①
> 合抱之树生毫末，积渐之功成宝尊。②

延寿分析了临终十念也可得往生的道理。但与此同时，他也提到，不能因为临终十念可得往生，而荒废了平时的预修，因为临终十念往生是有特定条件的。延寿力主"一生归命，尽报精修"③。他本人更是做出了表率，"日课十万弥陀，期生安养"④，终得上上品生净土。

(四) 尤倡高声与行道念佛

前文已述，净土法门以念佛为正行，持名念佛具备三根普被的特质，所以延寿尤为推崇。在持名念佛行中，延寿特别强调高声念佛和行道念佛。

在此之前，唐代的善导、飞锡、法照等都十分提倡高声念佛。延寿引《业报差别经》说明高声念佛的十种功德，其中第六种利益为"令心不散"，第九种利益为"三昧现前"，第十种利益为"生于净土"⑤。延寿还引《大集经》比较了同样是志心念佛，大声念佛和小声念佛的区别。他说道：

> 志心念佛，小念见小，大念见大。⑥

须知，"欣愿"为"志"，"志心念佛"即以信愿心专志念

---

① 〔宋〕延寿：《定慧相资歌》卷1，《续藏经》第63册，第80页下。
② 同上。
③ 〔宋〕延寿述：《万善同归集》卷1，《大正藏》第48册，第968页下。
④ 〔清〕了亮等集：《彻悟禅师语录》卷2，《续藏经》第62册，第351页上。
⑤ 参见〔宋〕延寿述：《万善同归集》卷1，《大正藏》第48册，第962页中。
⑥ 同上。

佛。"小念"即小声念佛,则见小佛;"大念"即大声念佛,则见大佛。因此,延寿提倡大声念佛。为什么大声念佛便能见大佛呢?因为大声念佛更容易摄心,以音声增加心力,使信更真、愿更切,故能见大佛。印光法师在此基础上进行补充解析:将小念解为小心,心力小故见小佛;大念即大心,心力大故见大佛。此解也合于声音大小对心力大小所能产生的影响。

除了高声念佛,延寿还特别提倡行道念佛。他在《万善同归集》中比较了行道念佛与坐念佛的差异,文曰:

> 譬如逆水张帆,犹云得往;更若张帆顺水,速疾可知。坐念一口,尚乃八十亿劫罪消,行念功德,岂知其量?故偈云:"行道五百遍,念佛一千声,事业常如此,西方佛自成。"若礼拜,则屈伏无明,深投觉地,致敬之极,如树倒山崩。①

意思是说,遇逆缘时,以行道念佛即如逆水张帆②,能令船之阻力减少,利于前行;顺缘时,行道念佛则犹如顺水扬帆,船速倍增。如果说坐念佛尚能消八十亿劫生死重罪,更何况是行道念佛,消业自然倍增。偈语意指,常能行道念佛,自然能往生西方,不退成佛;如果礼拜念佛,则能够"屈伏无明,深投觉地"。原因在于"致敬之极",其心至诚至极,其功德力大,如树倒山崩。

需要指出的是,行道念佛包含了绕念和礼念两种形式,所以礼拜念佛也是行道念佛的重要环节之一。延寿自身修持也是以行

---

① 〔宋〕延寿述:《万善同归集》卷1,《大正藏》第48册,第964页中。
② "张帆"为古代航行"驶风"的操船技术,可参见宋应星《天工开物》。

道念佛为主，他居永明寺期间每夜必于"别峰行道念佛"，从其"百八佛事"中也可见对行道念佛的重视。

然而，无论是高声念佛，还是行道念佛，都注重摄心。念佛最为关键的还是要有志诚心。志心念佛的标准即以念佛"都摄六根"，使"净念相继"，这是《楞严经》中大势至菩萨念佛的核心方法。若心不至诚，则无法"都摄六根"；若不能"都摄六根"，则无法"净念相继"；若不"净念相继"，则无以得念佛三昧，可见志诚之要。延寿在解释《法华经》倡念观世音菩萨圣号的利益时，也阐明了"都摄六根"的持名方法。他说道：

> 六根都会一心，即是俱发声言，才了唯心，诸境自灭，即是称其名故即得解脱。①

"六根都会一心"，即将眼、耳、鼻、舌、身、意之六根以持名的方法都摄会归于一心。如印光法师所言：

> 念佛一法，理极高深，事甚平常。欲求心佛相应，第一是志诚恳切，第二是听，反闻念佛声，诚、听兼到，昏散自除。②

也就是说，志诚恳切是念佛的第一基础，只有在心生志诚的情况下方能摄诸意根。然后以念佛之声摄耳根，以口念摄舌根，意、耳、舌三根即摄，则身自不会乱动，眼自无暇环顾，鼻自不乱嗅，故六根具摄，即达"都摄六根"。六根摄持后会归于一心，即三昧的境界，由证念佛三昧继而证唯心之理。此即延寿所

---

① 〔宋〕延寿集：《宗镜录》卷25，《大正藏》第48册，第556页上—中。
② 印光：《复李觐丹居士书一》，弘化社编：《印光法师文钞》第6册，成都：巴蜀书社，2016年，第247页。

说的"称其名,故即得解脱"之意。

三 不舍诸善的普皆回向特质

延寿偏赞持名念佛,也提倡万善同修,不弃微善。其所主的万善之行自是以念佛为主。然除念佛外,他还注重礼拜、忏悔、建塔、造寺、立像、布施医药饮食、修路、筑桥、戒杀放生等善之行,并皆回向净土,体现了他万善同归的思想,更体现出净土法门在事修上的普皆回向特质。

(一) 上求佛道愿行回向净土

礼拜、忏悔、塔寺、造像都是属于宗教信仰层面上的求佛道之愿行。礼拜与忏悔主要是从自我身心入手,以降服傲慢、启发诚敬、忏除过愆、净化心灵为主,重在修心之善。塔寺、造像是属于事相上的善,是以有相之塔寺、造像等引导并助成众生自我修养与上求佛道之志。延寿无论是礼拜、忏悔,还是塔寺、造像,其功德都回向往生净土。

1. 礼拜与忏悔

在佛教的种种修法中,能够彰显至诚之心的无过于礼拜。延寿除了提倡至诚念佛外,还特别赞叹并提倡礼拜的修行方法。譬如他说:

> 若礼拜,则屈伏无明,深投觉地,致敬之极,如树倒山崩。①

延寿以"树倒山崩"比喻至诚礼拜消业之快,及功德之大。

---

① 〔宋〕延寿述:《万善同归集》卷1,《大正藏》第48册,第964页中。

为了进一步强调礼拜的修法，他又引《业报差别经》所言礼佛十种功德，其中第九为"命终往生"，第十为"速证涅槃"，都体现了礼拜之修对往生净土和速证涅槃的重要作用。

需要注意的是，延寿指出礼拜要"致敬之极"，即以诚敬之心礼拜，才能启发心之性德。何为至诚？他引三藏鹤勒那的开示曰：

> 今达自心虚通无阂，故行礼佛随心现量，礼于一佛，即礼一切佛。礼一切佛，即是礼一佛，以佛法身，体用融通故，礼一拜遍通法界。如是香华种种供养，例同于此，六道四生，同作佛想。①

意思是说，达到自心与虚空等无差别，无有障碍的境界时，"礼佛随心现量"，心量如虚空，则礼一佛即礼十方一切诸佛，礼十方一切诸佛即寓于礼一佛之中。因为心相之间是融通的，所以事相上礼佛一拜，在心之体上便通于法界。须知，诸佛法身本同，故体用皆能融通，由此一礼遍十方，一拜通法界。当证达此境界时，不仅礼拜、香花供养，乃至一切诸行都与此类通。又因心不分别故，即使面对六道众生，也会如同对佛一样恭敬。延寿也引用文殊菩萨"内行平等，外顺修敬；内外冥合，名平等礼"②的开示，阐明内修平等之观，外顺诚敬之礼，才能冥合道妙。

此外，礼拜除了表达恭敬，还是修忏悔法的重要方式之一。延寿曾在天台山国清寺忏堂专修忏法。忏堂需要恭敬庄严，且要

---

① 〔宋〕延寿述：《万善同归集》卷1，《大正藏》第48册，第964页下。
② 同上。

设立佛像，面对佛像忏悔更能摄心。忏悔对于业障凡夫而言是非常重要的修法。因为凡夫心行不稳定，前念尚善，后念即恶，由恶念而成恶言、恶行，造作种种恶业，而忏悔便是企望忏除已经造作的身、语、意三业之过愆，以减少自业障道之力。对此延寿说道：

> 若有因缘，或犯轻重等戒，虽暂时破，深信因果，常生忏悔，即不名犯。①

也就是说，对于初心凡夫而言，遇到不善因缘，或会犯戒，或轻或重。但是如果能够"深信因果，常生忏悔"，就不称之为犯戒，由此突出了忏悔的功效。

延寿进而举诸经开示，从不同角度阐述了忏悔之理与事：

第一，他以《最胜王经》表达"一切诸法，从因缘生"②，所以"应忏悔，灭除业障"③。不仅要忏悔，还要防心离过，"前心起罪，如云覆空；后心灭罪，如炬破暗"④。反之，如果不常常忏悔，则"炬灭暗生"⑤。

第二，他举《弥勒所问本愿经》中弥勒菩萨的忏悔方式，"我悔一切过，劝助众道德；归命礼诸佛，令得无上慧"⑥，即通过忏悔的方式，资助一切善根道德，通过归命礼佛的方式，增修无上智慧。

第三，他举《大集经》说明，"百劫中所集诸不善业，以佛

---

① 〔宋〕延寿：《受菩萨戒法》卷1，《续藏经》第59册，第367页下。
② 〔宋〕延寿述：《万善同归集》卷1，《大正藏》第48册，第965页下。
③ 同上书，第965页中。
④ 同上书，第965页下。
⑤ 同上。
⑥ 同上。

法力故，善顺思惟，可于一日一时尽能消灭"①。此处阐明了几个重要问题：一为宿世恶业均可忏悔；二为众生忏悔得佛力加持；三为从心而忏即"善顺思惟"②，则业障"一日一时尽能消灭"③，并以此表明"诸福中，忏悔为最，除大障故，获大善故"④的观点。

第四，他举《婆沙论》提倡发菩提心，"对十方佛前，代为一切众生，修行五悔"⑤，因为菩提心广大，所以代众生忏悔的功德"三千大千世界著不尽"⑥。

第五，他举《高僧传》昙策于道场中行忏感七佛授记成佛；慧思大师行方等忏，梦四十九位梵僧加持开示，因此更加精进而"了见三生"⑦；"智者大师于大苏山修法华忏，证旋陀罗尼辨"⑧；"沙门道超于道场中修忏"⑨而得证悟等例，阐明昙策、慧思、智者、道超等"皆投身忏门，归命佛语，致兹玄感，顿蹑圣阶"⑩，以此证明忏悔力强功深。

第六，延寿提出"是以忏悔，跻至等觉，谓有一分无明，犹如微烟，故须洗涤，又法身菩萨，尚勤忏悔，岂况业系之身，而无重垢？所以十八不共法中，三业清净，唯佛一人"⑪。简言

---

① 〔宋〕延寿述：《万善同归集》卷1，《大正藏》第48册，第965页下。
② 同上。
③ 同上书，第968页下。
④ 同上。
⑤ 同上。
⑥ 同上。
⑦ 同上。
⑧ 同上。
⑨ 同上。
⑩ 同上书，第966页上。
⑪ 同上。

之，忏悔之力可修至等觉位，即使是等觉菩萨，仍需行忏悔以涤除最后一分无明。等觉菩萨尚需忏悔，更何况业障凡夫。真正三业清净的唯佛一人。

第七，延寿引南岳大师开示："修六根忏，名有相安乐行；直观法空，名无相安乐行，妙证之时，二行俱舍。"① 从事忏"有相安乐行"和理忏"无相安乐行"两个方面总结忏悔之法，并指出"妙证之时，二行俱舍"的至理。

由上可知，忏悔分理忏、事忏两种。但是，执理废事者却往往重理忏而废事忏，如说：

> 业本真如，取相增瑕，如何忏悔？②

意思是，业之性体本空，如果执着事相上的忏悔，便又增加了见解上的错误。延寿并不这样认为，他指出要具体情况具体分析，不能一味舍弃事忏。他说道：

> 若烦恼道，理遣合宜；苦业二道，须行事忏。③

也就是说，如果只是烦恼惑业未断，所有身、语、意造作已不对外界产生任何影响，只是要自心断除烦恼惑业，达此境界时才适合用理忏，通过理忏破除烦恼惑业，以增上功夫及位次。但此并非对罪业凡夫而论。此处延寿虽然没有明示何种境界方堪唯行理忏，但是从南岳大师开示"修六根忏，名有相安乐行；直观法空，名无相安乐行"④ 可知，最低须修至圆教七信位之后，

---

① 〔宋〕延寿述：《万善同归集》卷1，《大正藏》第48册，第966页上。
② 同上书，第965页中。
③ 同上。
④ 同上书，第966页上。

见思二惑皆断尽无余,了脱生死烦恼,身、语、意三业六根不再造新殃之时,方堪只行理忏。若论高位,或修至圆教十信内凡位之后,即六即佛"相似即佛"之后,进入"分证即佛",能够破一分无明烦恼,证一分三德密藏时方堪理忏。延寿还说,即使是等觉菩萨仍须忏悔,须知"三业清净,唯佛一人"①。对于理事双忏适合的对象范围,延寿引天台《止观》开示曰:

> 圆教初心,理观虽谛,法忍未成,须于净地严建道场,昼夜六时,修行五悔,忏六根罪,入观行即乘戒兼急,理事无瑕,诸佛威加,真明顿发,直至初住,一生可阶。②

也就是说,据天台圆教理论,初发心菩萨虽学教能明至理,但是法忍未成,遇境逢缘容易退转,因此需要修忏悔法。修忏悔的方法是要先在干净之地,庄严建设道场,建成道场后,"昼夜六时,修行五悔,忏六根罪",从精修忏悔中可达六即佛之"观行位",只有理事皆忏,得诸佛威力加持,直达"初住位",如此修持,一生可阶圣位。

总之,对于凡夫而言,身、语、意造作种种恶业,而且这些恶业都会感得业果,对此部分众生而言,则须事忏并理忏。换言之,延寿以此明确提出,业障凡夫必须行事忏,以事忏进修。延寿还从罪业产生的过程、原因及忏悔理路,强调自力和他力的结合问题。他说道:

> 夫罪性无体,业道从缘,不染而染,习垢非无;染而不染,本来常净,业性如是,去取尤难。一切众生,业通三

---

① 〔宋〕延寿述.《万善同归集》卷1,《大正藏》第48册,第966页上。
② 同上书,第961页中。

世，真慧不发，被二障之所缠；妙定不成，为五盖之所覆。唯圆乘佛旨，须于净处严建道场，苦到恳诚，普代有情，勤行忏法，内则唯凭自力，外则全仰佛加，遂得障尽智明，云开月朗，是以非内非外，能悔所忏俱空，而内而外，性罪遮愆宛尔。故菩萨皆遵至教，说悔先罪，而不说入过去，且登地入位，尚洗垢以除瑕；毛道散心，却谈虚而拱手！①

延寿从罪性分析，认为罪性亦不离心性，由心无体，罪亦无体。然虽罪性无体，但"业道从缘"。之所以说"不染而染"，"不染"是指心性本净，"而染"是遇缘而起惑造业；"习垢非无"表明，虽然心性本净，不易不移，但未能彻证心性者，尤其是业障凡夫，因习垢障蔽心源而沉沦苦海。因此，延寿提出："须于净处严建道场，苦到恳诚，普代有情，勤行忏法，内则唯凭自力，外则全仰佛加，遂得障尽智明，云开月朗。"严建道场以事修启发心诚，"普代有情，勤行忏法"则是发菩提心。如此忏悔，"内则唯凭自力，外则全仰佛加"，二力冥合，"遂得障尽智明"。延寿指出，即使是登地菩萨尚需忏悔，更何况业障凡夫心散罪重，怎么能妄言罪性本虚而不事忏悔呢！他还提出行忏时所要达到的程度：

  投身归命，雨泪翘诚。②

即以至诚心行忏悔事，"投身归命""雨泪"都是表身礼、身忏的程度，修忏悔法诚心为要，故必须"翘诚"。只有以诚心

---

① 〔宋〕延寿述：《万善同归集》卷1，《大正藏》第48册，第966页上。
② 同上书，第965页中。

第五章 "透禅融教律归净"的圆融性特质

与身忏相结合，才能"感佛威加，善根顿发"①，如此才能够忏除业障，消除罪苦之报，使"五阴舍空"②，真心显发。

从延寿本人的修行情况来看，他是非常注重礼拜和忏悔之修的。这从他的"百八佛事"中可见，其中第十一、第十二、第十三、第十四、第十五、第十六、第二十一、第二十二、第二十三、第二十八、第二十九、第三十、第三十五、第三十六、第三十七、第四十二、第四十三、第四十四、第四十九、第五十、第五十一、第九十九等条，都是与礼拜相关的修持条目；而第二、第九、第十、第二十三、第六十五、第七十四等条，皆为与忏悔相关的修行条目。也就是说，在他常行的108种自修佛事中，与礼拜、忏悔相关的就占了28条，足见其重视的程度。

2. 塔寺与造像

延寿一生还住锡兴建、恢复了多座寺院，影响较大的如"中兴灵隐、净慈开山"③，及主持修建六和塔。他主张"造新修故，立像图真，兴建伽蓝，庄严福地"④，即一者为安僧，二者为助修。

对塔庙的修建，延寿特别引《华首经》云：

若见塔庙毁坏，当加修治。⑤

对于僧人而言，塔庙是供养佛像、舍利的地方。佛教主张借境修心，所谓见佛像如见佛，见舍利即见佛，僧众于塔庙处修行

---

① 〔宋〕延寿述：《万善同归集》卷1，《大正藏》第48册，第965页中。
② 同上。
③ 〔明〕大壑辑：《永明道迹》卷1，《续藏经》第86册，第55页上。
④ 〔宋〕延寿述：《万善同归集》卷2，《大正藏》第48册，第979页下。
⑤ 同上书，第980页上。

办道，如面佛进修，诚敬心和勇猛心更易显发。而且对于中国佛教而言，塔庙处也是僧众安住之处，有塔庙利于安僧办道。值得注意的是，延寿还主张在人群聚集区起塔造像，他说道：

> 于四衢道中，多人观处，起塔造像，为作念佛善福之缘。①

在唐时，佛教提倡在深山中修建塔庙，为修行营造清静环境，因为修禅需要清静的环境。但是，降至五代之际，特别是延寿提倡禅净双修后，因为修行模式发生了重要的转变，禅净双修突出了净土念佛的简易与方便，所以他主张塔寺要建在人群聚集区，以接引众生。众生见到塔寺便可进入礼拜、念佛、供养、修福。而且延寿还在五代之际恢复了净土宗的结社念佛传统，有"结一万人弥陀社"②之举，这对净土念佛法门在平民中的弘扬，产生了重要的作用。

延寿主张，若见到塔庙毁坏，不仅出家二众应当修建，在家二众作为外护，也应当帮助修建。而且，修建塔庙、安僧办道后，还需要在家二众进行护持。延寿说道：

> 为护法故，敬养法师，专心护法，不惜身命。③

当时的在家二众，上至吴越王，下至平民百姓，多有佛教信仰。他们作为佛教的外护，延寿教导他们要"敬养法师"，"敬"表内心的恭敬，是无相的；"养"指一切物质等有相的供养。

---

① 〔宋〕延寿述：《万善同归集》卷2，《大正藏》第48册，第980页上。
② 〔宋〕元照重编：《永明智觉禅师方丈实录》，绍兴三十年释行拱刻印版，国家图书馆中华古籍资源库藏。
③ 〔宋〕延寿述：《万善同归集》卷2，《大正藏》第48册，第980页上。

"专心护法"是指要皈依佛教,一心一意护持佛教,永不再皈依邪魔外道,甚至护持佛法不惜身命,如此护法将终得"究竟成无上道"①的殊胜果报。

关于护持塔寺的具体方式是多种多样的,不仅可以用外财供养,也可以用内财供养。譬如《涅槃经》所说的"善守佛僧物,涂扫佛僧地"②也是护持道场,也能得到生"不动国"的殊胜果报。佛教认为,不仅建造可供安住修行的塔庙功德无量,即使造小的象征性的塔庙也同样获福无量。对此延寿举例道:

> 猕猴戏造石塔,尚乃生天;樵人误唱佛声,犹云得度。何况志诚,宁无胜报?③

他还举《涅槃经》中的例子云:

> 造塔如拇指,常生欢喜心,亦生不动国。④

"猕猴戏造石塔"即以石堆成象征性的塔,如此尚且能得升天果报;造塔如拇指大小,能因此而生欢喜心,也能够仗此功德回向往生净土;"樵人误唱佛声"也能因此得度,何况至诚恳切持佛名号,功德利益更大,哪有不生净土的道理!

延寿特别提倡雕凿、画佛菩萨形象。建寺、修塔之后,于其中供养佛像是基本配置。而且佛教之所以称为"象教",其中一个重要原因,就是借相进修。"设像行道"为传统的修行方式之一,这与净土法门注重观像念佛,以外在的佛像启发内在性德,

---

① 〔宋〕延寿述:《万善同归集》卷2,《大正藏》第48册,第980页上。
② 同上书,第980页中。
③ 同上书,第980页上。
④ 同上书,第980页中。

以此感佛加持往生净土的思想也有重要关涉。为了阐述造像的功德，延寿引《法华经》云：

> 若人为佛故，建立诸形像，刻雕成众相，皆已成佛道。或以七宝成，鍮石赤白铜，白鑞及铅锡，铁木及与泥，或以胶漆布，严饰作佛像，如是诸人等，皆已成佛道。彩画作佛像，百福庄严相，自作若使人，皆已成佛道。①

"若人为佛故"即指如果有人为求佛道，进而建立诸佛菩萨的形象，雕刻不同的佛菩萨形象；"皆已成佛道"即指因此而成就佛道。或以七宝等种种庄严、供养佛像，也必定成就佛道；或自作或使人作彩画佛像也皆必定成就佛道。

延寿还引《作佛形像经》，明确造像功德对往生西方净土的帮助。经中优填王问释迦佛：

> 若佛灭后，其有众生作佛形像，当得何福？②

释迦佛开示曰：

> 若当有人，作佛形像，功德无量，不可称计，天上人中，受诸快乐，身体常作紫磨金色。若生人中，常生帝王、大臣、长者、贤善家子，乃至若作帝王，王中特尊，或作转轮圣王，王四天下，七宝自然，千子具足；乃至若生天上，作六欲天主；若生梵天，作天梵王，后皆得生无量寿国，作大菩萨，毕当成佛，入泥洹道。③

---

① 〔宋〕延寿述：《万善同归集》卷2，《大正藏》第48册，第979页下—80页上。
② 同上书，第980页上。
③ 同上书，第980页上。

第五章 "透禅融教律归净"的圆融性特质

可见,释迦佛首先提出造像功德无量无边,不可称计。若生人中,因造像功德可常生为"帝王、大臣、长者、贤善家子",享受人间富贵福报;不仅如此,甚至作转轮圣王,具足大神通大福报。若生天上,则做诸天之王,而且皆当往生无量寿国,作大菩萨,毕竟成佛。现生、来世,人天福报、往生净土、成就佛道,皆可从造像功德中来。延寿引经之后述曰:

> 若当有人,作佛形像,获福如是。①

以此表达自己对经典的高度认同,及对造佛形象的提倡。关于造像感佛现前接引往生净土之理,延寿也给予了解析。他提出,如来藏湛然无际,不用推寻,而全凭至诚所感,并以儒家"丁兰至孝,克木为母,晨昏敬养,形喜愠之色,土木不变,唯心感耳",及"世间致生祠堂……金像舒光之日,起自诚心"为例,阐明"志心供养尊像,而放光明者,皆是志诚所感"② 的道理。往生西方感佛接引,也是同样道理,无不是因像而引发内心的至诚,以至诚心感佛接引往生净土。

需要指出的是,延寿虽然十分提倡建寺、修塔,但他反对执着于建寺、修塔的功德。他在《万善同归集》中特别以达摩与梁武帝的一段对话,阐明对修建、塔庙的功德不应执着,述曰:

> (达摩)大师此说,不坏福德因果,武帝不达,有为功德,而有限剂。空无相福,不可思量,破他贪着;如不贪着,尽是无为,菩萨亦作轮王,如是福报,因果历然,可是无耶?若达理者处之,与法界同量,无有竭尽;若不达理,

---

① [宋]延寿述:《万善同归集》卷2,《大正藏》第48册,第980页上。
② [宋]延寿述:《心赋注》卷3,《续藏经》第63册,第140页中。

即是有为轮回之报，不应贪着。①

也就是说，达摩禅师所言并"不坏福德因果"之定律，但是梁武帝尚未领悟。如果贪着功德，则功德为有漏、有尽；如果不贪着功德，以真心之理为指导，虽同样是修建塔庙，但因为心是无漏心，而可成就无漏功德，无漏功德无有穷尽。也就是说，达摩禅师主张的是修塔庙而心三轮体空，并不执着于功德。

以上所举，无论是礼拜、忏悔，还是修塔、建寺、造像，都是佛教内部所修之善。此对于信仰者而言，称之为善，但是对于不信仰者而言，则需以社会慈善接引，以此彰显佛教对社会的利济功能。

(二) 中慈社会善行回向净土

延寿提倡以佛教的慈悲精神为指导，鼓励从事利济世间的慈善事业。实际上，在一心思想的指导下，应无世善和出世善的分别，一切万善同归一心，皆能导归净土。

布施饮食、医药、卧具、衣服，在佛教中称为四事供养，不仅可以供养僧众，同样可以供养一切有需要的众生，以使有情众生皆获安乐。延寿十分提倡布施医药、饮食等，他说道：

> 施食给浆，病缘汤药，住处衣服，一切所须，安乐有情，是诸佛之家业；抚绥沉溺，乃大士之常仪。②

也就是说，布施饮食、医药、住处、衣服等凡是能够利及有情众生者，皆是诸佛的家事，救苦救难本即菩萨本分事。

延寿提倡要以菩提心行一切善。须知，以菩提心行善，乃至

---

① 〔宋〕延寿述：《万善同归集》卷2，《大正藏》第48册，第975页下。
② 同上书，第981页中。

"施畜生一抟之食,皆是佛业"①,皆可仗此善业而获究竟佛果。延寿认为,只有将行善与发菩提心相结合,才是真正的善行;若无菩提心指导而行善,则会夹杂很多功利性的目的,则非真善。延寿还特别引述了《华严经》中关于发菩提心行善的具体方法:

> 菩萨乃至施与畜生之食,一抟一粒,咸作是愿:"当令此等,舍畜生道;利益安乐,究竟解脱,永度苦海、永灭苦受、永除苦蕴、永断苦觉;苦聚、苦行、苦因、苦本及诸苦处,愿彼众生皆得舍离。"菩萨如是,专心系念一切众生;以彼善根而为上首,为其回向一切种智。②

意思是说,菩萨行善的具体方法是,哪怕是施畜生一粒米,都会基于菩提心,愿受施者借此因缘现世得安乐,究竟得解脱,永远脱离苦海,并普愿一切众生皆得究竟解脱。这就是菩萨行善的方法,即将行善之事合于菩提之愿,普为一切众生回向,愿皆得一切种智。

世间众生可以随各自职业而行不同的善事,但只要以菩提心为前提,不论行何等善事,皆是出世资粮。对于世善的内容,延寿略举:

> 或平治坑堑,开通道路;或造立船筏,兴置桥梁;或于要道,建造亭台;或在路傍,栽植华果,济往来之疲乏,备人畜之所行。③

填坑为使道路平坦,开路为使通行便捷,造船置桥为使人安

---

① 〔宋〕延寿述:《万善同归集》卷2,《大正藏》第48册,第981页中。
② 同上书,第981页下。
③ 同上书,第981页上—中。

全渡河。在要道建设亭台为使路人有休息之处，栽植花果等树为使人及畜有乘凉处，及可食之果、可赏之景。实际上，以上都是针对人们日常生活出行的便民措施。此类善行与人们的日常生活最为贴近，也是人们力所能及的，易被大众接受，所以延寿大力提倡，以期形成行善的风尚。延寿说道：

> 或称扬彼德，开举善之门；或赞叹其名，发荐贤之路，成人之美，助发勇心。①

也就是说，要称扬行善人的德行，以资鼓励，开启众人行善之门；或赞叹行善者的名声，以形成推荐贤德的良好风尚，成就他人美德，助发众生行善的勇猛心。延寿还指出，人生在世"须蕴仁慈，行善修心，除非去恶"②，即内含仁慈之德，外以行善长养仁慈之心，并要力行改过。须知，行善能对治不善，善心能对治恶心，这是助道之基。延寿说道：

> 喜他之荣，同兴好事，削嫉妒之蚕刺；息忿恨之毒风，起四无量之心，摄物同己；成四安乐之行，利益有情。③

可见，以善心对治恶心，使善心增长，最终成就无上之善果。又，行善之要在于以佛教思想为指导，将世间善转成出世资粮。延寿说：

> 六度门中，深发弘扬之志；八福田内，普运慈济之心。④

---

① 〔宋〕延寿述：《万善同归集》卷2，《大正藏》第48册，第982页下。
② 〔宋〕延寿：《永明智觉禅师唯心诀》卷1，《大正藏》第48册，第997页下。
③ 〔宋〕延寿述：《万善同归集》卷2，《大正藏》第48册，第982页下。
④ 同上书，第981页中。

即行"六度"时,要弘扬佛教的精神,修善培福时注重启发内在的慈悲之心。他还指出,如果以佛教的出世思想指导善行,那么:

> 一念善因,能招二报:一者华报,受人天之快乐;二者果报,证祖佛之真源。①

因为,以佛教的思想行善,即是以菩提心、以究竟度生心行善,哪怕只有一念小小的善因,也能获得两种果报。"华报",即花报,是以行善之因受人天之善报;"果报",即以菩提心行善,终会仗此善因不断增上进修,证究竟佛果。

实际上,净土法门尤其提倡行善,而且以世间善为基础,如《观经》净业三福中的"孝养父母""奉事师长""慈心不杀""修十善业"都是世间之善,但却是往生净土出世间善的基础,实为十方三世一切诸佛的净业正因。延寿提倡善行回向往生净土,此从他将"所有毫善,悉皆念念普为一切法界有情,同回向往生"②的日课回向中也可得见。

(三)下济旁生慈行回向净土

建寺、修塔、造像主要体现了上求佛道之修持,当然上求中包含下济;延寿提倡放生,则主要体现了下济众生。虽然佛教认为六道轮回中有三恶道,地狱、恶鬼苦难更重,但是对于世间凡夫而言,能见到世间最下、最苦的众生便是旁生。

延寿提倡戒杀护生,世间生命以人命为最重,延寿引《正

---

① 〔宋〕延寿述:《万善同归集》卷2,《大正藏》第48册,第981页中。
② 〔宋〕释文冲重校编集:《智觉禅师自行录》卷1,《续藏经》第63册,第159页上。

法念经》提出:

> 造一所寺,不如救一人命。①

此体现了佛教生命至上的价值理念。佛教最基本的戒律为五戒,而五戒以不杀为首戒。

对于佛教的杀戒,或有人认为人命可贵故不可杀,而动物可杀,持人贵物贱论;亦有人认为体积大的动物不可杀,而小的蚊虫可杀,以体积大小论贵贱。这些思维方式都源于分别心,而不能等视众生。佛教提倡平等的生命观,因为一切众生皆有佛性,故众生心性平等,不分贵贱,都不能轻视。人命至上,物命同样不可侵犯,体积大的动物不可杀,小的如蚊虫同样不可杀。对此延寿举例曰:

> 昔有禅僧邓隐峰,未出家时,曾射一猿子,堕地而终,须臾,猿母亦堕而死。因剖腹开,见肝肠寸寸而断,遂舍其射业,因此出家,是知人形兽质,受报千差。②

此公案讲述的是禅僧邓隐峰出家之前曾入山林狩猎,用弓箭射杀了一只幼小的猿猴,当幼猿中箭坠地身亡后,邓隐峰见到一只母猿也坠地而死。母猿并非被射杀,而是因为见到幼猿中箭身亡,伤心欲绝,以至于肝肠寸断而死。邓隐峰由此体会到,人和动物虽然形体各异,但心是一样的,只是业力不同而受生种种身报。由此,他生起大悲心,遂毅然出家修道。为了提升对蚊虫等生命的等视观念,延寿说道:

---

① 〔宋〕延寿述:《万善同归集》卷2,《大正藏》第48册,第982页中。
② 同上书,第982页上。

第五章 "透禅融教律归净"的圆融性特质

> 校量众福，总不如慈心，愍伤一切蠢动、含识之类，其福最胜。①

意思是说，从修福的角度看，福报最大的就是发心仁慈。以仁慈心护生，面对蜎飞蠕动的蚊虫之类，亦不忍心伤害，如此慈心则可得殊胜福报。此不仅表达了生命平等观、生命至上观，还指出了慈心为戒杀第一要。

佛教提倡戒杀放生，戒杀为先，进而是放生。戒杀放生的功德利益及其中蕴含的佛理都是很深的，延寿说道：

> 放生赎命，止杀兴哀，断烧煮之殃，释笼罩之絷；续寿量之海，成慧命之因，遂得水陆全形，息陷网、吞钩之苦；飞沉任性，脱焚林、竭泽之忧，免使穴罢新胎，巢无旧卵，脂消鼎镬，肉碎刀砧。②

意思是说，放生就是救赎物命，阻止杀戮兴起怜悯之心，斩断动物遭受烹煮之殃，并将他们从笼中解救出来；一则可延续物命的寿命，将其从刀下解救出来；二是放生时会为物命作三皈依、念诵等佛事，以成就动物的慧命，将其从三途恶道中解救出来。如此，能够使得水陆生活之动物保住性命及身体全形，免除"陷网、吞钩"之苦；使鸟雀等飞行动物能自在飞翔，得免因焚烧山林、竭泽而渔之忧患；免除兽之洞穴被毁，幼崽受害被刀斫蒸煮，鸟巢被毁伤及鸟卵。关于佛教戒杀护生之理，延寿引《梵网经》云：

---

① 〔宋〕延寿述：《万善同归集》卷2，《大正藏》第48册，第982页中。
② 同上书，第981页下。

若佛子，以慈心故，行放生业，一切男子是我父，一切女子是我母，我生生无不从之受生，故六道众生，皆是我父母，而杀食者即杀我父母，亦杀我故身。一切地水，是我先身；一切火风，是我本体。故常行放生，乃至若不尔者，犯轻垢罪。故知有情、无情不可伤害。①

可见延寿从"有情""无情"两个层面进行阐述：一是，"一切男子是我父，一切女子是我母"，即无论是人还是动物，经无量劫轮回，都曾互为父母子女，如果杀食动物，无异于杀食父母。二是，一切植物，乃至山河大地都与我同体，对植物、山河大地尚不应破坏，更何况是对动物，乃至人类自身呢！

既然一切众生都是过去父母，乃至与自身是同体，那么就要有"无缘大慈、同体大悲"的精神，愿令一切众生皆得解脱，成就佛道。关于度脱众生的方法，延寿继续引《梵网经》曰：

若见牛、马、猪、羊一切畜生，应心念口言："汝是畜生，发菩提心。"而菩萨入一切处，山林川野，皆使一切众生发菩提心。②

也就是说，经中提倡见到一切旁生，都要"心念口言"，劝令一切众生皆发菩提心。须知，度生最好的方式就是愿令动物自身能够发菩提心，修行离苦得乐。所以菩萨在一切处，都用种种方法劝令一切众生发菩提心，并使他们仗发菩提心而离苦得乐。

戒杀放生与往生净土有关系吗？净土宗根本经典《佛说观

---

① 〔宋〕延寿述：《万善同归集》卷2，《大正藏》第48册，第981页下82页上。
② 同上书，第977页中。

无量寿佛经》提出"净业三福"为"三世诸佛净业正因",而第一福便强调"慈心不杀",经云:

> 欲生彼国者,当修三福:一者,孝养父母,奉事师长,慈心不杀,修十善业。二者,受持三归,具足众戒,不犯威仪。三者,发菩提心,深信因果,读诵大乘,劝进行者。如此三事名为净业。①

可见"慈心不杀"对往生净土之重要。延寿还分别引《华严经》《涅槃经》等详阐戒杀放生的理与事。他自己更是身体力行,《永明智觉禅师方丈实录》中记载延寿放生事迹,文曰:

> 慈念物命,常行放生,凡遇水陆飞走虾蚬微物,皆倾财赎命,亲自加持说法,集众念诵,散花施食,然后放之。因发愿,誓放三千大千百亿头数,遂撰《放虾序》云"救一期汤炭之苦,减万家食啖之冤"等。国家前后赐钱五千贯,以助放生,所放物命,不可计数,因见钱塘湖渔人采捕,遂乃奏闻,乞为放生湖,王亲自制文立碑,禁绝渔捕。②

可见,延寿提倡放生,并制定了放生时的仪轨,引导大众共同为物命祈福回向;而且誓愿放生"三千大千百亿"物命,并专门撰写了《放虾序》。当时放生不仅是民间行为,而且得到了吴越国的支持,成为政府行为。吴越国甚至将钱塘湖(即今西湖)改成了放生池,吴越王"亲自制文立碑,禁绝渔捕"。可

---

① 〔刘宋〕畺良耶舍译:《佛说观无量寿佛经》卷1,《大正藏》第12册,第341页下。
② 〔宋〕元照重编:《永明智觉禅师方丈实录》,绍兴三十年释行拱刊印版,国家图书馆中华古籍资源库藏。

见，在延寿的提倡下，吴越国当时践行戒杀放生的力度非常之大。

需要指出的是，延寿提倡放生始于其出家之前。他出家前曾为华亭镇将，督纳军需，因见当地以捕鱼虾为业者多，遂大发慈悲，为救鱼虾之命，不惜冒着死罪私自挪用库钱放生，并在临刑前说道：

> 今死，径生西方极乐世界，不亦乐乎？①

可见，延寿在出家前就已经建立了生命至上观及生命平等观。因此，他不惜己命救生，而且临刑前不畏惧，并愿以放生功德回向径生西方极乐世界。也正是以此因缘，他蒙释放，并敕令出家，大弘法化。

第三节 净土理事的自他融即特质

净土一法被称为他力法门，其以自他二力的融即往生西方，圆满佛果，而且净土强调他力的殊胜性，彰显了净土法门的优势。其他如禅、教、律、密等皆被称为自力法门，即完全依靠自身的修持功夫而了生脱死、超凡入圣。净土法门的自他融即特质，不仅体现在自力与他力的融即上，还体现在信自与信他的融即及愿自与愿他的融即上。

---

① 〔明〕袾宏：《云栖法汇（选录）》卷11，《嘉兴大藏经》第32册，第759页中。

一 信自与信他的融即

对于净土法门而言，信愿是关键，修持功夫是增上。如蕅益称："得生与否全由信愿之有无，品位高下全由持名之深浅。"① 也就是说，有无信愿决定了能否得生极乐净土，修持功夫的浅深决定了往生后的品位高低。净土宗更是将信愿行奉为三资粮，而信为第一要素。延寿在强调信时引《华严经》偈云：

> 信为道元功德母，长养一切诸善法。信能增长智功德，信能必到如来地，信令诸根净明利，信力坚固无能坏，信能永灭烦恼本，信能专向佛功德，信为功德不坏种，信能生长菩提树。信能增益最胜智，信能示现一切佛。②

意思是说，信心为佛法入道之源头，为一切功德之母。信之为功德母，不仅能生一切功德，还能增长智慧，终必达如来之果地觉。在修持的过程中，会遇到种种障碍，凭借深信之力能够令自身之眼、耳、鼻、舌、身、意等诸根清净明利。如果信力坚固，则一切逆缘、逆境不能破坏修道、向道之心；凭仗向道之信心便能够永远拔除物欲烦恼之根，信心能够引导行者成就佛之功德。所以说，信为佛果功德中永远不会坏掉的种子，信心之种子能够生长成菩提大树；信心能够增长最胜之佛智，信心还能够启发自心本具之一切诸佛，示现出种种功德庄严。

由此可见，信心为修学佛法之原始最要。延寿提倡学习经典

---

① 〔明〕智旭解：《阿弥陀经要解》卷1，《大正藏》第37册，第367页中。
② 〔宋〕延寿述：《万善同归集》卷3，《大正藏》第48册，第986页中。

"先求信解悟入，后即如说而行"①。延寿还说自己著述《宗镜录》等言语道断、心行处灭，无非为令未信者生信，令已信者增长。文曰：

> 一者为未信人，令成正信，摄归一念，不外驰求；二者为已信人，助成观力，理行坚固，疾证菩提，步步而不滞宝所功程，念念而流入萨婆若海，似乘广大之辇，立至宝坊，如驾坚牢之船，坐登觉岸。②

意思是说，让对佛法未生信的人成就正信，在行持方面则"摄归一念，不外驰求"；让已经生信的人，在理和行上都更加坚固，以此速成菩提。因为明理之后，在行持上不再向外攀求，而是念念归心，如此用功，能够念念流入性海，犹如乘船，于自性功德海中速达彼岸。那么，什么才是真信？应如何信？延寿解曰：

> 其心中，亦不疑畏，亦不怯弱，亦不轻贱，亦不诽谤。发决定心，发坚固心，发尊重心，发爱信心，当知是人，真实佛子。③

延寿以"四不""四发"阐明信的基本标准。净土法门之信便须具备以上四要素，信是以心为主体，亦须围绕此展开。实际上，此段是围绕信心中所蕴含的信自与信他两大要素展开："不疑畏"而"发决定心"，表现为对自与对佛两方面的信心。对自心本具之佛性"不疑"，故而能对至高佛果"不畏"，断疑生信

---

① 〔宋〕延寿述：《万善同归集》卷1，《大正藏》第48册，第963页中。
② 〔宋〕延寿集：《宗镜录》卷100，《大正藏》第48册，第956页上。
③ 〔宋〕延寿集：《宗镜录》卷2，《大正藏》第48册，第422页下。

方能发成佛之决定心。

就修净土法门而言,首先要信自。何为信自?不妨借蕅益之解进行分析:

> 信自者,信我现前一念之心,本非肉团亦非缘影,竖无初后横绝边涯,终日随缘终日不变,十方虚空微尘国土元我一念心中所现物。我虽昏迷倒惑,苟一念回心,决定得生自心本具极乐,更无疑虑,是名信自。①

"信我现前一念之心",即延寿所言的信"一心"之理。"一心"之理自然不是"肉团心",也不是妄想之"缘影心","一心"之理具有无始无终、无边无际的特征,此便是蕅益所谓"竖无初后横绝边涯"之意,故"一心"之理能"终日随缘终日不变"。延寿言"一心"本具法界,蕅益继曰:"十方虚空微尘国土元我一念心中所现物。"我显现虽仍迷惑众生,但此"一心"与佛无二无别,如果一念回心,转迷为悟,则能"决定得生自心本具极乐",对此没有任何疑虑。蕅益所谓"无疑虑"便是延寿说的"不疑畏",此便是"信自"。

不仅要信自,还要信他。须知,"不疑畏"中亦含信他义。净土法门的信他义,亦可借助蕅益之解进行分析:

> 信他者,信彼释迦如来决无诳语,弥陀世尊决无虚愿,六方诸佛广长舌决无二言,随顺诸佛真实教诲,决志求生更无疑惑,是名信他。②

---

① 〔明〕智旭解:《阿弥陀经要解》卷1,《大正藏》第37册,第364页中。
② 同上书,第364页中—下。

也就是说，信他，一是要信释迦牟尼佛言，释迦佛说净土诸经为劝众生往生西方净土。对此，延寿嘱咐："慈旨叮咛，须铭肌骨。"① 意思是说，对释迦佛的慈悲叮嘱，要刻骨铭心。二是要信阿弥陀佛以四十八愿度化众生，往生西方净土。此是《无量寿经》《弥陀经》等诸经所载，且诸佛共赞叹，对此不应有怀疑。还有，"随顺诸佛真实教诲，决志求生，更无疑惑，是名信他"。对此，延寿也说：

> 当今末法，现是五浊恶世，唯有净土一门，可通入路。当知自行难圆，他力易就。②

此表现出延寿对他力即弥陀愿力的劝信。延寿还引《大乘起信论》开示：

> 自信己心，知心妄动，修远离法。③

须知，最好的远离法，就是厌离娑婆，欣求极乐，在极乐世界亲近胜缘，闻法增慧，增长信根，成就慈心，以圆满菩提。延寿还说：

> 如来智鉴，能如是知，非下地知，仰信而已。④

也就是说，如来的智慧是圆满的，佛法映射出了如来的圆满智，此非"下地"众生所存的拙劣知见；对佛及佛法，即使当下不能彻解，也只需"仰信而已"，此为"信"之标准。关于信自与信他的融即，延寿在《心赋注》中说道：

---

① 〔宋〕延寿述：《万善同归集》卷1，《大正藏》第48册，第968页中。
② 同上。
③ 〔宋〕延寿述：《心赋注》卷2，《续藏经》第63册，第107页中。
④ 〔宋〕延寿集：《宗镜录》卷61，《大正藏》第48册，第766页中。

但信自心，他疑顿断。①

也就是说，信自是信他的基础。从表象看，信自促进信他；从实际上看，信自包含信他。因为他佛不离自心，故而信自即是自他皆信，此体现出信自与信他之融即关系。

二　愿自与愿他的融即

延寿指出，信为入道之门，而愿为"万行之因"②。延寿引《目连所问经》阐述：如果不能生信，则无法启愿；若不能发愿欣求极乐，便不能往生，这种人便与盲聋者无异。经中佛告目连曰：

> 譬如万川长注，有浮草木，前不顾后，后不顾前，都会大海，世间亦尔，虽有豪贵富乐自在，悉不得免生老病死，只由不信佛经，后世为人，更深困剧，不能得生千佛国土。是故我说，无量寿佛国土，易往易取，而人不能修行往生，反事九十六种邪道，我说是人，名无眼人、名无耳人。③

释迦佛因为众生在世间，虽有豪贵、富乐、自在等欲乐，但终不免生老病死之苦；如果不信佛经，凡所造作恶多善少，后世困苦加剧，且"不能得生千佛国土"。西方"无量寿佛国土，易往易取"，然而可悲的是，人因为不信佛言，"反事九十六种邪道"，不修往生西方净土，可见其人慧浅福薄，愚痴之极，佛喻此为"无眼人""无耳人"。反之，"若志苦心坚，一向归命，如

---

① 〔宋〕延寿述：《心赋注》卷2，《续藏经》第63册，第107页中。
② 〔宋〕延寿述：《万善同归集》卷2，《大正藏》第48册，第979页下。
③ 〔宋〕延寿述：《万善同归集》卷1，《大正藏》第48册，第968页上。

鹿在网,若火烧头,惟求出离之门,不顾人间之事,自古及今,亦多此等"①。也就是说,如果愿力坚定,唯求出离生死往生净土,必定能够得生。自古以来,靠此往生者不在少数。由此可见,信为往生的基础,愿为往生的关键。延寿指出:

>大事成办,所作克终;成道利生,皆因弘誓。②

此强调了誓愿之要。延寿还详细阐述了轮回路险、人身难得,以及人之生老病死,并邪念、邪思、五欲六尘、七情种种之苦。举此种种,只有一个目的,就是激励修行,劝众生发愿往生西方净土。

娑婆世界修行,恶缘强盛,容易染着恶缘而造恶业,往生净土境胜缘强,仗诸善缘容易成就。延寿引佛在《法句经》中的开示:"夫物本净,皆由因缘,以兴罪福,近贤明则道义隆,友愚暗则殃祸集"③,以此劝诫众生要往生净土亲近善知识。

需要指出的是,净土宗并延寿所提倡的欣求极乐,并非到极乐享受欲乐。须知,厌离娑婆也包含着厌离欲乐,欣求极乐的实质是舍弃欲乐而欣求寂灭之乐。延寿在《心赋注》中对《大方便佛报恩经》"夫生辄死,此灭为乐"之句解析道:

>此乐者,是法乐、大寂灭乐、禅定乐,不同天上天乐、人间识乐。天上乐者,以动踊为乐,双锤画鼓,对舞柘枝,是人间识乐。④

---

① 〔宋〕延寿述:《万善同归集》卷3,《大正藏》第48册,第990页下。
② 〔宋〕延寿述:《万善同归集》卷2,《大正藏》第48册,第979页下。
③ 同上书,第975页上。
④ 〔宋〕延寿述:《心赋注》卷4,《续藏经》第63册,第152页上。

极乐净土之乐是法乐、大寂灭乐、禅定乐,非人天之天乐、识乐。延寿又说:

> 诸佛悟达,法性皆自然,了心原,妄想不生,不失正念,我所心灭,故不受生死,即究竟常寂灭,以寂灭故,万乐自归。①

不仅如此,延寿还明确指出,极乐净土是"一心"所现的"一心"法界。他列举了净土种种法乐,如白鹤、孔雀、鹦鹉、舍利、迦陵频伽、共命之鸟等,"其音演畅五根五力,七菩提分,八圣道分,如是等法,其土众生,闻如是音已,皆悉念佛、念法、念僧"②。延寿说道:"斯则皆是顿悟自心,更无余法。"③

延寿还引《大智度论》的开示,提出愿在净土法门中的关键作用:

> 愿为导师,能有所成……修净土愿,然后得之,以是故知,因愿获果。④

也就是说,愿如同导师一般,引导众生向着所愿的方向而努力进修,有所成就。须知,修净土愿,即发愿往生净土,然后能得生净土,可见愿是关键,因愿而获得往生净土之果。此处强调的是自发愿,即自己切愿往生净土之意。

为往生净土,还要发菩提心,愿他皆得往生。延寿引《大庄严论》云:

---

① 〔宋〕延寿集:《宗镜录》卷29,《大正藏》第48册,第588页中。
② 〔宋〕延寿集:《宗镜录》卷28,《大正藏》第48册,第580页中。
③ 同上。
④ 〔宋〕延寿述:《万善同归集》卷2,《大正藏》第48册,第979页下。

> 佛国事大,独行功德,不能成就。①

意思是说,往生净土为大事因缘,如果只愿自己往生,便是"独行功德",这样则不能成就。《观经》指出,往生西方净土需修净业三福,而"发菩提心"为关键。"发菩提心"便是愿一切众生皆往生净土,此便是"愿他",如此方生净土。可见,往生净土要自发愿,愿自生净土,还要发菩提心,愿一切众生皆得往生。可见愿自与愿他的融即,是成就往生净土之关键。

那么,愿自与愿他如何相融呢?皆不出"一心"之理。愿自往生是从心所生,愿他往生也是从心生,心既不二,故能融即。又自他本不二,所谓度自即度他,所谓度他亦是自度,一切自他皆不离"心",故曰"心佛众生三无差别",无差别故,愿自与愿他自然融即。

三 信愿力与本愿力的融即

信与愿虽各有自他融即的特质,但是信愿总体而言是属于自力,即由自心生信发愿并由行持成感力,众生感力与佛因地之本愿力相契,故而得蒙佛力加持。但是,能感需要一个前提条件,便是至诚心。若无至诚心,信愿便不真切,便无感力,至诚心愈切则感力愈强。因此,延寿说道:

> 由敬慕之心,感像现也,此真佛力。②

意思是说,敬慕心即自己内心中生发出来的,基于对佛之信

---

① 〔宋〕延寿述:《万善同归集》卷2,《大正藏》第48册,第979页下。
② 〔宋〕延寿集:《宗镜录》卷18,《大正藏》第48册,第514页下。

心和对净土之欣求羡慕心，而感得阿弥陀佛现前接引。此为感得真佛力，即佛之本愿功德力。延寿在《心赋注》中也说：

> 志心供养尊像，而放光明者，皆是志诚所感，如经云："一切化佛，从敬心起。"①

诚敬心所感，则化佛来迎。化佛与法身佛本自不二。延寿集《宗镜录》时，也有人问道：

> 既心外无佛，见佛是心，云何教中，有说化佛来迎，生诸净刹？②

之后，他在撰写《万善同归集》时，再次列出此问题：

> 心外无法，佛不去来，何有见佛及来迎之事？③

这是禅净由分歧转合流的一个亟待解决的理论问题，只有将此问题解决了，禅者才可能愿生净土。延寿在《宗镜录》中解曰：

> 法身如来，本无生灭，从真起化，接引迷根，以化即真，真应一际，即不来不去，随应物心。又化体即真，说无来去，从真流化，现有往还，即不来相而来，不见相而见也，不来而来，似水月之顿呈，不见而见，犹行云之忽现。④

由于《宗镜录》明确提到净土之"化佛来迎"的问题，所

---

① 〔宋〕延寿述：《心赋注》卷3，《续藏经》第63册，第140页中。
② 〔宋〕延寿集：《宗镜录》卷17，《大正藏》第48册，第505页下。
③ 〔宋〕延寿述：《万善同归集》卷1，《大正藏》第48册，第961页上。
④ 〔宋〕延寿集：《宗镜录》卷17，《大正藏》第48册，第505页下。

以延寿的解析也是从法身佛和化身佛之间的关系切入。法身佛，即心证究竟之真佛之体，其体性"本无生灭"，也无来去，但是能够"从真起化"。后文延寿解释即"似水月之顿呈"，以空中之月喻法身佛，以水中之月影喻化佛，此即"从真起化"。空中月虽不去不来，但水中已现月影，这就是化佛接引的道理。因为水中之月的本体与空中之月的本体是一，从这个意义上说，水中之月就是空中之月，故曰："以化即真。"空中之月的本体不来不去，即喻法身佛不来不去；虽然本体不来去，但是水中实有月现，故曰："随应物心""现有往还"。由此可知，禅者说心外无佛，是指法身佛，净土说佛包含化佛；而法身和化佛本体是一，不一不异。因此，"化佛接引"即"见佛是心"，"见佛是心"不碍"化佛接引"。

因为净土法门是强调自力、他力的二力法门，虽明"见佛是心"不碍"化佛接引"，但是究竟是"见佛是心"。既然"见佛是心"，皆由自心所现，净土法门何以强调佛力加持之他力说？佛力加持问题，是继"化佛接引"之后的又一个亟须解决的问题。对此，延寿顺在"化佛接引"问题之后给出了进一步解答：

如来慈悲本愿功德种子增上缘力，令曾与佛有缘众生，念佛修观，集诸福智，种种万善，功德力以为因缘，则自心感现佛身来迎，不是诸佛实遣化身而来迎接。但是功德种子本愿之力，以所化众生，时机正合，令自心见佛来迎。则佛身湛然常寂，无有去来；众生识心，托佛本愿功德胜力，自心变化，有来有去。如面镜像，似梦施为，镜中之形，非内非外，梦里之质，不有不无，但是自心，非关佛化，则不来不去；约诸佛功德所云，有往有还。就众生心相所说，是知净业纯熟，目睹佛身。①

归纳可知，延寿明确了三个"力"：一是"如来慈悲本愿功德种子增上缘力"，简称为"佛本愿力"；二是众生"念佛修观，集诸福智，种种万善"的功德力，简称为"自力"；三是众生自心本自具足随缘变化的功能潜力，简称为"自性力"。

继而，延寿指出，化佛来迎实际是众生的修持"自力"，与佛因地发愿修行所成的"本愿之力"恰好相合。此二力相合而启发了众生本自具足的"自性力"，"自性力"中本具的法身佛形成了化身佛，来迎接修行众生。

值得注意的是，以上三"力"阐述角度的不同，而终归于自心。"自性力"是从法身的究竟义上说，心、佛、众生三无差别，法身如如不动，不来不去，不显不隐，无所障碍；从"托佛本愿功德胜力"的角度说，则实有化佛来迎；从众生心相的角度说，则是众生修持力恰好与佛本愿功德力相合，二力相合，使得净业纯熟而见佛来迎，往生西方，速证成佛。所以说：

> 既见自佛，亦见他佛。何者虽见他佛即是自佛，以自铸出故，亦不坏他佛，以于彼本质上，虽变起他佛之形，即是自相分故，变与不变，皆是一心。②

须知，虽理是一心之佛，但从事上论，"众生根性百千，诸佛巧应无量，随其种种，得度不同"③。延寿根据众生机感不同，略言四种应现方式：一是冥机冥应，二者冥机显应，三者显机显

---

① 〔宋〕延寿集：《宗镜录》卷17，《大正藏》第48册，第505页下—506页上。
② 〔宋〕延寿集：《宗镜录》卷17，《大正藏》第48册，第505页上。
③ 〔宋〕延寿集：《宗镜录》卷61，《大正藏》第48册，第766页中。

应，四者显机冥应。第一种冥机冥应，是指现在虽未修善，但往昔曾修，仗往昔修善之力，虽然现生不见获益，但冥冥中已经消灾免难，只是未知罢了。第二种冥机显应，同样是现生未修善，过去曾修善，但现生仗过去之善见佛获益。第三种显机显应，现在修善或念佛，现在见佛获益。第四种显机冥应，现在修善或念佛，虽未见益，但冥冥中已蒙佛加持。延寿以此表达了"报应非虚"① 的道理。

实际上，延寿于此将净土宗念佛感佛接引的道理，以及虽未念佛但临终遇善知识教令念佛而往生西方的道理讲出来了。现生念佛，临终感佛接引往生西方净土，则属于第三种"显机显应"。净土宗还有一种情况，就是现生并未修善念佛，但是临终时遇到善知识教令念佛，临终人一闻即信，临终十念乃至一念，便感佛接引往生净土，这主要是指的第二种"冥机显应"。也就是说，现生未修善念佛，临终之所以能够得遇善知识教令念佛，是因为过去已修，现生机缘成熟，此属于"冥机显应"范畴。

对于感应之理，延寿在《心赋注》中说道：

> 《周易》云："寂然不动，感而遂通。"心生于有心，像出于有像者，一切圣心及佛像，皆是众生有心中而现。圣且无心无像，但本愿力故为增上缘，各令机熟众生自见如是事。②

首先，延寿引用《周易》"寂然不动，感而遂通"，说明感应之事，然后以《肇论》"心生于有心，像出于有像者"说明正是

---

① 〔宋〕延寿述：《万善同归集》卷3，《大正藏》第48册，第989页下。
② 〔宋〕延寿述：《心赋注》卷3，《续藏经》第63册，第136页下。

因为自心本具,所以才能感通。阐明感应之事与理后,进而进入佛教的心佛感应层面,"一切圣心及佛像,皆是众生有心中而现",但心本寂然不动,"圣且无心无像",虽具而不显,"但本愿力故为增上缘,各令机熟众生自见如是事"。由此可知,延寿说明了感应之事既存,感应之理唯心,感应之助在本愿力,感应之众生在于机缘熟。延寿又以《百法钞》中十地菩萨为度众生而以本愿力加持众生,自心感见种种事为例,进一步说明自心本具之理与佛菩萨本愿力的主助关系。他在《神栖安养赋》中也说道:

　　一真境内现相,而虽仗佛威,七宝池中,睹境而皆从心出。①

此明确了西方净土是仗佛威力而成就七宝等圣境。然从究竟处言,皆是众生自心所现,虽自心所现,但不可因此否认感应之理与佛本愿加持之事。此正是理不碍事的道理。

梳理以上逻辑:众生遵从佛之教法而修行净土法门,以信愿之心,通过观佛、念佛等种种修法,形成感力。须知,佛之教法中的修行方法,皆与阿弥陀佛本愿功德力相应,所以由众生之信愿行感,而阿弥陀佛之本愿功德力应,两者便能相契。一得感通,佛之本愿功德力便能加持到众生,众生蒙佛之本愿功德力加持,便能启发自心本具之功德力。约自佛论,是因为接引之佛究竟为自心所现;约他佛论,是因为虽为自心所现,而于事上仍是阿弥陀佛及观世音菩萨、大势至菩萨、清净大海众菩萨现前接引。

---

① 〔宋〕延寿:《神栖安养赋》,〔宋〕宗晓编:《乐邦文类》卷5,《大正藏》第17册,第215页上。

小 结

在理事圆融的框架下,可谓法法圆融。延寿基于一心圆融理论,阐释了净土圆融特质。净土之圆融有别于他宗之圆融处便是其上中下三根的根性普被和万善同归的事修普被。一心圆融理论,加之三根普被的根性圆融及万善同归的修法圆融,便成就了净土至圆至顿、至简至易的法门特质。心中本具之性德,是成就究竟佛果的正因,也称理因;万善同归的事修,则为成就究竟佛果的缘因,也称事因。只有理因与事因皆具,才能成就圆满佛果。换言之,心性、事修与佛果之间蕴含着因果关系,因果之理该通了成佛之理。对于净土宗而言,心中本具归净土,同样是往生净土的正因,也是理因。信此理因,并愿生净土,为生净土而修念佛及种种万行则为事因,如此则能成就往生净土的殊胜之果。就信而言,净土有信自、信他之融即特质;就愿而言,净土有愿自、愿他之融即特质。而信愿合而导行,形成自感之力,因众生感力合于阿弥陀佛本愿,亦即自性功德力,由此而蒙佛加持接引,形成了自他二力的融即。正所谓以我具佛之心,修我心中本具之行,成就往生我心中本具归净土。若非心中本具,何以得生净土;若非心中本具之性德,何以成就佛之究竟果德。此为净土法门的究竟圆融特质。

第六章 "透禅融教律归净"的深远影响

唐末之际,宗派间如禅教、禅净、禅律、性相等相斥互非问题已十分突出。延寿以一心融会诸宗,从理上消融了各宗间的矛盾,进而他根据时代状况审察时人根机,以万善导归净土,太虚称之为"透禅融教律归净"。这一思想发展了诸宗,推动了净土宗发展,使中国佛教在思想方面进入了合流阶段,在修持方面开启了兼修模式。延寿的佛学思想对中国佛教产生了深远影响,即使近现代四大高僧印光、虚云、弘一、太虚也皆深受延寿思想的影响。印光弘扬净土,密护诸宗;弘一以华严为镜,四分律为行,导归净土为果;虚云肩挑五家禅,圆融律、教、净。以上三大师被称为佛教"传统派"代表。作为佛教"改革派"代表的太虚法师,提出"人生(间)佛教"思想,其理论亦是基于"一心"而八宗并弘,行持不离"万善"而与时俱进。延寿的佛学思想不仅对江南佛教、中国佛教产生了深远影响,而且对东亚佛教也产生了深刻影响。以下就延寿思想的影响进行论述。

第一节 对宋代透禅归净思想的影响

延寿作为法眼宗三祖,因为提倡禅净合流,对净土宗的贡献颇巨,后又被推为净土宗六祖。延寿透禅归净思想不仅使法眼宗人多修净土,同时也深刻影响了云门、临济、曹洞等禅法与净土的合流。以下以义怀、宗赜、悟新、清了等宋代禅门各派大老为代表,管窥延寿思想影响下宋代禅净合流的发展情况。

一 以义怀、宗赜等为代表的云门禅与净土

天衣义怀(989—1060)嗣法于雪窦重显禅师,为云门宗第五世传人。义怀于禅宗开悟后,仍勤修净土,并劝人修净土。他曾以问答的形式,阐发了禅净合流之理事。他问学人:

> 若言舍秽取净,厌此欣彼,则是取舍之情,众生妄想;若言无净土,则违佛语,修净土者,当如何修?①

意思是说,如果说舍娑婆之秽土取极乐归净土,厌离此土欣求彼土,则是取舍之情,是众生的妄想(此处"妄想"一词含摄执着、分别义)。此是时禅反对修净土法的主要论点。义怀继续说,如果说没有净土,则违背佛语,释迦佛在《无量寿经》《观无量寿佛经》《弥陀经》等经典中亲口宣说极乐净土的种种殊胜庄严,若否定净土的存在,便是违背佛语。那么究竟应该如

---

① 〔清〕济能纂辑:《角虎集》卷2,《续藏经》第62册,第214页下。

何理解和修持禅净呢？义怀发问后，众学人无人应答，于是他自答云：

> 生则决定生，去则实不去。①

"生则决定生"，便不违净土教，亦合于佛语；"去则实不去"，则不违禅法，亦合于实相。此一句便将禅净之理事有机融合于一体了。实际上，"生则决定生"是从事上讲，净土确有，西方定生；"去则是不去"是从理上讲，西方即心，生西方便是生唯心净土。这也是《观经》"是心是佛"的阐释逻辑，由此逻辑可知"是心是净土"便是圆教实相。究其理论来源，不出延寿的心土不二论，该理论也回应了延寿的"有禅有净土"论。应该说，义怀提倡的修持路径与延寿倡导的是一致的。

义怀解禅净融合之理后，为了帮助学人深化理解，他又举例说明：

> 譬如雁过长空，影沉寒水，雁绝遗踪之意，水无留影之心。②

意思是说，"生则决定生，去则实不去"所蕴含的道理，犹如雁过长空，雁影映现于清可见底的潭水之中，然雁过不留踪迹，长空依然空空如也，雁影不留于水，水亦无留雁之心，于空于水，皆是雁来不拒，雁去不留。从雁曾过长空，且映像于水，雁过而空不留迹、水不留影，便知往生净土者，在过程中确生净土，但于净土彻证一心后，则了无净土可言。此时便可说无净土

---

① 〔清〕济能纂辑：《角虎集》卷2，《续藏经》第62册，第214页下。
② 同上。

可生，而并非未生净土时说无净土可生。这种譬喻方式也是延寿常用的，有助于理解禅净融合之理。应该说，义怀的禅净合流思想受延寿影响是较深刻的。

义怀在行持上"一生回向净土"①，他"晚居池阳杉山庵，化人念佛，有《劝修净土说》"②。他的"生则决定生，去则实不去"③偈，阐发了禅净理事的圆融无碍性，对后世影响深远。

义怀之后，云门宗中主禅净双修者相继而出。圆照宗本（1019—1099）为云门第六世孙，"初参天衣怀禅师有契悟……密修净土之业，临终安坐而逝"④。他曾曰："虽在宗门，亦以净土兼修。"⑤《佛祖统纪》中还记录了一则"雷峰才法师神游净土"⑥见净土金莲花专为宗本而开的感应事迹。大通善本（？—1109）为云门第七世，嗣法于圆照宗本。他禅悟后奉诏住法云寺，赐号大通，世称大通善本，晚年归杭州象坞寺，专修净业，"定中见阿弥陀佛示金色身，一旦告门人曰：'止有三日在'，至期趺坐，念佛西向而化"⑦。守讷禅师亦嗣法于圆照宗本，为云门第七世。他先"依圆照禅师，得大彻悟，唱道宣城，缁素钦

---

① 〔宋〕宗晓编：《乐邦文类》卷4，《大正藏》第47册，第207页下—208页上。"天衣怀禅师，一生回向净土，问学者曰：若言舍秽取净厌此忻彼，则取舍之情，乃是众生妄想，若言无净土，则违佛语，夫修净土者，当如何修？复自答曰：生则决定生，去则实不去，若明此旨，则唯心净土，昭然无疑。"
② 〔日〕慧中集：《禅祖念佛集》卷1，《大藏经补编》第32册，第543页下—544页上。
③ 同上书，第544页上。
④ 〔宋〕志磐：《佛祖统纪》卷27，《大正藏》第49册，第278页下。
⑤ 〔明〕袾宏：《往生集》卷1，《大正藏》第51册，第136页中。
⑥ 〔日〕慧中集：《禅祖念佛集》卷1，《大藏经补编》第32册，第544页上。
⑦ 同上书，第544页中—下。

敬"①。他感慨师祖天衣义怀禅师及其师圆照宗本禅师都于宗门下力弘净土,且受教得生净土者众,因此对净土深生信向,并于宋政和三年(1113)作《唯心净土文》②,阐发义怀"生则决定生,去则实不去"偈之奥义。法真守一也是圆照宗本的弟子,为云门第七世。他也力倡禅净双修,曾在杭州净慈寺造阿弥陀佛像,并用金、银、珍珠、珊瑚、琥珀、砗磲、玛瑙等庄严之,提刑杨杰瞻仰后大为赞叹,并撰《净慈七宝弥陀像记》。

两宋时,云门宗还有一位提倡禅净融合,且影响非常深远的人物,便是宗赜慈觉。他是云门第七世,曾被宗晓推为莲社宗(净土宗)第六祖,其禅净思想也受延寿影响较大,对宋代禅净合流思想的发展以及对净土宗的弘扬方面,贡献仅次于永明延寿。

宗赜作《莲华胜会录文》《念佛防退方便文》《念佛回向发愿文》等,充分展现出他对禅净合流思想的力倡,以及对延寿禅净思想的继承和发展。他撰的《禅苑清规》影响后世深远,其主张禅寺"上殿念佛"③,并将念佛列为必行日课。《禅苑清规》还规定,对病重僧以念佛回向净土,对亡僧也以念佛超度往生净土。书中指出:面对病重僧"即与十念阿弥陀佛"④,并

---

① 〔宋〕宗晓编:《乐邦文类》卷4,《大正藏》第47册,第207页下。
② 参见〔宋〕宗晓编:《乐邦文类》卷4,《大正藏》第47册,第208页上。
③ 〔宋〕宗赜集:《(重雕补注)禅苑清规》卷6,《续藏经》第63册,第539页下。
④ 〔宋〕宗赜集:《(重雕补注)禅苑清规》卷7,《续藏经》第63册,第541页下。

回向"愿生安养"①；超度亡僧先"十念阿弥陀佛"②，送亡时"默念佛名秘语回向亡人"③。

宗赜之后又有慈受怀深，他是云门第九世，不仅自修净土，"专心念佛"④，还常以"修行捷径，莫越净方建西方道场"⑤之论，劝人建设念佛道场，并常常集众念佛，苦口婆心劝化世人以净土为归，受其劝化而归心净土者众多。

二 以悟新为代表的临济禅与净土

临济宗隆兴府黄龙死心悟新（1044—1115），嗣法于黄龙祖心，是北宋黄龙一派的著名禅师，自号死心叟。悟新是临济宗中主张禅净双修的大老，在修持上，他常对众开示：

> 弥陀甚易念，净土甚易生。⑥

也就是说，他尤其主张持名念佛之行，持名念佛一法来源于念佛禅，而悟新所倡是以持名念佛导归净土。实际上，这一理论便是延寿在《万善同归集》中引《文殊般若经》所云：

> 众生愚钝，观不能解，但令念声相续，自得往生佛国。⑦

---

① 〔宋〕宗赜集：《（重雕补注）禅苑清规》卷7，《续藏经》第63册，第541页下。
② 同上书，第541页中。
③ 同上。
④ 〔明〕袾宏：《往生集》卷3，《大正藏》第51册，第151页上。
⑤ ［日］慧中集：《禅祖念佛集》卷1，《大藏经补编》第32册，第545页下。
⑥ 〔宋〕延寿述：《万善同归集》卷1，《大正藏》第48册，第962页上。
⑦ 同上。

即根据众生根性情况，提倡持名念佛往生净土。悟新也确实非常注重对众生根性的谛审，他说道：

> 参禅人最好念佛，根机或钝，恐今生未能大悟，且假弥陀愿力接引往生。[①]

可见，他对当时众生根性的判定与延寿如出一辙。他也认为时禅最好能念佛，理由是"根机或钝，恐今生未能大悟"。"或钝"一词表达了，或有修禅者未能谛审自身根机，修禅不能大悟，不了生死，而兼以念佛求往生却可以仗弥陀愿力生净土，了脱生死，如此则万无一失。这是对延寿"无禅有净土"偈的回应。悟新为了切劝学禅者念佛生净土，甚至说：

> 汝若念佛不生净土，老僧当堕拔舌地狱。[②]

由此可见他对净土法门的笃信，以及对禅净双修的力倡。

悟新的禅净思想对后世临济宗学人产生了深刻影响。如元朝的中峰明本，明朝的楚石梵琦，清朝的行策截流、彻悟际醒等皆为临济子孙，且行策和彻悟都被推为净土宗祖师。以上诸师将于后文中详述。

三　以清了为代表的曹洞禅与净土

真歇清了是宋代曹洞宗巨擘，参丹霞子淳，开悟后便至长芦祖照会下任侍者。他极力提倡禅净双修，作《净土说》云：

[①]〔宋〕延寿述：《万善同归集》卷1，《大正藏》第48册，第962页上。
[②]〔元〕惟则：《净土或问》卷1，《大正藏》第47册，第293页下。

> 洞下一宗皆务密修,其故何哉?良以念佛法门径路修行,正按大藏,接上上根器,傍引中下之机。[①]

意思是说,曹洞宗内诸师对净土一法皆务密修,为什么这样呢?因为念佛法门是修行的捷径,而且其理合于藏经圆教,如《观经》"心作""心是"便是。其不仅能接引上上根器者,成就三昧而得上品上生,而且还能接引中下根机众生,如《观经》不弃逆恶便是。清了又说:

> 宗门大匠已悟不空不有之法,秉志孜孜于净业者,得非净业之见佛简易于宗门乎?[②]

清了指出,禅门的大宗匠已经悟达不空不有的境界,仍秉志孜孜不倦勤修净土,这难道不是因为修净土见佛简易于修禅吗?须知,此处的"见佛"不仅指往生净土见阿弥陀佛,还指见佛法身,有证达佛旨之意。清了此言,是对延寿"有禅有净土"的回应。之后,他基于延寿一心融会思想又说道:

> 乃佛乃祖在教在禅,皆修净业同归一源,入得此门,无量法门悉皆能入。[③]

也就是说,佛及诸宗祖师,无论禅教,皆修净土,同归一源。这是典型的"透禅融教律归净"于"一心"的思想。而且清了说,入得此门,无量法门悉皆能入,因为"一心"之理遍法界,统摄一切法门,净土不离一心,故诸宗修者皆可导归

---

① 〔元〕惟则:《净土或问》卷1,《大正藏》第47册,第293页下。
② 同上。
③ 同上。

净土。

综上可知，当时曹洞宗门人多密修净土念佛法门。因为念佛法门是易行道，为修行了脱的捷径，正接上上根者，旁引中下根者，可谓三根普被，所以清了力倡学禅者兼修净土。他还指出，禅宗开悟者已深解"不空不有"之实相妙理，又能以净业为归，因为净土见佛悟证较禅宗自力得证更为简易。不仅如此，就是诸佛诸祖，因地无论修禅、学教也皆修净土，以同证一心之本源。须知，往生净土，则无量法门皆能入。由此可见真歇清了的禅净合流思想。他的佛学思想对后世曹洞学人选择禅净双修也起到了重要的推动作用。

五家禅中除了云门、临济、曹洞，还有法眼、沩仰。延寿本身为法眼宗祖师，因为他"透禅融教律而摄归于修净土行，其门徒都归宗净土"①。沩仰宗在延寿之前有无著文喜禅师力倡净土，他也在杭州，年长于延寿，因阅经论时见文殊发愿偈云："愿我命终时，灭除诸障碍，愿见阿弥陀，往生安乐刹。"② 于是欣求西方、勤修净土并矢志不渝。他常开示学人云：

> 参禅乃悟明心地，吾之心地既明，即明佛之心，是先得弥陀之心也，便当修诸行门，求生净土，备其庄严，全其受用，谓之得后智，方成一尊古佛。③

也就是说，参禅的目的在于悟明心地，因我之心地与佛之心

---

① 太虚：《中国佛学》，《太虚大师全书》编委会编集：《太虚大师全书》第02卷·法藏·佛法总学（二），北京：宗教文化出版社，2005年，第171页。
② 〔东晋〕佛陀跋陀罗译：《文殊师利发愿经》卷1，《大正藏》第10册，第879页下。
③ 〔清〕济能纂辑：《角虎集》卷2，《续藏经》第62册，第220页下。

地是一心不二，所以明我心即明佛心。这是先悟得弥陀之心，而后起修，并提倡导归西方净土，以庄严佛净土，圆满自己的修德。性德悟明、修德圆满，方堪比古佛之究竟圆满。

文喜此论，及其"具大根器，获大彻悟，而复求生净土，为圆普贤万行，祈早成佛果者"①之论，与延寿"有禅有净土"偈所阐之理事是不谋而合的。可见，沩仰宗中禅净合流的发展，先受文喜的影响，而延寿之论与文喜之论又能相辅相成，两者共同推进了后世沩仰学人的禅净合流思想。

第二节 对宋代融教律归净思想的影响

延寿的思想对天台、贤首、律宗等合流于净土也有重要推进。两宋之际诸宗合流净土之风盛行，教门及律宗大老多有兼修净土者，这与延寿在五代宋初提倡融教律归净思想有重要关涉。以下以省常、知礼、遵式、义和、元照等为代表，管窥在延寿影响下宋代融教律归净思想的发展情况。

一 以省常、知礼、遵式、智圆等为代表的台净合流

智𫖮以天台教圆解净土，他作《观经疏》圆阐净土理事，撰《净土十疑论》破除诸宗对净土之偏见。就诸宗合流的整体发展来看，台净合流最为普遍，这主要得益于智𫖮的提倡。台宗

---

① 〔清〕济能纂辑：《角虎集》卷2，《续藏经》第62册，第221页上。

第六章 "透禅融教律归净"的深远影响

的圆教理论对延寿的影响颇深。延寿提出"透禅融教律归净"思想后,进一步丰富了台净融通的内涵,扩展了台净合流的外延,对后世台净合流的继续发展也起到了助推作用。

延寿被推为净土宗六祖,省常圆净(959—1020)继延寿之后被推为净土宗七祖。省常受延寿影响较大,是典型的"透禅融教律归净"的弘扬者。

省常最初习禅,"受业之师保传讲习禅之美"①,之后学教理,融会台贤二宗,常修天台止观,并偏赞净土念佛。从其对教理的偏重来看,他基于天台而融会诸宗。省常对净土深生信向,他认为"无量寿佛者群生之仰止,乃刻旃檀而为之形容焉"②。宋淳化中,他誓愿效庐山慧远,于钱唐南昭庆院创办念佛莲社,并依《华严经·净行品》之"净行"二字,命名为"净行社"。起初"预白莲之侣者,凡一百二十三人"③,从人数上看也是效法庐山慧远之"白莲社"。之后,陆续加入净行社者越来越多,社友达"八十比丘一千大众"④,为首的是王文正公,即宰相王旦,又有翰林承旨宋白为净行社撰碑,状元孙何题社客于碑阴。凡是入社的士大夫皆称净业弟子。省常亲自在社领众念佛,数十年如一日,精勤不辍。"宋天禧四年(1020)春正月十二日"⑤,他厉声谓佛来了,后安然往生,时年六十二,被封为圆净大师,取圆成净业之意,当时台宗孤山智圆为其撰《钱唐白莲社主碑》。

---

① 〔宋〕智圆:《钱唐白莲社主碑》,〔宋〕宗晓编:《乐邦文类》卷3,《大正藏》第47册,第184页中。
② 同上书,第184页上。
③ 同上。
④ 〔宋〕宗晓编:《乐邦文类》卷3,《大正藏》第47册,第193页下。
⑤ 〔宋〕智圆:《钱唐白莲社主碑》,〔宋〕宗晓编:《乐邦文类》卷3,《大正藏》第47册,第183页下。

宋代台宗修净土者很多,其中颇具代表者有四明知礼、慈云遵式、孤山智圆等。

知礼和遵式都是台宗第十六祖宝云义通(927—988)的弟子。义通为高丽籍僧,在中国学习、弘扬天台教几二十年,"得二神足而起家"①。义通继承了台宗行归净土的传统,他常视一切有缘者皆为极乐故乡人,端拱元年(988)十月二十一日右胁而卧往生西方。

四明知礼(960—1028)是义通的"二神足"弟子之一。太平兴国四年(979),知礼追随义通学习天台教观,时年二十岁,后成为台宗第十七祖,是北宋中兴天台宗的代表人物。他在智𫖮《观经疏》的基础上续撰《观经疏妙宗钞》,进一步以天台教圆解净土十六妙观;还作《融心解》详阐一心三观,显发四净土义,其中很多观点都与延寿的思想相契合。

知礼对天台忏法也有较大推进,自身修忏精进,曾于五十七岁时结十僧,修法华忏法,誓愿克期求证,并愿弃寿"决取净土于往生"②。知礼还曾在明州延庆院创念佛净社,"普结僧俗男女一万人"③,并制定了制度、确立了流程,要求:

> 每年二月十五日,于院启建道场,供养三宝,斋设僧田,功德祝延帝寿,福利军民。其建会之法,劝请会首二百一十人,各募四十八人,逐人请念佛忏愿历子一道,每日称

---

① 〔宋〕宗晓编:《四明尊者教行录》卷1,《大正藏》第46册,第856页中。
② 〔宋〕宗晓编:《四明尊者教行录》卷5,《大正藏》第46册,第898页中。
③ 〔宋〕宗晓编:《四明尊者教行录》卷1,《大正藏》第46册,第862页上。

第六章 "透禅融教律归净"的深远影响

念佛名一千声。①

这对于当时的佛教界来说,在管理模式上,具有开拓之功,成为莲社管理的范式;在弘法方式上,对佛教主动深入民众,劝令信愿念佛,向前推进了一大步。

慈云遵式(964—1032)为义通"二神足"中的另一弟子。雍熙元年(984)随义通学习天台教观,时年二十二岁。义通是当时与知礼齐名的台宗弘净土之硕德。遵式教宗天台,偏赞净土,与法兄知礼情谊深厚,曾于病重时致书于知礼曰:

> 劣弟必在今冬去也,愿承我兄净土本愿之力,令我才预末品,当有相见之分。②

当时遵式审视自身病情,预计冬季将命终,于是致信知礼,表达自己对知礼弘扬净土的赞叹,及自身求生净土的信愿。后来,遵式因修观音行病愈,其后愈加注重忏法的修持和整理,以期众生修忏以忏除自身宿世今生之业障。因他对修弘忏法有突出贡献,世称慈云忏主。

慈云遵式念佛十分精进,誓愿求生西方,受其化导而愿生西方者众。他还为公卿大夫特立《晨朝十念法》③,作为公务繁忙者的简便日课。所著《净土忏》和《往生净土决疑行愿二门》被蕅益智旭选入《净土十要》,对净土忏法的广传贡献卓著。他在《往生净土忏愿仪序》中这样写道:

---

① 〔宋〕宗晓编:《四明尊者教行录》卷1,《大正藏》第46册,第862页上—中。
② 〔宋〕宗晓编:《四明尊者教行录》卷5,《大正藏》第46册,第907页上。
③ 参见〔宋〕遵式:《晨朝十念法》,〔宋〕宗晓编:《乐邦文类》卷4,《大正藏》第47册,第210页中。

> 原其诸佛悯物迷盲,设多方便而引取之,但唯安养净业,捷直可修。诸大乘经,皆启斯要,十方诸佛,无不称美者也。①

意思是说,诸佛因为悯念众生迷昧本心,不学教理犹如生盲,因此设种种方便之法度化众生,而其中净土往生法门最为便捷,上中下三根皆可直接修持。佛所宣诸大乘经典,皆启发了净土的要旨,十方诸佛对净土法门没有不称赞的。由此可见,慈云遵式对净土的笃信和力倡。

慈云遵式对净土的修持方式与知礼有所不同,知礼更加注重修观,而遵式更注重修忏,并力主持名念佛。他以偈赞表述其为:

> 我今称念阿弥陀,真实功德佛名号;
> 惟愿慈悲垂摄受,证知忏悔及所愿。
> 我昔所造诸恶业,皆由无始贪嗔痴;
> 从身口意之所生,一切我今皆忏悔。
> 愿我临欲命终时,尽除一切诸障碍;
> 面见彼佛阿弥陀,即得往生安乐刹。②

可见慈云遵式对持佛名号及修忏的赞叹。其偈赞行文仿效了《华严经·普贤行愿品》中的偈语范式。可见慈云立足于天台,对华严亦有融通。他还作《华严经普贤行愿品疏科》《释大方广

---

① 〔宋〕遵式:《往生净土忏愿仪序》,〔宋〕宗晓编:《乐邦文类》卷2,《大正藏》第47册,第168页中。
② 〔宋〕遵式:《念佛忏悔发愿文》,〔宋〕宗晓编:《乐邦文类》卷2,《大正藏》第47册,第178页下。

第六章 "透禅融教律归净"的深远影响

佛华严经贤首菩萨赞佛偈》等,表达了对普贤菩萨导归极乐的高度认同。台家引华严是以华严为己证,也是台贤合流的表现。这种融会诸宗、偏赞净土的思想,与延寿的影响不无关系。灵芝元照曾在《观无量寿佛经义疏》中这样评赞遵式:

> 净土教法起自古晋庐山白莲社,自后善导、怀感、慧日、少康诸名贤逮至今朝前代禅讲宗师亦多弘唱,唯天竺慈云法师精穷教理盛振一时。①

可见元照对遵式精解净土教理的赞叹,文中之所以言"天竺慈云法师",是因为慈云遵式常住天竺寺,与延寿的称法相同。在至道二年(996),慈云遵式"结缁素专修净业,作《誓生西方记》"②;咸平三年(1000)及咸平五年(1002),遵式两度归天台,率众修念佛三昧,并在"西阳益宏精舍,据经造无量寿佛大像"③。天禧元年(1017),侍郎马亮镇守钱塘,因雅尚净土之行,遂向慈云遵式问道,遵式因此撰《净土行愿法门》《净土略传》等文。慈云遵式的著作,无不体现出其依天台教理力弘净土的思想。他在《炽盛光道场念诵仪》中发"读诵大乘愿求净报"④之志,在《金园集》中提出"临命终时心无悔恼,神识安然,舍此报身,直生佛净土"⑤之切愿。明道元年(1032)十月八日,遵式示疾,两日后,令弟子请弥陀像以证其

---

① 〔宋〕元照:《观无量寿佛经义疏》卷1,《大正藏》第37册,第284页上。
② 〔宋〕志磐:《佛祖统纪》卷10,《大正藏》第49册,第207页中。
③ 〔宋〕契嵩:《杭州武林天竺寺故大法师慈云式公行业曲记》,《镡津文集》卷12,《大正藏》第52册,第714页上。
④ 〔宋〕遵式:《炽盛光道场念诵仪》卷1,《大正藏》第46册,第981页下。
⑤ 〔宋〕遵式述,〔宋〕慧观重编:《金园集》卷1,《续藏经》第57册,第1页中。

终,"至夜奄然坐逝"①,世寿六十九,戒夏五十。又因其注重以忏法弘净土,而忏法后来与民间信仰者结合较深,故太虚评其为"台净传入民间的一个有力者"②。

孤山智圆(976—1022)比四明知礼、慈云遵式稍晚,也是台宗门下力弘净土且颇具影响的人物。智圆字无外,自号中庸子,钱塘人,出家后依奉先清源大师学修天台一心三观,并力倡净土,"凡二年而清亡,遂往居西湖孤山"③。

前文已述,智圆在省常大师圆寂后,亲撰《钱唐白莲社主碑》赞叹省常大师的功德事迹及其净土思想。他还作《阿弥陀经西资钞》《文殊般若疏析重钞》等,阐发净土念佛一法及文殊愿生西方净土之理事。他在《闲居编》中说道:

> 吾所撰十疏者,乃始于《文殊般若》,而终于《阿弥陀经》也。④

其作《湖州德清觉华净土忏院记》《观音行门统摄众行论》《净土赞》《观经疏刊正记序》等,均收录在《闲居编》中。西湖居士李济在《净土咏史·孤山中庸法师》一文中评赞智圆曰:

> 通经十疏辩河倾,绝笔弥陀净业成;陶器坟中收幻质,昭然精爽定西征。⑤

---

① 〔宋〕志磐:《佛祖统纪》卷10,《大正藏》第49册,第208页中。
② 太虚:《中国佛学》,《太虚大师全书》编委会编集:《太虚大师全书》第02卷·法藏·佛法总学(二),北京:宗教文化出版社,2005年,第177页。
③ 〔宋〕志磐:《佛祖统纪》卷10,《大正藏》第49册,第204页下。
④ 〔宋〕智圆:《阿弥陀经疏西资钞序》,《闲居编》卷6,《续藏经》第56册,第875页下。
⑤ 〔宋〕宗晓编:《乐邦文类》卷5,《大正藏》第47册,第225页中。

此诗偈概述了智圆一生以台教弘净土的功业。他精通教理，偏赞净土，虽在世间却求生西方，以离尘出垢、莲华化生。

宋代台净合流思想，在四明知礼、慈云遵式、孤山智圆等台宗大老的推广下十分兴盛，台宗子孙循此而修，形成风尚。又以四明知礼门下最为繁荣，知礼传广智尚贤，主四明延庆寺；传神照本如，主台州东掖山白莲寺；传南屏梵臻，主杭州南屏兴教寺。此三支在台净合流方面皆大有发展，而神照本如一支所出的石芝宗晓对嗣后净土宗的发展影响尤深。

石芝宗晓（1151—1214），字达先，俗姓王，四明人，"洞彻教部，以净业化人，尝集大藏诸书"①。他对历代净土著述进行了汇编和补遗，纂成《乐邦文类》《乐邦遗稿》等，为后世留下了丰富的史料。尤为重要的是，他开启了为净土宗追祖溯源之先河，对净土宗的发展确定了道统源流。

宗晓之后，志磐（1265—1274）撰《佛祖统纪》，也是以天台思想为指导，对台净合流及相关的佛学思想进行编纂和论述。他再度对净土宗祖师进行追列和排序，如今中国净土宗宋代以前之诸祖，便是依据志磐在《佛祖统纪》中的排序。不仅如此，志磐还在《佛祖统纪》中对天台宗中修净土有成的诸师专列《净土立教志》进行记述，深化了台净合流。

二 以义和为代表的贤净合流

贤首宗在经历唐末五代两次"毁佛"运动之后，元气大伤。

---

① 〔明〕袾宏：《往生集》卷3，《大正藏》第51册，第151页上。

延寿非华严子孙，但法眼宗初祖文益禅师提倡禅教合流，主要是禅与华严的合流。延寿提倡"一心为宗"也多引华严理论，且在文益、德韶的基础上推进了贤净合流的发展。贤首宗本身在五代之后虽未能得到良好发展，但是贤净合流思想却在一定程度上得以延续，特别是明清及近现代的华严学者多倡导贤净合流思想。

华严与净土合流之源，无疑可追溯至《华严经》中普贤菩萨导华藏海众归向极乐净土。就华严宗而言，初祖杜顺就赞叹过西方净土的殊胜。杜顺"每游历郡国劝念阿弥陀佛，著五悔文赞咏净土"①，之后智俨、法藏、澄观、宗密等皆有以华严理论解净土之举，其中大力提倡净土思想的当数清凉澄观和圭峰宗密。延寿在其著述中也多引澄观、宗密的思想。

延寿之后，宋代力倡贤净合流的思想者，首推圆澄义和。他于乾道元年（1165）撰《华严念佛三昧无尽灯》，书成后，吴郡范成大于乾道丁亥（1167）季夏七日题跋，遗憾的是该书已佚。但是，从义和自作的《华严念佛三昧无尽灯序》中可略窥一斑，其开篇曰：

> 六道凡夫三乘贤圣，其根本悉是灵明清净，一法界心，性觉宝光，各各圆满。②

此论与延寿会三乘五性、性相诸宗统归一心的思想如出一辙。而且他还提出，释迦牟尼佛说《华严经》的目的就是"欲

---

① 〔宋〕志磐：《佛祖统纪》卷27，《大正藏》第49册，第276页下。
② 〔宋〕圆澄义和：《华严念佛三昧无尽灯序》，〔宋〕宗晓编：《乐邦文类》卷2，《大正藏》第47册，第169页下。

令众生，知一切法，即心自性"①，此亦合于延寿"一心为宗"的思想旨趣。

义和论念佛时，先引《华严经》解脱长者教令善财童子"唯心念佛门"②，提出了实相念佛的理论；之后以"普遍吉净光夜神，教以观德相念佛门"，阐发观想念佛的理论。他还说道：

> 虽然诸佛拔苦与乐之心一也，不思议力一也。唯西方弥陀世尊，接引娑婆众生愿力偏重。③

可见义和偏赞弥陀愿力，直指西方净土的思想。从论述逻辑上，义和是以理导事。他还提出，《华严经》"普贤行愿独指弥陀，极为至切"④。凡此种种，皆与延寿的贤净合流思想有较大契合度。应该说，义和的贤净思想在一定程度上受到了延寿思想的影响。

此外，普静师安也深通华严宗旨，他力"修弥陀忏，观想净土二十年"⑤，临终时谓弟子曰："佛菩萨已降，吾将行矣，即端坐而化。"⑥

总体而言，宋代的贤首宗并不兴盛，因此贤净合流思想也未得到大的发展，但是仍有延续，对嗣后贤净合流的发展留有续焰之力。

---

① 〔宋〕圆澄义和:《华严念佛三昧无尽灯序》，〔宋〕宗晓编:《乐邦文类》卷2，《大正藏》第47册，第169页下。
② 同上。
③ 同上书，第170页上。
④ 同上。
⑤ 〔宋〕志磐:《佛祖统纪》卷27，《大正藏》第49册，第280页中。
⑥ 同上。

三 以元照为代表的律净合流

延寿对四分律是非常推崇的,他经常开坛传授梵网菩萨戒,临终前还特别在天台山传授规模达上万人的菩萨戒。他提倡持戒念佛,对后世律净合流思想的发展产生了深远影响。

宋代弘扬律净合流的以灵芝元照最为著名,他受天台教理影响,在台净合流的思想下,又弘南山律并合于净土。元照的佛学思想受延寿影响是较为明显的。

灵芝元照(1048—1116),世居钱塘,母亲笃信佛法。他童真入道,"初依祥符鉴律师,十八通诵《妙经》,试中得度,专学毗尼"①,二十三岁著《戒体章》。后随神照门下神悟处谦研习天台教理,神悟处谦告诉他说:

> 近世律学中微,汝当明法华以弘四方,复从广慈才法师受菩萨戒。②

元照自此博究南山律宗,撰《行事钞资持记》《戒本疏行宗记》《羯磨疏济缘记》《四分删定比丘尼戒本》等百余卷。

元照早年并不尚修净土,后因重病,期间阅天台智顗的《净土十疑论》而对净土法门深生信向,嗣后专以净土为归,并发愿弘扬净土,普度众生。他常以"生弘律范死归安养"③自勉励人,所著净土相关著述有《观无量寿佛经义疏》《阿弥陀经义

---

① 〔宋〕志磐:《佛祖统纪》卷29,《大正藏》第49册,第297页中。
② 同上。
③ 同上书,第297页下。

疏》《阿弥陀经义疏闻持记》《无量寿佛赞注》等，其杂著《芝园集》亦多阐净土理事。他曾先后住锡于杭州法慧大悲寺、祥符戒坛寺、净土宝阁寺，晚年居灵芝崇福寺，世称"灵芝元照"。宋政和六年（1116）秋九月一日，于崇福寺集众讽《普贤行愿品》，并持念佛号，坐化入寂，谥号"大智"。

灵芝元照对延寿十分推崇，他认为在唐末五代的吴越高僧中，延寿度众最为善巧有力：

> 逮于唐末五代，钱氏武肃据有吴越，大崇佛事，寺院不下数千，僧尼无虑数万。此时多诸僧杰，辅翊王化，如天台韶国师、陆莲岩禅师、永明寿禅师、汇征、希觉、赞宁等，皆王公师敬，名冠一时。其间善巧提诱，唯寿禅师最有力焉。①

由此可见灵芝元照对延寿的高度赞叹和认同。元照在先祖遗文中见到《寿禅师实录》后②，感于该文未能盛传，而重新校订刊版广为流通，并赞叹曰：

> 观其奥学峻行，远识大度，实吾门真善知识，末世四依大士。③

"奥学"是指延寿对佛教义理的深入阐释；"峻行"是指延寿在行持上的高山仰止；"远识"是指延寿以一心为宗偏赞净

---

① 〔宋〕元照：《延寿禅师实录序》，元照重编：《永明智觉禅师方丈实录》，绍兴三十年释行拱刻印版，国家图书馆中华古籍资源库藏。
② 〔宋〕元照重编：《永明智觉禅师方丈实录》，绍兴三十年释行拱刻印版，国家图书馆中华古籍资源库藏。
③ 〔宋〕元照：《延寿禅师实录序》，元照重编：《永明智觉禅师方丈实录》，绍兴三十年释行拱刻印版，国家图书馆中华古籍资源库藏。

土，为后世学人之入道津梁；"大度"则指一心融会诸宗，心存整个佛教而非一己之宗；"四依"是指延寿所阐之理及所倡之行，符合《大般涅槃经》之"依法不依人，依义不依语，依智不依识，依了义经不依不了义经"① 的四依法；"大士"是赞叹延寿为乘愿再来的菩萨大士。

从思想上看，元照也深受延寿影响，比较元照的《观无量寿佛经义疏》和延寿的《万善同归集》便清晰可见。元照先明净土即实理，而诸经皆归实理；延寿先明诸经皆归一心，一心即实理，然后明净土归一心，以明净土理与诸经所阐之理同。他们对净土之理的展开顺序不同，但观点一致。

延寿提倡一心为宗，元照则曰："此心即是菩提涅槃元清净体，即是大乘一实境界。"② 延寿提倡万善庄严，尤倡念佛，元照则曰："万行圆修，最胜独推于果号。"③ "果号"即弥陀圣号，指弥陀以果地觉契因地心。延寿"一生随处常建法华堂，庄严净土"④，元照则曰："若法华妙部，如来亲记往生（药王品云，受持此经，即往生安乐世界等）。"⑤ 延寿主张"随愿往生西方净土，皈命弥陀佛……圆满佛菩提，修习普贤行"⑥，元照则曰："普贤行愿、势至圆通皆愿往生净土。"⑦ 延寿"常与众授菩

---

① 〔北凉〕昙无谶译：《大般涅槃经》卷6，《大正藏》第12册，第101页中。
② 〔宋〕元照述：《观无量寿佛经义疏》卷1，《大正藏》第37册，第279页中。
③ 〔宋〕元照述：《阿弥陀经义疏》卷1，《大正藏》第37册，第356页中。
④ 〔宋〕释文冲重校编集：《智觉禅师自行录》卷1，《续藏经》第63册，第159页上。
⑤ 〔宋〕元照述：《观无量寿佛经义疏》卷1，《大正藏》第37册，第280页中。
⑥ 〔宋〕释文冲重校编集：《智觉禅师自行录》卷1，《续藏经》第63册，第163页中—下。
⑦ 〔宋〕元照：《观无量寿佛经义疏》卷1，《大正藏》第37册，第284页下。

萨戒，施鬼神食"①，元照则"授菩萨戒，会几满万，增戒度僧，及六十会，施食禳灾，应若谷响"②。延寿主张诸宗皆与净土合流，元照则曰："教门虽异无不往生。"③ 延寿主张西方净土与唯心净土不异，元照则曰："十万亿刹之遐方，的是唯心净土。"④ 延寿主张"乘戒俱急"⑤，元照则曰："禅定智慧以戒为基，菩提涅槃以戒为本。"⑥

应该说，元照受延寿影响非常深刻。延寿为禅宗法眼祖师，以阐发"透禅融教律归净"为主；元照为南山律宗祖师，以阐发"遵律融禅教归净"为主。两者门派虽不同，却能互相融摄，究其实质，是为一如。

在灵芝元照的提倡下，律净合流思想曾一度得以发展。譬如慧亨，依灵芝元照习律，并专修净业，临终时念佛端坐而化；行诜，依止元照学律，临终时自诵《弥陀经》，并大声念佛，后跏趺坐化；用钦，居钱塘七宝院，依元照学律，誓愿"生弘毗尼死归安养"⑦，日课佛号三万称，临终前集众念佛，次日黎明向西合掌，跏趺而化。此外，还有宗利，初修法华忏，后参谒元照增受戒法，并在元照的影响下专修净业，临终念佛而化；思敏也因元照增受戒法，受其影响专心净业，临终念佛而化，往生后虽

---

① 〔明〕袾宏：《往生集》卷1，《大正藏》第51册，第133页中。
② 〔宋〕志磐：《佛祖统纪》卷29，《大正藏》第49册，第297页下。
③ 〔宋〕元照述：《阿弥陀经义疏》卷1，《大正藏》第37册，第357页上。
④ 〔宋〕元照撰，〔日〕戒度注：《无量寿佛赞注》卷1，《续藏经》第74册，第73页上。
⑤ 〔宋〕延寿述：《万善同归集》卷1，《大正藏》第48册，第965页中。
⑥ 〔宋〕元照重定：《四分删定比丘尼戒本》卷1，《续藏经》第40册，第669页上。
⑦ 〔宋〕志磐：《佛祖统纪》卷27，《大正藏》第49册，第279页中。

在酷暑的季节留龛七日而面色不变,且异香郁然。

受元照影响而持戒念佛的居士也很多,譬如钱塘袁氏,因往灵芝寺受菩萨戒,后断荤酒,并进修净业,其家族皆受其感化,临终时念佛坐化;钱塘陈氏媪,亦是从灵芝受菩萨戒,并专心念佛,日课千拜,常有感应舍利出现在经案上,临终时亲见化佛来迎,并随佛往生。

在元照的影响下受戒念佛而得往生的公案不胜枚举,其门下较为著名的弟子就有五十余人,皆尚律净合流,持戒念佛。元照受到延寿之影响,对其时及后世律净合流思想的发展产生了重要影响。

第三节 对宋代儒道佛思想和会的影响

延寿在系统研学佛教之前对儒、道之学皆有精研。他入佛后接禅宗法眼衣钵,主禅教合流,以"一心"之旨融会诸宗,这种融会性思维,对儒、道、佛的大和会亦产生了影响。延寿的思想中也蕴含了对儒、道学者明"一心"之旨和会于佛教及趣归净土的希望。

一 立足于佛教对儒道二教的融摄

延寿的求学经历影响了他融会儒、道、佛思想的知识体系。延寿曾热衷道学,此从延寿字冲玄、号抱一子可窥见一斑。

延寿自幼习儒,少年时期因才学过人,引发"群儒叹伏,

第六章 "透禅融教律归净"的深远影响

皆言此乃神仙之苗裔，淮水未干，故王氏代有人焉。年十六，献武肃王《讲德诗》《齐天赋》，众推少俊，谓间世之才"①。之后，他"年二十一，悟世无常，掷去笔砚，誓归佛氏"②。

嵇曾筠在《浙江通志》中记载延寿除了有《宗镜录》百卷，还注"《抱一子》若干卷"③。吴任臣在《十国春秋》中也记述延寿曾著《抱一子》若干卷。顾櫰三在《补五代史艺文志》中述延寿曾作《抱一子注》。其作《抱一子》，或注《抱一子》，因为原文佚失无从考证，但吴任臣在《十国春秋》中引述了一段延寿所著《抱一子》：

> 云："宁作心师不？师于心。"又云："数尽则群有皆虚，名废则万象自毕。"④

由此可见，此应为延寿入佛后而作，虽是吉光片羽，亦可见其中涵盖了佛之"心"、道之"数"、儒之"名"，可为延寿和会儒、道、佛三家之一证。

现存的延寿著述主要是佛学类，但从内容上看，确多有对儒、道之和会处。但需要说明的是，其皆是以佛教思想为本位，以佛教的"一心"之旨融摄儒、道二家之思想。譬如，延寿集《宗镜录》后，吴越国王钱弘俶亲自作序，其中也表达了延寿的《宗镜录》立足于佛教"心宗"，含摄儒、道二家之意，文曰：

---

① 〔宋〕元照重编：《永明智觉禅师方丈实录》，绍兴三十年释行拱刻印版，国家图书馆中华古籍资源库藏。
② 同上。
③ 〔清〕嵇曾筠：《浙江通志》，《景印文渊阁四库全书》第524册，台北：台湾商务印书馆，1986年，第285页下。
④ 〔清〕吴任臣：《十国春秋》，《景印文渊阁四库全书》第466册，台北：台湾商务印书馆，第168页上。

域中之教者三：正君臣，亲父子，厚人伦。儒，吾之师也。寂兮寥兮，视听无得，自微妙，升虚无，以止乎乘风驭景，君得之则善建不拔，人得之则延觊无穷。道，儒之师也。四谛十二因缘，三明八解脱，时习不忘，日修以得，一登果地，永达真常。释，道之宗也。惟此三教，并自心修，《心镜录》者，智觉禅师所撰也，总乎百卷，包尽微言。[①]

意思是说，儒家，主要讲五伦关系，钱氏概述为"君臣有义""父子有亲"，并表达自己以儒为师。道家，不尚刻意，任运自然，进入了微妙虚无论。但是，道家也讲求治理之道，譬如"治大国若烹小鲜"等。若为君者契入此理，则能更好地治国理政，百姓得"道"之旨则能举一反三，由道学知万物万法之理。从这个意义上讲，道无相，却能生万物、明万法，故儒以道为师。而且据说孔子还曾向老子问礼，此亦儒以道为师之别解。佛教，则从小乘之四谛、十二因缘，得三证法、八种解脱道，以精进修持，回小向大，登大乘果地觉，永达真常之境。从这个意义上说，道家的虚无之道仍要归宗于佛教真常之法。由此，三教之终极旨趣在佛，根本行径在于修"自心"。而《宗镜录》为延寿所作，共有百卷，主阐一心之旨，亦融摄儒道二家之微言至理。此处钱氏也是以佛教为中心，阐发《宗镜录》对儒、道、佛三教之旨包揽无遗。

从延寿的著述中可以清晰地看到，他以佛教一心之旨对儒、道二教之理的汲取与融摄。延寿为了阐明"近朱者赤，近墨者

[①] 〔宋〕钱弘俶：《宗镜录序》，〔宋〕延寿集：《宗镜录》卷1，《大正藏》第48册，第415页中。

第六章 "透禅融教律归净"的深远影响

黑"的道理，劝学人要常亲近善者，进而他引儒家理论论证《宗镜录》一乘之旨，述曰：

> 儒典中，亦令君子慎所习也。今若闻宗镜，熏起一乘，广大难量，善利无尽。①

儒家主张"君子慎所习"，佛教主张严持戒律、断恶修善。延寿的万善思想便是在此基础上而提出，严持戒律与断恶修善含摄了儒家的"慎所习"。延寿以儒家倡慎行的主张，提倡学人要更进一步明佛教的一乘之理，以理导行，则能"善利无尽"。换言之，以《宗镜》一乘之理指导儒者习行同样"善利无尽"。此不仅表达了儒佛相通，还为接引儒者入佛增加了亲和力。延寿也指出，儒家、道家乃至"百氏九流"皆不离法界，不离法界便不出"一心"，故皆可归于佛。对于三教关系及各家宗旨，他论曰：

> 三教不惑，各立其宗。儒有二十七家，若契五常之理，即无惑也；黄老有二十五家，若契虚无，亦无惑也；释有十二分教，若了本心，亦无惑也。然则三教虽殊，若法界收之，则无别原矣；若孔老二教，百氏九流，总而言之，不离法界，其犹百川归于大海，若佛教圆宗，一乘妙旨。②

他首先表达了儒、道、佛三教各立其宗。儒家概分为二十七家，但无不以仁、义、礼、智、信的"五常之理"为宗，所以契入"五常之理"便能举一反三，不惑于儒家。黄老之道概分

---

① 〔宋〕延寿集：《宗镜录》卷26，《大正藏》第48册，第563页上—中。
② 〔宋〕延寿集：《宗镜录》卷33，《大正藏》第48册，第608页中。

二十五家，其理发于道之"虚无"，由"虚无"而生"有"，"有"又终归于"虚无"，如果契入"虚无"之理，道家便能不惑；佛教分三藏十二部教，无不归于"本心"，如果明了"心"旨，便能于佛教无惑。

简而言之，从事上看，三教各有其宗，且各分流派，各有不同，但是皆不离法界；若从理上看，三教诸家乃至"百氏九流"皆摄于法界，而法界不出一心。因此延寿指出，佛法之一乘妙旨犹如大海，百川入海不出一心。既然阐明儒、道及各家之理不离法界、不出一心，则可知佛教之旨能够融摄儒道及诸家。

延寿还在《宗镜录》中引《华严演义》云："此方儒道玄妙，不越三玄，《周易》为真玄，《老子》为虚玄，《庄子》为谈玄。"① 他基于《道德经》《庄子宗师篇》《周易》《礼记》等道家、儒家典籍解析"自然""虚无""一阴一阳之谓道""感通"等范畴，再与佛教的"因缘观"进行比较，指出"儒则宗于五常，道宗自然，佛宗因缘"②。延寿又从因缘论的角度，指出道、儒与佛之不同，旨在阐发佛教"即空有而不着空有"理论的殊胜性。

延寿在《万善同归集》中也以设问解答的方式详阐三教之对机与含摄范围之不同，以突出佛教的优势。问曰：

> 老子亦演行门，仲尼大兴善诱，云何偏赞佛教，而称独美乎？③

---

① 〔宋〕延寿集：《宗镜录》卷46，《大正藏》第48册，第687页中。
② 〔宋〕延寿集：《宗镜录》卷72，《大正藏》第48册，第819页上。
③ 〔宋〕延寿述：《万善同归集》卷3，《大正藏》第48册，第987页下。

第六章 "透禅融教律归净"的深远影响

意思是说，老子虽然阐"道"以"虚"，但也演说"行门"之法；孔子则更是以指导行门为主，而且循循善诱，启发"性天"之道，那为什么要偏赞佛教，而以佛法为至高呢？

对此，延寿首先指出老子之教在理上主张"绝圣弃智，抱一守雌"①，在行持上"以清虚憺泊为主"②，虽也提倡"务善嫉恶为教"③，但是所言之善恶报应，只在一生之内，"一身之命"④，所利及众生的范围也有限，"义乖兼济之道，而无惠利"⑤。因此，他认为道教有两大不足：一是仍在此界之中，未触及界外之法，在佛教看来，尚属浅近，并不究竟。二是道教重利一身，未发菩提心。

关于儒家，孔子"则行忠立孝，阐德垂仁"⑥，但是问题是"惟敷世善，未能忘言神解"⑦，因此亦"非大觉"⑧。延寿还举例仲尼答季路曰："生与人事，汝尚未知，死与鬼神，余焉能事？"⑨ 也就是说，儒家偏重人生、人伦，但并未涉及超越人生的界外之事。所以延寿说道：

> 此上二教，并未逾俗柱，犹局尘笼，岂能洞法界之玄宗，运无边之妙行乎？⑩

---

① 〔宋〕延寿述：《万善同归集》卷3，《大正藏》第48册，第987页下。
② 同上。
③ 同上。
④ 同上。
⑤ 同上。
⑥ 同上。
⑦ 同上。
⑧ 同上。
⑨ 同上书，第987页下—988页上。
⑩ 同上书，第988页上。

延寿由此突出了佛教超凡入圣、开权显实的殊胜性。当然，延寿还注重阐发儒、道、佛同源之论，且以佛教为中心，提出儒、道理论为助佛之论。他在《万善同归集》中以设问的方式提出问题：

> 佛行无上，众哲所尊；儒、道二教，既尽钦风，云何后代之中，而有毁谤不信者何？①

意思是，既然说佛行圆满，契合至理而圆融无碍，众哲所共尊崇，儒、道二教先贤也钦敬佛陀风范，那么为什么有很多儒者、道者毁谤佛教而不生信呢？

此问也是基于史实的，即使在距离五代最近的唐代，儒、道二家批驳佛教者也不在少数，影响较大者如儒家的韩愈、李翱皆有辟佛之论，道教如道士赵归真更是鼓动李德裕酿会昌法难。可见，由此而生疑问亦在情理之中。延寿则应问而答：

首先，他肯定了"儒道先宗，皆是菩萨，示助扬化，同赞佛乘"②，以此将儒、道之先哲全部纳入了佛教内部，将三教之源归为一教，如此再来讨论则是自家事，以消除分化之念。

他直陈老子、孔子等先哲皆以佛为师。为了证明此论，他分别引道家《关令传》老子云"吾师号佛，觉一切民也"③，《西升经》云"吾师化游天竺，善入泥洹"④，及符子云"老氏之师，名释迦文"⑤；又引儒家《列子》商太宰嚭与孔子的一段对

---

① 〔宋〕延寿述：《万善同归集》卷3，《大正藏》第48册，第988页上。
② 同上。
③ 同上。
④ 同上。
⑤ 同上。

第六章 "透禅融教律归净"的深远影响

话:"丘闻西方圣者焉,不治而不乱,不言而自信,不化而自行,荡荡乎民无能名焉。"① 以孔子的口吻表明佛陀为真正的圣人。

实际上,早在《弘明集》中就有惠通《驳顾道士夷夏论》,其中有"摩诃迦叶彼称老子,光净童子彼名仲尼"② 的说法。而此处,延寿则引《起世界经》云:"佛言:'我遣二圣,往震旦行化:一者老子,是迦叶菩萨;二者孔子,是儒童菩萨。'"③ 而光净菩萨"彼云颜回"④,在《内典天地经》中有述。此论旨在表达,老子、孔子、颜回等道家、儒家先哲都是佛陀的弟子,都是以佛为师。

其次,延寿对道、儒二家的后世学人毁谤佛教提出批判,他说道:

> 明知自古及今,但有利益于人间者,皆是密化菩萨。惟大士之所明,非常情之所测,遂使寡闻浅识,起谤如烟,并是不了本宗,妄生愚执。事老君者,则飞符走印,炼石烧金,施醮祭之腥膻,习神仙之诳诞。入孔门者,志乖淳朴,意尚浮华,骋鹦鹉之狂才,擅蜘蛛之小巧。此皆违背先德,自失本宗。⑤

意思是说,自古迄今,通而论之,只要有利益于人间者,都是佛教的菩萨密化示现。对此,只有上根之菩萨大士能够明了,

---
① 〔宋〕延寿述:《万善同归集》卷3,《大正藏》第48册,第988页上。
② 〔梁〕僧佑:《弘明集》卷7,《大正藏》第52册,第45页下。
③ 〔宋〕延寿述:《万善同归集》卷3,《大正藏》第48册,第988页上。
④ 〔唐〕法琳:《破邪论》卷1,《大正藏》第52册,第478页下。
⑤ 〔宋〕延寿述:《万善同归集》卷3,《大正藏》第48册,第988页上—中。

并非凡夫俗子所能测度。既然凡夫不能测度,"遂使寡闻浅识"毁谤佛教者多。这些人毁谤佛教,也是不明了自教真趣,只是随己短见妄生愚痴执着罢了。具体而言,后世道教信徒多尚画符、炼丹、设坛祭奠等,虚慕奇技之巧;后世儒家学人则多失淳朴,尚浮华无实之学,以鹦鹉学舌自视甚高。这都违背了先德老子、孔子之本意,违背学习道教、儒家之宗旨。

再次,延寿引《吴书》,以"天"为基准,对道、儒、佛之理论含摄的范围进行了比较,以突出佛教的殊胜:

> 吴主孙权问尚书令阚泽曰:"孔丘、老子得与佛比对以不?"阚泽曰:"若将孔老二家,比校远方佛法,远则远矣。所以言者,孔老设教,法天制用,不敢违天;诸佛设教,诸天奉行,不敢违佛。以此言之,实非比对明矣。"吴主大悦,用阚泽为太子太傅。①

也就是说,阚泽认为,孔子和老子与佛比较相距甚远,如果从三教的设教高低而言,道、儒设教都"法天制用,不敢违天",而佛教则是"诸天奉行,不敢违佛"。此处,实际是将"天"之自然规律义和"天"之权力象征义混为一谈,以突出佛法是超越自然之"天",并超越六道之"天人"的,即使天人亦遵佛法而修,突出了佛教的至高无上地位。这实际是以区别儒、道、佛的方式,而纳儒、道归佛。

最后,延寿赞叹"佛法如海,无所不包;至理犹空,何门不入!"② 换言之,佛法对包括道、儒二教在内的一切法都收摄

---

① 〔宋〕延寿述:《万善同归集》卷3,《大正藏》第48册,第988页上。
② 同上书,第988页中。

无疑。也正是这个原因，才便"众哲冥会，千圣交归"①。佛教立法"真俗齐行"②，佛教摄机"愚智一照"③。就俗谛而言，"则劝臣以忠、劝子以孝、劝国以绍、劝家以和"④，此亦为儒家所倡；又阐"弘善示天堂之乐，惩非显地狱之苦"⑤，此亦为道教所循。就真谛而言，佛教则"是非双泯，能所俱空；收万像为一真，会三乘归圆极"⑥，对儒、道二教亦能于佛教中开权显实，即俗归真，这便是佛教融摄儒、道而超于儒、道之处。

二 基于心旨导引儒道入佛归净

延寿认为儒、道之旨皆可摄归于《宗镜》，故"知非唯佛教以心为宗，三教所归，皆云反己为上"⑦。儒家尤倡"反己"，亦称"反躬内省"，其关键在于向内反观己心。佛教有"反闻闻自性，性成无上道"⑧之说。道家也说"自知者明"，"自知"之要在于"反己"；道家又尚"自然取舍忘怀，美恶齐旨"⑨，由此可知"但了一心，无相自显，则六趣尘牢，自然超越"⑩。

不仅如此，儒家提倡五伦之道，而延寿"《宗镜》内，虽广

---

① 〔宋〕延寿述：《万善同归集》卷3，《大正藏》第48册，第988页中。
② 同上。
③ 同上。
④ 同上。
⑤ 同上。
⑥ 同上。
⑦ 〔宋〕延寿集：《宗镜录》卷62，《大正藏》第48册，第767页中—下。
⑧ 〔唐〕般剌蜜谛译：《大佛顶如来密因修证了义诸菩萨万行首楞严经》卷6，《大正藏》第19册，第131页中。
⑨ 〔宋〕延寿集：《宗镜录》卷62，《大正藏》第48册，第767页下。
⑩ 同上。

引苦切之言，皆为后学成器，普令悛恶从善，慕道进修，使法国土无背道之臣，令大乘家，绝邪见之子"①。由此可见，儒家的五伦之道亦是佛教慕道进修、增上大乘的基础。延寿遂引佛经祖语曰：

> 《胜鬘经》云："以摄受折伏故令佛法久住。"是以沩山有警策之文，无非苦口。《净名》垂诃责之力，尽破执心。②

《胜鬘经》《净名经》等经典及沩山灵佑的相关警策法语，说明儒、佛皆崇尚师道，且折摄弟子的方法，往往有不约而同之处。儒家《尚书》云："道吾恶者，是吾师，道吾好者，是吾贼。"《论语》云："三人同行，必有我师焉。"此中之理亦为延寿所常用，如他说："若佛法中有净友，则学般若道侣，保无过失。"③ 从这个意义上讲，儒家的理论不仅合于佛教，而且有助于佛教修行。

延寿还指出，佛法之理不出《宗镜》"一心"之旨，"不同外道邪师，及学大乘语者，口虽说空，不损烦恼"④，须知"此非善达正法，皆是恶取邪空"⑤。佛教提倡即事之理，虽言空理，但不舍事修，虽言事修，然需以至理为指导，故能理事无碍、事事无碍。由此可见，儒、道皆为佛法之助，三教本为一家，后学不明，妄生毁谤。此是延寿立足于佛教融摄儒、道之法。

延寿指出儒、道二法皆为佛教之助，而且佛教能够融摄儒、

---

① 〔宋〕延寿集：《宗镜录》卷42，《大正藏》第48册，第666页下。
② 同上。
③ 同上。
④ 同上书，第667页上。
⑤ 同上。

道于"一心"之旨。同时,延寿也主张导修道习儒者,归向佛教至理,甚至能够以净土为归趣,欣愿往生极乐净土。他在《神栖安养赋》中便明确表达了此意:

> 仙人乘云而听法,空界作呗而赞咏。紫金台上身登,而本愿非虚;白玉毫中神化,而一心自庆。详夫广长舌赞,十刹同宣,但标心而尽契,非率意而虚传。地轴回转,天华散前。一念华开,见佛而皆登妙果;千重光照,证法而尽厕先贤。考古推今,往生非一,运来而天乐盈空,时至而异香满室。一真境内现相,而虽仗佛威;七宝池中睹境,而皆从心出。故知,圣旨难量,感应犹长。①

延寿述"仙人乘云而听法,空界作呗而赞咏",此是劝学道者求生净土之言。一般道教修行的目的在于成"仙"升"天",宋代大行于世的《太上感应篇》有谓:"欲求天仙者,当立一千三百善,欲求地仙者,当立三百善"②,便是阐述修善而成仙、升天之说。延寿言"仙人听法",是特指仙人听闻佛法,体现了佛道融合观,也表明了他对道教修仙者听闻净土法门,进而愿生西方的期望。文中的"空界"非指佛教的"般若空"理,而是指天界,即天人以天乐梵呗赞咏西方净土。此二句意指:净土法门为诸善者,特别是高层次生命的仙人、天人所共修共赞,以表达净土之无上殊胜。他还说:

---

① 〔宋〕延寿:《神栖安养赋》,〔宋〕宗晓编:《乐邦文类》卷5,《大正藏》第47册,第215页上。
② 〔宋〕李昌龄:《太上感应篇》,《道藏》第27册,北京:文物出版社、上海书店、天津古籍出版社,1988年,第34页上。

> 当今末法，现是五浊恶世，唯有净土一门，可通入路……凡质假仙药之功，升腾三岛。①
>
> 昭彰探出仙书，真是长生之术，指归净刹，永居不死之乡。②

此以道教名相为引，指出"当今末法"③，五浊恶世，无论修何法门，包括道教的修道成仙，都不可取，"唯有净土一门，可通入路"④。为了引道入佛，他以念佛往生之奇特功能，犹如"凡质假仙药之功，升腾三岛"⑤。而且，道教修长生之术，净土典籍是无上仙书，授以真正的长生之术，如果皈依净土，可在无量寿佛的净土中实现真正的寿命无量，那里才是真正的不死之乡。进而，他告诫道教的修道者"仙乐来迎而弗从"⑥，即决不生仙道而誓愿一心往生西方净土，不仅不生仙道，"天童请命而不喜"⑦，即也决不贪恋天道，而决志往生西方，此是延寿引道入佛之明证。

对于儒家，延寿指出佛教的观像念佛与儒家"丁兰至孝，刻木为母"⑧的故事所蕴含的诚敬之理是一致的。他说道：

---

① 〔宋〕延寿述：《万善同归集》卷1，《大正藏》第48册，第968页中。
② 〔宋〕延寿：《神栖安养赋》，〔宋〕宗晓编：《乐邦文类》卷5，《大正藏》第47册，第215页上。
③ 〔宋〕延寿述：《万善同归集》卷1，《大正藏》第48册，第968页中。
④ 同上。
⑤ 同上。
⑥ 〔宋〕延寿：《神栖安养赋》，〔宋〕宗晓编：《乐邦文类》卷5，《大正藏》第47册，第215页上。
⑦ 同上。
⑧ 〔宋〕延寿述：《心赋注》卷3，《续藏经》第63册，第140页中。

世间致生祠堂……金像舒光之日,起自诚心。①

这与尧帝殁后,舜帝思念至极,"坐则见尧于墙,食则见尧于羹"② 中所蕴含的道理也是一致的。

佛教的净土法门,临终念佛阿弥陀佛现前接引,也是由于志诚而感,此理与儒家相通。延寿由此儒、佛所蕴之理一致,而希冀消融儒者对佛教的排斥,进而希望他们能接受佛教,并愿生西方净土,以成就无上觉道。

三 宋代公卿士大夫入佛归净成风

延寿的思想在一定程度上影响了宋代儒、道学人。宋代的公卿士大夫是当时社会主流思想的代表者,他们多喜与佛教高僧交往,对延寿的佛学思想也多有推崇。如省常创办净行社,成员以公卿士大夫居多。据载,净业社中:

> 王文正公(旦)为社首,翰林承旨宋(白)撰碑,翰林学士苏(易简)作《净行品序》,状元孙(何)题社客于碑阴,亦系以记。士夫预会,皆称净行社弟子。③

在王旦、宋白、苏易简、孙何等的引领下,当时的"达官贵人、社会名流,包括京城士大夫皆纷纷响应,趋之若鹜,投诗颂称净行弟子"④。公卿大夫以加入净业社,修习佛法,以导归

---

① 〔宋〕延寿述:《心赋注》卷3,《续藏经》第63册,第140页中。
② 〔唐〕飞锡:《念佛三昧宝王论》卷3,《大正藏》第47册,第144页下。
③ 〔宋〕宗晓编:《乐邦文类》卷3,《大正藏》第47册,第193页下。
④ 黄公元:《浙江净缘——净土法门在浙江》,北京:宗教文化出版社,2006年,第370页。

净土为风尚，对当时净土法门的弘扬产生了重要的推动作用。

之后，宋潞国公文彦博（1006—1097）为一代鸿儒，历仕宋仁、英、神、哲四朝，出将入相五十余年，官至太师。他悟禅修净，专念阿弥陀佛期生净土，并"集十万人为净土会"①。"十万人"应是虚指，但当时在他的号召下，入净土会者甚众是毋庸置疑的。从时人赞曰"知公胆气大如天，愿结西方十万缘，不为一身求活计，大家齐上渡头船"②，可知他当时弘扬净土影响之广。

无为子杨杰（约1031—1100），起初依天衣义怀修禅，对天台教理契入尤深，曾为《宗镜录》作序，详阐其中的圆融理事，对延寿赞叹有加，晚年专修净土，命终时说偈"将错就错，西方极乐"，后安然往生。

进士王古（？—约1106）作《净土指归决疑集》，颇具影响；待制陈瓘（1057—1124）主张禅净双修，又融会台教，是知礼的私淑弟子，著《三千有门颂》偏赞净土，还作"《延庆寺净土院记》，极赞念佛"③。翰林晁悦之（1059—1129），在《答赵子昂书》中称"西方净土是真语实语"。待制王以宁（1090—1146）是宋代著名的爱国词人，尤好参禅，后因读《大乘起信论》至"末章以系念弥陀求生净土为言"，遂参访真歇清了禅师，蒙受开示而深信净土，以"阿弥陀佛弟子"自称。需要特别指出的是，融会诸宗而专修净业的进士王虚中（？—1173），他的《龙舒净土文》阐发净土教理通俗易懂，为净土宗深入普

---

① 〔明〕袾宏：《往生集》卷2，《大正藏》第51册，第140页上。
② 〔元〕普度编：《庐山莲宗宝鉴》卷4，《大正藏》第47册，第325页下。
③ 〔明〕袾宏：《往生集》卷3，《大正藏》第51册，第151页中。

罗大众注入了动力，对后世影响深远。

此外，苏东坡、钟离瑾等入佛归净者不胜枚举，这与延寿在宋初赞叹往生净土的殊胜功德不无关系。汤用彤也说："士大夫根本之所以信佛者，即在作来生之计，净土之发达以至于几独占中华之释氏信仰者盖在于此。"①

总而言之，延寿以"一心"之旨不仅融会了佛教诸宗，对儒、道思想亦有会通。宋明"理学""心学"，道教"内丹"思想等，都在一定程度上受到延寿"一心"思想的影响，他们汲取了佛教"心"本体论，极大地丰富了儒、道理论。从这个意义上说，延寿的佛学思想对宋代儒道佛三教理论的大融合也具有开启之功。

第四节　宋代之后诸宗合流净土的发展

在延寿"一心透禅融教律归净"思想的影响下，宋代禅净、台净、贤净、律净等思想已经有了良好的发展。宋代之后，延寿融诸宗归净的思想影响有增无减，继续推进中国佛教诸宗在思想上合流、行持上双修之模式不断深化。

一　宋代之后禅净合流的发展

宋代以降，禅净合流之风发展到元代更为突出，至明、清之

---

① 汤用彤：《隋唐佛教史稿》，北京：中华书局，2016年，第194页。

际,禅净合流成了中国佛教的主流思想,且合流之中净土的流势更盛。

(一) 元朝禅净合流的发展

宋末元初,佛学思想上的禅净合流和行持上的禅净双修日益兴盛,以临济宗巨擘中峰明本(1263—1323)为代表性人物。中峰明本得法于高峰原妙,"人仰之如山斗,有《怀净土诗》百篇盛传于世"①。他曾被推为莲宗八祖,德清述、高承埏补、钱应金校的《八十八祖道影传赞》述:

> 莲宗八祖杭州天目山师子正宗寺佛慈圆照广慧智觉普应国师中峰明本(禅宗南岳下二十二世 临济宗虎丘派)。②

《八十八祖道影传赞》卷2还附录了钱塘虞淳熙作的《莲宗十祖赞》,其中注曰:

> 昔止七祖,至是升祔三祖,称为十祖。③

意思是指,南宋志磐《佛祖统纪》以宗晓的《莲宗始祖庐山慧远法师传》和《莲宗继祖五大法师传》为基础,列出莲宗祖师七位,分别为:慧远、善导、承远、法照、少康、延寿、省常,为当时及后世教界所公认。明末虞淳熙于此七祖之后,继而升祔三位祖师,分别为八祖中峰明本、九祖楚石梵琦、十祖莲池祩宏。黄公元在《有禅有净土的佛门戴角虎中峰明本禅师——由明本曾被推尊为莲宗八祖谈起》一文中对明本的净土思想和

---

① 〔明〕祩宏:《往生集》卷3,《大正藏》第51册,第151页中。
② 〔明〕德清述,〔明〕高承埏补,〔明〕钱应金校:《八十八祖道影传赞》卷1,《续藏经》第86册,第618页下—619页上。
③ 〔明〕德清述,〔明〕高承埏补,〔明〕钱应金校:《八十八祖道影传赞》卷2,《续藏经》第86册,第627页下。

贡献进行了论述。他还分析了明本之所以未被后世公认为莲宗祖师，大抵与《八十八祖道影传赞》流通未广，而《西舫汇征》《莲宗九祖传略》等又未将其列入莲宗祖位有关。印光法师曾就净土一法及立祖之事曰：

> 净土法门，绝无口传心授之事。任人于经教著述中自行领会，无不得者。莲宗九祖，非各宗之一一亲传，乃后人择其宏净功深者而称之，实则尚不止九十也。①

也就是说，莲宗祖师非以师承一一亲传产生，而是对净土一法弘扬有深功者皆具祖师资格，如此之大德"人自肯尊，岂崖板要人评定乎？"②净土宗何止九祖、十祖，历史上有殊功者大有人在。需要注意的是，印光法师此处的"莲宗九祖"是指清悟开《莲宗九祖传》所列的九祖，而非清瑞璋所辑《西舫汇征》所列的九祖。因为印光法师曾明确指出："莲宗九祖思齐实贤大师"③，表明他当时以省庵为九祖，此即依悟开《莲宗九祖传》之排序而论。印光法师所要表达的是，历代以来对净土宗弘扬大有深功者很多，立祖只是为后人树立旗帜，以取法有的，更重要的是净土行人要能领会教理精髓，以净土之法广度众生，对净土宗的弘扬作出重要贡献。

明本的禅净合流思想对净上宗的发展产生过重要影响，他的思想受延寿影响较为明显。在《天目中峰广录》中，明本盛赞

---

① 印光：《复明性大师书》，弘化社编：《印光法师文钞》第5册，成都：巴蜀书社，2016年，第18页。
② 印光：《答卓智立居士问》，弘化社编：《印光法师文钞》第6册，成都：巴蜀书社，2016年，第472页。
③ 印光：《复周善昌居士书四》，弘化社编：《印光法师文钞》第5册，成都：巴蜀书社，2016年，第186页。

延寿的禅净合流思想。目前所见收录延寿《四料简》最早的文献便是明本的《天目中峰广录》,文曰:

> 永明和尚以禅与净土拣为四句,谓:"有禅有净土""无禅无净土""有禅无净土""无禅有净土"。特辞而辨之,乃多于净土也。①

中峰明本受永明延寿影响至深,他极力提倡禅净双修并偏赞净土。至元末,提倡禅净双修的还有天如惟则(1276—?)影响颇巨,他作《净土或问》深阐永明延寿《四料简》之深意。同时表达了对禅有"五家之宗派,尽天下之禅僧,悟与未悟,无有一人不归净土者"②之观点的赞同。他还说道:

> 禅门宗匠,究其密修显化,发扬净土之旨,则不约而同。③

他力赞净土法门:

> 上而至于等觉位中一生补处菩萨亦生净土,下而至于愚夫愚妇与夫五逆十恶无知之徒,临终但能念佛悔过,归心净土者,悉得往生也。④

由此可知,惟则的思想受延寿影响也很深,且从禅门宗匠不约而同地"发挥净土之旨"一句可知,当时禅净合流的程度已经非常之深;从天下禅僧"悟与未悟无一不归净土"一句可窥,当时禅净双修的行持影响也很大。

---

① 〔元〕明本:《天目中峰广录》卷28,《大藏经补编》第25册,第960页上。
② 〔元〕惟则:《净土或问》卷1,《大正藏》第47册,第293页下。
③ 同上。
④ 同上书,第292页中。

此外，优昙普度（？—1330）也是元末受延寿影响，并力弘净土的代表性人物。他撰《莲宗宝鉴》，在卷4中将延寿列入"念佛正派"，并对延寿修弘净土宗之渊源进行了介绍。他赞叹延寿为"宗门之标准，净业之白眉"①，旨在阐明延寿的禅净合流思想与禅净双修实践，以向后世学人推广。

（二）明朝禅净合流的发展

明初楚石梵琦（1296—1370）为临济宗巨擘，自幼便以慈云遵式的十念法念佛，并志求西方净土。

梵琦住持天宁寺时，特别在寺偏西的位置建造念佛堂，以专修净业。他也曾被推为莲宗九祖，此亦出自德清述、高承埏补、钱应金校《八十八祖道影传赞》卷2附录的钱塘虞淳熙所作《莲宗十祖赞》②。梵琦之所以未被后世公认为净土宗祖师，大抵也与《八十八祖道影传赞》流通不广，而《西舫汇征》《莲宗九祖传略》等未将其列入莲宗祖位有关。

需要指出的是，梵琦所作《西斋净土诗》被蕅益智旭选入《净土十要》，对净土宗的传播与发展产生了重要影响。

明末四大师皆受延寿思想影响，都是禅净双修的典范。以当时的禅宗巨擘憨山德清（1546—1623）为例，他曾说道：

> 永明会一大藏，指归一心，亦摄归净土。③
> 禅净二行，原无二法，永明大师，示之于前矣！禅本离

---

① 〔元〕普度编：《庐山莲宗宝鉴》卷4，《大正藏》第47册，第325页上—中。
② 参见〔明〕德清述，〔明〕高承埏补，〔明〕钱应金校：《八十八祖道影传赞》卷2，《续藏经》第86册，第627页下—628上。
③ 〔明〕福善录，〔明〕通炯编辑：《憨山老人梦游集》卷8，《续藏经》第73册，第517页上。

念固矣，然净土有上品上生，未常不从离念中修，若日念佛至一心不乱，岂存念耶？①

德清言延寿思想解"禅净二行"，旨在说明禅净不二之理事。他以延寿解禅净双修"示之于前"作为明证，之后他自己也作为禅宗硕德成为弘扬禅净合流思想之典范。他一生著述颇丰，并在《梦游集》中专门开示禅净合流之旨。憨山在自修方面，说道：

> 每忆永明延寿禅师，乃禅门宗匠，尚归心净土，日课十万弥陀，期生安养。况今末代，尤宜遵承，遂栖心净土，主张莲宗，日限尺香晤客，过此惟礼拜持念而已。②

也就是说，憨山认为延寿作为禅宗祖师尚且归心净土，而且在日常修行中日课十万弥陀圣号以期往生西方极乐净土，更何况是其他人呢！而且延寿之后，修行者从根性上更加逊色，从修行方法上，就更要依照延寿的示范而行了。于是，憨山自效延寿，栖心净土，弘扬净土，并且为自己规定每天只以一尺香的时间晤客，除此之外的全部时间都用于持念佛号和礼拜修行。由此可见延寿对憨山的影响之深。

(三) 清朝及其后的禅净合流

降至清初，古越云顶山济能禅师因见后世学人仍不乏禅净相非者，"遂搜罗列代杰出宗师要语，则则旨归净土者，编集成

---

① 〔明〕福善录，〔明〕通炯编辑：《憨山老人梦游集》卷9，《续藏经》第73册，第524页上。
② 〔清〕了亮等集：《彻悟禅师语录》卷2，《续藏经》第62册，第351页上。

书"①，命名为《角虎集》。此是取延寿《四料简》"有禅有净土犹如戴角虎"之义，"令宗禅者，不敢轻净土，修净者，无复贬禅宗"②。

虞山普仁寺的行策截流（1628—1682），是临济宗磬山派传人，其在著述中自署"传临济正宗三十二世行策"。他是杭州理安寺箬庵通问禅师的嗣法弟子，主张禅教融通，习天台教观，后专修净土。行策著《净土警语》文简义丰，作《七期规式》为清代以来打净土念佛七之滥觞，后被推为中国净土宗第十代祖师。

行策之后的彻悟际醒（1741—1810），也是临济子孙，继承杭州理安寺一系法脉，于宗门大悟后，因病而感自力了脱之难，遂专志净土，提出"真为生死、发菩提心、以深信愿、持佛名号"③的念佛十六字纲宗。他圆阐禅净理事，解天衣义怀"生则决定生，去则实不去"二句理事明晰、深入浅出，文云：

> 上句说事，下句说理。事是即理之事，谓生即不生，非直以生为生也；理是即事之理，谓不去而去，非直以不去为不去也。两句作一句看，则事理圆融，所谓合之则双美也；若两句作两句看，则事理分张，所谓离之则两伤也。④

可见，彻悟禅师的主张是以"生"之事悟"无生"之理，若以"不生"为"无生"则是断灭见；以"无生"之理求愿往生，以理导事，故理事圆融。此与延寿的禅净融会思想如出一

---

① 〔清〕济能纂辑：《角虎集》卷1，《续藏经》第62册，第188页中。
② 同上。
③ 〔清〕了亮等集：《彻悟禅师语录》卷1，《续藏经》第62册，第333页中。
④ 同上书，第337页上。

辙。从彻悟"一句弥陀,是无上禅,一生事办,百劫功圆"[①]可见,他对净土念佛一法尤为提倡,并以持名念佛为至圆至顿之修法。

清末至近现代,虚云禅师(1840—1959)同样继承了禅净合流的传统。虚云一肩荷担五家禅,且以禅融通律、教、净。他的学佛经历与延寿颇有几分相似,都是出家习禅,后到天台山学习教理,禅教融会贯通后提出禅净不二论。虚云曰:

> 禅者,净中之禅;净者,禅中归净。禅与净,本相辅而行。奈何世人偏执,起门户之见,自赞毁他,很像水火不相容,尽违背佛祖分宗别教的深意,且无意中犯了毁谤佛法、危害佛门的重罪,不是一件极可哀可愍的事吗?[②]

又曰:

> 参禅、念佛等等法门,本来都是释迦老子亲口所说,道本无二,不过以众生的凤因和根器各各不同,为应病与药计,便方便说了许多法门来摄化群机。后来诸大师依教分宗,亦不过按当世所趋来对机说法而已。如果就其性近者来修持,则哪一门都是入道妙门,本没有高下的分别,而且法法本来可以互通,圆融无碍的。[③]

由上可见,虚云认为不仅禅净不二,而且一切佛法皆不二。之所以分宗,是为摄化不同根性的众生。如果从心性上来论,则

[①] 〔清〕了亮等集:《彻悟禅师语录》卷2,《续藏经》第62册,第349页上。
[②] 虚云:《参禅与念佛》,净慧主编:《虚云和尚全集》第1册(法语·开示),郑州:中州古籍出版社,2009年,第157页。
[③] 同上书,第156—157页。

法法圆通。这与延寿诸宗归"一心"的思想是一致的。虚云受延寿思想影响无疑,他曾对延寿以禅宗祖师身份弘扬净土的原因做出解析,述曰:

> 他(永明延寿)既是从宗门悟入的,何以又弘扬净土呢?因为大悟的人,法法圆通,参禅是道,念佛是道,乃至如我们劳动掘地也是道。他为挽救末法根劣的人,故弘净土。他是净土宗的第六代祖,一生赞扬净土,寂后人人尊重。①

此处虚云明确指出,延寿大悟后之所以一生赞扬净土,是为挽救末法根劣众生,禅净在理上并无二致,悟彻者自能明了。虚云度众亦如延寿一般,也会根据众生根性赞叹净土,劝人"老实念佛"。他说:

> 我劝大众,要坚信净土法门的利益。②

又说:

> 参禅、念佛、持咒等一切法门,皆教众生破除妄念,显自本心。佛法无高下,根机有利钝,其中以念佛法门比较最为方便稳妥。③

可见,从事修层面,虚云也是十分赞叹净土念佛之法的,并

---

① 虚云:《答禅宗与净土》,净慧主编:《虚云和尚全集》第1册(法语·开示),郑州:中州古籍出版社,2009年,第349—350页。
② 虚云:《老实念佛》,净慧主编:《虚云和尚全集》第1册(法语·开示),郑州:中州古籍出版社,2009年,第218页。
③ 虚云:《复星洲卓义成居士》,净慧主编:《虚云和尚全集》第2册(书信·文记),郑州:中州古籍出版社,2009年,第42页。

认为往生西方净土最为方便稳妥。从义理层面，他认为念一句阿弥陀佛，就是圆修"六度波罗蜜"：

> 今念单此一句阿弥陀佛，即能包藏此六种波罗蜜门。何也？念佛之人，一心念佛，万缘放下，取舍两忘，是布施波罗蜜；一心念佛，诸恶消灭，万善从生，即是持戒波罗蜜；一心念佛，自心柔软，嗔恚不起，即是忍辱波罗蜜；一心念佛，不休不息，永不退转，即是精进波罗蜜；一心念佛，无诸乱想，流念散尽，即是禅定波罗蜜；一心念佛，正念分明，不受邪惑，即是般若波罗蜜。①

此与延寿解理事皆不出"一心"，一佛即诸佛，一行即万行的思想是一致的。实际上，近现代禅宗中念佛的人已经占了绝大多数，"晚近诸方多用看'念佛是谁'这一话头"②从侧面反映了这一点。

与虚云同时代的另一位力推禅净合流的思想者是圆瑛。圆瑛（1878—1953），福建古田人，19岁在福州涌泉寺出家，依妙莲和尚受具足戒，先后往常州天宁寺、宁波天童寺从冶开、敬安等禅师参究禅法，还曾随道阶、谛闲、祖印、慧明等诸师深研教理，36岁时因读延寿、莲池二大师著述而深信净土。圆瑛自述：

> 十九岁出家，始修禅宗八载，后研究教理及天台宗。三十一岁开座讲经，并学贤首。至三十六岁，阅永明寿祖、莲

---

① 虚云：《念佛将终开示》，净慧主编：《虚云和尚全集》第1册（法语·开示），郑州：中州古籍出版社，2009年，第179页。
② 虚云：《参禅与念佛》，净慧主编：《虚云和尚全集》第1册（法语·开示），郑州：中州古籍出版社，2009年，第159页。

池大师著述，始信净宗为无上法门，由是禅净双修。至六十岁，乃专修净土，自号三求堂主人，求福求慧求生净土。由欲自行化他，乃著《劝修念佛法门》，印送海内外一万三千册。①

可见，圆瑛因读延寿、莲池二大师的著述始信净土，而莲池的净土思想也多受延寿影响，因此圆瑛受延寿思想的影响是深刻的。他发扬了延寿"一心为宗"②的观点，并指出：

> 即心即佛，人人有心，人人是佛，若能觉悟此理，是为大根机人。③

他还以"一心"统摄诸宗，提出"禅净同功""台贤一致""性相不二"等观点，此与延寿的佛学思想高度契合。圆瑛论及禅净之异同时说道：

> 禅、净二宗，皆如来所说，归元方便之门，未可有所是非。若以禅排净，以净抑禅，非但他宗不明，实亦自宗未彻。余尝谓禅、净虽有二名，其实一理，不过下手不同，对机有异耳。④

> 禅、净二宗比较，禅则独被上根，净则普被三根；禅则惟凭自力，净则兼承佛力，故从上诸祖，皆云修行以念佛为

---

① 圆瑛：《净土法门自修之经验》，《圆瑛集》，黄夏年主编：《近现代著名学者佛学文集》，北京：中国社会科学出版社，1995年，第53页。
② 圆瑛：《欢迎会答辞》，《圆瑛集》，黄夏年主编：《近现代著名学者佛学文集》，北京：中国社会科学出版社，1995年，第96页。
③ 同上书，第98页。
④ 圆瑛：《复阎退之居士垂问禅净二宗》，《圆瑛集》，黄夏年主编：《近现代著名学者佛学文集》，北京：中国社会科学出版社，1995年，第130页。

稳当。又则禅宗未透三关，生死不了，再入人世，只恐有隔胎之谜。净宗只要深信切愿，力行不倦，纵未得理一心三昧，但得事念功成，亦得蒙佛接引，带业往生，横超三界，疾出生死，圆证三不退，亲觐弥陀，闻法得忍，何愁佛道不成。①

可见，圆瑛汲取了延寿"一心统摄禅净""禅净是一非二"的思想，又以禅净对机不同，禅宗唯摄上根，净土三根普被，故圆瑛亦偏赞于净土。此观点亦为延寿《四料简》所主。

1934年，圆瑛在上海创办圆明讲堂，嗣后又创办了圆明楞严专宗学院、上海圆明佛学院、圆明法施会、莲池念佛会等。他推行佛学教育、组织慈善活动、结社念佛，在实践形式上与延寿的万善同归净土是契合的。

圆瑛一生著述丰富，撰集《楞严经讲义》《金刚般若波罗蜜经讲义》《大方广圆觉经讲义》《佛说八大人觉经讲义》《大乘起信论讲义》《阿弥陀经要解讲义》《劝修念佛法门》《发菩提心文讲义》《一吼堂文集》《一吼堂诗集》等，从其著述的内在演进脉络来看，他继承和发扬了延寿"透禅融教律归净"的思想特质。

圆瑛曾任中国佛教会理事长，1953年5月又被推选为中国佛教协会首任会长。他是当代中国佛教界的重要领袖人物，要团结带领全国三大语系佛教，并与世界佛教开展交流活动，破除门户之见、消灭宗派争端则是必然要求。延寿在理上以一心融会诸

---

① 圆瑛：《复阎退之居士垂问禅净二宗》，《圆瑛集》，黄夏年主编：《近现代著名学者佛学文集》，北京：中国社会科学出版社，1995年，第130—131页。

宗，在事上以万善统摄诸行，对圆瑛统领三大语系佛教，开展对外友好交往具有积极且重要的影响。

二 宋代之后台净合流的发展

元代时，台净思想得到了很好的传承发展，延寿的影响力有增无减，需要提到的是被称为延寿后身的善继禅师，《永明道迹》中载：

> （延寿）师身后为善继禅师，尝刺血书《华严经》于姑苏半塘寺。①

善继（1286—1357），字绝宗，号幻灭，浙江诸暨人，元大德年间（1297—1306）出家学习天台教观，并一心念佛、精修净业。他精通天台三大部，并融通台、贤二教，曾刺血书《华严经》，基于延寿一心融会诸宗思想，提出禅宗"不立文字"与天台教义并无二致的观点，以此倡导和深化禅台之间的融通。善继以天台教理为指导，兼修净业，系念弥陀昼夜不辍，一日忽告众曰："佛祖弘化贵乎时节因缘，缘与时违化将焉托，吾将归矣。"② 之后乃端坐念佛而逝，时为至正丁酉（1357）七月二十二日。

善继之后须提及元末明初著名的政治家、文学家、史学家、思想家宋濂（1310—1381），明武宗时追谥"文宪"，后世称其为"宋文宪公"。《护法录》记曰：

---

① 〔明〕大壑辑：《永明道迹》卷1，《续藏经》第86册，第59页上。
② 〔明〕如惺：《大明高僧传》卷1，《大正藏》第50册，第905页上。

永明师一转为善继,再转为文宪。①

即指善继禅师为延寿后身,并谓宋濂亦延寿后身。虚云禅师则说:

阿弥陀佛化身为永明禅师,永明禅师后身为善继禅师,善继禅师后身为无相居士宋濂。②

实际上,此事的缘起为宋濂在《善继禅师血书〈华严经〉赞有序》中讲述的其母生他之前的一段梦境。宋濂未出生时,母亲梦一僧持《华严经》来曰:"吾乃永明延寿,愿假一室,以终此卷。"③其母醒后,宋濂出生。宋濂在《题智觉禅师遗像赞》中写道:"我与导师有夙因,般若光中无去来。今观遗像重作礼,忽悟三世了如幻。"④后身真伪问题今不必论,但这一记载从侧面可以反映延寿对元、明佛教界的影响有增无减。宋濂被明太祖朱元璋誉为"开国文臣之首",在儒学界影响巨大,但他对自己是延寿后身很是看重,并由此注重学习和弘扬延寿思想,这也反映了延寿在当时的影响依然很大。

明朝幽溪传灯(1554—1628)重兴天台教观,著述宏富,力倡净土。他所著的《净土生无生论》被蕅益智旭收入《净土十要》。从文中"此土庐山莲社祖,天台智者并法智,古往今来弘法师,我今归命礼三宝"⑤可知其志,他誓愿效法净土宗慧远

---

① 〔明〕宋濂著,〔明〕袾宏辑,〔明〕钱谦益订:《护法录》卷9,《嘉兴大藏经》第21册,第675页中。
② 虚云:《答禅宗与净土》,净慧主编:《虚云和尚全集》第1册(法语·开示),郑州:中州古籍出版社,2009年,第351页。
③ 〔明〕大壑辑:《永明道迹》卷1,《续藏经》第86册,第59页中。
④ 〔明〕大壑:《南屏净慈寺志》卷6,杭州:杭州出版社,2006年,第165页。
⑤ 〔明〕传灯:《净土生无生论》卷1,《大正藏》第47册,第381页上。

初祖、天台宗智𫖮和四明知礼等祖师栖心净土。幽溪传灯在《净土生无生论》中立"十门"①阐发净土"生而无生"之理。他对延寿也尤为赞叹,于《楞严经圆通疏》中指出,对于禅净理事而言,"若以永明《四料简》偈收之则罄无不尽"②。他在《阿弥陀经略解圆中钞》中说道:"永明所谓'有禅有净土,犹如戴角虎,今世为人师,来生作佛祖'。此偈正为圆顿人,一心持名者说也。"③他还作《观无量寿佛经图颂》,阐述十六观之妙行义理。

蕅益智旭(1599—1655)为明末四大高僧之一,净土宗九祖。他力倡"教演天台、行归净土",所撰《弥陀要解》被印光法师称为:"自佛说此经以来之注,当推第一。即令古佛再出于世,现广长舌相,重注此经,当亦不能超出其上。"④他辑《净土十要》对推动和弘扬台净合流,特别是对净土理论的推广起到重要作用。智旭的净土思想深受延寿影响,他一生"四绝"《宗镜录》,并赞延寿"不异孔子之集大成也"⑤。

清朝杭州梵天寺省庵思齐(1686—1734),为灵峰下第四代法嗣,继承灵峰"教演天台、行归净土"之遗教,注重弘扬净土。他作《劝发菩提心文》曰:"在此土修行,其进道也难,彼

---

① 参见〔明〕传灯:《净土生无生论》卷1,《大正藏》第47册,第381页中。
② 〔元〕惟则会解,〔明〕传灯疏:《楞严经圆通疏》卷5,《续藏经》第12册,第828页上。
③ 〔明〕大佑述,〔明〕传灯钞:《阿弥陀经略解圆中钞》卷2,《续藏经》第12册,第587页下。
④ 印光:《复永嘉某居士书二》,弘化社编:《印光法师文钞》第1册,成都:巴蜀书社,2016年,第81—82页。
⑤ 〔明〕智旭:《较定宗镜录跋四则》,〔明〕蕅益智旭撰,明学士编:《蕅益大师全集》第8册,成都:巴蜀书社,2020年,第388页。

土往生,其成佛也易……下菩提种,耕以念佛之犁,道果自然增长。乘大愿船,入于净土之海,西方决定往生。"① 可见其上求佛道、下化众生无不以发菩提心求生净土为良方。省庵也因弘净土之功被推尊为净土宗第十一祖。

近现代,以天台宗第四十三世谛闲(1858—1932)为代表,他继承、发扬台净合流思想,常以延寿《四料简》开示学人,赞叹净土。他说:"慧远、智者、善导、永明、中峰、楚石、莲池、蕅益、省庵、彻悟诸祖师,皆宏扬净土,念佛生西。"② 以上所列修净土的高僧囊括了净土、禅、天台、华严诸宗。他还力赞《弥陀经》为三藏十二部之最妙经典,持名念佛为教人用功修行的最妙方法,文曰:"三藏十二部,一切教人用功,莫妙于小本《弥陀经》,莫妙于持名,莫妙于一心不乱。"③ 其门人倓虚评谛闲曰:"法嗣天台,行修净土……阐扬圆顿教观,兼修念佛法门。"④ 可见谛闲台净合流的佛学思想和台净双修的实践特质。倓虚作为谛闲的门人,也继承了这一思想。

倓虚(1875—1963)为天台宗第四十四代传人,嗣法于谛闲,毕生致力于恢复古刹、新建道场、兴办教育,经他培养的佛学人才广布海内外。他追随谛闲学习天台教观期间,受到谛闲"教研天台、行归净土"思想的影响,以台教圆解净土,并融会诸宗。对于台净关系,他述曰:

---

① 〔清〕彭际清重订:《省庵法师语录》卷1,《续藏经》第62册,第236页中。
② 〔清〕省庵大师著,谛闲法师述:《劝发菩提心文讲义》,台北:财团法人佛陀教育基金会,2013年,第53页。
③ 同上。
④ 倓虚:《序》,〔清〕省庵大师著,谛闲法师述:《劝发菩提心文讲义》,台北:财团法人佛陀教育基金会,2013年,第5页。

> 《法华经》就是广说的《弥陀经》，《弥陀经》就是略说的《法华经》。①

《法华经》是天台宗依止的根本经典，《弥陀经》是净土宗依止的根本经典，倓虚此论是从经典的源头上将台净合二为一。他还说道：

> 过去的祖师们，如天台智者大师、永明寿禅师、蕅益大师、彻悟禅师等，末了都归于净土，专门念佛。②
>
> 天台宗、贤首宗、三论宗、法相宗等，各宗的判教不同，各宗的修观亦异，但是总起来说，他们都可以以修净土为最方便，都可以念佛成佛，就是禅宗，也要参念佛是谁。无论出家在家，亦无论其学佛动机如何，但其学佛的唯一目标，不外念佛成佛，同时在这学佛成佛的过程中，又要共同遵守着佛的清净戒律。③

综上可见，他主张禅教、台贤、性相诸宗皆要持戒并导归净土。他立足于天台宗，汲取了延寿"透禅融教律归净"的思想。他还指出：

> 现代律宗大德弘一律师，他虽是专门弘律的人，他个人却一心一意的念佛，见人也劝人念佛。其他如谛闲老法师、虚云老和尚等，亦莫不注重念佛。所谓教演本宗，行修净土。④

---

① 倓虚讲，大光记：《念佛论》，《念佛论·阿弥陀佛助念法》（合刊），台北：财团法人佛陀教育基金会，2012年，第14页。
② 同上书，第9—10页。
③ 同上书，第17页。
④ 同上书，第18页。

可见，近现代的禅、教、律诸宗祖师，仍然在理论上以自宗教理合流于净土，在行持上以兼修念佛往生净土为尚，此也反映出延寿"透禅融教律归净"的理事观对近现代佛教界的影响依然深刻。

与谛闲同时代的印光法师（1861—1940），为民国四大高僧之一，被推为净土宗第十三代祖师，他主张以台、贤教阐净土理，受永明延寿影响至深。弘一法师和周孟由评赞他"阐永明料简之微"①，此为其对净土理论的一大贡献。在《印光法师文钞》中，他还时常以延寿的净土思想开示学人。

应该说，延寿虽非台宗的嫡传，但台宗的圆教思想对延寿"透禅融教律归净"思想的形成产生过重要影响，而延寿的诸宗融会导归净土理念也对台宗的发展起到了促进作用。这种思想上的互相汲取、互融增上，对中国佛教的整体发展，起到了重要推进作用。

三 宋代之后贤净合流的发展

元朝华严系僧盘谷，号丽水，海盐人，生卒不详，行脚云游诸山，著《游山诗集》三卷。元仁宗皇庆元年（1312），"驸马高丽沈王闻师德望，具书聘讲《华严》大意于杭之慧因寺（俗称高丽寺）"②，盘谷从华严四无碍论切入，详阐华严教理，闻者

---

① 弘一：《致王心湛》（三），《弘一大师全集》编辑委员会编：《弘一大师全集》第8册，福州：福建人民出版社，1992年，第147页。
② 〔明〕幻轮编：《释鉴稽古略续集》卷1，《大正藏》第49册，第904页下—905页上。

无不赞叹，从此声名远播。之后，盘谷至松江郡建精舍，勤修净业，日课主于弥陀圣号，年七十余，预知时至，无疾端坐往生。

盘谷之后，直到"明季研讲贤首教义者渐多，如雪浪等"①。明代倡贤净合流以莲池袾宏（1535—1615）最为突出，他也是典型的"透禅融教律归净"思想的继承者，他参禅悟道，教宗贤首，指归净土。

《贤首宗乘》述雪浪洪恩为贤首宗第二十六世，自鲁庵普泰以下三世正传为：鲁庵普泰—无极悟勤—雪浪洪恩；云栖袾宏亦为贤首宗第二十六世，其支为：鲁庵普泰—遍融真圆—云栖袾宏。莲池作"《弥陀疏钞》，即专奉《华严疏钞》为家法"②。莲池袾宏对延寿尤为仰慕，他赞叹延寿曰：

> 永明佩西来直指心印，而刻意净土，自利利他广大行愿，光昭于万世，其下生之慈氏欤，其再生之善导欤。③

"西来直指心印"即指达摩禅师西来传"直指人心""以心印心"的顿悟禅法。延寿彻悟自心，而"刻意净土"，以期"自利利他"。就自利而言，延寿本为上上根，往生净土为上上品，速成佛道；就利他而言，延寿普劝大众信愿念佛，以期三根普被。莲池袾宏因延寿弘扬净土可照耀后世学人遵循而修，评其悲心行愿犹如慈氏弥勒下生，又如善导再生世间专弘净土。由此可见莲池对延寿赞叹至极。

莲池袾宏还曾亲自试行了延寿功课中的日念十万佛号，试后

---

① 太虚：《中国佛学》，《太虚大师全书》编委会编集：《太虚大师全书》第02卷·法藏·佛法总学（二），北京：宗教文化出版社，2005年，第181页。
② 同上。
③ 〔明〕袾宏：《往生集》卷1，《大正藏》第51册，第133页中。

为延寿之功夫叹服，并说延寿为定中修行，非常人堪比。莲池袾宏还作《西方愿文》，辑净土《往生集》，撰《禅关策进》《华严经感应略记》《梵网经心地品菩萨戒义疏》等百余卷。从思想上看，其与延寿颇为相似，属于典型的"透禅融教律归净"思想的传承者，并为又一集大成者。莲池袾宏因弘扬净土功深，被后世推为净土宗第八代祖师。

降至清代，乾隆年间进士、著名居士彭际清（1740—1796）撰有《华严念佛三昧论》，深入阐发和弘扬贤净合流思想。他被称为"以华严教义宏扬净土之继起者"①。彭际清兼通宗门教下诸法，著述宏富，曾指导其侄彭希涑（1761—1793）在莲池袾宏《往生集》的基础上，扩充净土往生公案，辑成《净土圣贤录》。文成后，彭际清于乾隆四十八年（1783）春正月亲为作序流通。

到近现代，印光、弘一等也都提倡贤净合流思想，旨在圆解净土，破斥毁谤净土者，以期以贤净思想圆摄群机。印光说道：

> 《华严》一经，王于三藏，末后归宗，普贤菩萨以十大愿王，回向往生西方，普劝善财及华藏海众，一致进行，求生西方，以期圆满佛果。②

又说：

> 净土一宗，肇自普贤……《华严经》末后，普贤菩萨

---

① 太虚：《中国佛学》，《太虚大师全书》编委会编集：《太虚大师全书》第02卷·法藏·佛法总学（二），北京：宗教文化出版社，2005年，第181—182页。
② 印光：《念佛恳辞序》，弘化社编：《印光法师文钞》第4册，成都：巴蜀书社，2016年，第106页。

第六章 "透禅融教律归净"的深远影响

以十大愿王导归西方,此释迦佛法中最初首倡也。①

他指出大乘佛教以《华严经》为释迦佛最初宣讲,而《华严经》中普贤菩萨以十大愿王导归西方净土。由此可见,释迦佛对西方净土的最初劝赞,并非源自净土三经之《无量寿经》《观无量寿佛经》《阿弥陀经》,而是《华严经》首倡。所以,印光直言"净土一宗,肇自普贤"。

弘一则自述以"华严为镜","导归净土为果",即教宗华严、行归净土。他将《华严经》列为自修日课。1924年,他在致蔡丐因居士的信中详细介绍了自己列《华严》为日课的相关事宜:

> 朽人读《华严》日课一卷以外,又奉《行愿品别行》一卷为日课,依此发愿。又别写录《净行品》《十行品》《十回向品》(初回向及第十回向章)作为常课。每三四日或四五日轮诵一遍。②

可见,弘一不仅持诵《华严经》,而且还依澄观的《行愿品别行疏》学习华严教理并依之发愿,每日还会抄写《净行品》《十行品》《十回向品》等《华严经》重要的品次作为常行功课。弘一还时常将《华严经》偈写成书法条屏赠送结缘。应该说,他对华严的修学也是非常精进的。他还曾专门整理了《华严经读诵研习入门次第》,根据学人的根性不同,给出了修学华

---

① 印光:《复卓智立居士书六》,《印光法师文钞》第6册,成都:巴蜀书社,2016年,第271页。
② 弘一:《致蔡丐因》(五),《弘一大师全集》编辑委员会编:《弘一大师全集》第8册,福州:福建人民出版社,1992年,第154页。

严思想的建议。他教宗华严、偏赞净土的思想在《净土法门大意》一文中有充分体现：

> 《华严经》之大旨，不出《普贤行愿品》第四十卷之外。此经中说，诵此普贤愿王者，能获种种利益，临命终时，此愿不离，引导往生极乐世界，乃至成佛。①

弘一以华严思想偏赞西方净土，首先从净土宗根本经典《无量寿经》之三辈往生者皆须发无上菩提心的理论，及《观无量寿佛经》之欲生彼国应发菩提心的思想入手，说明净土法门对发菩提心的重视，进而劝净业行人要持诵《普贤行愿品》以助发菩提心。他说：

> 劝大家应发大菩提心。否则他人将谓净土法门是消极的，就以上所说复劝常读《行愿品》，可以助发增长大菩提心。②

弘一还进一步明晰了发菩提心的实践方法，提出净业行人应以"一身承当此利生之事业"③的广大心量"作种种慈善事业"④，只有这样才能"令他人了解佛教是救世的、积极的，不起误会、讥评"⑤。弘一常常讲《普贤行愿品》，并刻板广泛流通。抗日战争爆发后，他于1938年多次宣讲《普贤行愿品》及《华严经》大意。他在泉州先后印行《普贤行愿品》千余册普施

---

① 弘一：《净土法门大意》，《弘一大师全集》编辑委员会编：《弘一大师全集》第1册，福州：福建人民出版社，1992年，第261页。
② 同上。
③ 同上。
④ 同上。
⑤ 同上。

大众，而且还广劝诸友集合读诵《普贤行愿品》。弘一希望通过讲解、倡诵《普贤行愿品》：一则以其助发信众之菩提心，引导广大佛教徒积极投身于救国救民的抗日救亡运动；二则面对战火纷飞的外部环境，期令学人回向往生西方净土。

应该说，近现代的战乱要比延寿所处的五季之乱惨烈得多，而印光、弘一等力倡净土与延寿之悲愿并无二致。

四 宋代之后律净合流的发展

元、明、清三代，南山律宗的法脉虽然曾一度中断，但是律净合流思想，特别是作为修行方式的持戒念佛，在一定程度上得到发展，这也为南山律的复兴积蓄了力量。

明末清初，由于佛教内部出现了一些乱象，诸宗大德对南山律的研习和推广日有增进，譬如莲池袾宏作《梵网经心地品菩萨戒义疏发隐》《具戒便蒙》《沙弥律仪要略》《沙弥尼比丘尼戒录要》《半月诵戒仪式》等，蕅益智旭作《佛说梵网经菩萨心地品玄义》《佛说梵网经菩萨心地品合注》《优婆塞戒经受戒品笺要》《佛说优婆塞五戒相经笺要》《佛说斋经科注》《佛说戒消灾经略释》《十善业道经节要》《菩萨戒羯磨文释》《学菩萨戒法》《重订授菩萨戒法》《重治毗尼事义集要》《毗尼后集问辩》《菩萨戒本经笺要》《优婆塞受三归五戒法汇释》等。他们又都归心净土，所以在他们的律学思想中，也以回向往生净土为归宿，是对律净合流思想的延续。

需要特别提到的是，明末的古心如馨（1540—1615），在朝礼五台时受文殊菩萨点化而精研律法，专弘南山律。他分别在五

台山、金陵古林寺开坛传戒。《宗统编年》载:

> 时戒坛久闷,馨开南山法门,戒仪一新。①

古心如馨被称为"中兴律祖",他对延寿的"透禅融教律归净"思想十分推崇,在其所辑的《经律戒相布萨轨仪》中还特别引延寿的《四料简》全文②,并着重表达了对净土的信向与赞叹。

从思想上看,古心如馨是典型的律净合流弘扬者,他在《经律戒相布萨轨仪》开篇就指出:

> 昼夜专修净业,一行三昧,终身无怠,恶业冰消,佛境现前,百年报尽,无诸病苦,端坐而逝。弥陀接引生方,亲蒙授记,得授记已,乘昔愿轮,回入尘劳,四恩总报,拔济三有,佛恩可酬,是真出家。持戒第一,何不庆哉,末法转变正季法门兴也。奇哉!令正法久住世间,众生正信不断,勘为后范,作大弘规尔。③

须知,"一行三昧"是文殊师利菩萨因地专修持名念佛行而得之三昧。古心如馨受文殊点化弘扬南山律,又以文殊"一行三昧"倡生净土,对律净合流思想的发展具有重要推进作用。他主张昼夜持名念佛不懈怠,以此得"一行三昧",消除业障,三昧境界现前;临命终时,身无病苦等障碍,以念佛功德蒙阿弥陀佛接引上品往生净土,一生净土则蒙佛授记,不退成佛,而后

---

① 〔清〕纪荫编纂:《宗统编年》卷30,《续藏经》第86册,第290页上。
② 参见〔明〕如馨纂要:《经律戒相布萨轨仪》卷1,《续藏经》第60册,第811页下。
③ 〔明〕如馨纂要:《经律戒相布萨轨仪》卷1,《续藏经》第60册,第793页上。

乘愿回入娑婆，广度众生，上报四重恩，下济三途苦，报答佛恩，这样才算是真出家。换言之，古心如馨认为，只有精进念佛往生净土，不退成佛广度众生，才是真正的出家。

古心如馨指出"持戒第一"，因为持戒能令正法久住世间。只有"众生正信不断"，才堪为后世模范，以建大法幢、大弘法化。

古心如馨律净合流思想之概貌为：不修念佛往生净土，则非真出家；不以持戒为第一，则正法无以久住。换言之，只有持戒律修净土，方是真出家、真弘法。古心如馨尤倡脚踏实地实修，破斥口头禅，他说道：

> 学道莫学口头禅，妄谈般若自招愆。脚踏实地行将去，兼修净土妙中玄。①

意思是说，学道不能只作口头活计，妄谈般若之理，而不尚事修；要以般若之理为指导，脚踏实地修行，兼修净土行，此即在净土妙行中融会玄理。

他还主张僧众在日常修行中，要时常以持戒生净土提点自己。譬如，每日寅时晨起下床时，要先鸣指三下，并默念偈咒：

> 从朝寅旦直至暮，一切众生自回护。若于足下丧其形，愿汝即时生净土。②

此即每天早上为防止行步时误伤蜎飞蠕动虫蚁等一切生命而设，从愿一切被误伤的生命皆即时往生净土，可见他发挥了净土

---

① 〔明〕如馨纂要：《经律戒相布萨轨仪》卷1，《续藏经》第60册，第812页上。
② 同上书，第800页下。

宗能普被最下根众生的特质，并以此提点自身要时刻保持回向一切众生同生净土之愿。

可见，古心如馨的思想逻辑以律为基、净为归，律与净之间能够互相补充，相得益彰。他希望以具戒功德保障上根者往生净土上品上生速成佛道，以净土之三根普被特质保障中下根众生往生净土不退转，这与延寿的律净合流思想是一致的。

古心如馨不仅规定僧人每日回向，愿包括蚊虫在内的微小生命报尽往生净土，而且对超度亡僧，他也制定仪轨要求回向往生净土，文曰：

> 维那作白云："大德僧听，（某甲）比丘，患病身亡，所有衣物等件，应作食请四方僧，大德忍听，愿亡僧早生净土，居不退地也。"如是三唱，是事如是持，若不尔食者，犯舍堕罪，慎之慎之。①

在他制定的仪轨中，超度亡者要以亡者生前衣物等供养僧众，以做功德，并愿亡僧早生净土，得不退转。他还规定若不这样超度，则"犯舍堕罪"。也就是说，在他的解读中，超度亡僧往生净土已经上升到了戒律层面，若不如是，则为犯戒。这是从之前劝为层面，上升到了必为层面，已有质的飞跃。

古心如馨以律净合流思想为订立《经律戒相布萨轨仪》的指导思想。他不仅教授他人要持戒以求生净土，自身更是如此行持。在《经律戒相布萨轨仪》的末尾，古心如馨有一段写给自己及与自己有缘的一切众生的回向文，表达是书成后，他会将自

---

① 〔明〕如馨纂要：《经律戒相布萨轨仪》卷1，《续藏经》第60册，第799页上。

第六章 "透禅融教律归净"的深远影响

己的衣钵之资用于刊刻此书,并以此功德回向"过去师僧父母,历劫亲冤,法界有情,咸悟金刚宝戒,共造如来定慧之域"①。他对自己的回向期许是"伏愿尽此报身,速生安养,面礼弥陀,亲授记莂"②。

由此可见,古心如馨无时无刻不以律净合流的思想指导发愿、度众及自行。古心如馨的门下有性相、寂光、澄芳等,皆传承并发扬了他律净合流的思想。

三昧寂光(1580—1645)是古心如馨门下影响较大的一位。他21岁时礼净源和尚出家,后学习贤首教并习禅,依古心如馨受具足戒,并追随其研习南山律学。学成后在宝华山开坛传戒,成为律宗千华派创始人,也使宝华山成为中国佛教弘传南山律法之重镇。

三昧寂光继承了古心如馨的律净合流思想,作《梵网直解》《十六观忏法》等,力弘律宗和净土。其时,庐山东林寺为禅宗道场,昔日净土祖庭的光辉早已不见。万历乙卯年(1615),三昧寂光受海贤礼请入主东林寺,直至庚申年(1620),他住持东林寺六年,于东林"宣讲大戒,远近从风"③,继承并发扬了庐山慧远结社念佛的遗风,"阐扬净土,四方学者来归不下二千指"④,使持戒念佛之风在庐山再度大兴。他还在东林寺恢复了结社念佛的传统,憨山德清在《重兴青原山七祖道场序》中

---

① 〔明〕如馨纂要:《经律戒相布萨轨仪》卷1,《续藏经》第60册,第812页上。
② 同上。
③ 吴宗慈:《庐山志》(三),李润海监印,杜洁祥主编:《中国佛寺史志汇刊》(第二辑)第18册,台北:明文书局,1980年,第925页。
④ 同上书,第926页。

写道：

> 丁巳夏，归匡山，作休老计，见东林莲社重开。①

憨山德清于丁巳年（1617）到庐山时，东林莲社已重开，而此正是三昧寂光住持东林寺并阐扬持戒念佛之时。

明弘光元年（1645），三昧寂光受封为国师。同年（清顺治二年）六月四日，三昧寂光在宝华山圆寂，世寿66岁，谥号"净智律师"。三昧寂光的嗣法弟子是著名的见月律师。

见月读体（1601—1679）早年习华严，因景慕三昧寂光而投其座下，深研四分律，弘传南山律法。他也继承了律净合流思想，在《毗尼作持续释》中说：

> 具诸戒行，乃是上品正因，往生净土，于一念顷，亲近供养他方十万亿佛，还至本国，听闻妙法，如是不可思议神足力，皆由护戒无损之所致也。②

意思是说，如果能够具足戒行，护戒无损，回向往生净土，则能得上品上生。生净土后，一念顷便能花开见佛，得种种神通，随心供养十方一切诸佛。此是合《观经》中净业三福"受持三归，具足众戒，不犯威仪"③及《弥陀经》"其国众生，常以清旦，各以衣裓盛众妙华，供养他方十万亿佛，即以食时，还

---

① 〔明〕福善录，〔明〕通炯编辑：《憨山老人梦游集》卷20，《续藏经》第73册，第606页下。
② 〔唐〕道宣撰集，〔明〕读体续释：《毗尼作持续释》卷8，《续藏经》第41册，第434页下。
③ 〔宋〕畺良耶舍译：《佛说观无量寿佛经》卷1，《大正藏》第12册，第341页下。

第六章 "透禅融教律归净"的深远影响

到本国,饭食经行,舍利弗,极乐国土成就如是功德庄严"① 等经文而论,为律净合流思想引得经典依据。

他在《传戒正范》中还专门提到"和尚须遵两乘经律……或令专修净土,带业往生"②,并有"以此受戒功德,普济群生,庄严净土"③"受戒功德殊胜行,无边胜福皆回向,普愿沉溺诸有情,速往无量光佛刹"④ 等以律净合流为指导思想的回向偈。《传戒正范》成为后世直至当代中国汉传佛教传戒的范本,其中所蕴含的律净合流思想传承至今。

19世纪中叶,由于太平天国运动,宝华山遭到极大破坏,南山三大部曾一度佚失。后由徐蔚如从日本请归,并于天津刻经处重刻,嗣后经弘一法师整理弘扬,南山律学得以再度复兴。弘一也被推为南山律宗第十一代祖师。

弘一律师(1880—1942),即近现代著名的艺术大家李叔同。1918年,李叔同于杭州虎跑寺出家为僧,法名演音,号弘一。他出家引发了社会广泛关注,面对众说纷纭,弘一回复"莫衷一是"⑤。他说自己出家的最主要原因是"来自于佛教本身"⑥,即"医治生命无常这一人生根本苦痛"⑦,佛教有"八万四千法门"⑧ 皆为医治生命无常,然选择适合自身的修学法门是

---

① 〔姚秦〕鸠摩罗什译:《佛说阿弥陀经》卷1,《大正藏》第12册,第347页上。
② 〔明〕读体:《传戒正范》卷3,《续藏经》第60册,第658页中。
③ 〔明〕读体:《传戒正范》卷4,《续藏经》第60册,第662页上。
④ 同上。
⑤ 李叔同:《遇见精神的出生地》,李叔同:《弘一法师全集》第1册,北京:新世界出版社,2013年,第7页。
⑥ 同上。
⑦ 同上。
⑧ 〔梁〕真谛译:《佛说无上依经》卷1,《大正藏》第16册,第469页下。

每一位佛教徒入门后的首要问题。出家后的弘一逐步建立起了以"华严为镜,四律为行,导归净土为果"①的佛学思想体系。

纵观其一生,弘一自始至终都是紧紧围绕"往生净土为果"展开研律、学教及种种实践的。他出家后即发愿学律,受戒时发愿弘律。他从1921年始研南山律,并用四年时间撰成《四分律比丘戒相表记》,期间对律学的理解发生了转变。他深受南山律宗第十代祖师灵芝元照思想的影响,坚定了律依南山而指归净土的佛学思想。因此弘一律师也成为近现代律净合流思想的有力推动者。

以上略列历代宗门教下融会净土之代表者,对诸师思想的划定也仅仅是粗论,并非绝对。譬如蕅益智旭主要以台弘净,他同样也融会了律宗、法相唯识等思想,然其思想主体为台净合流;又如截流主禅净合流,其中也融会了台教义理;省庵以台教思想弘扬净土,其中同样包含禅净合流思想;印光则融台贤教理以弘净土,弘一融贤律以弘净土,等等。应该说,自延寿之后,中国佛教之禅、台、贤、律等诸宗,多形成了以自宗合流净土,同时融会诸宗思想共同发展的趋势。虽不能说他们皆因延寿的影响而成,但也在不同程度上受到延寿思想的影响。

需要说明的是,相净合流之所以未得到很好的发展,是因为唯识宗本身自唐末之后没有得到很好的传承,导致后继无人。但是,延寿以一心融会唯识导归净土,仍产生了一定影响,此从明末蕅益智旭的著述中可见一斑。民国杨仁山居士提倡唯识导归净土的思想倾向,亦应有受延寿思想影响的因素。

---

① 李叔同:《追求律学的真谛》,李叔同:《弘一法师全集》第1册,北京:新世界出版社,2013年,第26页。

第五节 太虚对延寿思想的接受及发展

在五代宋初之际,延寿提倡"一心融会"和"万善同归"的佛学思想,为出世的佛教赋予了入世精神。太虚的"人生佛教""人间佛教"理论,亦是在深入挖掘佛教入世精神的基础上而提出的。两者相隔近千年,但其思想和精神一脉相承。梳理太虚著述,可见其对延寿思想的高度认同,而且太虚还曾有过继承并发扬延寿佛学思想的心愿。

一 太虚对延寿思想的评价及接受

太虚的"人生(间)佛教"思想,是以传统佛教思想为基础,鉴于近现代社会的状况,为救时之弊而提出的。太虚的传统佛教思想受延寿思想的影响深刻,他评赞延寿曰:

> 会昌变后,继以五季之乱,颠沛流离,义学不兴;有宋以后,禅宗特盛,各宗多成附庸,于中独具只眼不为门庭所囿蔽,而能如理如量等观诸宗者,惟永明大师一人而已![1]

也就是说,唐末五代之际,由于两次毁佛运动及常年战乱,使得中国佛教义学衰而不兴。入宋以来,禅宗尤为兴盛,其他诸宗与禅宗相比多为附庸。此间,延寿独具慧眼,摒除门户之见,

---

[1] 太虚:《大乘宗地图释序》,《太虚大师全书》编集:《太虚大师全书》第32卷·杂藏·文丛(二),北京:宗教文化出版社,2005年,第482页。

"如理如量"等观诸宗。所谓"如理如量"之"如理",是指在"理"上符合"一心"妙旨,诸宗之"理"皆合"心"旨,故而以"理"能等观诸法;"如量"表达了延寿之观机逗教,以合于众生心量之法开示众生,使学人受益。如此还能消除诸宗间的相互诋毁和排斥,使佛教诸宗走向思想上的和会和行持上的兼修。从"能如理如量等观诸宗者,惟永明大师一人而已"的评价,可见太虚对延寿推崇备至。

不仅如此,延寿于公元961年受钱王礼请住持永明寺(即今净慈寺),而太虚于1921年继主净慈寺,时隔近千年后,太虚希冀重辉永明道场,重续延寿思想。他述道:

> 民国十年春初,我接管净慈寺……因净慈寺是永明寿禅师的道场,我把禅堂改为禅净双修的角虎堂,并筹设永明精舍,以作研究佛学,栽培弘法人材的地方。①
>
> 我如此费事的接主净慈寺……并将大殿佛像装金庄严,改安住僧众的禅堂为角虎堂,坐香三枝及朝暮课诵二时,以标提净慈寺开祖永明寿师的禅净双修宗旨。道风初振,法誉渐隆……我乃定期于夏间在斋堂公开宣讲《华严·净行品》,办永明学舍,置黑板桌儿等,筹备秋季开学。②

太虚把净慈寺的"禅堂"改为"角虎堂",不仅是从名称上彰显延寿思想,更发扬了延寿"有禅有净土"的禅净思想精髓。在净慈寺的功课设置上,他希望"标提永明寿师的禅净双修宗

---

① 太虚:《我的佛教改进运动略史》,《太虚大师全书》编集:《太虚大师全书》第31卷·杂藏·文丛(一),北京:宗教文化出版社,2005年,第80—81页。
② 太虚:《太虚自传》,《太虚大师全书》编集:《太虚大师全书》第31卷·杂藏·文丛(一),北京:宗教文化出版社,2005年,第230页。

旨"。不仅如此，太虚还在净慈寺斋堂公开宣讲《华严经·净行品》；在净慈寺"筹设永明精舍"，一则"作研究佛学"，二为"栽培弘法人材"，此亦体现了太虚以禅教融合培养僧才的主张。须知，言"禅教"则自然包含"净"，言"禅净"则自然包含"教"。太虚归纳延寿之思想为"透禅融教律归净"，若从教、律之气质与禅类似的角度看，禅净和会便该摄了诸宗和会。关于禅教净之和会，太虚论曰：

> 禅净合修，远在安般禅已有渊源，不过达摩、慧可来后，久成隔绝，至于永明延寿始大为提倡之。①

又说：

> 分宗之极再和会教义者，则从法眼开始。法眼颂六相，既近华严；德韶禅师住天台山国清寺，传是智者大师的后身，而天台教义之能重兴，尤赖德韶之力。至于永明延寿，更是把宗下教下大为和会。②

也就是说，太虚指出中国佛教禅净是一非二，佛教初传时的安般禅就已播下了禅净一如的种子。之后，达摩禅主张"见性成佛"，故在具体的修持方面另辟蹊径，未能延续禅净合修的传统，直到延寿，他以"一心"思想将达摩禅的"明心见性"之理与"念佛行"熔于一炉，此是"分宗之极"时的和会。延寿的和会思想实际上发挥了法眼宗本身的特点。"法眼颂六相，既近华严"，创始人文益禅师就推崇禅教和会；德韶在文益的基础

---

① 太虚：《中国佛学》，《太虚大师全书》编委会编集：《太虚大师全书》第02卷·法藏·佛法总学（二），北京：宗教文化出版社，2005年，第104页。
② 同上书，第106—107页。

上进一步融会台教思想;到延寿时,则和会禅、台、贤、相、律、密、净等诸宗。太虚评延寿是"应运而生"①,并评赞"融贯禅教者尤以永明为最"②。

对于永明延寿的净土思想,太虚论曰:

> 净土宗远奉慧远法师为初祖,而透禅修净期亦必尊永明寿禅师为开始者。③

延寿提倡"透禅融教律而摄归于修净土行"④,实基于"一心"之旨,发"万善"之行。太虚认为延寿的"透禅融教律归净"思想开创了宋代及之后"中国佛法的净土宗时代"⑤,净土宗逐步发展成为中国佛教之主流,对中国佛教的发展产生了深远影响。

太虚对延寿的评价表现出高度的赞叹和思想上的推崇。太虚住持净慈寺,改"禅堂"为"角虎堂"意欲继承和发扬延寿的禅净合流思想,他在净慈寺办永明精舍为继承延寿禅教合流思想。太虚后来开创"人生(间)佛教"理论,在很大程度上也是受延寿和会诸宗思想的影响。

---

① 太虚:《读〈宗镜录〉随感》,《太虚大师全书》编集:《太虚大师全书》第33卷·杂藏·文丛(三),北京:宗教文化出版社,2005年,第318页。
② 太虚:《中国佛学》,《太虚大师全书》编委会编集:《太虚大师全书》第02卷·法藏·佛法总学(二),北京:宗教文化出版社,2005年,第107页。
③ 同上书,第170页。
④ 同上书,第171页。
⑤ 同上书,第169页。

二 太虚人生（间）佛教思想的提出

太虚"人生（间）佛教"理论的提出在一定程度上受到延寿"一心"之理与"万善"之行的启发。"一心"之理出自《楞伽经》，延寿以此"心"旨融会诸宗，既能"如理"，又能消融诸宗间的矛盾；"万善"源自"一心"，"一心"融摄诸理，所以"万善"之行既能"如量"，又能显理。延寿理尚"一心"，行倡"万善"的思想，成就了其净土思想的圆融性特质。陈兵论曰：

> 净土宗并非与人间佛教的旨趣相悖，甚至可以说是实践人间佛教、即世间而出世间的极佳途径。①

此论透发了延寿的"透禅融教律归净"思想及太虚"人间佛教"思想的核心旨趣。

太虚早年是依传统佛教进学的，他走的便是禅教融合之路。太虚在《我的佛教改进运动略史》中自述：

> 在光绪三十四年以前，我那时专门在佛学及古书上用功夫：或作禅宗的参究，或于天台教义及大藏经论的研讨。后来受了中西新思想的熏习，把从前得于禅宗般若的领悟，和天台宗等教义的理解，适应这个时代思潮，而建立了我改进佛教的思想。②

---

① 陈兵等：《人间佛教》，河北省佛教协会印，2000年，第27页。
② 太虚：《我的佛教改进运动略史》，《太虚大师全书》编集，《太虚大师全书》第31卷·杂藏·义丛（一），北京：宗教文化出版社，2005年，第65页。

太虚早年对传统佛教打下了坚实的基础。他深入经藏，主张禅教融合，在参禅上下过功夫，还对天台教义及大藏经论进行过深入的研读。之后，太虚从"民国三年秋起，在普陀闭关的三年中，一方面着重在个人身心——戒定慧——的修养工夫，同时对于律藏和小乘的经论，大乘曼殊、龙树的一系经论，弥勒、天亲一系的经论，以及台、贤、净、密、禅诸部，都一一作有系统的研究"①。再之后，"从民国三年至六年间……把唯识、三论精刻研究，在整个的大藏典籍中，对大小乘各宗加以比较和综合"②，从而在佛教融合理论的基础上，依唯识教为基，形成了独具一格、适应时代需要的新思想。

太虚具有扎实的传统佛教理论基础。他主张禅教融合、性相融合，此在一定程度上继承了延寿的融合思想。太虚后来的思想基于"法相唯识"而贯穿整个佛法，延寿思想亦将法相唯识融摄于"一心"之旨。但是，不同的是：延寿的思想始终基于"一心"，是"透禅"中的融教律归净；太虚随着时代的发展，"受了中西新思想的熏习"，并在此基础上重新建立了"改进佛教的思想"。但即使有所改进，他的"人生佛教"思想中仍有浓厚的传统佛教意味。太虚指出：

> 时至今日，则须依于全般佛陀真理而适应全世界人类时机，更抉择以前各时域佛法中之精要，综合而整理之，故有

---

① 太虚：《我的佛教改进运动略史》，《太虚大师全书》编集：《太虚大师全书》第31卷·杂藏·文丛（一），北京：宗教文化出版社，2005年，第73页。
② 同上书，第74页。

"人生佛教"之集说。①

也就是说，佛教是与时俱进的，佛教也是应机施教的。太虚提出"人生佛教"正是以应机施教为前提特倡"人生"，以"各时域佛法中之精要"确定佛教的宗旨。换言之，"人生佛教"既是与时俱进的产物，又是符合传统佛教思想旨趣的。

有学者认为1933年太虚在汉口商会的演讲《怎样来建设人间佛教》，标志着其"人间佛教"思想的确立。该文开宗明义指出：

> 人间佛教，是表明并非教人离开人类去做神做鬼，或皆出家到寺院山林里去做和尚的佛教，乃是以佛教的道理来改良社会，使人类进步，把世界改善的佛教。②

"人间佛教"思想是对世间法与出世间法皆有含摄、相对完整的思想体系。太虚对佛教的终极关怀"发菩提心，圆成佛道"一直是非常注重的，他强调佛教在人间，然其目标始终不离圆成佛道。太虚在《即人成佛的真现实论》中的一首偈文也说明"人间佛教"既重人格的完善，又重解脱圆成佛道，偈曰：

> 仰止唯佛陀，完成在人格，人圆佛即成，是名真现实。③

---

① 太虚：《人生佛教开题》，《太虚大师全书》编委会编集：《太虚大师全书》第03卷·法藏·三乘共学（全）五乘共学（全），北京：宗教文化出版社，2005年，第191页。
② 太虚：《怎样来建设人间佛教》，《太虚大师全书》编委会编集：《太虚大师全书》第25卷·论藏·支论（全），北京：宗教文化出版社，2005年，第354页。
③ 太虚：《即人成佛的真现实论》，《太虚大师全书》编委会编集：《太虚大师全书》第25卷·论藏·支论（全），北京：宗教文化出版社，2005年，第377页。

人格的圆满即解脱成佛，这是太虚建设"人间佛教"思想的理论基础。从"人间佛教"思想的崛起来看，太虚倡导"人间佛教"的目的，是想通过一系列革新措施使佛教更适应时代的发展，服务于时代的需要。"人间佛教"的思想核心来自佛教，行持重心侧重于人间，服务于人生。太虚说人生、人间都是应机说法，是为对治佛教界"死的佛教"与"鬼的佛教"等流弊，而佛教的核心理念是强调解脱烦恼、证涅槃的出世性。正如李利安所言：

> 超人间信仰是佛教全部理论架构和实践体系得以支撑和运转的主要因素。①

此处的"超人间信仰"即强调佛教的出世性。太虚在1943年《再议印度之佛教》一文中也表达了其以超人间信仰至成佛道为圆满的思想体系，文曰：

> 若佛法应于一切众生中特重人生，本为余所力倡，如人生佛教，人间佛教，建设人间净土，人乘直接大乘，由人生发达向上渐进以至圆满即为成佛等。②

可见，太虚提倡"人间佛教"思想并非只注重世间而忽略出世间，而是对佛教世出、世间思想的有机结合。"人间佛教"思想被誉为"二十世纪中国佛教最可宝贵的智慧结晶"③，其也

---

① 李利安：《当代人间佛教所面临的核心理论问题》，《"人间佛教的当今态势与未来走向"海峡两岸学术研讨会论文集》，高雄：财团法人佛光山文教基金会，2009年，第21页。
② 太虚：《再议印度之佛教》，《太虚大师全书》编委会编集：《太虚大师全书》第28卷·杂藏·书评（全），北京：宗教文化出版社，2005年，第50页。
③ 邓子美：《二十世纪中国佛教智慧的结晶》，《法音》1998年第7期。

是对传统佛教和时代佛教的有机结合。

应该说，太虚的"人生（间）佛教"思想，对近现代佛教的入世化发展具有开拓之功。如果跨越时代向前追溯，可知太虚在继承传统佛教思想方面，很大程度上受延寿融会思想的影响。延寿的一心融会诸宗思想，影响了太虚融"八宗佛教"而倡"人生（间）佛教"的思想；延寿的"万善同归"理论，为太虚推行建设人间净土种种措施提供了实践参考。

三 从"人生佛教"进化论看延寿思想之影响

1920年，太虚作《近代人生观的评判》，此是他"人生佛教"思想的酝酿期。1924年，他作《人生观之科学》《大乘与人间两般文化》。1925年，他在东吴大学讲《我的宗教观》，并在日本多次发表关于人生与佛教的演讲，如《人生问题之解决》《佛教与吾人之现在及未来》。1926年，太虚至杭州讲经，作《建设人间净土论》。可见，太虚从"人生佛教"到"人间佛教"的理论体系是日渐展开，并逐渐进化，形成系统理论的①。

太虚解"人乘"到"佛乘"的理论也是逐步增进，形成系统的。他在阐发"人乘"时，先分析求人天福果之"天的人乘"和求人生真相、圆满菩提的"佛的人乘"。太虚所谓"佛的人乘"与"人的佛乘"虽着眼角度不同，然皆立足于人。太虚在《即人成佛的真现实论》中阐述：

---

① 详见邓子美、陈卫华：《旷下一代新僧——太虚大师传》，西宁：青海人民出版社，1999年，第269—297页。

> 由教化中最高教化即通到佛乘，即为人的佛乘，或即人成佛的人佛乘。换言之，即从人生的进化，走上大乘菩提行果也。①

太虚主张，生而为人就要通过教化不断增上自身的道德修养，直至功夫成熟，达到佛的程度才是圆满。此为"即人成佛的真现实论"，亦其"人生佛教"理念的第一要义。太虚曾在《人生佛教与层创进化论》中说道：

> 依人的果报修人的业行，使相续不失人身，作进修的基础，故其宽度较上下度为最狭，此为人生的枢纽，成凡作佛以此为转换点，而人生佛教之重心亦在此。故此层最为重要。②

太虚的"人生佛教"是以人乘上通佛乘的，如果生而为人却不求上进，碌碌无为，也只是凡夫之人，甚至还有浑浑噩噩、作恶多端者，则必至堕落。若不解佛理，虽修善亦无法上通成佛之路；若在明佛理的情况下，以人性上通佛性，加之精进修持、进德加行，此为由凡作佛的转折。这也是"人生佛教"的重心所在，为"人生佛教"理念中最为重要的一层含义。可见，太虚的"人生佛教"第一要义是以人生为起点，向上增进提升。他将提升阶位分为了不同的层次，譬如他说：

> 由人修行增进至超人的胜行，或是三界里的天神，或是

---

① 太虚：《即人成佛的真现实论》，《太虚大师全书》编委会编集：《太虚大师全书》第25卷·论藏·支论（全），北京：宗教文化出版社，2005年，第381页。
② 太虚：《人生佛教与层创进化论》，《太虚大师全书》编委会编集：《太虚大师全书》第03卷·法藏·三乘共学（全）五乘共学（全），北京：宗教文化出版社，2005年，第199页。

出世的二乘贤圣，大乘的菩萨行，皆从人成。①

以人为起点，进修增上，与人层最近的是"天界"的天神，但未出"三界"，仍属"六凡界"之一；再上则是"四圣界"的"二乘贤圣"，乃至"大乘的菩萨"乘，所有这些都是人通过修行所能达到的。对于修大乘菩萨行，太虚指出要由"人生向上进化至不退转地菩萨"②，此是"二乘圣者的极果"③，达到此境界，便能应化到九法界以佛教之理、行教化众生。但是，太虚最为提倡的是从人的层面增上至圆成"无始终无边中之宇宙完美人生——佛"的层面④。而且太虚指出"佛的人乘"，在中国历史上只有"少数禅师若百丈、永明等，及少数居士若庞蕴等，颇得其真"，并表达了此"即为我（太虚）今所要极力提倡的"⑤。他还说道：

> 人生佛教所特提出讨论之点，是为适应今世界人类之需要，作为人的立足点，但非是人生究竟的目的，而究竟的目的是在成佛。⑥

可见，太虚之所以分多个层面讨论"人生佛教"，是为了

---

① 太虚：《人生佛教与层创进化论》，《太虚大师全书》编委会编集：《太虚大师全书》第03卷·法藏·三乘共学（全）五乘共学（全），北京：宗教文化出版社，2005年，第199页。
② 同上书，第200页。
③ 同上书，第199页。
④ 同上。
⑤ 太虚：《人生观的科学》，《太虚大师全书》编委会编集：《太虚大师全书》第25卷·论藏·支论（全），北京：宗教文化出版社，2005年，第39页。
⑥ 太虚：《人生佛教与层创进化论》，《太虚大师全书》编委会编集：《太虚大师全书》第03卷·法藏·三乘共学（全）五乘共学（全），北京：宗教文化出版社，2005年，第200页。

"适应今世界人类之需要",换言之,是为了适应不同根性众生而列出不同的增上路径。但是,这些都非其"人生佛教"所标的最终目的,其究竟目的即人乘修行而成就佛乘。为了防止众生望文生义,见"人生佛教"就专在"人生"层面打转,见"人间佛教"就专在"人间"层面打转,他特别以儒佛进行比较,指出:

> 佛教与儒教不同,而向来儒家每谓佛法厌世忽略人生,今则特提倡此人生佛教,注重人生的因果业报,继善成性达佛之极果。①

也就是说,"人生佛教"与儒教的共同点是都立足于人,以此可令习儒者从观念上更能接受佛教,是为应机说法。但是"人生佛教"又有着佛教自身本具的特质,即修证成佛,而修行的方式是从"注重人生的因果业报,继善成性",目的是"达佛之极果"。这与延寿提出人人本具"一心"之理,彻证"一心"之理圆成佛果的理论逻辑是一致的。

太虚在《人生佛教开题》一文中还明确指出:

> 人生佛教之意趣:佛法是佛所证的一切法实相,及众生可以由之证到诸法实相的方法。同时,在佛亲证的方面为证法,就佛对众生说的方面为教法;前者是契理的,后者亦兼契机的,这是佛法大概的性质。②

---

① 太虚:《人生佛教与层创进化论》,《太虚大师全书》编委会编集:《太虚大师全书》第03卷·法藏·三乘共学(全)五乘共学(全),北京:宗教文化出版社,2005年,第201页。
② 太虚:《人生佛教开题》,《太虚大师全书》编委会编集:《太虚大师全书》第03卷·法藏·三乘共学(全)五乘共学(全),北京:宗教文化出版社,2005年,第190页。

也就是说,"人生佛教"的意趣重于两个方面:一是果达诸法实相,二是证悟方法。诸法实相是讲理的层面,证悟方法是言事修的层面。理事结合、圆融无碍才是圆教之法。这也是对延寿明"一心"之理、修"万善"之法的另一种表达,皆强调契理契机、理事圆融。

应该说,太虚的"人生佛教"这种应机施教并始终保持以圆成佛道为终极目的的理念,与延寿基于"一心"倡发"万善",行"万善"终归"一心"的思想是如出一辙的。

四 从"人间佛教"转化论看延寿思想之影响

太虚的《怎样来建设人间佛教》标志其"人间佛教"思想的确立。他在《怎样来建设人间佛教》中分别"从一般思想中来建设人间佛教""从国难救济中来建设人间佛教""从世运转变中来建设人间佛教"等几个方面论述建立"人间佛教"的必要性、可行性和推进方法。太虚指出:

> 世间善事,虽然功不唐捐,若不能信佛学佛回向菩提,亦只是有限的功德,或转世来做一个好人而生富贵家中,或也能成仙生天。若由佛法看来,都是有限量而不究竟的。若明了佛法而去做善业,即将有限的福德成为无量的功德了……明白了佛理,随作一事,便都成了无量无边。[①]

上文的核心便是即世善转化为出世善,体现了太虚"人间

[①] 太虚:《怎样来建设人间佛教》,《太虚大师全书》编委会编集:《太虚大师全书》第25卷·论藏·支论(全),北京:宗教文化出版社,2005年,第359页。

佛教"思想的转化论。太虚首先说世间善事功不唐捐,以此表达对入世之善的肯定;其次他表达如果不能以佛法智慧把修善功德回向菩提,那世善获福有限,即使来生因行善生富贵家,甚至成仙生天,那也是有限福报,并不究竟。进而指出,若以佛法智慧为指导,虽然同样是世间善事,却能以佛法将有限福德转成无量功德。最后太虚指出,如果明白了佛理,随做一事都以佛理为指导,那所做之事皆能功德无量。

简言之,太虚一是肯定世善;二是指出无佛法指导行善之福德有限;三是指出有佛法指导行善,随所做之事皆功德无量。由此已很明确,太虚主张以佛法理念指导行善。这也正是延寿万善思想的关键之处,延寿主张万善同归,对世间慈善如修桥、铺路、施食、施药等都大力提倡。但是他主张所有善行要以"一心"之理为指导,延寿言"一心"之理即究竟佛理,明此理再行万善,便可念念转世善为出世善,以达到增上菩提,成就菩提之果。延寿的"万善"理念源自"一心"之理,如果没有"一心"的理论指导,那"万善"功德也是有限的。以"一心"之理为指导,因为"心"是无限的,所以"一心"之下的"万善"皆具备了无限性,故能随做一事便得无量功德。须知事事之功德无量,一事之功德亦无量,此即全事即理,亦即事事无碍之理。而太虚之"明白了佛理,随作一事,便都成了无量无边"便是基于此理而言。由此可见,太虚"人间佛教"的即世善转化为出世善以圆成佛道,与延寿即万善达一心以圆成佛道,在转化逻辑上是一致的。

综上所述,太虚主张八宗并弘、综摄创新,基于"人生"和"人间",以修种种行达到圆成佛道的终极目标。延寿以"一心"之旨融摄诸宗教理,消融宗派间的矛盾;以"万善"之修含摄诸宗之行,并根据众生根机,修行主助分明,圆融无碍。虽然两者所处时代不同,表述方式有异,但思想的内在逻辑是相同的。应该说,太虚在一定程度上汲取了延寿解"一心"与"万善"逻辑关系的思维方式,并应时代需要发展出了"人生佛教"进化论和"人间佛教"转化论。

第六节 对江南佛教入世化的影响

五代之际,在北方长期战乱、南方相对偏安的社会背景下,中国佛教的发展重心向南转移。特别是在后周世宗柴荣"毁佛"运动后,北方佛教遭受沉重打击,中国佛教以北方为中心的发展格局被彻底打破。南方如南唐、吴越、闽、蜀等地佛教皆有发展,而吴越钱氏护持佛教最为有力,这也使得以吴越为中心的江南佛教成为五代佛教最发达的地区之一,入宋之后又推动了宋代佛教的大发展。延寿深得钱氏家族护持,且与钱弘俶关系最为密切。延寿在吴越倡诸宗融会,并通过多种方式推进佛教的入世化发展,此为宋代及之后江南佛教的大发展奠定了良好基础。

一 延寿影响下诸宗合流净土盛于江南

延寿的修行和弘法主要在以杭州为中心的江南一带。他以一心统摄诸宗而导归净土,诸宗在思想上合流于净土,在修持上导归于净土。在延寿的影响下,江南一带诸宗合流之势行,而且诸宗祖师多于江南涌现。

譬如净土宗,东晋庐山慧远大师开结社念佛之风,后世诸师多效法慧远以结社形式常行净土一法。南宋宗晓在《乐邦文类》中立《莲社继祖五大法师传》,此为净土宗追祖之肇始,以慧远为始祖、善导为二祖、法照为三祖、少康为四祖、省常为五祖。之后,志磐于《佛祖统纪》中作《净土立教志》,在宗晓《莲社继祖五大法师传》的基础上追法照之师承远为三祖,法照顺承为四祖,少康为五祖;在省常之前追延寿为六祖,省常顺承为七祖。之后,中国净土宗祖师排序都是在志磐的基础上继续追认,至今共十三代祖师,分别为:初祖东晋庐山东林慧远大师、二祖唐长安光明善导大师、三祖唐南岳般舟承远大师、四祖唐五台竹林法照大师、五祖唐新定乌龙少康大师、六祖五代宋初杭州永明延寿大师、七祖北宋杭州昭庆省常大师、八祖明杭州云栖莲池大师、九祖明末清初北天目灵峰蕅益大师、十祖清虞山普仁截流大师、十一祖清杭州梵天省庵大师、十二祖清北京红螺资福彻悟大师、十三祖近代苏州灵岩印光大师。从中可见,在五代之前,中国净土宗共追5代祖师,从弘法地域看只有少康在江南。五代之后,共追8代祖师,从弘法地域看,只十二祖彻悟在北方,其余7位皆在江南地区。此发展趋势,一则说明佛教中心南移,二则与延寿在江南广弘净土宗有重要关系。

太虚将净土宗的发展分为三个时期:第一期是以东晋慧远为代表的修禅归净,第二期是以善导为代表的"尊教律别禅期",第三期是永明延寿开创的"透禅融教律期"。太虚指出,自延寿开始,凡修净土行,"必须是透过宗门禅而融摄教律的净土行。不透宗门禅,已不能修任何行,因此与前期斥禅修净者不同。它不但透禅,而且还要融摄一切教律"①。太虚又言:"净土宗远奉慧远法师为初祖,而透禅修净期亦必尊永明寿禅师为开始者。"②而且,"《净土圣贤录》记载的宋代往生比丘、比丘尼的事迹共90则,而与浙江密切相关的至少就有72则78人,占总数的八成"③。由此可见,永明延寿对江南一带修净土者的影响是非常广泛的。

永明延寿对江南佛教的影响以净土宗最为突出,太虚认为延寿开创了中国佛教的净土宗时代,但他的影响却不局限于净土宗。延寿的佛学思想中还有"透禅融教律"的部分,他对禅、教、律等在江南的发展都产生了重要影响,如黄公元说:

> 经五代吴越到宋初永明延寿大师高标万善同归、诸宗融合、归向净土之后,各宗学净修净弘净的高僧更是云集浙江,宋元明清历代直至近代均代不乏人,僧才济济。④

就禅宗在江南的发展来看,延寿之后,主禅净双修的有云门宗天衣义怀禅师。他是永嘉乐清人(今温州乐清),于池州景德寺出家,后常居越州(今浙江绍兴)。晚年以疾居池阳杉山庵,后其弟子把他迎归杭州,至嘉祐五年(1060),义怀又往苏州,并在苏州念佛往生。圆照宗本禅师主禅净双修,本无锡人,出家后间居苏州瑞光寺、杭州净慈寺,元丰五年(1082),宗本禅师奉宋神宗诏请住相国寺,为慧林第一祖,晚年回江南居灵岩寺。

---

① 太虚:《中国佛学》,《太虚大师全书》编委会编集:《太虚大师全书》第02卷·法藏·佛法总学(二),北京:宗教文化出版社,2005年,第169页。
② 同上书,第170页。
③ 黄公元:《浙江净缘——净土法门在浙江》,北京:宗教文化出版社,2006年,第228页。
④ 同上书,第45页。

善本禅师先后居于杭州净慈寺、法云寺、象坞寺等，主禅净双修。守讷禅师主禅净双修，一生于姑苏弘化。法真守一，主禅净双修，常居杭州净慈寺度化众生。真歇清了主禅净双修，本为西蜀左绵安昌人，在丹霞淳禅师处得法后，便住杭州皋亭山光孝寺及温州江心寺，弘扬禅净之法。宋末元初的中峰明本禅师，钱塘（今杭州）人，为浙江西天目山住持，也力倡禅净双修。

可见，在宋代宗门之下主禅净双修的很多著名禅师于江南一带涌现，并在江南弘化，此在一定程度上受永明延寿透禅修净思想的影响。

天台宗本与江南渊源深厚，从智𫖮之后，台宗传人多在江浙，此从台宗诸祖的籍贯及弘化地可窥一斑。智𫖮（538—597）为台宗四祖，一生主要在天台山弘化，也是天台宗的集大成者。我们不妨从智𫖮之后台宗诸祖来看。智𫖮之后是台宗五祖章安灌顶（561—632），章安人（今浙江临海），入天台山随智𫖮学习天台教观；六祖法华智威（？—680），缙云人（今浙江丽水），于沃州（今浙江新昌县东）亲近章安灌顶习天台教观；七祖天宫慧威（634—713），东阳人（今浙江金华），依法华智威学天台教观；八祖左溪玄朗（673—754），乌伤人（今浙江义乌），一作东阳人，诣东阳慧威研学《法华》；九祖荆溪湛然（711—782），荆溪人（今江苏武进），依左溪玄朗学止观；十祖兴道道邃，生卒及里贯皆失考，依荆溪湛然学天台教观；十一祖至行广修（771—843），东阳夏昆人（今浙江金华），依道邃大师深研教观；十二祖正定物外（813—885），福建侯官人（今福建福州），从广修大师传止观之学；十三祖妙说元琇（？—885），天台人，依国清寺物外法师学止观之法；十四祖高论清竦，生卒不详，天台人，依元琇法师精思止观。高论清竦主天台国清寺时，钱氏建吴越，清竦得到钱氏的护持。清竦的弟子，台宗十五祖羲寂（919—987），浙江永嘉人（今浙江温州），学成后于天台山螺溪定慧院弘化，与延寿为同时代人。羲寂的高丽籍弟子宝云义通（927—988）为台宗第十六祖。义通的弟子四明知礼（960—1028），台宗第十七祖，四明（今浙江宁波）人；义通的另一弟子慈云遵式，与知礼齐名，台州宁海（浙江宁海）人。知礼、遵式皆在江南弘教演天台、行归净土之法。

台宗在江南的发展，主要受智𫖮影响，台净合流也是智𫖮所倡。延寿汲取了台宗的圆教思想，其弘法活动与羲寂、义通也有交涉。应该说，延寿对台净合流在江南一带的发展起到了一定助推作用。

华严宗在宋代的发展不够兴盛，主张贤净合流的有南宋的圆澄义和，他于南宋乾道中住杭州慧因寺，后迁姑苏平江能仁寺。元代华严系僧盘谷是海盐人。明雪浪洪恩为金陵人，其弘化主要在金陵，为贤首宗第二十六世。同为贤首宗第二十六世的另一支传承者正是被推为净土宗第八祖的莲池袾宏，其主要弘化地在杭州。清代彭际清大居士弘扬贤净合流，主要在苏州一带弘法。从圆澄义和、莲池袾宏、彭际清等人的思想中可见，华严宗特别是贤净合流思想在江南的发展，受延寿的影响较明显。

延寿立五代宋初的菩萨戒传戒规范，对《梵网经菩萨戒》的传承有突出贡献。律宗在宋代以灵芝元照最具代表性，他世居钱塘，融会台、律、净为一体，对永明延寿思想尤为推崇。明末则有古心如馨，从五台到金陵古林寺复兴南山律。三昧寂光投古心如馨门下，于宝华山（今属镇江）开坛传戒。见月读体投三昧寂光律师座下，弘扬南山律于宝华。弘一律师也是于杭州虎跑寺出家。以上诸师弘律归净的思想，皆可见到延寿思想的影子。

综上可见，除天台宗自智顗之后便与江南广为结缘外，其他诸宗的祖师主张与净土合流者，五代之后多于江南一带涌现。尤其是净土宗，五代之后，延寿的思想成为主流。此虽非全受延寿影响，但这种现象的出现，与延寿倡导透禅融教律归净不无关系，这反映了延寿思想对江南佛教发展的影响。

二　延寿推动结社念佛与都市佛教发展

净土宗最初即称莲社宗，溯莲社之源，莫不以东晋慧远建白莲社为滥觞。他在庐山结白莲社，时社员百二十三人皆为当时高僧及硕德居士，他们以修观得定成就三昧而愿生西方净土，亦开持名念佛求生净土之先河。慧远被推为中国净土宗之初祖，延寿则是五代之际结社念佛的继起者，结社念佛在两宋之际成为风尚，延寿起到了重要的推动作用。

（一）延寿对宋代结社念佛风尚的引领

据《永明智觉禅师方丈实录》所载，延寿读《大智度论》，其中有一公案：一老人前世因虎所逼，急奔攀树，情急之下失声念一称"南无佛"，以此善根在后世值佛弘化而随佛出家，并证得圣果。延寿见此公案而感慨：

> 世业系众生，耽滞欲境，执着坚牢，唯念佛一门可能诱

化，乃结一万人弥陀社。①

也就是说，延寿从《大智度论》老人称念"南无佛"的公案及他对时人根性的判定，认为"唯念佛一门可能诱化"，于是结万人弥陀社。"万人"是确指还是虚指现不得而知，但是他结社规模空前、影响很大是可能的。延寿不仅结弥陀社，而且"遍募士庶，结礼塔等会，皆为导首"②。可见，延寿弘法，通过结念佛社、礼塔会等方式，形成了多个修行组织，以此接引大众，推进了佛教的入世化发展。

灵芝元照也说：

> 后世言净社者，必以东林为始，厥后善导怀感，大阐于长安，智觉慈云盛振于浙右。③

也就是说，结社念佛必以东晋慧远为滥觞；唐时有善导、怀感等继倡于长安；而五代及宋，江南一带的结社念佛风尚，则是因智觉禅师（永明延寿）和慈云遵式之倡而大兴。遵式在延寿之后，故五代宋初江南莲社之风实肇自永明延寿。

吴越一带的结社念佛之风大开，延寿初住"乳窦旧峰，结茅而居，先句章太守康宪公，师资奉事，服膺宗旨，请住郡下莲社"④。说明当时在吴越国莲社已非个别存在的现象，对当时面向普罗大众弘扬净土念佛一法产生过重要影响。在延寿的倡导

---

① 〔宋〕元照重编：《永明智觉禅师方丈实录》，绍兴三十年释行拱刻印版，国家图书馆中华古籍资源库藏。
② 同上。
③ 〔宋〕元照：《无量院造弥陀像记》，〔宋〕宗晓编：《乐邦文类》卷3，《大正藏》第47册，第187页上。
④ 〔宋〕元照重编：《永明智觉禅师方丈实录》，绍兴三十年释行拱刻印版，国家图书馆中华古籍资源库藏。

下，结社念佛确实成为宋代佛教在弘化方式上的一大特色，故元照说道：

> 近世宗师，公心无党者，率用此法，诲诱其徒，由是在处立殿造像，结社建会，无豪贱无少长，莫不归诚净土。①

"近世"指五代及北宋元照之前，"公心无党者"即没有宗派门户之见者。可见，当时各宗大老，多因合流于净土，以广接门徒，所在之处多建立弥陀殿堂，造弥陀佛像，并结莲社、建念佛会等。在他们的推动下，不论豪富还是贫贱、长者还是少者，无不以诚敬心归心极乐净土。

入宋之后，结社念佛影响较大者，当首推净土宗第七代祖师省常大师。他结净业社，社员上至宰相，下至平民，加入净业社为时人所共尚。省常往生后，智圆为其撰《钱唐白莲社主碑》以示纪念和缅怀。嗣后，四明知礼、慈云遵式、慈觉宗赜等宗门教下大老皆倡结社念佛，各具特色。从弘化方式而言，知礼特别注重入世化，他并非被动等待民众入社，而是以各种方式主动接引民众，明州延庆院的念佛净社也成为当时佛教入世化的典范。当时明州延庆院念佛净社"僧俗男女一万人，毕世称念阿弥陀佛，发菩提心，求生净土"②，可见规模之大。知礼还制定了结社的具体规章，赋予了社员权责。《结念佛会疏》中载，知礼以念佛净社为平台，每年二月十五日举办供僧法会。结社念佛和大型法会成为当时佛教与社会交流融会的重要方式，而且知礼主张

---

① 〔宋〕元照：《无量院造弥陀像记》，〔宋〕宗晓编：《乐邦文类》卷3，《大正藏》第47册，第187页中。
② 〔宋〕宗晓编：《四明尊者教行录》卷1，《大正藏》第46册，第862页上。

念佛净社采取分支包干式传播方式进行发展,规定:

> 劝请会首二百一十人,各募四十八人。①

不仅如此,他们还规定了每位社员的修持功课:

> 每日称念佛名一千声。②

这种一劝十、十劝百、百劝千的传播方式,形成了金字塔架构的责任制管理模式,以保障组织层层管理不松散,而且入社后有具体的功课需要完成。这种弘化方式,对净土法门的入世化发展具有开拓意义。

应该说,结社念佛始于东晋慧远,盛于两宋之际,此与五代时延寿的继倡有重要关涉。换言之,正是有了延寿在五代之际对结念佛社、建礼塔会等组织化发展方式的提倡,才有了之后宋代结社念佛成为风尚。

(二) 延寿推动山林佛教转向都市佛教

延寿的弘法主张具有强烈的入世性,他不仅提倡结念佛社、建礼塔会等,还主张在人多处建设道场。他指出:

> 于四衢道中,多人观处,起塔造像,为作念佛善福之缘。③

换句话说,建塔造像的地方,要有两个基本条件:一是在"四衢道",靠近四通八达的大路,即在交通便利之处起塔造像;二是在"多人观处",即指人口密集处,或人们常常聚集的地方

---

① 〔宋〕宗晓编:《四明尊者教行录》卷1,《大正藏》第46册,第862页中。
② 同上。
③ 〔宋〕延寿述:《万善同归集》卷2,《大正藏》第48册,第980页上。

起塔造像。其目的有二：一是方便人们前来礼拜供养，更方便结社念佛；二是能让更多人见塔、见像广种善根。满足这两个条件的，不是山林，而是城市。

可以说，延寿此主张打破了隋唐以降在深山建丛林的传统，转山林佛教为都市佛教。这种转换与延寿所提倡的透禅融教律归净的修行模式是能够统一起来的。隋唐之际以修禅为主，需要在丛林中减少修行者与世俗的接触，以助于禅者得定、开慧。但是延寿提倡禅净双修，偏赞净土，而且净土一法又能三根普被，所以他以广泛接引众生为尚，且无论何种根性，以信愿念佛皆得解脱。

自宋代以后，往生公案中士农工商，各行各业皆有，上如"荆王夫人""王旦""杨杰""马玗"等公卿士人，下如"黄打铁"，他能边打铁边念佛，最后自在往生，偈云"丁丁珰珰，久炼成刚，大平将近，我往西方"①。净土持名念佛至圆至顿、至简知易，不分职业闲忙，随时随处皆可念，不受环境影响，特别适合都市化发展，这也是延寿在佛教弘扬方式上推行入世化发展的重要原因。

三　延寿刊刻经像推进江南佛教入世化

雕版印刷术的问世，标志着佛教经论流通从写本时代进入了刻本时代，极大地推动了佛教义理的入世化。现存最早的有明确纪年的雕版佛经为唐咸通九年（868）的《金刚经》，此是会昌

---

① 〔宋〕王日休：《龙舒增广净土文》卷5，《大正藏》第47册，第268页下。

法难（846）后的作品，表明会昌法难之后佛教开始恢复。但是，五代时，北方佛教又经历了后周世宗柴荣的"毁佛"，大量寺院被废除，佛像被熔毁，佛经论疏焚毁散佚，佛经刊刻更是一度停止。然而，吴越佛教在钱氏家族的支持下得到了长足发展。

延寿为吴越佛教的代表人物之一，他在佛教思想的弘扬、经论的刊刻流通方面贡献卓著。当时，延寿充分运用了雕版印刷技术，大量刊刻常诵经咒，以及弥陀、观音等佛菩萨圣像，并面向社会民众流通，此举对佛教的入世化发展也产生重要影响。

延寿最早刊刻的是弥陀塔，此应为一种助力大众称念阿弥陀佛的塔形图案，对推动民众信佛、念佛具有相当的便利性。延寿曾"亲手印弥陀塔十四万本，遍施寰海"[①]，"吴越国中念佛之兴，由此始矣"[②]，可见此方法对推动大众念佛的良好效用。此外，延寿还曾印施《弥陀经》《楞严经》《法华经》《观音经》等经典的单行本；印施咒语真言如《大悲咒》《佛顶咒》《消灾集福真言》《毗卢遮那灭恶趣咒》《阿閦佛咒》，以及《孔雀王菩萨名》等；印施论注如《心赋注》等；印送图像如《西方九品变相》《二十四应观音像》《法界心图》等。这些经、咒、图、像以及弥陀塔等，根据受众的接受程度而结缘普施，对推动佛教的入世化起到重要作用。

从延寿印刷佛经等的数量上来看，他印《弥陀塔》十四万本，《孔雀王菩萨名》十万本、《消灾集福真言》十万本、《二十四应观音像》二万本、《法界心图》七万余本，及印施其他经

---

① 〔宋〕元照重编：《永明智觉禅师方丈实录》，绍兴三十年释行拱刻印版，国家图书馆中华古籍资源库藏。

② 同上。

咒、《心赋注》当亦不少。从印施的时间来看,如《弥陀经》《二十四应观音像》《法界心图》等都是在入宋之后,所以从施送范围来看,也自然不会局限在吴越一隅,影响之广自不必论。

应该说,延寿刊印经、咒、图、像等面向大众普施,对佛教的入世化发展产生过重要影响。而且延寿推崇刻经印像,对雕版印刷的发展有积极作用。宋代三部刻本藏经,除首部官刻藏经《开宝藏》在益州(成都)刊版外,另外两部民间刊刻的藏经《思溪藏》《碛砂藏》都是在江南吴越之地。从这个方面说,宋代江南成为民间刊刻藏经的中心,与延寿早年刻印经像所起到的积极推动作用是分不开的。

四 与延寿相关的神异传说从侧面反映其影响

从延寿刊刻《弥陀经》《孔雀王菩萨名》的缘由看,他因梦中得感应而促成印施。就延寿而言,后世对他的感应故事多有传颂。

譬如,延寿往生后数年,据说"有僧死入冥,见阎王殿左供养画僧一帧,礼拜勤致,云是永明寿禅师,此人生西方上品,故礼敬之"①,见者为"抚州僧者,法名志全,其人虽已老,今净慈长老圆照禅师,亲见之问之"②。此在《龙舒净土文·国初永明寿禅师》《庐山莲宗宝鉴·念佛正派卷第四·永明寿禅师》《往生集卷一·永明寿禅师》《新修净土往生传·杭州慧日永明寺智觉禅师延寿》等中均有记载。

---

① 〔元〕普度编:《庐山莲宗宝鉴》卷4,《大正藏》第47册,第325页中。
② 〔宋〕王古辑撰:《新修往生传》卷3,《续藏经》第78册,第161页中。

此外，还有以延寿为"慈氏下生"①"再生善导"。明末四大高僧之一的莲池袾宏赞叹永明延寿曰：

> 永明佩西来直指心印，而刻意净土，自利利他，广大行愿光照于万世，其下生之慈氏欤！其再生之善导欤！②

也有传永明延寿为"弥陀化身"的，而且流传甚广。大壑辑《永明道迹》述曰：

> 后汉乾祐三年（950），吴越王以诞辰饭僧于永明寺，王问师云："今有真僧降否？"师曰："长耳和尚乃定光佛应身也。"王趋驾参礼。定光云："弥陀饶舌。"少选，跏趺而化。③

意思是说，950年，吴越忠懿王钱弘俶诞辰，于永明寺斋供十方僧，供僧法会由延寿主持。时有遍身疥癞的长耳和尚前来应供，并径坐上座。众僧皆感无礼，忠懿王见了也觉长耳和尚大不敬，于是将其遣离。供斋结束后，忠懿王问延寿今日斋僧是否有圣僧应供，延寿说长耳和尚便是定光古佛应身。忠懿王大悔，趋驾前往礼拜长耳和尚求忏悔，长耳和尚则说"弥陀饶舌"，言讫坐逝。忠懿王因此知延寿为弥陀应身，便赶回礼拜延寿，但此时延寿也坐化。《南屏净慈寺志》中也有永明延寿为"弥陀化身"的记载。

然而，从现存文献来看，此传说应是明朝才出现的，北宋《宋高僧传》和南宋《西湖高僧事略》关于永明延寿的传记中均

---

① 〔明〕袾宏：《往生集》卷1，《大正藏》第51册，第133页中。
② 同上。
③ 〔明〕大壑辑：《永明道迹》卷1，《续藏经》第86册，第57页下。

无"弥陀化身"之说。乾祐三年吴越王饭僧时,延寿还在明州雪窦山,而且从记载的圆寂时间看,也与延寿的往生时间不符。但是,后人以永明延寿为阿弥陀佛再世的理由除了"弥陀饶舌"的传说外,还根据"永明"代表无量光,"延寿"代表"无量寿","永明延寿"则是"无量光寿"之义,指出"永明延寿"即"阿弥陀佛"之意译,佛教界也因此将永明延寿生日作为阿弥陀佛的诞辰并隆重纪念。此外还有如善继禅师、大儒宋濂皆为延寿后身的传说等。

综上可见,这些传说的象征意义很大,从侧面反映了永明延寿及其思想对后世佛教界的影响深远。

第七节 对中国佛教国际化的影响

延寿的佛学思想不仅对江南佛教、中国佛教产生了深远影响,也有力地推动了高丽佛教、日本佛教的发展。以下简要梳理延寿对高丽佛教、日本佛教之影响。

一 延寿与高丽佛教

《宋高僧传》《智觉禅师方丈实录》《景德传灯录》等文献都记载延寿的《宗镜录》《万善同归集》及诗、偈、赋、咏等广传海东诸国,以故:

> 高丽国王览师(延寿)言教,遣使赍书叙弟子之礼,奉金线织成袈裟、紫水精数珠、金澡罐等;彼国僧三十六人

亲承印记，前后归本国各化一方。①

延寿的高丽弟子回国后主要是弘扬法眼宗，使得高丽禅宗迅速壮大。受延寿禅净思想的影响，其众弟子也多主禅净合流，所以高丽禅宗一直"流传为一心念佛的顿门"②。

延寿的36位高丽弟子，学成后回到高丽大弘法化，虽未见史料一一记载他们的事迹，但通过相关信息，可知其中至少有3位被封为国师，1位被封为王师。

从慈弘禅师对《佛祖通载》中延寿课徒高丽僧所写的一段按语来看，延寿36位高丽弟子中包括惠居、坦文二人，他们回高丽后大弘法化，高丽光宗（950—975）"以僧惠居为国师，坦文为王师"③。光宗为高丽国第四代皇帝，对佛教颇生信向，他以延寿为师，且"子孙相承，世为家法，多创寺刹"④。

除了惠居、坦文，还有高丽僧智宗，世称圆空智宗（930—1018），名胜妙，字神则，俗姓李，高丽全州人，公元959年来华。他"入吴越国，谒永明寺寿禅师"⑤，随延寿学习法眼宗，初谒延寿时，两人还有过一段机锋对答：

> 寿问曰："为法来也，为事来也？"师（智宗）云："为法来。"曰："法无有二，而遍沙界，何劳过海，来到这里？"师（智宗）曰："既遍沙界，何妨过来？"寿公豁开青

---

① [宋]道原纂：《景德传灯录》卷26，《大正藏》第51册，第422页上。
② 太虚：《中国佛学》，《太虚大师全书》编委会编集：《太虚大师全书》第02卷·法藏·佛法总学（二），北京：宗教文化出版社，2005年，第171页。
③ [朝鲜]朴永善辑：《朝鲜禅教考》卷1，《续藏经》第87册，第226页上。
④ 同上。
⑤ [朝鲜]李能和：《朝鲜佛教通史》卷3，《大藏经补编》第31册，第170页中。

眼，优待黄头，便解髻珠，即传心印。①

面对延寿之问，智宗对答如流，特别是智宗一句"既遍沙界，何妨过来"的回答，颇合延寿心意，这与延寿所提倡的唯心不碍净土，何妨求生净土的理论逻辑相契合，彰显了理不碍事、事以显理的思想主旨。应该说，延寿发问是为探知智宗根性，并根据其根性应机传法，而智宗的回答颇合延寿心意，堪受传法，延寿便将法眼心印传于智宗。

延寿主张"透禅融教律归净"，且对天台、华严、唯识等性相诸宗皆能融会贯通。智宗契入法眼宗旨后，又在延寿的指引下入国清寺从羲寂习天台教观。开宝元年（968），"赞宁、天台县宰任埴等，闻师精研慧刃，足可屠龙，敏发玄机，宜堪中鹄，高山仰止，异口同音请于传教院讲《大定慧论》，并《法华经》"②。开宝三年（970），智宗回高丽，以弘传法眼宗为主，秉持延寿"透禅融教律归净"的思想，兼弘台、贤、净等。高丽光宗、景宗、成宗、穆宗、显宗皆对智宗礼遇有加，封其为高丽国师。天禧二年（1018）首夏（农历五月），智宗住锡原州贤溪山居顿寺，是月十七日圆寂，寿八十九，腊七十二，谥号"圆空"。智宗在圆寂之际谓众弟子：

> 昔如来以大法眼付诸弟子，如是展转及至于今，今将此法付嘱于汝，汝当护持无令断绝。③

---

① ［朝鲜］李能和：《朝鲜佛教通史》卷3，《大藏经补编》第31册，第637页上。
② ［高丽］崔冲：《高丽国原州贤溪山居顿寺故王师慧月光天遍照至觉智满圆默寂然普化大禅师赠谥圆空国师胜妙之塔碑铭（并序）》，［朝鲜］内务部地方局纂辑：《朝鲜寺刹史料》卷2，《大藏经补编》第31册，第173页上。
③ 同上书，第173页中。

第六章 "透禅融教律归净"的深远影响

此处的"大法眼"是以法眼宗旨表佛法真谛。从崔冲为他撰写的碑铭开篇"佛道玄微了一心"①之句，可知智宗承延寿思想以"一心为宗"。

寂然英俊（932—1014）也是延寿的高丽弟子之一。英俊，俗姓金，高丽京山府人。他童真入道，十三岁时舍俗出家，于安定县天关寺投崇攸和尚座下披剃，"天祐三年丙月受具于京城兴国寺"②，后因仰慕禅宗遂往道峰山宁国寺慧炬国师处学习禅法。慧炬曾来华嗣法于法眼宗初祖文益禅师。英俊于乾德六年（968）春三月来华，"至吴越国谒永明寺主延寿禅师"③，延寿同样先以一段机锋观其根机：

> （延寿）禅师问："汝是什么处人？"（英俊）答云："东国人。"禅师曰："东国何似唐国师？"云："达者无东西。"禅师曰："来因什么导东国人？"答云："因禅师所置。"禅师曰："不因人所置事做么生？"答云："禅师试定当看。"禅师曰："日出东方有日。"禅师又问："日色即不问如何心？"答云："阿那个是不问底色。"禅师闻曰："东国真佛出世矣。"④

从延寿"东国真佛出世矣"可知他对英俊的认可。英俊在延寿门下学法眼禅数年，深契法眼宗旨，至开宝五年（972）壬

---

① ［高丽］崔冲：《高丽国原州贤溪山居顿寺故王师慧月光天遍照至觉智满圆默寂然普化大禅师赠谥圆空国师胜妙之塔碑铭（并序）》，［朝鲜］内务部地方局纂辑：《朝鲜寺刹史料》卷2，《大藏经补编》第31册，第172页上。
② ［高丽］金猛：《灵岩寺寂然国师慈光塔碑》，［韩］许兴植编著：《韩国金石全文》（中世十），首尔：亚细亚文化社，1984年，第457页。
③ 同上。
④ 同上书，第457—458页。

申学成归高丽。据载,他回国后"君臣仰标,同罗什之归秦,缁素趋风,似摩腾之入汉"①,高丽举国上下对英俊的崇敬之情由此可见一斑,后英俊也被封为国师。英俊曾住持福林寺弘扬法眼禅,晚年居加寿县灵岩寺,万缘放下,精于自修。开泰三年(1014)六月,英俊安然示寂,谥号寂然国师。英俊的佛学思想受延寿影响较深,亦倡禅教融会、禅净融会,他晚年所居的加寿县灵岩寺便是高丽天台宗创宗的五寺之一②。

此外,高丽僧人谛观,也曾来华亲近过延寿。关于谛观来华的因缘,要从钱弘俶派使赴高丽回请天台教典说起。安史之乱后,特别是会昌法难期间,诸宗经论被毁严重,天台教处于"残编断简,传者无凭"③的境地。五代之际,钱弘俶向德韶国师求教《永嘉集》中的"同除四住"之义,德韶见该文源自台教,便借此因缘促成了钱弘俶与天台羲寂的结缘。他谏言钱弘俶向羲寂求教,羲寂也因此成为钱弘俶的座上客。后羲寂借机向钱弘俶表达了天台典籍佚失严重的现状,可向高丽、日本回请。钱弘俶护教心切,了解后便开始筹划派使往高丽、日本回请天台教典。据载,当时钱弘俶遣使携带了五十种宝往高丽,高丽王派谛观携带了《智论疏》《仁王疏》《华严骨目》《五百门》等论疏来华:

> 宋太祖(受周禅都汴京),建隆元年(庚申尽三年)

---

① [高丽]金猛撰:《灵岩寺寂然国师慈光塔碑》,[韩]许兴植编著:《韩国金石全文》(中世上),首尔:亚细亚文化社,1984年,第458页。
② 参见[韩]韩泰植:《延寿门下的高丽修学生について》,《印度学佛教学研究》(通号63),1983年,第135页上。
③ 〔宋〕志磐:《佛祖统纪》卷8,《大正藏》第49册,第190页下。

（960）吴越王钱俶，遣使往高丽、日本，求遗逸教乘论疏。建隆二年（961），高丽国遣沙门谛观，持天台论疏至螺溪。①

据此可见，钱弘俶于960年正式遣使往高丽回请天台教典，961年高丽僧谛观护送天台论疏来华。此行也给谛观提供了在吴越学习佛法的机会，谛观拜延寿为师，学成后他回国亦传法眼禅。

《朝鲜禅教考》中也述："高丽禅教，本出杭州慧日之宗。"②"杭州慧日之宗"即指杭州永明寺延寿所传的法眼禅宗。而且，"高丽以还，有禅寂宗，盖法眼益之《惟心诀》，及永明寿之《宗镜录》之宗旨也"③。也就是说，之后兴起的禅寂宗（即后曹溪宗之源），思想上受法眼文益和永明延寿的法眼禅影响较大。需要注意的是，文献中未见文益禅师曾作《惟心诀》的记载，此或是将永明延寿作《唯心诀》误记为法眼文益之作。总之，法眼宗，特别是永明延寿的思想深刻影响了高丽禅寂宗。此在后来普照知讷的著述中也清晰可见。

普照知讷（1158—1210），是高丽曹溪宗的开山祖师，他在著述中广引延寿《万善同归集》《唯心诀》中的法语，以此确立了曹溪宗旨。知讷在《劝修定慧结社文》中引《万善同归集》：

> 九品往生上下俱达，或游化国见佛应身，或生报土睹佛真体，或一夕而便登上地，或经劫而方证小乘或利根钝根或

---

① 〔宋〕志磐：《佛祖统纪》卷23，《大正藏》第49册，第249页中。
② 〔朝鲜〕朴永善辑：《朝鲜禅教考》卷1，《续藏经》第87册，第225页下。
③ 〔朝鲜〕李能和：《朝鲜佛教通史》卷2，《大藏经补编》第31册，第476页中。

定意散意。是知古今达者，虽求净土以深信真如，专于定慧。故知彼色相庄严等事，无来无去，离于分齐，唯依心现，不离真如。①

可见，知讷引延寿的《万善同归集》是为了从众生心性同佛无异但根机千差万别的角度，阐发应根据众生根性接引往生净土。此建立在一心真如之理的基础上，体现了一心不碍净土，净土即唯心的圆教理论。这也充分表明，高丽曹溪宗的开创者普照知讷对永明延寿禅教融合思想和禅净双修的理论和实践是非常推崇的。

知讷的著述除了《劝修定慧结社文》外，还有《真心直说》《诫初心学人文》《修心诀》《圆顿成佛论》《华严论节要》《念佛要门》等，涉及禅、教、律、净等诸宗，思想上与延寿以一心透禅融教律归净的思想旨趣如出一辙。

关于该国的净土思想发展，李能和在《朝鲜佛教通史》中言：

> 逮夫海东净土一宗，虽不专立，究其实则通贯诸宗，亘古及今，始终不衰。②

也就是说，该国虽然没有专立净土宗，但是净土思想已经融贯了诸宗，所以念佛一法，源源不断，至今不衰，此主要是受永明延寿的思想影响。太虚在评延寿思想对中国乃至高丽佛教之影响时也说道：

> 因为从它透禅融教律而摄归于修净土行，其门徒都归宗

---

① ［高丽］知讷：《高丽国普照禅师劝修定慧结社文》，［朝鲜］李能和：《朝鲜佛教通史》卷3，《大藏经补编》第31册，第639页中。
② ［朝鲜］李能和：《朝鲜佛教通史》卷2，《大藏经补编》第31册，第472页上。

净土……其传于高丽者，今尚流传为一心念佛的顿门。①

也就是说，延寿所传之法眼宗，具有"透禅融教律而摄归于修净土行"的特质。在中国因为延寿提倡归宗净土的原因，以至于法眼宗未得到很好传承，而高丽佛教的禅宗思想主要源于延寿，其国虽未形成专门的净土宗，但他们多尚禅净双修，以一心念佛为修禅之顿门，影响深远。直至近现代，其国被誉为"今之庞蕴"②的大居士刘敬钟也"凡酷好《宗镜录》"③。

时至今日，曹溪宗仍是韩国佛教影响最大的宗派之一，延寿的禅净思想也随之延续至今，经久不衰。

二 延寿与日本佛教

钱弘俶也曾派使往日本回请天台教典，且在时间上早于派使往高丽。当时日本执政的是至村上天皇（947—967），他推行"锁国政策"，因此当时中日在政治上的往来很少，但是民间往来并未禁止，中日商贸常有往来，日本僧人也多是搭乘商船往返于两国之间。

钱弘俶为从日本回请台教典籍，委托贾人蒋衮以吴越使者的身份，携带书信和黄金六百两去往日本。蒋衮与日本右大臣藤原实赖联系，此事在日本九州岛太宰府神社于1954年发现的古文

---

① 太虚：《中国佛学》，《太虚大师全书》编委会编集：《太虚大师全书》第02卷·法藏·佛法总学（二），北京：宗教文化出版社，2005年，第171页。
② ［朝鲜］李能和.《朝鲜佛教通史》卷?，《大藏经补编》第31册，第457页中。
③ 同上。

书中有记载,文曰:

> 前入唐僧日延,去天历七年(953),为天台山宝幢院平等房慈念大和尚,依大唐天台德韶和尚书信、缮写法门度送之使。属越人莳(蒋)承勋归船,涉万里之洪波。①

从文书中可见,当时钱弘俶遣使赴日回请天台疏论,打通了两条路径:一是吴越国从官方层面致函给日本右大臣藤原实赖,当时"一般是吴越国首先遣使者到日本,出于应酬,日本才复函和答礼。而这种应酬的复函是由左大臣或右大臣署名,并未采取正式的国书形式"②,此次便是这种情况;二是德韶从佛教界层面致函前入华僧日延和尚。日延为日本比叡山延历寺僧,曾于938年来华,在华期间应与德韶相识。此次,日延又于953年以"缮写法门度送之使"的身份再次随蒋承的商船来华,专门护送缮写的天台疏论,完成天台教典从日回请之事宜。

值得注意的是,关于钱弘俶遣使赴日求天台典籍事宜,前文称是受天台羲寂、德韶的建议。而陈瓘在《智觉禅师真赞(并序)》中述曰:

> 吴越天台智者教有录而多阙,(延寿)师谓钱氏曰日本国有之。钱氏用师之言,赍书致金,求写其经本。今其教盛行江左,发信之士得而习证,师之力也。③

---

① 转引自刘建:《佛教东渐》,北京:社会科学出版社,1997年,第94页。
② 王心喜:《五代钱氏吴越国与日本的交往——兼说吴越国与日本佛教交往的年次及特点》,杭州佛学院编:《吴越佛教》卷8,北京:九州出版社,2013年,第26页。
③〔宋〕陈瓘:《智觉禅师真赞(并序)》,〔宋〕张津等撰:《乾道四明图经》卷11,《中国方志丛书》(华中地方·第五七三号),台北:成文出版社,1983年,5059页上。

由此可见，当时德韶、羲寂、延寿皆有谏言钱弘俶向高丽、日本回请天台教典事宜。这的确是有可能的。因为德韶虽为法眼二祖，却深通天台教理，在当时就有其为智𫖮后身之说。他切愿复兴台教，从其引荐钱弘俶向羲寂请益一事亦可知；羲寂为天台宗第十五祖，重辉台教之愿自不必言，他是向钱弘俶谏言从高丽、日本回请天台典籍的主要发起者；延寿则为德韶法嗣，也深通台教，且与钱弘俶关系最近，钱弘俶得德韶、羲寂的建议后，再咨询延寿当是情理之中的事。

值得注意的是，《佛祖统纪》记载当羲寂表达了天台教典自唐末散佚严重，诸文多在海外后：

> 于是吴越王遣使十人，往日本国求取教典。①

而之后有一段注文曰：

> 吴越王遣使，以五十种宝，往高丽求教文，其国令谛观来奉诸部。②

而且还说：

> 海外两国，皆曾遣使，若论教文复还中国之宝，则必以高丽谛观来奉教卷为正。③

综合观之，从行文上看，有钱弘俶先遣使赴日本，后遣使赴高丽之意；从钱弘俶遣使往日本、高丽的时间上看，也是953年从日本回请部分典籍，960年遣使往高丽，961年高丽僧谛观护

---

① 〔宋〕志磐：《佛祖统纪》卷8，《大正藏》第49册，第191页上。
② 同上。
③ 同上。

送天台教典来华;从"以高丽谛观来奉教卷为正"一句看,当时的情况可能是,钱弘俶等看到从日本请回的天台典籍仍多有遗漏,便再遣使往高丽回请。

以上只能说明延寿曾参与过此事,并不能看出延寿思想对日本佛教有什么影响。但是,延寿曾于甲戌年(974)刊版的《二十四应观音像》,时用绢素印两万本,之后被传入了日本,对日本的观音造像艺术产生了一定影响。据定源法师研究,"现藏东京五岛美术馆·大东急纪念文库的'二十四应观音像',就是依永明延寿刊印的图版翻刻而成的"①。

当然,延寿对日本佛教的影响,主要还是在佛学思想方面。延寿的很多著述在宋代时传到了日本。日本镰仓时代高僧辨圆圆尔(1202—1280)即曾在东福寺专门宣讲延寿的《宗镜录》,阐扬一心融会诸宗之旨。日本中世镰仓时期僧人无住道晓(1226—1312)在其编撰的《沙石集》中也多有引用延寿《万善同归集》《宗镜录》中的法语②,譬如其言:

> 三学之诸宗同信,别有《宗镜录》,禅教和会,无偏执,故多年爱之。③

意思是说,戒定慧三学是佛教诸宗所共推崇的,特别是

---

① 参见定源:《国家图书馆藏〈永明智觉禅师方丈实录〉——永明延寿传记新资料》,杭州佛学院编:《吴越佛教》卷8,北京:九州出版社,2013年,第555页。
② 详见陆晚霞:《智觉禅师永明延寿与日本文学——以佛教说话集〈沙石集〉吸收的延寿著作为例》,杭州佛学院编:《吴越佛教》卷8,北京:九州出版社,2013年,第359页。
③ 转引自陆晚霞:《智觉禅师永明延寿与日本文学——以佛教说话集〈沙石集〉吸收的延寿著作为例》,杭州佛学院编:《吴越佛教》卷8,北京:九州出版社,2013年,第361页。

《宗镜录》提倡禅教和会,不存在偏执之见,所以道晓自己多年来喜读《宗镜录》。

近代日本兴福寺僧永超集《东域传灯目录》,其中收录永明延寿的著述有"《玄枢》一卷、《心赋》一卷、《宗镜录》百卷、《心镜要略》十卷"①。就永明延寿的著述而言,高雄义坚在《宋代佛教史研究》中写道:

> 直接了当披沥其净土信仰的是《神栖安养赋》,在中日最为脍炙人口。②

由此可见,日本净土宗人也多喜读延寿的《神栖安养赋》。实际上,在日本本愿系中,镇西派的派祖圣光就在其《净土宗要集》多引延寿的《万善同归集》和《神栖安养赋》;长西及其门人的《选择集述疑》也引用了延寿的《万善同归集》;《日本净土宗全书》中也收录了延寿的《万善同归集》。日本望月信亨在《中国净土教理史》中评价永明延寿"可谓一代硕学。其治学、修持之懿行,可与智者大师媲美矣"③。

应该说,日本佛教界、佛教学者对延寿的评价都是非常高的,日本近现代及当代的佛教学术研究涉及永明延寿及其佛学思想的非常之多,延寿对日本佛教产生过重要影响,且延续至今。

---

① [日]永超集:《东域传灯目录》卷1,《大正藏》第55册,第1164页下。
② [日]高雄义坚著,陈季菁译:《宋代佛教史研究》,蓝吉富主编:《世界佛学名著译丛》第47册,台北:华宇出版公司,1986年,第177—179页。
③ [日]望月信亨著,释海印译:《中国净土教理史》,蓝吉富主编:《世界佛学名著译丛》第51册,台北:华宇出版公司,1986年,第225—226页。

小　结

综上可见，延寿思想的影响着重体现在对宋代及之后禅净、台净、贤净、律净的合流发展上。此开创了中国佛教在思想上尚合流，在行持上重双修的发展模式，使中国佛教由宗派佛教转向了诸宗融会，开拓了佛教中国化发展的新境界。延寿的思想对太虚的"人生（间）佛教"思想也有奠基之功。太虚在住持净慈寺时就有重辉延寿思想的愿望，而且延寿应时之需、与时俱进的弘法模式深刻影响了太虚。太虚提倡八宗并弘实基于延寿的"一心为宗"消融诸宗隔阂，他的"人生（间）佛教"思想，特别是救时之弊的种种措施不出延寿"万善同归"之范畴。可以说，太虚是在延寿精神的指引下，结合近现代的实际情况拓展出"人生（间）佛教"思想。延寿一心融合的思想不仅影响了佛教内部，而且对宋代儒道佛大合流的发展具有开拓之功。就延寿思想影响的地域范围来看，其不仅对江南佛教产生了重要影响，为宋代中国佛教的大发展奠定了基础，而且对当时的高丽佛教、日本佛教也都产生过深刻影响，从这个意义上来说，延寿的佛学思想具有国际化影响。

结论：延寿思想的核心价值与重要启示

我们从延寿其人及其所处的时代，分析了其思想形成的社会因素和时代因素；从其著述层面分析了延寿"透禅融教律归净"理论的内在演进脉络；从义理层面阐发了延寿对诸宗的交涉，并从修持层面论述了其宗教实践对思想理论的回应情况；我们还归纳了延寿"透禅融教律归净"的理事圆融特质，梳理了其思想的深远影响。通过上述各章对延寿思想及其修持的双重分析，我们已将这位"一代巨匠，两宗祖师"的佛学思想通过"透禅融教律归净"这条主线进行了串联，给出了较为完整且深入的论述。最后，我们还希望能进一步把延寿思想中的核心价值和重要启示揭示出来，以期古为今用，为新时代开拓佛教中国化新境界提供有益参考。

一 对分宗之极与一心和会的历史回应

延寿基于一心之旨，倡发万善之修，圆融理事，统摄诸宗，思想上透禅融教律，修持上统万善归净土。具体而言，他以禅为底色、教为司南、律为基址、净为归趣，形成了兼具圆融性、普适性、稳妥性、简易性的佛学思想和实践特质。

佛教于两汉之际传入中国以后，便有了大小乘之分。随着佛教思想与中国儒道等传统思想的长期磨合与杂糅，大乘佛教成为中国佛教思想的主流，小乘佛教作为大乘之基共同发展。到魏晋南北朝，随着佛教经典译传、注疏等的不断推进，中国佛教进入了学派化发展阶段。随着各家理论的不断完善，到隋唐之际中国佛教进入宗派化发展阶段，并日臻成熟，彼时八宗并立、如日中天。但是，随着宗派佛教的大发展，诸宗信徒滋生门户之见，渐演成宗派间在教义思想上的互斥。这种自赞毁他之弊愈演愈烈，造成了佛教内部的分裂，面对恶劣的外部环境，佛教界难以形成合力妥善应对。唐末藩镇割据，战乱频发，已经影响了佛教的发展，会昌法难更对佛教造成了巨大打击。嗣后的五季之乱，以及周世宗再次"毁佛"，对中国佛教而言，特别是对北方佛教而言几为灭顶之灾。五代之后，中国佛教的发展格局，也从原来以北方洛阳、长安等地为中心转向了以南方吴越、南唐等地为中心。

教下诸宗因教理高深、文字晦涩、逻辑思辨性强，学教要有较好的文言基础，一般人难学难修，传承者也就相对较少。唯识、三论等宗，劫后几乎一蹶不振；即使天台、华严等中国本土化宗派根基相对深厚，但也因论疏大量被毁，恢复起来也有很大困难；反而是注重行门的禅、净二宗，因理明而行简，受众基础广，得以迅速恢复。

当佛教诸宗经历了来自外部的巨大打击后，内部宗派抱团取暖、由分转合成为佛教中人的迫切期待，而教理层面的和会又是诸宗融合的第一步。

吴越国在五代之乱中相对偏安，钱氏家族虔信佛教，"常取护法政策"①，成就了吴越佛教的大发展。永明延寿的弘法事业得到历代吴越王的护持，而其自身更是"独具只眼不为门庭所囿蔽，而能如理如量等观诸宗"②。他以法眼宗三祖的身份，思想上倡"一心为宗"，阐扬禅教律净的大融合；行持上偏赞净土，开辟了"透禅融教律归净"的圆融理事观。

追溯延寿圆融思想的来源，可以发现法眼宗初祖文益禅师就颇具和会意识，他推进了禅教融通的发展。如太虚所言：

> 法眼颂六相，既近华严。德韶禅师住天台山国清寺，传是智者大师的后身，而天台教义之能重兴，尤赖德韶之力。至于永明延寿，更是把宗下教下大为和会。③

可见，禅教和会从文益到德韶到延寿是步步增进的。文益主要促进了禅与华严教的和会，德韶则形成禅、贤、台的更广泛和会，而延寿则对宗门教下进行大和会，形成了"透禅融教律归净"的思想。

实际上，隋唐之际如智𫖮、澄观、宗密、慈愍、慧忠等诸宗祖师都有思想和会的倾向，但彼时尚属萌芽期，未成风气。延寿在前辈诸师的基础上，对禅、台、贤、相、律、净等诸宗之理皆以一心融摄，又体察当时动荡不安的社会环境和众生根性，在融会思想的基础上导以行归净土。应该说，延寿的思想既不执于

---

① 汤用彤：《五代宋元明佛教事略》，《隋唐佛教史稿》，北京：中华书局，2016年，第294页。
② 太虚：《〈大乘宗地图释〉序》，《太虚大师全书》编集：《太虚大师全书》第32卷·杂藏·文丛（二），北京：宗教文化出版社，2005年，第482页。
③ 太虚：《中国佛学》，《太虚大师全书》编集：《太虚大师全书》第02卷·法藏·佛法总学（二），北京：宗教文化出版社，2005年，第107页。

理，又不滞于事，是对佛教分宗之极的历史回应。

二 对佛教义学与修持功夫的一体化阐发

延寿以"一心"思想统摄禅、教、律、净等诸宗，归结起来则可抽象为"一心"对理事二门的融摄。佛教诸宗皆可从理事二门进入分析。禅教融合从总体上阐发了理与事的融会贯通，而禅净合流则是以两宗为案例的具体化阐发。

禅以理摄事，净以事显理，理事互融互摄，合二为一，故知禅净本来不二。又以教、律等宗亦"均可摄之于禅，以其气分相同"①，所以理表佛教义学，事表修持功夫。延寿所论之理为即事之理，而非离事言理；所论之心为即修之心，而非离修言心；所论之事为即理之事，而非离理言事；所论之修为即心之修，而非离心言修。由此可知，延寿视义学与功夫之间的关系也是一体不二，其"透禅融教律归净"的理论正是基于此而创立的，须知透禅融教律是基于理而言，归净是基于事而言的。

延寿思想亦可从四个向度概述：一是依"一心"之旨圆会诸宗，二是阐净土理事明心土不二，三是开禅净双修普摄诸根，四是倡神栖安养即事入理。具体而言，延寿集《宗镜录》以禅为主体，合流诸宗，纠正了时禅执空执理之偏，而示以理事圆融、不废事修的圆教理论。换言之，他主阐"一心"之理，兼开净土之门；进而亲撰《万善同归集》详阐净土理事，成为弘扬净土的代表作；其在《四料简》中则专述禅净合流之思想、

---

① 印光：《上海护国息灾法会法语》，弘化社编：《印光法师文钞》第6册，成都：巴蜀书社，2016年，第522页。

禅净双修之实践，并偏赞净土；又在《神栖安养赋》中以赋文的形式对净土一法进行了即事入理的升华。由此清晰可见延寿"透禅融教律归净"的内在演进脉络。

延寿以禅为底色，融教律为关键，生净土为归趣，正如印光所评："永明则汇禅教律，归于一心，作四料简，偏赞净土。"① 此具体呈现于他透禅融台、融贤、融唯识，以及透禅融性相，透禅融律、融诸宗以归净等各个方面。"百八佛事"作为延寿的常行功课，是他成就自我功夫上达的关键环节。其中有专修净土之行，有万善导归净土之行，还有未明确回向净土但实际却与净土行及往生净土紧密相关之行。从其修持总体框架来看，他紧紧围绕普贤十大行愿而展开，而普贤行愿最终是导归极乐的，延寿自己也发出了"所有毫善，悉皆念念普为一切法界有情，同回向往生"② 的誓愿。延寿的修行实践是紧密围绕"透禅融教律归净"展开的。

应该说，延寿对佛教义学与修持功夫的一体化阐发，使他在弘法的过程中既消除了观念上的障碍和宗派间的界限，也推动中国佛教自宋之后进入新的大发展时代。

二 对宋以降诸宗合流净土的开拓

延寿为法眼禅三祖，又于南宋时被志磐推为净土宗六祖。须

---

① 印光：《陕西南五台山大觉岩西林茅篷专修净业缘起记》，弘化社编：《印光法师文钞》第2册，成都：巴蜀书社，2016年，第208页。
② 〔宋〕释文冲重校编集：《智觉禅师自行录》卷1，《续藏经》第63册，第159页上。

知，"净土宗之被列为祖师者，大抵依其弘化之功为标准，非前祖后祖之有何传承关系"①，志磐推延寿为净土六祖亦是依其弘化净土之功为标准的。

由于延寿"透禅融教律归净"思想的影响，中国佛教诸宗在入宋之后纷纷合流于净土，禅、台、贤、律皆有结社念佛、导归净土的典范，故形成了"家家阿弥陀，户户观世音"的景象。

太虚将中国净土宗的发展分成三个时期：第一期，修净土即修禅，以东晋慧远为代表；第二期，修净土别于修禅，以善导为代表；第三期，修净土必须透禅，以延寿为代表。延寿之后的净土行，必须透过宗门禅，同时融摄教与律的净土行，此也开创了宋代及之后"代表中国佛法的净土宗时代"②。嗣后，中国佛教诸宗在理上无不互相融摄，行持上导归净土，即使是专门"修净土行的祖师，均为透宗门禅而又能融通教律者"③。

延寿之所以提倡"透禅融教律归净"，大抵有两个主要目的：一是消融大乘诸宗间的分歧，使诸宗理归一心，统为整体，团结发展；二是，使诸宗中各种根性者皆能因合流净土而有解脱的保障。这种思想促进了禅净、台净、贤净、律净等诸宗与净土的互相融通，形成了中国佛教大合流的发展模式，对宋代以后的中国佛教产生了深远影响。若从整个传统文化看，延寿不仅融会佛教诸宗，而且对宋代及之后儒释道三家的大和会也具有开启之功；从地域范围来看，他不仅影响了中国佛教，对高丽佛教和日

---

① 太虚：《中国佛学》，《太虚大师全书》编委会编集：《太虚大师全书》第02卷·法藏·佛法总学（二），北京：宗教文化出版社，2005年，第166页。
② 同上书，第169页。
③ 同上。

本佛教的发展也都产生了深刻影响。从这个意义上说，他不仅是"一代巨匠，两宗祖师"，对佛教的中国化发展作出了重要贡献，还推进了中国佛教的国际化。这种融会思想，在当今多元文化共同发展的时代背景下，也具有借鉴意义。

四 对当今佛教中国化的现实启示

如今，中国佛教沿着中国化道路继续向前发展，新时代下开拓佛教中国化新境界不仅是中国佛教发展的必然要求，也是中国佛教健康长远发展的必由之路。

永明延寿无疑有与时俱进的先进理念，他一心融会诸宗、万善同归净土的思想顺应了当时的社会和时代，引领了中国佛教由宗派化转入合流化，推进了中国佛教进入新的大发展阶段。他的这种顺应时代和社会之需的理念对当今佛教的发展仍具有启发性。

当今，开拓佛教中国化新境界，需要学习延寿救时世之弊的悲心，勇于创新的精神，以佛法应社会所需的智慧。从具体路径来看，大致可围绕三个方面展开：

一是，从思想入手，顺应时代需要和众生根性，合理阐释佛教义理。在五代之际，延寿以"一心"阐释佛理、融会诸宗，便是顺应了唐末分宗之极而求和会的需要。延寿勇于创新，他的"透禅融教律归净"思想便是在传统宗派佛教的基础上，坚持继承与创新的统一，研究与应用的统一，回应了当时佛教发展中面临的问题和挑战，顺应了时代的要求，为佛教的传承和发展开辟了新的天地。

当今，同样要对佛教教义作出符合新时代发展要求的阐释，以回应历史发展过程中遗留下来的种种问题，除弊兴利，构建新时代具有中国特色的新的佛教思想阐释体系。具体而言，要深入挖掘佛教教义中有利于社会和谐、时代进步以及与社会主义核心价值观相适应的内容。须知，坚持佛教中国化方向，不是要改变佛教理论，而是要使佛教主动适应时代发展需要，与时代和社会一道进步，形成新时代更加鲜明的中国佛教发展特色。

二是，从教制入手，强化以戒为师，以教风为要，重塑僧众的良好形象。中国佛教自古高僧辈出，有很多高僧被封为国师，僧人被称为人天师，公卿士大夫以僧为师者比比皆是。这种现象的出现，不仅有僧人的自我努力，还有佛教的戒律、丛林清规等为僧人的成长提供了条件。但是，到了唐末五代，藩镇割据加剧，国家战乱不断，佛教内部也出现了门派之争，僧众内部出现了戒律松弛、纪律涣散的情况。延寿为整肃教风，促进僧人学修，大力提倡菩萨戒的传授，推动传戒制度的完善。他还著《发二百善心断二百恶心文》《劝受菩萨戒文》《受菩萨戒仪》《受菩萨戒法》等，从治心、明理、立制度三个层面切入，为宋代以降佛教的整体发展，奠定了良好的教制基础。

当今是法治时代，也对教制建设提出了新的要求。僧人不仅要以戒律为师，还要以法律为依。具体而言，僧人要继续加强对佛教戒律清规的学习，佛教内部要以戒治教，要对传统教规进行系统梳理和研究，继承优良传统，以此内塑僧人素质，外树佛教形象，维护佛教清净庄严的良好教风；同时也要加强对国家政策及相关法律法规的学习，要严格按照法律法规开展相关活动。

三是，从人才培养入手，为佛教中国化健康长远发展源源不断输送新鲜血液。延寿在五代之际就非常注重培养僧才,当时他广开门庭,在永明寺度众两千多人,并每日亲自为僧众授课。延寿还培养了不少海外弟子,他们学成之后回到自己的国家继续弘扬佛法,为中国佛教的国际化作出了重要贡献。

时至今日,人才培养更是佛教发展的关键,佛教想要有更好的发展就要紧紧抓人才培养。关于培养方式,既要加强传统丛林式的人才培养模式,对此延寿已经提供了很好的范例,也要合理推进学院化人才培养模式。把传统丛林化培养模式和当今学院化培养模式相结合,既可使僧人在传统佛教丛林生活中扎稳根基,又能在时代化、社会化的学院中拓展前沿知识,与时代接轨,与世界接轨。如此才能培养出精通经典教义、持戒精严、威仪具足、融通中华优秀传统文化的高素质佛教人才;培养出能够代表佛教界,利及国家、社会、人民的国际化佛教人才。

佛教的中国化、时代化发展不仅是一个历史性课题,更是新时代佛教健康长远发展的重要命题,我们既需要从历史上汲取经验智慧,也需要在时代中把握方向、坚定信念、勇于创新。如延寿一般,不仅开拓了佛教中国化的发展新境界,还推动了中国佛教的世界化。这也是永明延寿的精神和思想带给我们的现实启示。

参考文献

一、古典文献

(一) 佛教经典

〔曹魏〕康僧铠译:《佛说无量寿经》,《大正藏》第 12 册。

〔姚秦〕鸠摩罗什译:《妙法莲华经》,《大正藏》第 19 册。

〔姚秦〕鸠摩罗什译:《佛说阿弥陀经》,《大正藏》第 12 册。

〔姚秦〕竺佛念译:《菩萨从兜术天降神母胎说广普经》,《大正藏》第 12 册。

〔东晋〕佛陀跋陀罗译:《文殊师利发愿经》,《大正藏》第 10 册。

〔北凉〕昙无谶译:《大般涅槃经》,《大正藏》第 12 册。

〔元魏〕吉迦夜、昙曜译:《杂宝藏经》,《大正藏》第 40 册。

〔刘宋〕畺良耶舍译:《佛说观无量寿佛经》,《大正藏》第 12 册。

〔梁〕真谛译:《佛说无上依经》,《大正藏》第 16 册。

〔梁〕曼陀罗仙译:《文殊师利所说摩诃般若波罗蜜经》,《大正藏》第 8 册。

〔唐〕玄奘译:《药师琉璃光如来本愿功德经》,《大正藏》第 14 册。

〔唐〕实叉难陀译:《大方广佛华严经》,《大正藏》第 10 册。

〔唐〕般剌蜜谛译:《大佛顶首楞严经》,《大正藏》第 19 册。

〔唐〕般若译：《大方广佛华严经》，《大正藏》第 10 册。

（二）佛教论疏

〔梁〕僧佑：《弘明集》，《大正藏》第 52 册。

〔隋〕智𫖮述：《六妙法门》，《大正藏》第 46 册。

〔隋〕智𫖮说：《净土十疑论》，《大正藏》第 47 册。

〔唐〕杜顺编：《修大方广佛华严法界观》，《"国家"图书馆善本佛典》第 38 册。

〔唐〕法琳：《破邪论》，《大正藏》第 52 册。

〔唐〕道宣：《广弘明集》，《大正藏》第 52 册。

〔唐〕智俨集：《华严经内章门等杂孔目章》，《大正藏》第 45 册。

〔新罗〕元晓述：《阿弥陀经疏》，《大正藏》第 37 册。

〔唐〕窥基：《阿弥陀经疏》，《大正藏》第 37 册。

〔唐〕窥基：《阿弥陀经通赞疏》，《大正藏》第 37 册。

〔唐〕怀感：《释净土群疑论》，《大正藏》第 47 册。

〔唐〕法藏：《大乘起信论义记》，《大正藏》第 44 册。

〔唐〕李通玄：《新华严经论》，《大正藏》第 36 册。

〔唐〕飞锡：《念佛三昧宝王论》，《大正藏》第 47 册。

〔唐〕法照述：《净土五会念佛略法事仪赞》，《大正藏》第 47 册。

〔唐〕澄观述：《大方广佛华严经随疏演义钞》，《大正藏》第 36 册。

〔唐〕澄观疏，〔唐〕宗密钞：《华严经行愿品疏钞》，《续藏经》第 5 册。

〔唐〕宗密述：《圆觉经道场修证仪》，《续藏经》第 74 册。

〔唐〕慧琳：《一切经音义》，《大正藏》第 54 册。

〔唐〕玄奘立，〔宋〕延寿造，〔明〕明昱钞：《三支比量义钞》，《续藏经》第 53 册。

〔唐〕道宣撰集，〔明〕读休续释：《毗尼作持续释》，《续藏经》第 41 册。

〔宋〕延寿集:《宗镜录》,《大正藏》第48册。

〔宋〕延寿述:《万善同归集》,《大正藏》第48册。

〔宋〕延寿述:《永明寿禅师垂诫》(附文),《万善同归集》,《大正藏》第48册。

〔宋〕延寿述:《心赋注》,《续藏经》第63册。

〔宋〕延寿:《永明智觉禅师唯心诀》,《大正藏》第48册。

〔宋〕延寿:《观心玄枢》,《续藏经》第65册。

〔宋〕延寿:《定慧相资歌》,《续藏经》第63册。

〔宋〕延寿:《受菩萨戒法》,《续藏经》第59册。

〔宋〕文冲重校编集:《智觉禅师自行录》,《续藏经》第63册。

〔宋〕赞宁等:《宋高僧传》,《大正藏》第50册。

〔宋〕道原纂:《景德传灯录》,《大正藏》第51册。

〔宋〕遵式:《炽盛光道场念诵仪》,《大正藏》第46册。

〔宋〕遵式述,〔宋〕慧观重编:《金园集》,《续藏经》第57册。

〔宋〕智圆:《闲居编》,《续藏经》第56册。

〔宋〕契嵩:《杭州武林天竺寺故大法师慈云式公行业曲记》,《镡津文集》卷12,《大正藏》第52册。

〔宋〕元照述:《阿弥陀经义疏》,《大正藏》第37册。

〔宋〕元照重定:《四分删定比丘尼戒本》,《续藏经》第40册。

〔宋〕元照:《观无量寿佛经义疏》,《大正藏》第37册。

〔宋〕元照撰,〔宋〕戒度注:《无量寿佛赞注》,《续藏经》第74册。

〔宋〕元照重编:《永明智觉禅师方丈实录》,绍兴三十年释行拱刻印版,国家图书馆中华古籍资源库藏。

〔宋〕元照录,〔宋〕道询集:《芝园遗编》《续藏经》第59册。

〔宋〕宗赜集:《(重雕补注)禅苑清规》,《续藏经》第63册。

〔宋〕王古辑:《新修往生传》,《续藏经》第78册。

〔宋〕昙秀辑:《人天宝鉴》,《续藏经》第87册。

〔宋〕惠洪:《禅林僧宝传》,《续藏经》第 79 册。
〔宋〕王日休:《龙舒增广净土文》,《大正藏》第 47 册。
〔宋〕宗鉴集:《释门正统》,《续藏经》第 75 册。
〔宋〕宗晓编:《乐邦文类》,《大正藏》第 47 册。
〔宋〕宗晓编:《乐邦遗稿》,《大正藏》第 47 册。
〔宋〕宗晓编:《四明尊者教行录》,《大正藏》第 46 册。
〔宋〕普济集:《五灯会元》,《续藏经》第 80 册。
〔宋〕志磐:《佛祖统纪》,《大正藏》第 49 册。
〔元〕惟则会解,〔明〕传灯疏:《楞严经圆通疏》,《续藏经》第 12 册。
〔元〕普度编:《庐山莲宗宝鉴》,《大正藏》第 47 册。
〔元〕明本:《天目中峰广录》,《大藏经补编》第 25 册。
〔元〕无寄撰集:《释迦如来行迹颂》,《续藏经》第 75 册。
〔元〕惟则:《净土或问》,《大正藏》第 47 册。
〔明〕袾宏:《云栖法汇(选录)》,《嘉兴大藏经》第 32 册。
〔明〕袾宏述:《阿弥陀经疏钞》,《续藏经》第 22 册。
〔明〕袾宏·《往生集》,《大正藏》第 51 册。
〔明〕宋濂,〔明〕袾宏辑,〔明〕钱谦益订:《护法录》,《嘉兴大藏经》第 21 册。
〔明〕袾宏校正,〔明〕庄广还辑:《净土资粮全集》,《续藏经》第 61 册。
〔明〕福善录,〔明〕通炯编辑:《憨山老人梦游集》,《续藏经》第 73 册。
〔明〕瞿汝稷集:《指月录》,《续藏经》第 83 册。
〔明〕大佑述,〔明〕传灯钞:《阿弥陀经略解圆中钞》,《续藏经》第 12 册。
〔明〕传灯:《净土生无生论》,《大正藏》第 47 册。

〔明〕大壑辑:《永明道迹》,《续藏经》第86册。

〔明〕大壑:《南屏净慈寺志》,杭州:杭州出版社,2006年。

〔明〕如馨纂要:《经律戒相布萨轨仪》,《续藏经》第60册。

〔明〕蕅益智旭撰,明学主编:《蕅益大师全集》,成都:巴蜀书社,2020年。

〔明〕智旭解:《阿弥陀经要解》,《大正藏》第37册。

〔明〕智旭解:《大乘起信论裂网疏》,《大正藏》第44册。

〔明〕读体:《传戒正范》,《续藏经》第60册。

〔明〕如惺:《大明高僧传》,《大正藏》第50册。

〔明〕幻轮编:《释鉴稽古略续集》,《大正藏》第49册。

〔清〕济能纂辑:《角虎集》,《续藏经》第62册。

〔清〕纪荫编纂:《宗统编年》,《续藏经》第86册。

〔清〕彭际清重订:《省庵法师语录》,《续藏经》第62册。

〔清〕省庵大师著,谛闲法师述:《劝发菩提心文讲义》,台北:财团法人佛陀教育基金会,2013年。

〔清〕了亮等集:《彻悟禅师语录》,《续藏经》第62册。

弘化社编:《印光法师文钞》,成都:巴蜀书社,2016年。

净慧主编:《虚云和尚全集》,郑州:中州古籍出版社,2009年。

《弘一大师全集》编辑委员会编:《弘一大师全集》,福州:福建人民出版社,1992年。

李叔同:《弘一法师全集》,北京:新世界出版社,2013年。

《太虚大师全书》编委会编集:《太虚大师全书》,北京:宗教文化出版社,2005年。

〔宋〕延寿著,刘泽亮点校整理:《永明延寿禅师全书》,北京:宗教文化出版社,2008年。

〔日〕永超集:《东域传灯目录》,《大正藏》第55册。

〔日〕慧中集:《禅祖念佛集》,《大藏经补编》第32册。

〔朝鲜〕朴永善辑：《朝鲜禅教考》，《续藏经》第87册。

〔朝鲜〕李能和：《朝鲜佛教通史》，《大藏经补编》第31册。

〔朝鲜〕内务部地方局纂辑：《朝鲜寺刹史料》，《大藏经补编》第31册。

(三) 其他古典文献

〔宋〕李昌龄：《太上感应篇》，《道藏》第27册，北京：文物出版社、上海书店、天津古籍出版社，1988年。

〔宋〕范坰、林禹撰：《吴越备史》，《四部丛刊》影印吴枚庵手钞本。

〔宋〕薛居正：《旧五代史》，《景印文渊阁四库全书》第278册，台北：台湾商务印书馆，1986年。

〔宋〕张津等：《乾道四明图经》，《中国方志丛书》（华中地方·第五七三号），台北：成文出版社，1983年。

〔宋〕孔延之：《会稽掇英总集》，《景印文渊阁四库全书》第1345册，台北：台湾商务印书馆，1986年。

〔清〕嵇曾筠：《浙江通志》，《景印文渊阁四库全书》第524册，台北：台湾商务印书馆，1986年。

〔清〕吴任臣：《十国春秋》，《景印文渊阁四库全书》第466册，台北：台湾商务印书馆，1986年。

陈尚君辑校：《全唐文补编》，北京：中华书局，2005年。

曾枣庄、刘琳主编：《全宋文》，上海：上海辞书出版社，2006年。

慈怡主编：《佛光大辞典》，高雄：佛光出版社，1988年。

〔韩〕许兴植编著：《韩国金石全文》，首尔：亚细亚文化社，1984年。

二、研究专著

汤用彤：《隋唐佛教史稿》，北京：中华书局，2016年。

吕澂：《中国佛学源流略讲》，北京：中华书局，2006年。

释东初：《中日佛教交通史》，《东初老人全集》，台北：东初出版社，1985年。

杜继文、魏道儒：《中国禅宗通史》，南京：江苏古籍出版社，1995年。

杨曾文：《宋元禅宗史》，北京：中国社会科学出版社，2006年。

赖永海主编：《中国佛教通史》，南京：江苏人民出版社，2010年。

洪修平：《中国佛教与儒道思想》，北京：宗教文化出版社，2004年。

陈扬炯：《中国净土宗通史》，南京：凤凰出版社，2008年。

黄公元：《一代巨匠　两宗祖师——永明延寿大师及其影响研究》，北京：宗教文化出版社，2009年。

黄公元：《浙江净缘——净土法门在浙江》，北京：宗教文化出版社，2006年。

麻天祥主编：《百年佛学》，武汉：武汉大学出版社，2008年。

陈兵等：《人间佛教》，河北省佛教协会印，2000年。

邓子美、陈卫华：《麾下一代新僧——太虚大师传》，西宁：青海人民出版社，1999年。

刘建：《佛教东渐》，北京：社会科学出版社，1997年。

何勇强：《钱氏吴越国史论稿》，杭州：浙江大学出版社，2002年。

吴汝钧：《佛学研究方法论》，台北：学生书局，1996年。

孔维勤：《永明延寿宗教论》，台北：新文丰出版公司，1983年。

胡顺萍：《永明延寿"一心"思想之内涵要义与理论建构》，台北：万卷楼图书股份有限公司，2004年。

王翠玲：《永明延寿与中国佛教》，台南：妙心出版社，2007年。

田青青：《永明延寿心学研究》，成都：巴蜀书社，2010年。

郭延成：《永明延寿"一心"与中观思想的交涉》，北京：宗教文化出版社，2012年。

陈全新：《永明延寿圆融观研究》，北京：宗教文化出版社，2012年。

孙劲松：《心史——永明延寿佛学思想研究》，北京：商务印书馆，2013年。

［日］柳干康：《永明延寿と〈宗镜录〉の研究：一心による中国佛教

の再編》，京都：法藏馆，2015年。

[日] 高雄义坚著，陈季菁译：《宋代佛教史研究》，蓝吉富主编：《世界佛学名著译丛》第47册，台北：华宇出版公司，1986年。

[日] 望月信亨著，释海印译：《中国净土教理史》，蓝吉富主编：《世界佛学名著译丛》第51册，台北：华宇出版公司，1986年。

[加] 冉云华著：《永明延寿》，台北：东大图书股份有限公司，1999年。

三、研究论文

阙文华：《宗镜录法相唯识之研究》，台湾文化大学硕士学位论文，1965年。

施仲谋：《永明延寿思想之研究》，香港能仁书院硕士学位论文，1984年。

释恒清：《The Ch'an-Pure Land Syncretism In China : With Special Reference to Yung-Ming Yen-Shou》（《永明延寿禅师禅净思想的融合》），美国威斯康星大学博士论文，1984年。

黄绎勋：《观心与成佛——永明延寿〈观心玄枢〉第二问的研究》，台湾法光佛教文化研究所硕士学位论文，1994年。

施东颖：《〈宗镜录〉的法相唯识思想》，四川联合大学硕士学位论文，1997年。

张志芳：《·心统万法——永明延寿佛学思想研究》，南京大学博士学位论文，2002年。

黄琛杰：《永明延寿思想中的禅与净》，"国立"政治大学硕士学位论文，2002年。

王凤珠：《永明禅师禅净融合思想研究》，"国立"台湾师范大学博士学位论文，2003年。

何义风：《法眼宗延寿佛教心性论及其实践观研究》，上海社会科学院硕士学位论文，2006年。

杨文斌：《一心与圆教——永明延寿思想研究》，苏州大学博士学位论文，2008年。

洪燕妮：《一心万法，万法一心：永明延寿的心性论研究——以〈心赋注〉为例进行探讨》，厦门大学硕士学位论文，2009年。

陈育求：《禅净关系思想研究》，南昌大学硕士学位论文，2012年。

周思华：《永明延寿如来藏思想研究》，西南大学硕士学位论文，2012年。

林亚桢：《永明延寿观心思想研究——以〈观心玄枢〉、〈宗镜录〉为中心》，厦门大学博士学位论文，2012年。

唐俊：《永明延寿圆融思想研究》，中南大学硕士学位论文，2013年。

任荟婵：《永明延寿禅净双修的思想》，西南政法大学硕士学位论文，2015年。

王继侠：《永明延寿万善思想研究——以〈万善同归集〉为中心》，厦门大学博士学位论文，2015年。

程佳琳：《禅尊达摩：永明延寿禅学思想研究》，厦门大学博士学位论文，2016年。

刘书乔：《〈宗镜录〉唯识思想中的"根本识"义研究》，武汉大学硕士学位论文，2017年。

张丽莉：《永明延寿〈永明山居诗〉研究》，云南大学硕士学位论文，2017年。

王翠玲：《永明延寿の忏悔观について》，《印度学佛教学研究》（通号92），1998年。

王翠玲：《永明延寿の禅宗观について》，《印度学佛教学研究》（通号93），1998年。

王翠玲：《永明延寿の戒律观》，《印度学佛教学研究》（通号98），2001年。

潘桂明：《永明延寿的融合思想及其影响》，《佛学研究》1994年。

刘元春：《延寿"一心为宗"的现实意蕴》，《佛学研究》1995年。

麻天祥：《永明延寿与宋代禅宗的综合》，《世界宗教研究》1996年第4期。

杨笑天：《永明延寿的净土信仰之确立》，《佛学研究》1998年。

杨曾文：《延寿的禅、教会通思想》，《佛学研究》2003年。

张家成：《永明延寿与吴越佛教》，《浙江大学学报（人文社会科学版）》2006年第5期。

孔繁：《读〈万善同归集〉》，《佛学研究》2007年。

别祖云：《永明延寿戒律思想的心学特质分析》，《世界宗教研究》2009年第2期。

袁宏禹：《永明延寿对"三玄"的融通与料简——从"体用"范畴谈起》，《宗教学研究》2009年第4期。

杨文斌：《延寿、宗密"禅教合一"论的差异》，《安徽大学学报（哲学社会科学版）》2009年第3期。

黄公元：《从明末四大高僧看永明延寿对晚明佛教的深刻影响》，《世界宗教研究》2010年第5期。

张爱林：《永明延寿的因明现量论解析》，《世界宗教研究》2012年第2期。

林亚桢：《永明延寿首倡"唯识二观"及其意义》，《东南学术》2013年第1期。

陈文庆：《〈宗镜录〉成书新探》，《福建师范大学学报（哲学社会科学版）》2018年第3期。

袁宏禹：《从唯识宗的终结到唯识学的延续——永明延寿〈宗镜录〉的唯识观及其影响》，《佛学研究》2020年第1期。

张琴：《永明延寿日课修行实践考论——以〈智觉禅师自行录〉为中心》，《佛学研究》2020年第1期。

李小荣：《〈宗镜录〉宋元明清传播接受史略论》，《东南学术》2020

年第 3 期。

顾伟康：《关于永明延寿的〈四料简〉》，赖永海主编：《禅学研究》第 4 辑，南京：江苏古籍出版社，2000 年。

杨笑天：《永明延寿〈四料拣〉（四料简）的背景、意义及真伪问题》，《佛学研究》2004 年。

施东颖：《永明延寿及其〈宗镜录〉》，《宗教学研究》1996 年第 3 期。

邓子美：《二十世纪中国佛教智慧的结晶》，《法音》1998 年第 7 期。

陈兵：《中国佛学的第二位集大成者——永明延寿》，杭州佛学院编：《永明延寿大师研究》，北京：宗教文化出版社，2005 年。

黄公元：《重温永明延寿大师的禅净融通思想》，杭州佛学院编：《永明延寿大师研究》，北京：宗教文化出版社，2005 年。

法缘：《永明延寿之禅净思想》，杭州佛学院编：《永明延寿大师研究》，北京：宗教文化出版社，2005 年。

方立天：《永明延寿与禅教一致思潮》，杭州佛学院编：《永明延寿大师研究》，北京：宗教文化出版社，2005 年。

邱环：《略论唐宋时期禅净关系涉及的几个问题——兼论永明延寿融合禅净的作用》，杭州佛学院编：《永明延寿大师研究》，北京：宗教文化出版社，2005 年。

王公伟：《永明延寿的净土信仰及其在中国净土思想史上的地位》，杭州佛学院编：《永明延寿大师研究》，北京：宗教文化出版社，2005 年。

印旭：《永明延寿的〈宗镜录〉及归宗净土对后来的若干影响》，杭州佛学院编：《永明延寿大师研究》，北京：宗教文化出版社，2005 年。

定源：《永明延寿传记之新资料——中国国家图书馆藏〈永明智觉禅师方丈实录〉》，杭州佛学院编：《吴越佛教》卷 8，北京：九州出版社，2013 年。

王心喜：《五代钱氏吴越国与日本的交往——兼说吴越国与日本佛教交往的年次及特点》，杭州佛学院编：《吴越佛教》卷 8，北京：九州出版社，2013年。

陆晚霞：《智觉禅师永明延寿与日本文学——以佛教说话集〈沙石集〉吸收的延寿著作为例》，杭州佛学院编：《吴越佛教》卷8，北京：九州出版社，2013年。

李利安：《当代人间佛教所面临的核心理论问题》，《"人间佛教的当今态势与未来走向"海峡两岸学术研讨会论文集》，高雄：财团法人佛光山文教基金会，2009年。

习近平：《在联合国教科文组织总部的演讲》，《光明日报》2014年3月28日，第4版。

［日］服部英淳：《永明延寿の净土思想》，《印度学佛教学研究》（通号28），1966年。

［日］藤隆生：《〈大乘法苑义林章〉研究序说》，《龙谷大学佛教文化研究所纪要》（通号5），1966年。

［日］渡边隆生：《〈大乘法苑义林章〉に关する文献上の问题》，《佛教学研究》（通号25/26），1968年。

［日］日置孝彦：《永明延寿の禅と念佛》，《印度学佛教学研究》（通号46），1975年。

［日］森江俊孝：《延寿と天台德韶の相见について》，《印度学佛教学研究》（通号46），1975年。

［日］森江俊孝：《永明延寿の人间观》，《驹泽大学佛教学部论集》（通号6），1975年。

［日］池田鲁参：《永明延寿の天台学》，《印度学佛教学研究》（通号63），1983年。

［日］柴田泰：《永明延寿の唯心净土说》，《印度学佛教学研究》（通号64），1984年。

［日］池田鲁参：《永明延寿の教学と起信论》，《印度学佛教学研究》（通号66），1985年。

［日］池田鲁参:《永明延寿の起信论研究》,《驹泽大学佛教学部研究纪要》(通号43),1985年。

［日］福岛光哉:《永明延寿の净土思想》,《佛教学セミナー》(通号50),1989年。

［日］柴田泰:《中国净土教における唯心净土思想の研究》(一),《札幌大谷短期大学纪要》(通号22),1990年。

［日］中村薰:《延寿の华严净土义》,《同朋佛教》(通号36),2000年。

［日］林香奈:《基撰とされる〈阿弥陀经〉注释书について》,《印度学佛教学研究》(通号110),2006年。

［日］林香奈:《〈大乘法苑义林章〉佛土章における佛土の因について》,《印度学佛教学研究》(通号114),2008年。

［日］伊藤茂树:《南都净土教と永明延寿》,《印度学佛教学研究》(通号144),2018年。

［日］吉田刚:《永明延寿之华严思想》,杭州佛学院编:《永明延寿大师研究》,北京:宗教文化出版社,2005年。

［日］柳干康:《永明延寿の思想・実践における净土の要素》,《印度学佛教学研究》(通号152),2020年。

［日］柳干康:《〈宗镜录〉と〈楞伽经〉》,《印度学佛教学研究》(通号134),2014年。

［日］尹鲜昊:《知讷撰〈劝修定慧结社文〉における延寿の著作からの影响》,《印度学佛教学研究》(通号153),2021年。

［日］柳干康:《五代永明延寿的佛教诠释理论——隋唐"判教"的继承及其结构》,《台北大学中文学报》2016年第19期。

［韩］韩泰植:《延寿门下の高丽修学僧について》,《印度学佛教学研究》(通号63),1983年。

［韩］韩京洙:《永明延寿の禅净融合思想》,《印度学佛教学研究》

(通号 73), 1988 年。

［韩］韩京洙:《永明延寿の净土思想》,《韩国佛教学 SEMINAR》(通号 4), 1990 年。

［韩］朴仁锡:《永明延寿の禅思想が韩国佛教に及ぼした影响》,《国际禅研究》(通号 3), 2019 年。

［韩］金东淑《初探〈宗镜录〉中的真心修行观及其意义》,《五台山研究》2016 年第 3 期。

［韩］大觉:《论永明延寿的禅净兼修观》,杭州佛学院编:《永明延寿大师研究》,北京:宗教文化出版社, 2005 年。

［美］魏雅博:《超越法脉传承之正统性——永明延寿所提倡的"菩萨行之禅风"范例》,《中华佛学学报》2013 年第 26 期。

后 记

2018年，我有幸考入南京大学，追随赖永海教授攻读博士学位。赖先生是当代中国哲学研究领域的先驱，佛学研究泰斗。每当他人知我在先生门下学习时，便会赞叹、羡慕不已，而我也每每因此诚惶诚恐。因为我自知储备不够、基础较弱，惭愧之余也时常告诫自己要更加努力才是，一则要努力弥补自身哲学素养的不足，二则忝列先生门墙，不要辜负先生的期望。

作为先生的弟子是何等幸运，不仅能得到先生在学术上的教诲和指导，更能学到先生为人处世的积极态度和博大胸怀。先生是一位融通儒佛的智者，他给博士生开了两门课，一门是中国佛学，一门是先秦诸子研究。先生对儒典佛经信手拈来，并以哲学思辨和学术语言对其进行鞭辟入里地解读，每堂课下来我都有醍醐灌顶之感。先生不仅教授我们学术研究的方法，还注重以中国哲学的智慧化导我们，缓解我们读博期间的压力。他常说学习佛教哲学，要将其用到生活中，禅是一种思维方式，而思维方式决定命运。他勉励我们在做事、做学问时精勤耕耘，积极向上，面对压力和考验时要云淡风轻、波澜不惊。先生每次上课，来旁听者很多，除了哲学系的学生，还有其他学院及其他学校的学生，因此每次上课前我们都必须提前到教室占好座位，不然就只能借凳子"旁听"了。

先生举手投足间带有名士的典雅风范，符合我对古代大儒的想象。三年多来，每向先生求教，他都笑容可掬，对学术问题的解答总是一语中的，让人茅塞顿开，而他的语气又总是那么谦和柔软。无论是学术上还是为人处世上，先生的言传身教都对我产生了莫大的影响，他的慈悲、宽容、智慧、谦和，以及积极向上的人生态度深入我心，也将伴随我开启新的人生旅程。

在南大读博的三年多里，徐小跃教授、洪修平教授、王月清教授、杨维中教授、李承贵教授、唐正东教授等的课程都让我受益匪浅。我还旁听过王恒教授、傅新毅教授，以及文学院、历史学院、外语学院的部分课程。教授们的授课方式各有特色，时时带给我启发。刘大任先生、董群教授、徐长安教授、黄公元教授、温金玉教授、陈剑锽教授、净因教授、尚荣教授、刘鹿鸣副教授、邵佳德副教授，以及代玉民老师、刘瑶老师等或在学习上，或在工作、生活上给予我无保留的指导和温暖的关怀，不仅让我收获了学术知识，还收获了宝贵的人生智慧及师友间真挚的友谊。特别是黄公元教授，他是国内研究永明延寿的专家，在我撰写论文的过程中，多次给予我无私的指导和帮助。我的同学廉天娇、罗胜、寂太法师、宏亮法师、王璐、钟纯、马洁、刘喆、谢徐林、王安权、朱青青、杨本华、丁武刚、王凯、刘慧婷、汪珂欣等，以及骆海飞、翁厚发、钏有庄、杨同荣、何翠萍、韩瑞光、马宁、邱文侠等师兄师姐，也都在生活、学习中给过我大量的帮助和热情的鼓励。江苏省佛教协会、苏州弘化社慈善基金会的领导、同仁，在我求学期间，也给予了我全方位的关怀和照顾，让我能够安心完成学业。

论文的完成，预示着我的博士生涯即将画上句号。这里我还要特别感谢我的父亲、母亲。我是一名农村学子，没有聪明的头脑，甚至还有些愚钝，父母培养了我坚毅的精神和永不放弃的信念。他们总是鼓励我，并尽其所能、倾其所有地支持我。他们为我付出了太多太多，我无以言表。还要感谢我的岳母，她在我一无所有的时候，愿意把女儿嫁给我，感谢她的慈爱与信任。还有我的妻子，我读博士期间她在读硕士，2020年我们的儿子念兹出生了，为照顾孩子，并让我能够全身心投入学业，她选择了休学，在此感谢她的理解、支持和无私成全。

借此机会，我要对所有提携、帮助、关怀过我的老师、领导、同学、朋友，以及家人道一声谢谢。虽然我知道"谢谢"二字太轻。我想常存一颗感恩之心，在未来的生活中照顾好家庭，以己所学踏踏实实服务于他人、服务于社会，这是我能够做到的，也是我对他们最好的致谢！

蒋炎洲

2023年8月8日

《儒道释博士论文丛书》已出书目

第一批(1999年)
　道教斋醮科仪研究　　　张泽洪著
　道教炼养心理学引论　　张　钦著
　道教劝善书研究　　　　陈　霞著
　道教与神魔小说　　　　苟　波著
　净明道研究　　　　　　黄小石著

第二批(2000年)
　神圣礼乐
　　——正统道教科仪音乐研究
　　　　　　　　　　　　蒲亨强著
　魏晋玄学人格美研究　　高华平著
　明清全真教论稿　　　　王志忠著
　佛教与儒教的冲突与融合
　　　　　　　　　　　　彭自强著
　经验主义的孔子道德思想及其
　　历史演变　　　　　　邓思平著

第三批(2001年)
　宋元老学研究　　　　　刘固盛著
　道教内丹学探微　　　　戈国龙著
　汉魏六朝道教教育思想研究
　　　　　　　　　　　　汤伟侠著
　般若与老庄　　　　　　蔡　宏著
　刘一明修道思想研究　　刘　宁著

　晚明自我观研究　　　　傅小凡著

第四批(2002年)
　近现代以佛摄儒研究　　李远杰著
　礼宜乐和的文化思想　　金尚礼著
　生死超越与人间关怀
　　——神仙信仰在道教与
　　　民间的互动　　　　李小光著
　近现代居士佛学研究　　刘成有著
　生命的层级
　　——冯友兰人生境界说研究
　　　　　　　　　　　　刘东超著

第五批(2003年)
　中国佛教僧团发展及其研究
　　　　　　　　　　　　王永会著
　实相本体与涅槃境界　　余日昌著
　斋醮科仪　天师神韵　　傅利民著
　荷泽宗研究　　　　　　聂　清著
　精神分析与佛学的比较研究
　　　　　　　　　　　　尹　立著
　太虚对中国佛教现代化
　　道路的抉择　　　　　罗同兵著
　终极信仰与多元价值的融通
　　　　　　　　　　　　姚才刚著

第六批(2004年)
  西学东渐与明清实学　　李志军著
  上清派修道思想研究　　张崇富著
  北宋《老子》注研究　　尹志华著
  相国寺
　　——在唐宋帝国的神圣与
　　　　凡俗之间　　段玉明著
  熊十力本体论哲学研究　　郭美华著
  关于知识的本体论研究
　　——本质　结构　形态
　　　　　　　　昌家立著
  明代王学研究　　鲍世斌著
  中国技术思想研究
　　——古代机械设计与方法
　　　　　　　　刘克明著
  朱熹与《参同契》文本　　钦伟刚著
  中国律宗思想研究　　王建光著

第七批(2005年)
  元代庙学
　　——无法割舍的儒学教育链
　　　　　　　　胡　务著
  牟宗三"道德的形而上学"研究
　　　　　　　　闵仕君著
  隋唐五代道教美学思想研究
　　　　　　　　李　裴著
  宋元道教易学初探　　章伟文著
  杜光庭《道德真经广圣义》的
　　道教哲学研究　　金兑勇著
  大台判教论　　韩焕忠著

  杜光庭道教小说研究　　罗争鸣著
  魏源思想探析　　李素平著
  泰州学派新论　　季芳桐著
  《文子》成书及其思想　　葛刚岩著
  傅金铨内丹思想研究　　谢正强著

第八批(2006年)
  汉末魏晋南北朝道教戒律
　　规范研究　　伍成泉著
  两性关系本乎阴阳
　　——先秦儒家、道家经典中的
　　　　性别意识研究　　贺璋瑢著
  陈撄宁与道教文化的现代转型
　　　　　　　　刘延刚著
  扬雄《法言》思想研究　　郭君铭著
  《周易禅解》研究　　谢金良著
  明清道教与戏剧研究　　李　艳著
  王弼易学解经体例探源
　　　　　　　　尹锡珉著
  唐代道教管理制度研究　　林西朗著
  四念处研究　　哈　磊著
  天人之际的理学新诠释
　　——王夫之《读四书大全说》
　　　　思想研究　　周　兵著

第九批(2007年)
  晚明狂禅思潮与文学思想研究
　　　　　　　　赵　伟著
  先秦儒家孝道研究　　王长坤著
  致良知论
　　——王阳明去恶思想研究
　　　　　　　　胡永中著

伍守阳内丹思想研究　丁常春著
贝叶上的傣族文明
——云南德宏南传上座部佛教
　社会考察研究　吴之清著
朱子论"曾点气象"研究　田智忠著
二十世纪中国道教学术的
　新开展　傅凤英著
道教与基督教生态思想
　比较研究　毛丽娅著
汉晋文学中的《庄子》接受
　　　杨　柳著
马祖道一禅法思想研究　邱　环著
道教自然观研究　赵　芃著

第十批(2008年)
王船山礼学思想研究　陈力祥著
王船山美学基础
——以身体观和诠释学
　　为进路的考察　韩振华著
马来西亚华人佛教信仰研究
　　　白玉国著
《管子》哲学思想研究　张连伟著
东晋佛教思想与文学研究
　　　释慧莲著
北宋禅宗思想及其渊源
　　　土屋太祐著
早期道教教职研究　丁　强著
隋唐五代道教诗歌的审美管窥
　　　田晓膺著
道教与明清文人画研究　张明学著

道教戒律研究　唐　怡著

第十一批(2009年)
驯服自我
——王常月修道思想研究
　　　朱展炎著
道经图像研究　许宜兰著
阳明学与佛道关系研究　刘　聪著
清代净土宗著述研究　于海波著
宗教律法与社会秩序
——以道教戒律为例的研究
　　　刘绍云著
老子及其遗著研究
——关于战国楚简《老子》、《太
　一生水》、《恒先》的考察
　　　谭宝刚著
汉唐道教修炼方式与道教
　女性观之变化研究　岳齐琼著
宋元三教融合与道教发展研究
　　　杨　军著
都市佛寺的社会交换研究
　　　肖尧中著
早期天台学对唯识古学的
　吸收与抉择　刘朝霞著

第十二批(2010年)
道教社会伦理思想之研究
　　　何立芳著
印度佛教净土思想研究　汪志强著
社会转型下的宗教与健康
　关系研究　冯小林著

教化与工夫
——工夫论视域中的阳明
　　心学系统　　　　陈多旭著
心性灵明之阶
——早期全真道情欲论思想研究
　　　　　　　　　　刘　恒著
中古道书语言研究　　冯利华著
近现代禅净合流研究　许　颖著
永明延寿心学研究　　田青青著
中国传统社会宗教的世俗化研究
——以金元时期全真教社会
　　思想与传播为个案
　　　　　　　　　　夏当英著
成玄英《庄子疏》研究　崔珍晳著

第十三批(2011年)
道医陶弘景研究　　　刘永霞著
汉代内学
——纬书思想通论　　任蜜林著
一心与圆教
——永明延寿思想研究
　　　　　　　　　　杨文斌著
三教关系视野中的陈景元
　　思想研究　　　　隋思喜著
蒙文通道学思想研究　罗映光著
敦煌本《太玄真一本际经》
　　思想研究　　　　黄崑威著
总持之智
——太虚大师研究　　丁小平著

明清民间宗教思想研究
——以神灵观为中心　刘雄峰著
东晋宋齐梁陈比丘尼研究
　　　　　　　　　　唐　嘉著
《贞观政要》治道研究　杨　琪著

第十四批(2012年)
老子八十一化图研究　胡春涛著
马一浮思想研究　　　李国红著
《老子》思想溯源　　刘鹤丹著
"仙佛合宗"修道思想研究
　　　　　　　　　　卢笑迎著
方东美论道家思想　　施保国著
湛甘泉哲学思想研究　王文娟著
仪式的建构与表达
——滇南建水祭孔仪式
　　的文化与记忆　　曾　黎著
智旭佛学易哲学研究　张韶宇著
悟道·修道·弘道
——丘处机道论及其
　　历史地位　　　　赵玉玲著
隋唐道教与习俗　　　周　波著

第十五批(2013年)
庄子哲学的后现代解读　郭继明著
法藏圆融之"理"研究　孙业成著
汉传佛教寺院经济演变研究
　　　　　　　　　　于　飞著
魏晋南北朝社会生活与道教文化
　　　　　　　　　　刘　志著

中古道官制度研究　刘康乐著
金元道教信仰与图像表现
　——以永乐宫壁画为中心
　　　　　　　　　刘　科著
元代道教戏剧研究　廖　敏著
明代灵济道派研究　王福梅著
中国宗教的慈善参与新发展
　及机制研究　　　明世法著
两晋南北朝时期河陇佛教
　地理研究　　　　杨发鹏著

第十六批(2014年)
道教气论学说研究　路永照著
历史中的镜像——论晚明
　僧人视域中的《庄子》　周黄琴著
从玄解到证悟——论中土
　佛理诗之发展演变　张君梅著
回归诚明——李翱《复性书》
　研究　　　　　　韩丽华著
图像与信仰——中古中国
　维摩诘变相研究　肖建军著
中国道教经籍在十九世纪
　英语世界的译介研究　俞森林著
四川道教宫观建筑艺术研究
　　　　　　　　　李星丽著
道与艺——《庄子》的哲学、
　美学思想与文学艺术　胡晓薇著
李光地易学思想研究　冯静武著
显隐哲学视域中的文艺
　审美　　　　　　杨继勇著

第十七批(2015年)
赞宁《宋高僧传》研究　杨志飞著
自我与圣域——现代性
　视野中的唐君毅哲学　胡　岩著
明代道教文化与社会生活
　　　　　　　　　寇凤凯著
道教医世思想溯源　杨　洋著
近代以来中国佛教慈善事
　业研究　　　　　李湖江著
现代性和中国佛耶关系
　(1911—1949)　周晓微著
西域佛教演变研究　彭无情著
藏族古典寓言小说研究
　　　　　　　觉乃·云才让著
藏传佛教判教研究　何杰峰著
藏彝走廊北部地区藏传
　佛教寺院研究　　李顺庆著

第十八批(2016年)
重庆华岩寺佛教仪式音乐
　与传承　　　　　陈　芳著
明末清初临济宗圆悟、法
　藏纷争始末考论　吕真观著
《文子》思想研究　姜李勤著
汉末至五代道教书法美学
　研究　　　　　　沈　路著
佛教传统的价值重估与重建

——太虚与印顺判教
思想研究　　　邓莉雅著
边缘与归属：道教认同的
　文化史考察　　郭硕知著
道教时日禁忌探源　廖　宇著
清代清修内丹思想比较
　研究——以柳华阳、闵
　一得、黄元吉为对象　张　涛著
闵一得研究　　　陈　云著

第十九批(2017年)
中医运气学说与道教关
　系研究　　　　金　权著
《道枢》研究　　　张　阳著
全真教制初探　　高丽杨著
道教师道思想研究　孙瑞雪著
生命哲学视域下的道教
　服食研究　　　徐　刚著
"真心观"与宋元明文艺
　思想研究　　　曹　磊著
礼法与天理：朱熹《家礼》
　思想研究　　　彭卫民著
儒佛融摄视野下的马一
　浮、熊十力思想
　比较研究　　　王　毓著
道教与书法关系研究　阳志辉著
近代城市宫观与地方
　社会——以杭州玉
　皇山福星观为中心　郭　峰著

第二十批(2018年)
法相唯识学认知思想研究
　　　　　　　　石文山著
禅观影像论　　　史　文著
早期道教经韵授度体系
　研究　　　　　陈文安著
明清禅宗"牧牛诗组"之
　研究　　　　　林孟蓉著
道教内外丹关系研究　盖　菲著
先秦道家人性论研究　周　耿著
王弼易学研究
　——以体用论为中心　张二平著
究天人之际
　——从《尚书》上探儒
　家本色　　　　黄靖雅著
上阳子陈致虚生平及思想
　研究　　　　　周　冶著

第二十一批(2019年)
《春秋》纬与汉代思想世界
　　　　　　　　王小明著
道教与唐前志怪小说专题
　研究　　　　　徐胜男著
康有为、梁启超、谭嗣同佛
　教思想研究　　赵建华著
先秦儒道本体论研究　王先亮著
典式科教——张万福与
　唐初道教仪式的形成　由　术著

"三纲九目":朱子《小学》
　思想研究　　　　　徐国明著
先秦儒家天命鬼神观研究　胡静静著
汉末道教的"真道"观及其
　展开——基于《太平经》
　《老子想尔注》《周易参
　同契》的研究　　　孙功进著
道德与解脱:中晚明士人
　对儒家生死问题的辩论
　与诠释　　　　　　刘琳娜著
王阳明与其及门四大弟子
　的情论研究　　　　张翅飞著
大道鸿烈——《淮南子》汉
　代黄老新"道治"思想
　研究　　　　　　　高　旭著

第二十二批(2020年)

元代理学与社会　　　朱　军著
《晏子春秋》研究　　袁　青著
明代寺院经济研究　　周上群著
《老子指归》的哲学研究　袁永飞著
南宋士人笔记中的宋代
　道士形象研究　　　武清旸著
唐玄宗道儒佛思想研究
　——以注疏三经为中心
　　　　　　　　　　王玲霞著
陈景元美学思想研究　罗崇蓉著
敦煌本《大乘百法明门论》
　注疏研究　　　　　张　磊著

川北地区道教宫观建筑
　思想及历史文化研究　王鲁辛著
德国巴伐利亚州立图书
　馆藏三类金门瑶经书
　抄本研究　　　　　肖　习著

第二十三批(2021年)

元代《春秋》学研究　张立恩著
《楞严经》思想体系研究　段新龙著
困境与机遇——民国成都
　道教生存状况研究　金恺文著
早期禅宗般若思想研究　陆杰峰著
聚云吹万广真研究　　王廷法著
邵以正与明初净明道　叶文学著
清代道教事务管理研究　由　申著
四川三台县云台观研究　袁春霞著
宋代道教炼度研究　　刘　陶著

第二十四批(2023年)

《周易》虞氏学思想研究　王贻琛著
"十方腔"研究　　　　胡炜光著
《吕氏春秋》"以生为本"
　思想研究　　　　　许　亮著
宋代道教与法律的关系
　研究　　　　　　　张龙成著
道教与影视　　　　　袁方明著
杭州洞霄宫研究　　　刘　凯著
四川仁寿元皇派研究　张军龙著
老子哲学关系范畴研究　王　婧著

永明延寿净土思想研究　蒋炎洲著

图书在版编目（CIP）数据

永明延寿净土思想研究/蒋炎洲著. --成都：巴蜀书社，2025.5. --ISBN 978-7-5531-2410-0

Ⅰ.B946.8

中国国家版本馆CIP数据核字第2025VE1955号

永 明 延 寿 净 土 思 想 研 究
YONGMING YANSHOU JINGTU SIXIANG YANJIU

蒋炎洲 著

责任编辑	王　楠
责任印制	田东洋　谷雨婷
出版发行	巴蜀书社
	四川省成都市锦江区三色路238号新华之星A座36楼
	邮编：610023
	总编室电话：(028) 86361845
	营销中心电话：(028) 86361852
制　作	四川宏丰印务有限公司
印　刷	四川宏丰印务有限公司
	电话：(028) 61002807　13689082673
	地址：成都市双流区九江街道九洋路13号附1号
版　次	2025年5月第1版
印　次	2025年5月第1次印刷
成品尺寸	203mm×140mm　1/32
印　张	18.375
字　数	500千字
书　号	ISBN 978-7-5531-2410-0
定　价	88.00元

■ 版权所有·侵权必究

本书如出现印装质量问题，请与印刷厂联系调换。电话:(028)61002807